孙昌武文集

29

佛教论集

中华书局

图书在版编目（CIP）数据

佛教论集/孙昌武著. —北京：中华书局，2020.10
（孙昌武文集）
ISBN 978-7-101-14724-7

Ⅰ.佛… Ⅱ.孙… Ⅲ.佛教－文集 Ⅳ.B948-53

中国版本图书馆 CIP 数据核字（2020）第 163073 号

书　　　名	佛教论集
著　　　者	孙昌武
丛 书 名	孙昌武文集
责任编辑	樊玉兰
出版发行	中华书局
	（北京市丰台区太平桥西里 38 号　100073）
	http://www.zhbc.com.cn
	E-mail：zhbc@zhbc.com.cn
印　　　刷	北京市白帆印务有限公司
版　　　次	2020 年 10 月北京第 1 版
	2020 年 10 月北京第 1 次印刷
规　　　格	开本/920×1250 毫米　1/32
	印张 12　插页 2　字数 300 千字
印　　　数	1-1500 册
国际书号	ISBN 978-7-101-14724-7
定　　　价	86.00 元

孙昌武文集

出版说明

孙昌武先生,一九三七年生,辽宁省营口市人。南开大学教授,曾在亚欧和中国港台地区多所大学担任教职和从事研究工作。

孙先生治学集中在两个领域:中国古典文学和中国宗教文化。孙先生学术视野广阔,熟谙传统典籍和佛、道二藏,勤于著述,多有建树,形成鲜明的学术特色。所著《柳宗元传论》(人民文学出版社,1982)、《佛教与中国文学》(上海人民出版社,1988)、《道教与唐代文学》(人民文学出版社,2001)、《中国佛教文化史》(中华书局,2010)、《禅宗十五讲》(中华书局,2017)等推进了相关学术领域研究,在国内外广有影响;作为近几十年来中国传统文化研究成果,世所公认,垂范学林。

孙先生已年逾八秩。为总结并集中呈现孙先生学术成就,兹编辑出版《孙昌武文集》。文集收录孙先生已出版专著、论文集;另增加未曾出版的专著《文苑杂谈》、《解说观音》、《僧诗与诗僧》三种;孙先生在国内外学术刊物发表的论文未曾辑入论文集的,另编为若干集收入。孙先生整理的古籍、翻译的外国学者著作,不包括在本文集内。中华书局编辑部对文字重新进行了审核、校订,庶作为孙先生著作定本呈献给读者。

北京横山书院热心襄助文化公益事业,文集出版得其资助,谨致谢忱。

中华书局编辑部

二〇一九年五月

目　录

关于佛教文化的研究

一

五十多年前,陈寅恪先生曾说过:"中国史学莫盛于宋,而宋代史家之著述,于宗教往往疏略,此不独由于意执之偏蔽,亦其知见之狭陋有以致之。元明及清,治史者之学识更不逮宋……"①这里谈的是史学,情况当然不独史学为然。在宋明理学的束缚下,忽视宗教的研究成为旧时士大夫间的一种传统,在学术研究中造成了深远影响。所幸自清季以来,佛学研究渐得学界的重视。这其中包括一批启蒙思想家的推动。而近、现代的一些大学问家,往往又都在佛学研究上倾注精力并卓有成绩。成就荦荦者,就有如谭嗣同、梁启超、章太炎、陈垣、陈寅恪、胡适、熊十力、汤用彤这样的学术大师;佛门中则有杨文会、欧阳渐、太虚等杰出人物。一时之间,推动中国佛学出现了起衰振弊之势。这些人的佛学研究在世界学术界广有影响,一时曾使中国的佛学研究占有领先的地位。但是

---

① 陈寅恪:《陈垣〈明季滇黔佛教考〉序》,《金明馆丛稿二编》,上海古籍出版社,1980年,第240页。

　　近几十年来,由于人所共知的原因,我国的佛教学术研究却大为衰退了。尽管仍有一批学者在进行艰苦、持续的努力,也创造出许多优秀的成果,但不容讳言的是,从总的形势看,研究队伍萎缩,研究水平降低,十分不适应整个学术发展与文化建设的要求。可喜的是近年来,这方面的研究已引起学术界越来越多的人的重视,宗教政策也在进一步落实;学术界亦普遍提高了对于佛教学术的认识,加强了相关领域的研究。有这两方面的基本条件,中国的佛学研究可望迅速地得以振兴,达到与我们这样一个汉传佛教的中心地和发祥地的国家文化建设的要求相适应的水平。

　　要继续努力提高佛教学术的研究水平,在队伍建设、资料建设、研究内容和方法、研究中的学风等诸多方面,都还存在很多问题。笔者仅就佛教文化的认识问题提出一些粗浅的看法①。

　　佛教是宗教。宗教建立在信仰的基础上,这决定了它在世界观、认识论上的本质特征。唯物主义者看来,它在本质上是蒙昧主义的,先验主义的,其信仰是一种迷信。在这一点上,教内与不信教的人的矛盾可说是不能够调和的。但这种矛盾不应当改变所有的人都应当坚持的共同立场,就是承认佛教是历史上形成的、影响长远巨大的思想文化体系;承认在这个宗教的活动及其影响之下曾创造出辉煌的佛教文化;承认中国佛教是外来佛教经过"中国化"的、反映中国思想意识的产物;承认正是在中国佛教的影响或推动下,中国众多的文化领域产生丰硕的文化果实。这样,如果认可儒、道、佛三家是形成中国文化传统的支柱,又认可中国优秀的文化传统必须加以发扬,那么就必须也得认可佛教文化是中国文化传统的重要的组成部分,有着应当加以继承和发扬的宝贵内容。当然,如何继承,如何发扬,会是人言人殊,可以讨论。但以上总的

———————————

① 本文讨论的内容仅限于汉传佛教,这只是中国佛教的一部分。文中的"中国佛教"之类提法是按约定俗成表述,但也反映汉地(这里也是整个中国的政治和文化的重心)作为中国历史上佛教传播的主要地区的实际情况。

看法无可怀疑。这就是团结学术界和佛教界共同研究佛教文化的根本前提。

二

"佛教文化"是个相当模糊的概念,有必要确定一个较明确的界说。日本著名的佛教学者塚本善隆的观点是有一定启发意义的。他在讨论南朝佛教时,把"佛教"与"佛教文化"区别开来。他的主张的大意是说,自慧远到智𫖮时期,以梁武帝时代为顶点的贵族佛教文化,并不是以追求"觉悟"而精进努力的求道实践的佛教,不是由宗教体验所支持的、献身于社会服务的宗教。极端而言,可说是对宗教的"耽溺",对宗教文化的享受①。他的这一看法是否科学可以讨论,把佛教和佛教文化并立起来也不一定合适,但注意到二者的区别是可以给人启示的。

把佛教看作文化,即整个文化的一部分,这是研究佛教的一种立场和观点。但这样,就容易忽略佛教作为宗教的本质特征,实际也不利于认识佛教活动的文化内容。笔者以为可以依据塚本善隆的思路而加以变动。把佛教看作一个总的范畴,其核心部分是有一定的徒众(僧伽、居士)、一定的信仰对象(佛、菩萨)和教义(佛法)的宗教团体及其信仰实践。这也是决定佛教本质的部分。而为这一核心服务的、在这一核心影响下产生的文化成果,如思想、学术、文学、艺术、伦理、风俗、中外文化交流等诸多方面,则都包含在佛教文化范围之内。确立这样宽泛的佛教文化概念,可以在与

---

① 参阅塚本善隆:《中國淨土教史研究》第二章《中國淨土教の發展》,《塚本善隆著作集》第四卷,(东京)大东出版社,1974 年,第 113 页。

严格意义上的佛教活动相联系而又相区别的原则之下,更充分也更客观地探讨和评价佛教所创造、所带动的文化成果。

按照这样的观点来考察佛教及其在文化上的贡献,则佛教文化被佛教的信仰所决定、所制约是必须承认的。这决定了它的本质及其作为宗教文化的一系列特征。但同时也应当承认,佛教文化在其相关的各个领域里,又有着独立的价值与意义。其中包含许多中国文化传统中的珍贵遗产,有不少内容直到今天仍有现实意义。

即以作为佛教思想核心的哲学世界观而论,当然它是一种宗教唯心主义。但众所周知,无论是大乘基本思想的"般若空"观,龙树、提婆的"中道"观还是无著、世亲等人的唯识思想,也无论是天台、华严的教学,还是禅与净土的法门,都具有丰富、深刻而又有着重大价值的理论内容。中国佛教接受、消化、发展了外来的佛教思想和理论,并在自身的文化土壤上,与中土传统相斗争、相容摄、相调和,进行发挥与创造,建设起一批中国佛教的学派和宗派,形成了庞大的、内容极其恢宏细密的佛教思想体系。佛教思想对中国历代的思想和文化造成了巨大的影响,成为中国思想史和整个精神史的主要部分。如汤用彤先生说过:"溯自两晋佛教隆盛以后,士大夫与佛教之关系约有三事:一为玄理之契合,一为文字之因缘,一为死生之恐惧。"①佛教思想深深地影响到一代代的学术、学风和士风。例如隋唐时期宗派佛教教学的高度发展,特别是更为集中地体现中土意识的天台宗、华严宗和禅宗的教理,作为当时思想领域最为活跃而富于创造性的部分,多方面地推动了唐代文化的繁荣,从长远发展看,更为宋明理学提供了重要的理论内容,成为后者形成和发展的依据之一。如道安、慧远、僧肇、竺道生、智顗、吉藏、窥基、法藏、慧能、神会、道一、宗密等,都不只是佛门龙

①汤用彤:《隋唐佛教史稿》,中华书局,1982年,第193页。

象,还是影响一代思想学术的大思想家;而中国思想、文化史上的许多杰出人物都习染佛说,并从中汲取滋养。恩格斯论及基督教时曾指出:"对于一种征服罗马世界帝国、统治文明人类的绝大多数达一千八百年之久的宗教,简单地说它是骗子手凑集而成的无稽之谈,是不能解决问题的。"①佛教对于中国和所传各国也同样。自有人类历史以来,直到今天的漫长时期里,人类中相当大的一部分人是依据宗教世界观来把握世界、创造世界的,甚至是依靠宗教生存的。这其中的谬误、混乱是必然存在的。但历史正是在这种曲折和迷惑中前进。今天人们总结历史,必须看到佛教思想中的具有理论和实践价值的部分。

再如佛教的伦理价值方面,这也是佛教文化研究中的一个十分值得注意的问题,而且在今天具有一定的现实意义。佛教自建立伊始,就把自我"解脱"确立为修证的根本目标,又把约束身心作为达到这一目标的手段。因此非常注意持"戒"。在中土教学里,"戒"被视为"三学"之一。佛教戒律所规定的行为规范有许多是消极的、不合理的。如要求出家修道(后来的居士佛教例外)、不事生产、轻视妇女等,都曾被批判为严重的蠹害。至于历史上一些僧侣赢利殖财、依托权势之类丑行更败坏着佛门风气。但佛教的"众生平等"的观念、慈悲的意识与践行以及倡导清心寡欲的生活、蔑视利禄的品格,都具有伦理上的巨大价值。特别是中国佛教发挥了大乘开放弘通的性格,更为注重现实人生,削弱了佛教伦理本来的悲观、消极的内涵。当年韩愈和柳宗元就佛教信仰展开论争,柳宗元就说过,对于佛教徒"无夫妇父子,不为耕农蚕桑而活乎人。若是,虽吾亦不乐也";但他赞赏佛教徒"不爱官,不争能,乐山水而嗜闲安者为多。吾病世之逐逐然唯印组为务以相轧也,则舍是其焉

---

① 《布鲁诺·鲍威尔和早期基督教》,《马克思恩格斯全集》第 19 卷,人民出版社,1972 年,第 328 页。

从"(《送僧浩初序》,《柳河东集》卷二五)。王安石在《涟水军淳化院经藏记》里说:"……圣人之大体,分裂而为八九。博闻该见有志之士,补苴调脲,冀以就完而力不足,又无可为之地,故终不得。盖有见于无思无为、退藏于密、寂然不动者,中国之老、庄,西域之佛也。既以此为教于天下而传后世,故为其徒者,多宽平而不忮,质静而无求。不忮似仁,无求似义,当士之夸漫盗夺,有己而无物者多于世,则超然高蹈其为有似乎吾之仁义者,岂非所谓贤于彼而可与言者邪?"(《王临川集》卷八三)柳与王都是优秀的思想家、文学家、政治家,都是严于人生践履的杰出人物。他们特别强调佛教的伦理意义。近年在我国引起众多人注意的德国宗教社会学家马克斯·韦伯揭示宗教信仰和社会体制之间的关联,着重分析了新教对于推动资本主义发展的积极作用①。在当今世界上,由于科学的飞跃进步,已经使得宗教信仰的场地大为缩小了。现实的情况是许多宗教信仰者已不再相信天堂地狱、来生福报之类说教,而是出于维护伦理的目的来肯定宗教的。在中国历史上,大乘佛教的弘通开放的人生观适合中土的传统意识,从而积极的、重视人生与现实的伦理思想得以发挥。许多佛门弟子广行"四摄"、"六度",致力于"庄严国土,利乐有情",这形成佛教伦理的积极方面。在今天的现实条件下,批判地汲取其积极内容是有现实意义的。

　　至于佛教及佛教文化在众多的学术、文学、艺术领域中所占有的地位及其价值,已经有许多的论著阐明。较细致的说明也非一篇文章所能做到,这里不再赘述。只拟指出有两点是佛教研究中形成障碍的因素。一是往往有意忽视某些文化现象和佛教的关系。例如建国以来流行的几部文学史,对于与佛教有关联的作家、作品和文学现象不是简单地批判了事,就是干脆不予理睬。再一

①马克斯·韦伯认为基督教与资本主义的关联的理论同样适用于其他社会情境,他也曾论及中国的儒教。不过他作为西方学者不可能对东方的儒、佛、道三教的情况及其各自的作用加以全面的分析。

点是,有一种观点,简单地把佛教视为外来的产物,以为肯定佛教某些东西就是宣扬"文化西来"说。实际上,中国人在历史上汲取佛教的某些成果从事再创造,这反映古代中国人的开阔气魄与伟大创造力。而从根本上说,中国佛教在发展中已是中国文化传统的构成部分,不能把它与印度佛教等同视之了。

三

在中国佛教文化研究中,僧团组织和寺院建设是值得充分重视的问题。在大量僧史、僧传、寺史、山史之类文献里,记录许多这方面资料。但是近人对这一课题的研究还很不够。而这些方面的研究,不但对于了解佛教文化是十分必要的,对于当代佛教的生存和发展也有借鉴的意义。

佛教在中国土地上广泛弘传,是在东晋以后。如何尚之说:

> 渡江以来,则王导、周顗,宰辅之冠盖;王濛、谢尚,人伦之羽仪;郗超、王坦、王恭、王谧,或号绝伦,或称独步,韶气贞情,又为物表。郭文、谢敷、戴逵等,皆置心天人之际,抗身烟霞之间。亡高祖兄弟,以清识轨世;王元琳昆季,以才华冠朝。其余范汪、孙绰、张玄、殷顗,略数十人,靡非时俊。又炳论所列诸沙门等,帛、昙、邃者,其下辈也,所与比对,则庾元规。自邃以上,护、兰诸公,皆将亚迹黄中,或不测人也。(《答宋文皇帝赞扬佛教事》,《弘明集》卷一一)

在东晋之前,虽然佛教在中国已经有相当程度的流传,但在思想文化的较高层面上并没有太大影响。只是到两晋之际,更多的佛典传翻过来,加之大乘般若学与正兴盛的玄学合流,"格义"佛教

发展起来,知识阶层广泛地倾心这外来的新宗教。这样,上自宰
辅,下到一般的士大夫,习佛成风。一大批具有高度文化素养的人
出家为僧①,对于佛教进一步弘传和发展起了巨大作用。其表现之
一是僧团里出现了一批"名僧"。他们代表了当时佛教教学的新水
平,也是发展精致的佛教文化的核心力量。名僧广泛地活跃于社
会上层、士大夫之间。一时间名士习佛,名僧谈玄,成为风气②。至
孙绰写《道贤论》,拿名士与名僧相比附,用七僧比"竹林七贤":竺
法护比山涛,帛法祖比嵇康,法乘比王戎,竺道潜比刘伶,支遁比向
秀,于法兰比阮籍,于道邃比阮咸③。这颇能反映当时人的观念与
实际状况。僧团中加入高水平的文化人,对于中国佛教进一步发
展的影响是多方面的。其中重要方面就是带动了佛教文化的发
展,增加了中国佛教的文化内涵。

　　《世说新语》被称为是名士玄谈的"百科全书",其中记载了二
十余位僧人的活动。他们参与到名士中间,许多人的学问、教养都
是第一流的。他们又不止熟悉佛理,对外学亦有广泛、深厚的素
养。即以东晋"名僧"中最为著名的支遁(314—366)为例,他字道
林,本姓关,陈留人(或云河东林虑人),应出身于士大夫家庭。他
虽是僧侣,言行却俨然是一个名士。他有很高的文化素养,精诗
文,善草隶,才艺双全;又好谈论,尚交谊。他慕尚玄远,"任心独
往,风期高亮"(《世说新语》注引《支遁别传》)。他喜欢养鹰养马,
重其凌霄之志、神俊之姿。他又有着很好的玄学修养,王蒙评论他
是"钵釪后王、何人也"(《世说新语·赏誉》),即把他比拟为玄学大

①关于知识阶层出家为僧,参阅王伊同:《五朝门第》第八章《高门之习俗》附论
　四《高门为僧》,香港中文大学出版社,1978年。
②关于名士与名僧,参阅汤用彤:《汉魏两晋南北朝佛教史》上册第二分《魏晋
　南北朝佛教》第七章《两晋际之名士与名僧》,中华书局,1983年;又拙作《佛
　教的中国化与东晋名士名僧》,《传统文化与现代化》,1993年第4期。
③此条《全晋文》漏检,据《高僧传》卷四补。

家王衍、何晏。他广泛结交众名士,一时名流如王羲之、谢安、王
修、何充、袁宏、王洽、刘恢、许询、郗超、孙绰等与之交好。他是佛
道的宣扬者,又是"谈玄之领袖"①。他的活动在一时之间产生了广
泛而深远的影响。值得注意的是,在他之前,中国佛教的著名人物
都是外来的天竺人或西域人(曹魏时的朱士行是文献记载的中土
受戒出家的第一人,亦是以求法知名的第一人,但其主要贡献是
《般若》梵本的传译),而且主要活动是译经。他是第一个重要的以
阐扬佛理为事业的中土出身的僧侣。他的著述很多,在名士中宣
讲《维摩经》轰动一时。同时他又精研《庄子》。当时《老》《庄》《周
易》称"三玄",乃是名士的特长,可他的水平远高出于一般人之上。
《世说新语·文学》记载:

> 《庄子·逍遥篇》,旧是难处,诸名贤所可钻味,而不能拔
> 理于郭、向之外。支道林在白马寺中,将冯太常共语,因及《逍
> 遥》。支卓然标新理于二家之表,立异义于众贤之外,皆是诸
> 名贤寻味之所不得。后遂用支理。

拿现存刘注所引述向、郭《逍遥》义和支遁的看法相对比,可以看出
后者确乎有更高的水平。他用般若空观进一步解决了玄学命题,
给困于有、无之争的名士们指出了另外的出路,即用佛教的空观提
高了玄学的精神境界。这样,在当时的江东地区,支遁俨然是名士
文化的中心人物。他与诸名士的交流,被看作是魏晋风流的表现
之一,一直受到后代士大夫的企羡。

　　六朝时期义学沙门的文化水平在慧远的庐山僧团里也可以反
映出来。慧远在中国佛教史上有着多方面的贡献,胡适曾总括地
指出"慧远的东林代表中国佛教化和佛教中国化的大趋势"(《庐山
游记》,吴宗慈编《庐山金石汇考》)。慧远(334—416)俗姓贾,雁门

---

① 《言义之辨》,《汤用彤学术论文集》,中华书局,1983 年,第 218 页。

楼烦（今山西崞县）人。幼时曾游学于洛阳，"博综六经，尤善《庄》《老》"（《高僧传》卷六）。后来寄居庐山，时誉甚高。《高僧传》说：

> 自远卜居庐阜，三十余年，影不出山，迹不入俗，每送客游履，常以虎溪为界焉。

一时朝廷显贵和士大夫群趋他的门下。他的声誉不仅由于他是佛门龙象，还在于他高深的学养和不凡的风标。先后任（或兼任）江州刺史的桓伊、王凝之、桓玄、何无忌以及殷仲堪（都督荆、益、梁三州诸军事、荆州刺史）、王谧（中书监、领司徒）、未代晋时的刘裕（后来的宋武帝）都和他有来往。他又以在庐山结社闻名①，后来净土宗人把他立为初祖，但其活动与贡献远不止于弘传净土信仰。在佛教义学方面，他继续发扬"格义"的方法。《高僧传》上说，他在道安门下讲"实相"义，"乃引《庄子》义为连类，于是惑者晓然。是后安公特听慧远不废俗书"。他在外学方面的渊博，也足以成为当时学人导师。如《高僧传》上说，他"讲《丧服经》，雷次宗、宗炳等并执卷承旨"。陆德明《毛诗音义》上也说："周续之与雷次宗同受慧远法师《诗》义。"《世说新语·文学》记载，殷仲堪曾问他"《易》以何为体？"他答以"《易》以感为体"。殷曰："铜山西崩，灵钟东应，便是《易》耶？"他笑而不答。周续之、雷次宗、宗炳等都是当时大学问家。周续之"年十二诣（范）甯受业，居学数年，通《五经》及纬候，名

---

① 修习净土本是中国佛教自晋代以来流行的行法。自北魏昙鸾（476—542）大力提倡，经道绰、善导等人，教理、教法形成体系而发展为特殊的"净土法门"，至南宋时始确立"净土宗"名目，并编制出传法统绪。慧远的净土信仰，属于"唯心净土"一派，本是修持"念佛三昧"（又名"佛立现前三昧"）的一种禅法，与后来的净土法门以追求往生"有相净土"者不同。又庐山结社应是僧俗结合的松散的信仰组织，继续时间很长，前后参加者很多。刘遗民在《庐山精舍誓文》里所提到的元兴元年（402）那一回只是一次活动。又十八高士结"白莲社"则只是传说，这个传说应形成于中唐时期。详见汤用彤《隋唐佛教史稿》第四章《隋唐之宗派》中《净土宗》一节。

冠同门,号曰'颜子'",他"通《毛诗》六义及《礼论》《公羊传》,皆传于世"(《宋书》卷九三)。陶渊明有《示周续之祖企谢景夷三郎时三人共在城北讲〈礼〉校书》诗,称赞他们"周生述孔业,祖谢响然臻。道丧向千载,今朝复斯闻"(逯钦立校注《陶渊明集》卷二)。雷次宗更是儒学名家,精《三礼》《毛诗》,宋文帝时立儒、玄、史、文四学,他和朱膺之等主文学,在鸡笼山开馆讲授。宗炳亦"妙善琴书,精于言理",他写的《画山水序》,表明了他的艺术素养,是古代文艺理论名文。这样的人都是饱学之士①,而与慧远为徒,可知后者的水平。

慧远结社文学气氛也甚为浓郁。他本人诗文俱佳,有文集十二卷(《隋书·经籍志》),已佚,但从现存的佚文可见其造诣之高。他有《念佛三昧诗集序》,不仅阐述了对于诗歌创作的见解,而且表明了当时他周围的人们创作活动的兴盛。他在庐山的时候,大诗人陶渊明正住在附近的柴桑,两人应有过交往②。另一位大诗人谢灵运也到庐山拜会过他③,其《庐山慧远法师诔》文说:"予志学之年,希门人之末。"(《全上古三代秦汉三国六朝文·全宋文》卷三三)《高僧传》则记载"灵运负才傲俗,少所推崇,及一相见,肃然心服"。慧远曾经请谢灵运写过《佛影铭》。这样,庐山成为当时一个文化中心,而慧远则是其中的中心人物。

再一个表明僧侣在创造佛教文化中的作用的典型事例,是齐、梁之间他们在贵族间的活动。在这一时期,以齐竟陵文宣王萧子

①据《隋书·经籍志》,《雷次宗集》十六卷(《唐志》作三十卷);《新唐书·艺文志》,《宗炳集》十五卷。本书所引正史均为中华书局点校本。
②传说中有邀请陶渊明入社事,并无根据。陶的思想观念显然与佛教信仰枘凿不合。但据萧统《陶渊明传》,"渊明尝往庐山"(《全上古三代秦汉三国南北朝文·全梁文》卷二〇),又陶与参加结社的刘遗民、张野等交好,与慧远相识是没有问题的。
③关于谢灵运会见慧远的年代,一般以为在义熙七年(411),时为江州刺史刘毅记室参军。或认为时间应更靠后,在从刘裕归建康途中。总之已是慧远的晚年,所以谢有"诚愿弗遂,永违此事"之叹。

良和后来的梁武帝萧衍为中心的名士集团,集中了一批有力的佛教外护者和信仰者。这又是最为典型的、具有代表性的贵族文化集团,他们有力地支持佛教,也推动了佛教文化的发展。

齐竟陵文宣王萧子良是武帝第二子、南齐开国皇帝高祖萧道成之孙。萧氏在宋代已是权倾天下的重臣。萧齐立国,皇室成员如文惠太子萧长懋、豫章王萧嶷、随郡王萧子隆等都爱好儒雅,礼贤纳士。特别是因为萧氏出身行伍,有着与士族相结合的强烈要求。其中如萧长懋,"引接朝士,人人自以为得意。文武士多所招集,会稽虞炎、济南范岫、汝南周颙、陈郡袁廓,并以学行才能,应对左右"(《南史》卷四四《文惠太子传》),"会稽虞炎,永明中以文学与沈约俱为文惠太子所遇,意眄殊常"(《南齐书》卷五二《陆厥传》)。而萧子良于鸡笼山开邸,起古斋,多集古人器服,接纳以"竟陵八友"为核心的一大批僧、俗名士。《南齐书》卷四十说:

> (永明)五年(487),(子良)正位司徒,给班剑二十人,侍中如故。移居鸡笼山西邸,集学士抄《五经》、百家,依《皇览》例为《四部要略》千卷。招致名僧,讲语佛法,造经呗新声,道俗之盛,江左未有也。

这里的永明五年是纂集《四部要略》的年代,而非开西邸的年代。开西邸应更早几年,大约在南齐开国之初。又《梁书》卷一三《沈约传》谓:

> ……时竟陵王亦招士,约与兰陵萧琛、琅邪王融、陈郡谢朓、南乡范云、乐安任昉等皆游焉,当世号为得人。

再加上萧衍、陆倕,被称为"竟陵八友",是西邸的常客。参与其间的,还有柳恽、王僧孺、孔休源、江革、范缜等,皆一时名士。名僧大德亦参与其中,在汤著《汉魏两晋南北朝佛教史》列出名字的有玄畅、僧柔、慧次、慧基、法安、法度、宝志、法献、僧祐、智称、道禅、法护、法宠、僧旻、智藏等人,没有提到的还有僧远、僧亮、僧印、法通、智顺、慧明、僧审、僧辩、慧忍等①。几乎一时江南所有的名僧都与这个集团有联系。

这个西邸贵族文人集团有着浓厚的文化色彩。在当时南北易代频仍、武夫跋扈、劫杀不断的情况下,这些人热衷于提倡精致的贵族文化,作出了多方面的贡献,是应给予积极的评价的。在这个集团的活动中,僧侣起了相当大的作用。只举一例。西邸中多诗才,他们借助佛教唱导所传播的外语声韵知识来"审音定声",推动诗歌创作"声病"说的形成,在中国诗歌格律的发展上作出了贡献。《高僧传》卷十三《僧辩传》记载:

> 永明七年二月十九日,司徒竟陵文宣王梦于佛前咏《维摩》一契……便觉韵声流好,著工恒日。明旦即集京师善声沙门龙光普智、新安道兴、多宝慧忍、天保超胜,及僧辩等,集第作声。辩传古《维摩》一契、《瑞应》七言偈一契,最是命家之作。

这是陈寅恪所谓"为当时考文审音之一大事"②,从中可以清楚地看到所谓"善声沙门"的活动与贡献。

这种具有很高文化水平的儒、释之间的交流,在后来的文坛上和佛门中成为一个具有积极文化意义的传统。柳宗元说:

> 昔之桑门上首,好与贤士大夫游。晋、宋以来,有道林、道安、远法师、休上人,其所与游,则谢安石、王逸少、习凿齿、谢灵运、鲍照之徒,皆时之选。由是真乘法印与儒典并用,而人知向方。(《送文畅上人登五台遂游河朔序》,《柳河东集》卷二五)

至唐宋,文人结交僧侣风气亦盛。即使是韩愈那样张扬儒道、

①参阅汤用彤:《汉魏晋南北朝佛教史》上册,第329页。
②参阅陈寅恪:《四声三问》,《金明馆丛稿初编》,上海古籍出版社,1980年。

严于辟佛的人也和僧人广泛往还。中唐以后,新型的结社之风兴起。入宋,居士佛教进一步繁荣,文人参与结社的更为普遍。不过由于佛教已走向衰败,这种结社的文化意义也趋于淡薄了。但直到明、清,儒、释交流的传统仍在士大夫间长久地延续,其文化上的意义仍值得重视。像明末的李贽和"公安三袁"(宗道、宏道、中道),都是一时思想界和文学界的精英,他们的活动与成就都与佛教僧侣有密切关系。陈垣先生的《明季滇黔佛教考序》指出,"明季中原沦陷,滇黔犹保冠带之俗,避地者乐于去邠居岐,故佛教益形热闹",他更论及"滇黔建省较后,其开辟有赖于僧徒,此节近始发觉,益显宗教与文化之关系"(《明季滇黔佛教考》,中华书局,1962年版)。陈书也是阐扬佛教僧侣与文化关系的大著。无论是观点、资料还是研究方法都可做治学典范。

鲁迅论中国史,曾说过:

我们从古以来,就有埋头苦干的人,有拚命硬干的人,有为民请命的人,有舍身求法的人……虽是等于为帝王将相作家谱的所谓"正史",也往往掩不住他们的光耀,这就是中国的脊梁。(《且介亭杂文·中国人失掉自信力了吗》)

这里高度评价了"舍身求法"的宗教家,认为他们是代表了真正的历史传统的人物。僧人在文化上的贡献,也应作如是观。

四

中土佛教用汉代称呼官寺的"寺"来称寺院,这个事实已反映了一种观念,就是不把寺院当作单纯的个人修道场所,而是社会性的组织机构。它们不像早期印度佛教的窟寺、塔寺那样主要是坐禅和礼佛的场所,也不一定建立在与繁闹隔离的僻远地区。晋宋以后的一些寺院往往建在通都大邑。就是建在山林中的大寺如庐山东林、天台国清之类,也与世俗社会保持着密切关系①。在中国佛教的发展中,寺院不止是宗教活动中心,亦在社会上起着多方面重大作用。寺院,特别是那些大寺(不少在后代还是"敕赐"寺名甚或是"敕建"的),逐渐成为经济实体,发展有规模的寺院经济,培育出僧侣地主阶层:这也是寺院活动的经济基础。不少高僧大德又与世俗权势相勾结,一些寺院还起着政治作用。至于寺院的腐败、堕落现象,蠹害民生的行径,更是历代普遍存在的。这些都是研究寺院史应讨论的课题,此不俱论。这里仅拟提出的是,一些寺院曾是一时一地的文化中心,在文化发展中起过积极作用。研究佛教文化,这是应当注意的问题。

中国古代的寺院是佛教教学、研究机构。义学沙门在寺院里研习佛理、宣讲佛说,在发达的义学研究的基础上创造出中国佛教的学派和宗派。这所有的工作都是在与世俗文化的相互交流与影响下进行的。特别值得提出的是佛典翻译事业所具有的重大的文化意义。自东晋十六国时期建立起大规模的译场,如姚秦长安逍遥园、北凉凉州闲豫宫、东晋建康道场寺、庐山般若台、元魏洛阳永宁寺等都是一时译业中心。当时的译场,人数众多,动辄数百人,多达二三千人,分工精细,工作认真。译主多是精通华、梵(胡)的大师,参与者大多数是学徒,也有相当数量的饱学之士。译主作为导师,主持传翻,同时讲解、讨论。译场中解难析疑,问答论辩。讲解的记录就成了经论的义疏。到唐代,如玄奘的慈恩寺、兴善寺译场,不空的净影寺、兴善寺译场,则是更为精干的专业班子,人数不多,但有相当高的水平。这些译场在传译佛典上做出了巨大贡献,

①唐许嵩所著《建康实录》对于南朝贵族造寺及有关活动记述颇详,是了解当时寺院发展状况的重要资料,可参阅。

又集中了大批人才，如鸠摩罗什门下的僧肇、僧叡、道融、昙影等人，玄奘门下的窥基、神昉、嘉尚、普光等人，都能弘扬师说，有的还做出多方面的成绩，其贡献远远超出了佛教学术范围。如玄奘弟子辩机秉承师说撰述《大唐西域记》，慧立、彦悰撰《大慈恩寺三藏法师传》，都成为文化交流史、历史地理学的经典著作。译场中也吸收俗人参加。唐时的敕建译场朝廷设监护大使，并任命大臣中的能文之士参与润文，这当然也促进了僧、俗之间的交流。不过入宋以后，印度佛教已经衰落，已鲜有具有重大价值的外来经典可译，至仁宗庆历元年（1041）孔道辅奏请解散翻经院，中土大规模的译经事业至此结束①。

古代寺院还是中、外文化交流的场所。历史上的文化交流，往往伴随着宗教传播进行。佛教在南亚、中亚、东亚各国的弘传，正是时间长远、规模巨大的宗教与文化交流事业。中国作为汉传佛教的中心区域，在这一交流中起着特殊作用。古代到中国来的外国人大体有四类。一是外国政府的使臣及其随员、派遣的留学生、质子等；二是商人；三是艺术家；第四类则是各宗教前来传教的人，其中主要是佛教僧侣。四类人中在文化交流中起作用较大的是后两种人。但艺术家们专业领域比较狭窄，以这方面交流最为繁盛的唐代为例，主要是来自中亚粟特族（米国、曹国、史国等地）的舞乐艺人。而僧侣不但人数众多，其中多博学之士。寺院首先是外来僧侣寄居的场所，同时也是他们参礼、学习的地方。现在仍保存有大量日本"入唐僧"、"入宋僧"在中国寺院活动的资料。如圆仁的《入唐求法巡礼行记》，即详细地记载他在唐游行时到各地寺院活动的情形。还以日本人为例，入唐僧带走大批佛教的经典、法

①这里只讨论汉语译业。这方面的工作直到晚近仍在零星地进行。如已故法尊的工作就价值重大。另有藏传佛教的庞大译业，还有历史上蒙语、满语的规模也相当巨大的译业，都有必要进行研究。

物,据现存的日僧《将来目录》①,可以看到他们携带的典籍数量之
巨大,种类之众多。外国僧侣来华,中国僧侣西行、东去,还有日
本、三韩的僧侣西行求法途经中国的,都以寺院为根据地。众所周
知,外来文化的输入与刺激是本土文化发展的重要动力之一,而本
土文化的输出又是本民族对于世界文化的贡献。寺院在这种文化
交流中起着重大作用,是应当予以重视并给以高度评价的。

　　寺院是佛教文学、艺术的中心,又是这方面的珍贵遗产的保存
场所。这是不必赘言的②。这里拟着重指出的是,学术界对佛教寺
院在这方面的贡献和影响一般是估计不足的。在艺术方面,如绘
画、雕塑、寺塔石窟建筑等领域,古代的遗存众多,研究与评价尚较
充分。但在文学诸领域,佛教文学和佛教的影响就往往被轻视或
忽略了。例如对六朝小说的研究,人们多只注意到所谓“志怪”(以
《搜神记》为代表)和“志人”(以《世说新语》为代表)小说,却忽视鲁
迅早已作为专门一类论述的“释氏辅教之书”③,如大量的记载报
应、灵验故事的集子。这些故事主要是寺院僧侣传出(甚或是制
作)的。更很少注意翻译佛典的文学价值及其在文学发展中的意
义。又如,从唐五代的俗讲中曾发展出典型的寺院文学——变
文④,其中包括帝都大寺由敕命举行的俗讲(如圆仁《巡礼行记》所
记述的),也有地方寺院法会上的俗讲。在这一活动里培养出了一
批专业的“讲经沙门”,即俗讲艺术家,代表者如许多文献都曾记载
的文溆。近几十年来,围绕有关问题已进行了许多研究,但俗讲作

---

① 参阅《大正藏》第 55 卷,其中收录了这类书的主要作品。
② 关于佛教与中国文学发展的关系,参阅拙著《佛教与中国文学》,上海人民出
　 版社,1988 年。
③ 参阅鲁迅:《中国小说史略》第六篇《六朝之鬼神志怪书(下)》。
④ 在敦煌发现的、曾被笼统地称为“变文”的作品,周绍良先生又作了细致的区
　 分。按 1987 年出版的《敦煌文学作品选》(中华书局版)代序《唐代变文及其
　 它》的提法,分为变文、讲经文、因缘(缘起)及押座文、解座文、词文、诗话、话
　 本和赋等七类。

为文学创作和文化活动的具体情况及其影响,考察得还远不充分。而敦煌石窟正是寺院文化伟大成就的绝好例证。

唐宋以来,随着佛教更彻底地"中国化",也加深了它的"世俗化"。寺院成了文人士大夫们游览、居停、习静的场所,从而使他们在这里得到了更多与僧侣结交的机会。这对他们的思想、生活和创作必定产生不同程度的、或隐或显的影响。翻翻唐宋以后人的文集,游览佛寺、结交僧人的诗文俯拾皆是。以唐人为例,杜甫在长安曾与大云寺主赞公结交,后来到天水,曾居于赞公土室;颜真卿"不信佛法,而好居佛寺,喜与学佛者语"(颜真卿《泛爱寺重修记》,《全唐文》卷三三七);韦应物喜居精舍,屡见于诗;李泌"尝读书衡岳寺"(《太平广记》卷三八引《邺侯外传》);柳宗元贬柳州,先后居龙兴寺、法华寺;李绅早年与僧鉴玄"同在惠山十年"(李绅《重到惠山》,《全唐诗》卷四八二);白居易晚年居香山寺,这是大家知道的;贾岛亦多居佛寺,他那一派诗人中有诗僧无可,他们多在其寺共宿;许浑落第后居崇圣寺;郑谷"乱离之后在西蜀半纪之余,多寓止精舍"(郑谷《谷自乱离之后在西蜀半纪之余多寓止精舍与圆昉上人为净侣昉公于长松山旧斋尝约他日访会劳生多故游宦数年曩契未谐忽闻谢世怆吟四韵以谢之》,《全唐诗》卷六七四);张祜性爱山水,多游佛寺;杜牧曾寓居扬州禅智寺;司空图有诗说:"世事尝艰险,僧居惯寂寥。"(《乱后三首》,《全唐诗》卷六三二)等等。在长安科举落第的举子,往往借居于寺院习业,谓之"过夏",成为一时习俗①。文人更多地出入寺院,也表明了它已发挥着某种文化中心的作用。以至晚唐大中二年(848)任宣州刺史的裴休曾向朝廷进奏,说天下寺观多为官僚寄客蹂践,今后不得居止,违者重罚,诏从其请(《佛祖统纪》卷四二),正反映寺院中官僚士大夫活动的

①参阅严耕望:《唐人习业山林寺院之风尚》,《唐史研究丛稿》,(香港)九龙新亚研究所,1969年。

实情。

随着佛教的"世俗化",寺院又成为民众集会和游艺的场所。唐代的衡山已有观音忌那样的活动(见《宋高僧传》卷九《怀让传》)。长安寺院里又有很多"戏场"即民众游乐场所。如宋钱易记述说:

> 长安戏场多集于慈恩,小者在青龙,其次荐福、永寿。尼讲盛于保唐。(《南部新书》戊卷)

明、清以来的各种各样的庙会,是民间重要的经济、文化活动的形式,对民风、民俗发挥广泛、深刻的影响,也清楚显示寺院在民间文化中的作用。

五

以上,只从僧团、寺院活动的角度简述佛教文化在整个中国文化史上的重要地位和巨大作用。对这种文化的评价会有不同的意见,应当在深入的研究过程中加以探讨,但这一课题的重要性是应当充分估计的。

本文强调对僧团和寺院的研究。除了感到历来这个方面的研究比较薄弱且题目又相当重要之外,还由于汲取这方面的历史经验,无论是对于继承佛教文化遗产,还是对于建设高度文化水平的现代佛教,都是具有借鉴意义的。就后一方面说,历史上佛教的生存和发展的重要基础奠定在其高度文化水平上。今天佛教的"现代化",佛教要发挥积极社会作用,必须提高文化层次。具体到佛教文化研究工作,可以取不同角度,而比较方便、易于把握的是按各文化部门的分类研究,如佛教对思想、学术、文学、艺术、伦理、风俗等方面的影响。方法和角度可以各异,最重要的应是高水平的学术研究。

　　笔者在拙著《佛教与中国文学》的《后记》里曾表示,自己工作的目标主要在"描述",即尽可能全面地搜集并利用历史资料,展示出历史现象的本来面貌。现在仍坚持这样的看法。一方面资料工作是一切研究工作的基础,另一方面则考虑到目前研究工作的实际:由于多年来对有关领域研究的轻视和荒疏,基础工作就显得更为重要。而且佛教文化所涉及的学术领域极其广大,其自身内容又十分艰深,更需要教内外多学科更多人的持久努力。只有基础工作做扎实了,高水平的研究方能开始。

　　而进行高水平的佛教文化研究,也是中国文化建设中非常重要的工作。而没有这方面的深入、细致的研究,中国文化的研究很难说是完整、深入的。

　　　　　　　　　(原载中国佛教文化研究所编《佛学研究》1995
　　　　　　　年卷,中国社会科学出版社,1996年)

唐长安佛寺考

在印度佛教发展的早期，并没有固定的院寺。僧侣过着托钵巡游生活，只是逢雨季在一定的地方"安居"。后来出现了寺院，则主要是信徒修道和供佛、礼佛的场所。即使如印度佛教后期的那烂陀寺那样的大寺院，其功能也主要在这两个方面。而佛教甫入中土，很快就形成了中国式的寺院。它们是僧侣居住、活动的地方，也是佛教活动的中心，并与世俗社会结成了千丝万缕的联系。中土佛寺在建筑格式和内部组织上具有自己的特点。汉传佛教寺院这些特点的形成和发展，是受到中国的封建制度和文化传统等诸多因素所制约的。到南北朝时期，寺院经济已发展到相当大的规模，从而大为增强了佛教的势力。

唐代是中国佛教发展的鼎盛时期，这也是寺院建设极其兴盛的时期。而两京作为当时的政治、文化和国际交流中心，同时又是宗教活动中心，寺院建设和活动尤其兴盛。这些京城的大寺不只在当时的佛教内部占据着指导地位，在与世俗政权和社会生活各方面的关系上更起着极其巨大的作用。因此研究两京的寺院，就成为认识当时佛教发展状况的钥匙；进而可以帮助我们深入了解唐代政治和社会生活的一些重要方面。

由于篇幅关系，本文只讨论西京长安寺院情况。这也是因为东都洛阳的佛教只是在武后至玄宗朝前期兴盛过一个时期，而长安在唐王朝三百年间一直是佛教发展的中心。

长安寺院概况

　　北周武帝毁佛,大河南北寺像悉被夷灭。至隋代崇佛,在两京大规模地兴建佛寺。特别是自开皇二年(582)起建设新都大兴城,更有可能规划、建筑规模宏大的寺院。到唐室建立,虽经隋末战乱的焚毁,隋朝旧寺仍保留了一批。而自唐室初建,更陆续兴建了许多寺院。武后、中宗朝,"太平公主、武三思、悖逆庶人,恣情奢纵,造罔极寺、太平观、香山寺、昭成寺,遂使农功虚费,府库空竭矣"①。这是两京造寺的又一个高潮。"安史之乱",两京遭到严重破坏,有些寺院被废毁,但以后不少又相继恢复,并陆续建设起一批新的寺院,包括章敬寺这样的大寺。规模宏伟的长安佛寺遍全城。特别是其南面的几列里坊,居民一直稀少,更可以建设占地尽坊的大寺(当然还有道观,不在本文讨论之列)②。

　　中唐时期的舒元舆形容当时佛寺之众,说"十族之乡,百家之间,必有浮图"③;久视元年(700)狄仁杰上疏也指出"里陌动有经坊,阛阓亦立精舍"④。长安城更是如此。我们现在所知文献记载的都是当时著名的大寺院。另外还有无数的兰若、佛堂、经坊等遍布于坊市,如日僧圆仁在武宗朝到长安,就记录"长安城里坊内佛

---

①杜佑:《通典》卷七,王文锦等点校,中华书局,1988年,第149页。

②参阅《中国城市建设史》(第二版),董鉴泓主编,中国建筑工业出版社,1989年,第34—41页。

③《唐鄂州永兴县重岩寺碑铭》,《全唐文》卷七二七,中华书局影印本,1983年,第7498页下。

④《资治通鉴》卷二〇七《唐纪二三·久视元年》,中华书局,1956年,第6550页。

堂三百余所"①。具有一定规模的佛寺的数量,宋敏求《长安志》记载天宝以前有僧寺六十四,尼寺二十七,合计九十一所②;日本佛教学者塚本善隆主要根据徐松《唐两京城坊考》(以下简称徐《考》,有方严点校、张穆校补本,附程鸿诏《唐两京城坊考校补记》,中华书局,1985 年)列出唐代长安寺院一百零三所③;但他们所搜集的还不完全。近年日本学者小野胜年广泛搜集史料,著成《中国隋唐长安·寺院史料集成》(史料篇、解说篇,京都法藏馆,1989 年),有关材料大体搜罗齐备。以下即在这些成果的基础上加以补充。当然这其中有些寺院是陆续兴建的,有些在一定时期已毁废,并不是一时并存的。寺院名称排列以首字拼音为序,徐《考》书易见,其中已详者则略及之:

宝刹寺:徐《考》卷三,在崇仁坊。

宝昌寺:有僧道洪于贞观年间在宝昌寺讲《涅槃》,见《续高僧传》卷一四;宝昌法祥参与玄奘译场,见慧立、彦悰《大慈恩寺三藏法师传》、许敬宗《瑜伽师地论新译序》(《全唐文》卷一五二,1551页);至景云元年玄宗谋诛武、韦,宝昌寺普润参与其事(见《资治通鉴》卷二○九《唐纪二五·景云元年》,6644 页)。

宝德寺:圣历三年宝德寺僧慧月等请会勘《不空羂索陀罗尼经》,见波仑《不空羂索陀罗尼经序》(《全唐文》卷九一三,9511 页)。

宝庆寺(俗名花塔寺):《金石萃编》卷四○有《宝庆寺瓦当》,谓"文皆五字,曰'长安宝庆寺'";据《陕西通志》,在安仁坊,俗名"花塔"。《金石萃编》卷八五又有《花塔寺王璿造像铭》等。

---

① 圆仁:《入唐求法巡礼行记》卷四,顾承甫等点校,上海古籍出版社,1986 年,第 178 页。

② 宋敏求:《长安志》卷七,《丛书集成初编》本,第 3209 册,中华书局,1991 年。

③ 参阅塚本善隆:《中國淨土教史研究》,《塚本善隆著作集》第四卷,第 234 页插图。书中列出一○五所,但其中资圣寺误重出,善果寺为隋废寺,实为一○三所。

宝台寺：天宝年间菏泽神秀弟子常一"征入京师,住宝台寺",见锐璨《大唐荷恩寺故大德法津禅师塔铭》(周绍良主编《唐代墓志汇编·元和〇一二》,以下简称《志汇》,上海古籍出版社,1992年,1956页)。

宝应经坊：徐《考》卷四,在延寿坊。经坊是写经、诵经之处,是一种特殊的寺院,遍布在长安里坊之中,这里只据徐《考》著录一处。

宝应寺：徐《考》卷三,在道政坊。

保寿寺(《通鉴》卷二一六作"宝寿寺"①)：据段成式《酉阳杂俎·续集》卷六《寺塔记》下谓在翊善坊。

保唐寺：见柳澈《保唐寺毗沙门天王灯幢赞》(《全唐文》卷七一七,7369页),其中说到"事之源也,肇自平康里"云云,故寺在长安无疑;文作于元和年间。

褒义寺：徐《考》卷四,在嘉会坊。

报恩寺：徐《考》卷四,在崇德坊,谓"嗣虢王邕景龙中娶韦庶人妹,舍宅立寺。韦氏败,寺废"。然《旧唐书》卷一九一《方伎传》说"又于相王旧宅置报恩寺"。是否一处,待考。

辨才寺：徐《考》卷四,在怀德坊。

禅定寺：隋仁寿三年所建禅定寺于武德二年改为大庄严寺,大业元年所建大禅定道场改为总持寺。《宋高僧传》卷一九《无相传》谓他"到京,玄宗召见,隶于禅定寺",故此应是唐时所新建。

禅林寺：徐《考》卷三,在兴庆坊。

崇福寺：徐《考》卷四,在休祥坊。咸亨元年初立,为太原寺(以在西京又称西太原寺);垂拱三年,改魏国寺;载初元年,为崇福寺(大中五年,化度寺曾改为崇福寺)。

崇济寺：徐《考》卷三,在昭国坊。本为修慈寺,贞观末改本宏

---

① 《资治通鉴》卷二一六《唐纪三二·天宝七载》："夏四月……于西京作宝寿寺,寺钟成,(高)力士作斋以庆之,举朝毕集。"

寺,神龙中为崇济寺。岑参有《携琴酒寻阎防崇济寺所居僧院》诗,
见《全唐诗》卷二〇〇(中华书局,1960 年,2086 页);又见段成式
《寺塔记》下。

崇敬寺:徐《考》卷二,在靖安坊。龙朔二年立,本为尼寺,高宗
崩,改为宫,以为别庙,后再改为寺。唐伸《澧州药山故惟俨大师碑
铭》中说"自兴善宽、敬示灭之后,四方从道之人,将质疑传妙,罔不
诣崇敬者"(《全唐文》卷五三六,5444 页)。

崇化寺:《通鉴》卷二五二《唐纪六八·咸通十四年》:奉迎佛骨
于禁中三日,"出置安国、崇化寺"(8165 页,元校点在安国、崇化间
未置隔点)。

崇圣寺:徐《考》卷四,在崇德坊。隋旧寺,本为道德、济度二尼
寺,后为灵宝寺和太宗别庙;仪凤二年,改为崇圣僧寺(大中五年,
温国寺曾改为崇圣寺)。

崇先寺:小野氏书引敦煌文书有"右街崇先寺内讲论兼应制大
德彦楚"(《史料篇》,340 页)。

崇业寺:徐《考》卷四,在崇贤坊。徐《考》作尼寺,《宋高僧传》
卷四《神楷传》谓为所住寺,则武后时已改为僧寺。

崇义寺:徐《考》卷四,在长寿坊。慧颙(道宣师)、道宣均曾住此。

楚国寺:徐《考》卷三,在晋昌坊。

慈悲寺:徐《考》卷四,在光德坊。

慈仁尼寺:徐《考》卷四,在崇贤坊。本在法明尼寺西,开元二
年敕并入法明尼寺。

慈云寺:李山甫《题慈云寺僧院》诗:"帝城深处寺,楼殿压秋
江。"(《全唐诗》卷六四三,7372 页)寺在"帝城"。

大慈寺:据平冈图①,在常乐坊。

---

① 参见平冈武夫:《长安与洛阳》。此书为日本京都大学人文科学研究所出
版的《唐代研究》丛书之一,此据杨励三译本,陕西人民出版社,1957 年,第
34 页。

大安国寺：徐《考》卷三，在长乐坊。为京城名寺，特盛于中唐时期。

大慈恩寺：徐《考》卷三，在晋昌坊。为京城名寺，特盛于初、盛唐。

大法寺：徐《考》卷四，在长寿坊。本名弘法寺，神龙元年改。

大荐福寺：徐《考》卷二，在开化坊；其浮图院在安仁坊。为京城名寺，至晚唐繁盛不衰。

大觉寺：徐《考》卷四，在崇贤坊。

大开业寺：徐《考》卷四，在丰乐坊。武德元年立为证果尼寺；贞观九年改为静安宫，为高祖别庙；仪凤二年复立为开业寺。

大兴善寺：徐《考》卷二，在靖善坊。神龙中至景云年间一度更名酆国寺。为京城名寺，至晚唐繁盛不衰。

大云寺：徐《考》卷四，在怀远坊。本名光明寺，为三阶教道场；善导亦曾在此说法；武后时改为大云寺，据《通鉴》卷二〇四《唐纪二〇》，事在天授元年（6469 页）；开元二十六年改开元寺，见《唐会要》卷八《寺》。在《长安志》等书里均作"大云经寺"，饶宗颐据碑刻考订"经"字误衍（见《从石刻论武后之宗教信仰》，《饶宗颐史学论著选》，上海古籍出版社，1993 年，509—510 页）。

大中报圣寺：徐《考》卷三，在兴宁坊。

大庄严寺：徐《考》卷四，在永阳坊、和平坊。会昌六年，改圣寿寺。为京城名寺。特盛于初、盛唐。

大总持寺：徐《考》卷四，在永阳坊、和平坊。为京城名寺，晚唐犹盛。

道德寺：徐《考》卷四，先在崇德坊，后徙于嘉祥坊之太原寺址。

定光寺：见礼言《梵语杂名》，属衔为"翻经大德兼翰林待诏、定光寺归兹国沙门"。

定国寺：《宋高僧传》卷二四《大光传》谓"属帝（肃宗）降诞节，斋于定国寺……令中官赵温送于千福寺，住持经道场"。事又见李绅《墨诏持经大德神异碑铭》(《全唐文》卷六九四,7126—7128 页)。

定水寺:徐《考》卷四,在太平坊。

法海寺:徐《考》卷四,在布政坊。

法界尼寺:徐《考》卷四,在丰乐坊。

法觉尼寺:徐《考》卷四,在敦义坊。开元二年,并入资善寺。

法明尼寺:徐《考》卷四,在崇贤坊。

法乾寺:《宋高僧传》卷六《知玄传》:"帝(宣宗)以旧藩邸造法乾寺,诏(知)玄居寺之玉虚亭。"《僧史略》下"赐僧紫衣"条记载大中年间"法乾寺都检校僧从梀赐紫"。《鉴诚录》卷八记载贾岛为僧,本名无本,"去法乾寺返初"。

法寿尼寺:徐《考》卷二,在开化坊。

法寿寺:《太平广记》卷二一五《满师》:"西京太平坊法寿寺,有满师善九宫……"

法云尼寺:徐《考》卷三,在宣平坊。景龙二年至景云元年改翊圣寺;会昌六年改唐安寺。令狐安有《唐故上都唐安寺外临坛律大德比丘尼广惠塔铭》(《志汇·大中一五〇》,2368 页);又青龙寺沙门后素《尼又元造幢记》谓又元"遂止唐安"(陆增祥:《八琼室金石补正》卷四八,文物出版社,1985 年,239 页)。

奉慈寺:徐《考》卷三,在宣阳坊。本为虢国夫人宅,据《寺塔记》下、《宋高僧传》卷二七《惟则传》:宪宗太皇太后郭氏为母齐国大长公主追福造。

奉恩寺:徐《考》卷四,在居德坊。张彦远《历代名画记》卷三谓寺本尉迟乙僧宅;《宋高僧传》卷三《智严传》谓智严本姓尉迟氏,于阗国质子,舍宅为寺。两尉迟不同,当是传闻异词。大中五年,奉恩寺改为兴福寺。

福林寺:徐《考》卷四,在安定坊。本隋律藏寺,武德元年,于永兴坊置太原寺,后移于此,咸亨三年改福林寺。

福田寺:徐《考》卷四,在敦义坊。本为隋废寺,乾封二年武后立为崇福寺（与在休祥坊曾名为崇福寺者非一处），仪凤二年改为福田寺。

甘露尼寺：徐《考》卷三，在胜业坊。

功德尼寺：徐《考》卷四，在怀远坊。

功德寺：《宋高僧传》卷九《志贤传》："志贤……后游长安，名公硕德，列请为大寺功德之师。"此为僧寺，与尼寺非同一处。

光德寺：徐《考》卷四，在光德坊。

光明寺：徐《考》卷二有光明寺，在开明坊。按怀远坊大云寺本名光明寺，即为隋时慧最、昙藏、慧藏所住寺（《续高僧传》卷一〇、一三、二九），唐初善导曾在此说法，有信徒自柳树上投身，是轰动一时的事（《宋高僧传》卷二九《会通传》）。此非同处。

光宅寺：徐《考》卷三，在光宅坊。

广福寺：窥基曾"奉敕为奘师弟子，始住广福寺"（《续高僧传》卷四《窥基传》）；武后朝日照三藏住寺译经（同上卷二《日照传》）；到中唐时朝又有慧空，"代宗皇帝闻其有道，下诏俾居京师广福寺"（同上卷九《慧空传》）。

海觉寺：徐《考》卷四，在崇贤坊。

荷恩寺：徐《考》卷三，在永兴坊。

恒济寺：《宋高僧传》卷一四《道成传》谓为道成所住寺，并说"怀素著述，皆出其门"；又同卷《怀素传》亦云："上元三年丙子归京，奉诏住西太原寺，傍听道成律师讲……"

宏福寺（亦作弘福寺）：徐《考》卷四，在修德坊。刘轲《大唐三藏大遍觉法师塔铭》："……太宗曰：师（指玄奘）西去后，朕为穆太后于西京造宏福寺，寺有禅院，可就翻译……"（《全唐文》卷七四二，7683页）自唐初玄奘住宏福寺，此为著名译场。神龙元年改为兴福寺。

宏济寺：《续高僧传》卷二三《惠满传》，贞观七年，敕令住弘济寺为上座；怀素贞观十九年从玄奘出家，居宏济寺（见《全唐文》卷九一二小传,9504 页)。

弘法寺:《续高僧传》卷二〇《静琳传》:"武德三年正月,正平公李安远奏造弘法……京室都寺五十有余,至于叙接宾礼,僧仪邕穆者,莫高于弘法矣。又寺居古废,唯一佛堂,僧众创停,仄陋而已……"

弘光寺:徐《考》卷四,在怀德坊。

弘善寺:《续高僧传》卷一六《信行传》:"又于京师置寺五所,即化度、光明、慈门、慧日、弘善寺是也。"又同卷二九有弘善寺法旷,其师荣师亦住该寺。

护国寺:圆仁《入唐求法巡礼行记》卷四:"为求归国,投左神策军押衙李元佐……宅在永昌坊,入北门西回第一曲,傍墙南壁上,当护国寺后墙西北角。"

华阳寺:《唐会要》卷四八《寺》:"……清禅寺改为安国寺,缘间架数少,取华阳寺连接充数。"清禅寺在兴宁坊。

化度寺:徐《考》卷四,在义宁坊。本隋真寂寺,武德二年改,会昌六年改崇福寺。为三阶教名寺。

会昌寺:徐《考》卷四,在金城坊。

慧日寺:徐《考》卷四,在怀德坊。

积善尼寺:徐《考》卷四,在义宁坊。原在修真坊,武德中徙。

纪国寺:徐《考》卷四,在延福坊。

济度尼寺:徐《考》卷四,在安业坊。原在崇德坊,贞观二十三年移此。《通鉴》卷一九九《唐纪十五》:"太宗崩,武氏随众感业寺为尼。"胡注曰:"《长安志》曰:'贞观二十三年五月,太宗上仙,其年即以安业坊济度尼寺为灵宝寺,尽度太宗嫔御为尼以处之。'程大昌曰:'以《通鉴》及《长安志》及吕大防《长安图》参定,《通鉴》言武氏在感业寺,《长安志》在安业寺,惟此差不同。'然《志》能言寺之位置及始末,则安业者是也。"

济法寺:徐《考》卷四,在布政坊。

建法尼寺:徐《考》卷四,在颁政坊。

建福寺：徐《考》卷三，在曲池坊。本隋天宝寺，龙朔三年改。

经行寺：徐《考》卷四，在崇化坊。会昌六年改龙兴寺。

净影寺：徐《考》卷三，在敦化坊。据《续高僧传》卷八，寺是隋文帝为净影慧远所立，地址"选天门之南，大街之右，东西冲要"。

净域寺：徐《考》卷三，在宣阳坊。

净住寺：徐《考》卷三，在晋昌坊。

静法寺：徐《考》卷四，在延康坊。

静乐尼寺：徐《考》卷四，在崇化坊。

静住寺：平冈图误前净住寺在安兴坊，即与此静住相混淆。马戴《题静住寺钦用上人房》诗谓"寺近朝天路，多闻玉佩音"，安兴坊在大明宫南。《太平广记》卷四二一《萧昕》谓"天竺僧不空三藏居于静住寺"（汪绍楹点校，人民文学出版社，1961 年，3426 页）。

开善尼寺：徐《考》卷四，在金城坊。

开业寺：徐《考》卷四，在丰乐坊。本为证果尼寺，仪凤二年改。

空观寺：徐《考》卷四，在兴化坊。

乐善尼寺：徐《考》卷四，在金城坊。本为舍卫寺，景龙元年改温国寺，二年为乐善尼寺。

醴泉寺：徐《考》卷四，在醴泉坊。

灵安寺：徐《考》卷四，在嘉会坊。

灵花寺：徐《考》卷三，在常乐坊。

灵化寺：徐《考》卷四，在普宁坊。

龙华尼寺：徐《考》卷三，在曲江北。

龙兴寺：徐《考》卷四，在颁政坊。太宗为皇太子及诸王受菩萨戒，造普光寺，神龙元年改中兴寺，又改龙兴寺。大中五年，经行寺曾改为龙兴寺。

罗汉寺：徐《考》卷四，在怀德坊。

妙胜尼寺：徐《考》卷四，在醴泉坊。

明觉尼寺：徐《考》卷四，在布政坊。

菩提寺：徐《考》卷三，在平康坊。段成式《寺塔记》上记载菩萨寺事，为"菩提寺"之讹；又《唐语林》卷二："长安菩萨寺僧弘道，天宝末，见王右丞为贼所因于经藏院……"王"安史之乱"中陷贼，因于菩提寺，见其所作《菩提寺禁口号又示裴迪》(《全唐诗》卷一二八,1304页)。

普集寺：徐《考》卷四，在居德坊。

普济寺：《唐会要》卷四八《寺》："贞元十三年四月敕：曲江南弥勒阁，宜赐名贞元普济寺。"白居易《祭中书韦相公文》："长庆初，俱为中书舍人日，寻诣普济寺宗律师所同受八戒，各持十斋……"(《全唐文》卷六八一,6965页)刘得仁《宿普济寺》诗说"曲江临阁北，御苑自墙东"(《全唐诗》卷五四五,6300页)。

普耀寺：徐《考》卷三，在青龙坊。

千佛寺：李绅《墨诏持经大德神异碑铭》："肃宗皇帝召对禁中……令内臣赵思温送于千佛寺。"(《全唐文》卷六九四,7126页)，则寺应在长安。

千福寺：徐《考》卷四，在安定坊。

青龙寺：徐《考》卷三，在新昌坊。本名灵感寺，龙朔二年改观音寺。《宋高僧传》卷一四《昙一传》："(昙一)开元五年西游长安，依观音寺大亮律师，传《毗尼藏》。"同上卷二四《法朗传》："(城阳)公主乃高宗大帝同母妹也。友爱殊厚，降杜如晦子荷；荷死再行薛瓘，既疾绵困……召朗至，设坛持诵……公主奏请改寺额曰观音寺，以居之。此寺本隋灵感寺……武德四年废，至此更题额。"景云二年改青龙寺，会昌六年改护国寺。为京城名寺，特盛于中、晚唐。

清禅寺：徐《考》卷三，在兴宁坊。会昌六年改安国寺。

日严寺：徐《考》卷三，在青龙坊。

瑞圣寺：徐《考》卷四，在金城坊。

善果寺：徐《考》卷四，在布政坊。

绍唐寺：李志暕《大唐故兴圣寺主尼法灯塔铭》："……于王后

宫说法……中宗和帝知名放出,中使供承,朝夕不绝。景龙二年,大德三藏等奏请法师为绍唐寺主。"(《志汇·开元三〇〇》,1362页。又《全唐文》卷一〇〇,1027页)

胜光寺:徐《考》卷四,在光德坊。

胜业寺:徐《考》卷三,在胜业坊。

圣善寺:《通鉴》卷二〇九《唐纪二五·景龙三年》:"春,正月,丁卯,制广东都圣善寺。"胡注:"按西京已有圣善寺,东都亦有圣善寺。皆帝所建,为武后追福。"(6631页)

实际寺:徐《考》卷四,在太平坊。为隋太保、薛国公长孙览妻郑氏舍宅所建。景龙元年,殇帝为温王,改温国寺。与今西安南四十里滈水旁的实际寺非一处。

太平寺:《广异记》:"(崔)明达幼于西京太平寺出家,师事利涉法师……"(方诗铭辑校,中华书局,1992年,130页)又《宋高僧传》卷八《智威传》附《本净传》:"……诏赴京,于白莲华亭安置……敕召太平寺远法师及两街三学硕德,发问锋起。"

太原寺:在休祥坊。咸亨元年,武后外氏故宅立为太原寺,载初元年改崇福寺。为别于洛阳的太原寺分称东、西太原寺,如彦悰《佛顶最胜陀罗尼经序》提到"敕中天法师地婆诃罗于东西二京太原、宏福寺等传译法宝"(《全唐文》卷九〇五,9440页)即是。又原在嘉祥坊有太原寺,贞观二十三年改为道德寺;武德元年以义师初起太原,在永兴坊置太原寺,后移于安定坊,咸亨三年改福林寺。并见徐《考》卷四。

天长寺:《唐会要》卷五〇《杂记》:"(天宝)七年八月十五日,敕两京及诸郡所有千秋观、寺宜改天长名。"王维有《和宋中丞夏日游福贤观天长寺即陈左相宅所施之作》诗(《全唐诗》卷一二七,1287页);代宗有《答天长寺沙门昙邃等表定新旧两疏诏》(《全唐文》卷四八,526页),是有关朝廷勘定《四分律》怀素新疏和法砺旧疏的,见下。

万善尼寺:徐《考》卷四,在休祥坊。会昌六年改延唐寺。

卫国寺:彦悰《大慈恩寺三藏法师传序》称慧立为"卫国西寺前沙门慧立",以东都有卫国寺,故分东、西,同太原寺例。卫国寺当是为高祖子卫王元霸追福而建,同纪国等寺例。

卫国北寺:李峤有《为卫国北寺西寺请迎寺额表》(《全唐文》卷二四五,2485页),卫国西寺外应有北寺。

无量寿寺:徐《考》卷三,在永嘉坊。

西明寺:徐《考》卷四,在延康坊。会昌六年改福寿寺。为长安名寺。

先天寺:徐《考》卷四,在居德坊。本隋宝国寺,先天元年改。

显圣天王寺:徐《考》卷四,在颁政坊。咸通七年改护国天王院。

新都寺:徐《考》卷四,在延福坊。天宝二年立为玉芝观。

兴圣尼寺:徐《考》卷四,在通义坊。

兴国寺:玄应有《兴国寺故大德上座号宪超塔铭》(《志汇·元和一二二》,2035页),中有"巍峨雁塔,崛起于西原"句。

兴庆寺:《僧史略》卷下"僧赐紫衣"条谓沙门道平在"安史之乱"中以军功"敕配崇福、兴庆两寺,赐紫衣,入内奏对"。

兴唐寺:徐《考》卷三,在大宁坊。神龙元年,太平公主为武后立罔极寺;开元二十年改兴唐寺。

修慈尼寺:徐《考》卷三,在胜业坊。本为宏济寺,贞观末改。

宣慈寺:徐《考》卷三,在宣平坊。

宣化尼寺:徐《考》卷四,在永平坊。

玄法寺:徐《考》卷三,在安邑坊。段成式《寺塔记》上有"安邑坊立(一作玄)法寺"条(方南生点校本,251—252页)。为张频舍宅立寺。圆仁《行记》卷三有"玄法寺法全座主解三部大法"。《续高僧传》卷三一《法琰传》,琰居玄法寺。

延唐寺:《僧史略》卷下:"咸通三年……敕两街僧尼四寺各置

方等戒坛,右街千福、延唐二寺度人各三七日。"段成式《寂照和尚碑》:"大和二年,来延唐寺。"(《全唐文》卷七八七,8238 页)

阳化寺:徐《考》卷三,在平康坊。

瑶台寺:徐敬宗《瑜伽师地论新译序》列笔受者有"瑶台寺沙门道卓"(《全唐文》卷一五二,1551 页),列名时外地沙门均出地名。

懿德寺:徐《考》卷四,在延寿坊。本为慈门寺,据《续高僧传》卷一六《信行传》,为三阶教道场;又同卷一一普旷武德三年卒于慈门寺;《宋高僧传》卷二《无极高传》谓无极高"永徽三年……届长安,敕令慈门寺安置"。神龙元年中宗为懿德太子追福改建。

义阳寺:张仲素《内侍护军中尉彭献忠神道碑》:"(元和六年)兼左街功德使……夫人……冯氏……出家受戒,特敕正度,仍赐法名正智,赐居义阳寺。"(《全唐文》卷六四四,6523—6524 页)寺应在长安。

永寿寺:徐《考》卷二,在永乐坊。

永寿寺:徐《考》卷四,在永安坊。段成式《寺塔记》下有"永安坊永寿寺"条(621—622 页)。

永泰寺:徐《考》卷四,在长寿坊。本为隋延兴寺。《续高僧传》卷八《昙延传》:"……移都龙首,有敕于广恩坊给地立延法师众。开皇四年,下敕改延众可为延兴寺。面对通衢京城之东西二门,亦可取延名以为延兴……"同上卷一二《吉藏传》、卷二三《玄琬传》,吉藏和玄琬皆曾住延兴。神龙中,中宗为永泰公主追福,改永泰寺;大中六年,改万寿寺。

元法寺:徐《考》卷三,在安邑坊。

云华寺:段成式《寺塔记》上:"大同坊云华寺:大历初,僧俨讲经……"(250 页)大同坊即常乐坊。《续高僧传》卷二三《惠琎传》:"贞观之初,任云华寺上座。"刘禹锡《毗卢遮那佛华藏世界图赞》:"……德宗朝有龙象(澄)观公……居上都云华寺。"(《全唐文》卷六〇八,6144 页)常乐坊有灵花寺,二者或本为一寺,"灵"、"云"有一讹。

章信寺:《宋高僧传》卷五《良贲传》:"又属章信寺初成,执《疏》(指《〈仁王经〉青龙疏》)服膺者,常数百众。"又为真乘、希照、辩才、崇惠所住寺,见《宋高僧传》卷一五、一六、一七。

招福寺:徐《考》卷二,在崇义坊。

昭成尼寺:徐《考》卷四,在休祥坊。本为慈和寺,永徽元年改道德尼寺,先天二年为昭成尼寺。

赵景公寺:徐《考》卷三,在常乐坊。本宏善寺,开元十八年改。

真化尼寺:徐《考》卷四,在群贤坊。武后时一度改光化寺。

真心尼寺:徐《考》卷四,在群贤坊。

镇国大波若寺:徐《考》卷四,在布政坊。

证果尼寺:韦述《两京新记》谓崇德坊"东北隅证果尼寺",与原在丰乐坊、后改为开业寺的证果尼寺非一处。

证空尼寺:徐《考》卷四,在颁政坊。本为真空寺,武后时改。韦述《两京新记》(残):"(颁政)十字街北之东澄空尼寺。"(中华书局《丛书集成初编》本,第 3205 册,1985 年)"证"、"澄"有一讹。

中天寺:《通鉴》卷二〇八《唐纪二四·景龙元年》:"银青光禄大夫、上庸公、圣善、中天、西明三寺主慧范于东都作圣善寺。"中天寺应在长安。

资福寺:鱼玄机有《题任处士创资福寺》诗(《全唐诗》卷八〇四,9051 页)。鱼活动在长安。

资敬尼寺:徐《考》卷二,在永乐坊。

资善尼寺:徐《考》卷四,在安业坊。

资圣寺:徐《考》卷三,在崇仁坊。

遵善寺:《八琼室金石补正》卷四七《尼戒香(严武女)等尊胜幢记》:"六岁出家于上都遵善寺。"

以上一百六十所,除少数不能确定位置者以外,全是在里坊间的寺院。另有一些资料中记载的大业、武德中所废寺如光宝寺、救度寺（见《长安志》卷一○、徐《考》卷四等）等没有列入。

唐代皇城和宫城内建有许多寺院、佛堂（当然也有道观），这是皇室做法事、建"内道场"的地方①，也有众多的宫人在这里出家修道。还有许多佛寺建在长安城郊，特别是南郊，延伸到终南山一带。住在那里即可脱离尘嚣而表现出高蹈绝尘的姿态，又便于出入都城，与朝廷、世俗社会联系。在皇城和大明宫内可考的寺院如下：

德业寺：《大慈恩寺三藏法师传》："（高祖婕妤、薛道衡女）情慕出家，帝从其志，为禁中别造鹤林寺而处之，并建碑述德……其鹤林侧先有德业寺，尼众数百人……鹤林后改为隆国寺焉。"②

奉敬寺：崔元翰《奉和圣制中元日题奉敬寺》："凤吹从上苑，龙宫连外城。"（《全唐诗》卷三一三，3521页）则寺在宫城内。

佛光寺：徐《考》卷一："（宫城）殿阁之外……寺一，曰佛光寺。"《通鉴》卷二三九《唐纪五五·元和十年》："中岳寺僧圆净……以（李）师道钱千万，阳为治佛光寺。"

佛堂院：徐《考》卷一："（东宫）佛堂院……不知其处。"

福寿寺：《宋高僧传》卷六《僧彻传》："别宣僧尼大德二十人，入咸泰殿置坛度内。福寿寺尼……"

鹤林寺：释义楚《释氏六帖》卷二一："高祖神尧皇帝婕妤、襄州总管薛道衡女，至高宗朝乞出家，帝乃为内禁造寺，名曰'鹤林'。"又参见上"德业寺"条。

弘法院：《大慈恩寺三藏法师传》卷七："……敕所司于北阙紫微殿西，别营一所，号弘法院……昼则帝留谈说，夜乃还院翻经。"（154页）

---

① 参阅张弓：《唐代的内道场与内道场僧团》，《世界宗教研究》1993年第3期，第81—89页。
② 慧立、彦悰：《大慈恩寺三藏法师传》卷八，孙毓棠等点校，中华书局，1983年，第180页。

护国天王寺:《入唐求法巡礼行记》卷三:"案头何判官送到内护国天王寺安置。寺在左神策军球场北,寺与大内隔墙,即皇城内城东北隅也。"

元和圣寿寺:《唐会要》卷四八《寺》:"(元和)十二年二月,置元和圣寿佛寺于右神策军。"

昭德寺:《通鉴》卷二四三《唐纪五九·太和二年》:"禁中昭德寺火,延及宫人所居,烧死者数百人。"

追福院:《僧史略》下《赐僧紫衣》:"大中四年……降诞节,内殿禅大德并赐紫,追福院主宗茞亦赐紫。"追福院应在大内。

同样,在皇城、宫城内也有不少佛堂、精舍。如代宗"崇奉释氏,每春百品香,和银粉以涂佛室"[①];崔湜为殿中侍御史,上任时御史台筑精舍始就,作《御史台精舍碑铭》;左神策军中于贞元五年亦建立精舍,见吴通微《内侍省内侍焦希望神道碑》[②]。

长安城外的佛寺有些规模相当大,在当时的地位和影响都很重要。仍按寺名的拼音顺序列出:

白泉寺:在终南山。《宋高僧传》卷一四《道宣传》:"……乃坐山林,行定慧,晦迹于终南仿掌之谷。所居乏水,神人指之,穿地尺余,其泉迸涌,时号为白泉寺。"

草堂寺:在终南山。《宋高僧传》卷五《澄观传》:"又诏令造《疏》(《华严经疏》),遂于终南草堂寺编成十卷。"又同上卷六,宗密住寺。

持国寺:在京西。段成式《酉阳杂俎·前集》卷一八:"京西持国寺,寺前有槐树数株……"

翠微寺:孟浩然有《题终南翠微寺空上人房》诗(《全唐诗》卷一五九,1624页)。喻凫、马戴、崔涂等并有游寺诗,俱见《全唐诗》。

---

① 苏鹗:《杜阳杂编》卷上。
② 《全唐文》卷二八〇,第2839页;《全唐文》卷四八一,第4920页。

法池寺：在终南山。《续高僧传》卷一五《灵润传》："智衍……近住蓝田之法池寺。"

法华兰若：在龙首原。《宋高僧传》卷二四《楚金传》："……葬于城西龙首原法华兰若,塔之。"

法兴寺：在终南山。《宋高僧传》卷二六《光仪传》："仪性好终南山,因居法兴寺,于诸谷口造庵寮、兰若凡数十处。"

丰德寺：在终南山,自道宣住此,为终南名寺。

奉日寺：《宋高僧传》卷一二《慧恭传》："……年十七举进士……因游终南山奉日寺……"《太平广记》卷四九《陈惠虚》："晚居终南山捧日寺。"(306页)"捧日寺"当为"奉日寺"之讹。

华严寺：在栖凤原。《宋高僧传》卷五《一行传》："开元十五年九月于华严寺疾笃……"张泌有《华严寺木塔》诗(《全唐诗》卷七四二,8451—8452页);子兰有《华严寺望樊川》诗(同上卷八二四,9287页)。

惠炬寺：《太平广记》卷二八九《双圣灯》："长安城南四十里,有灵母谷,呼为炭谷。入谷五里,有惠炬寺。"(2299页)

感化寺：王维有《过感化寺昙兴上人山院》诗(《王右丞集笺注》卷七),裴迪有和作,中有"不远灞陵边,安居向十年"(《全唐诗》卷一二九,1312页)之句。则寺在龙首原(《文苑英华》录王诗作"化感寺",是由于蓝田山有化感寺而误改;赵注误引《旧唐书·方伎传》亦将二者相混)。

感配寺：在终南山。王维《山中与裴迪秀才书》："近腊月下……辄便往山中,憩感配寺……"(《全唐文》卷三二五,3292—3293页)

广福寺：在终南山。《大唐广福寺静业和尚墓志》："……年十一,丐食入秦,至终南广福寺,遂落发焉。"(《志汇·天宝〇三一》,1551页)

化感寺：在蓝田山。《旧唐书》卷一九一《方伎传》："义福……

初止蓝田化感寺。"昙藏、道岳、灵润、志超并居化感寺,俱见《续高僧传》。

津梁寺:《续高僧传》卷一九《法喜传》:"武德四年,右仆射萧瑀于蓝田造寺,名曰津梁。"

净业寺:在终南山。据《续高僧传》卷一四《道宣传》,为道宣所住寺。道宣有《终南山北沣福之阴清官乡净业寺戒坛佛舍利铭》《大唐雍州长安县清官乡净业寺戒坛铭》(《全唐文》卷九一一,9500—9501 页)。贾岛《净业寺与前鄠县李廓少府同宿》诗:"来从城上峰,京寺暮相逢。"(《全唐诗》卷五七三,6663 页)道世《法苑珠林》卷一四《敬佛篇·观佛部·感应缘》:"……道宣律师于时逐静,在京师城南华清宫故净业寺修道。"则寺曾一度改为华清宫。

龙池寺:道世《法苑珠林》卷三六《华香篇·引证部·感应缘》:"……永徽年中,南山龙池寺沙门智积闻之……"孟郊有《游终南龙池寺》诗(《全唐诗》卷三七五,4210—4211 页);贾岛有《寄龙池寺贞空二上人》诗(《全唐诗》卷五七二,6634 页)。

龙田寺:在终南山。释义楚《释氏六帖》卷二一:"于终南山避暑宫为太武皇帝造龙田寺等身夹苎像……"《续高僧传》卷二五《法琳传》:"贞观初年,帝于南山大和宫旧宅置龙田寺。"

隆国寺:在终南山北麓。高宗为文德皇后追福而建。《隆国寺碑铭》:"……却背邻郊,点千庄之树锦;前临终岳,吐百仞之峰莲。"(《全唐文》卷一五,179 页)

清源寺:在蓝田山。《唐国史补》卷上:"王维好释氏,故字摩诘。立性高致,得宋之问辋川别业,山水胜绝,今清源寺是也。"王维《请施庄为寺表》(《全唐文》卷三二四,3290 页),所施即此寺。

三会寺:《太平广记》卷九三《宣律师》有道宣问天神因缘,讲到西京城西高四土台创建三会寺事。上官昭容、宋之问、李峤、刘宪、李乂、萧至忠、郑愔等俱有幸三会寺应制诗,俱见《全唐诗》;岑参有《题三会寺仓颉造字台》诗(《全唐诗》卷二○一,2102 页)。李乂诗谓"汉阙中黄近,秦山太白连"(《奉和幸三会寺应制》,《全唐诗》卷九二,1000 页)。

山北寺:李华《故左溪大师碑》:"……又达摩六世至大通禅师,大通又授大智禅师,降及长安山北寺融禅师……"则山北寺应在长安郊外(《全唐文》卷三二〇,3241 页)。

石门精舍:在蓝田山。王维有《蓝田山石门精舍》诗(《王右丞集笺注》卷三)。

石瓮寺:马戴《题石瓮寺》诗:"僧室并皇宫,云门辇路同。渭分双阙北,山迥五陵东。"(《全唐诗》卷五五六,6446 页)《太平广记》卷三七三《杨祯》:"进士杨祯家于渭桥,以居处繁杂,颇妨肄业。乃指昭应县,长借石瓮寺文殊院居。"武元衡、贾岛亦有游寺诗。

天宝寺:在少陵原。《宋高僧传》卷二六《光仪传》:"……遗言令葬于少陵原南……所葬之地,遂建天宝寺。"

涂山寺:在神禾原。常□□《唐大荐福寺故大德思恒律师志文》:"葬神禾原涂山寺东。"(《志汇·开元二三九》,1322 页)

王效寺:在终南山。道世《法苑珠林》卷二七《至诚篇·济难部·感应缘》:"唐终南山悟真寺释法诚……幼小出家,止蓝田王效寺……"

悟真寺:在蓝田山。白居易有长篇《游悟真寺》诗,王维等多人均有游寺诗。

仙游寺:在终南山。岑参《冬夜宿仙游寺南凉堂呈谦道人》:"太乙连太白,两山知几重……"(《全唐诗》卷一九八,2025 页)白居易、朱馀庆、薛能等并有游寺诗。

香积寺:在神禾原。王维有《过香积寺》诗(《王右丞集笺注》卷七);王昌龄有《香积寺礼拜万回、平等二圣僧塔》诗(《全唐诗》卷一四一,1431 页)。毕彦雄《大唐龙兴大德香积寺主净业法师灵塔铭》:"……(陪)窆于神禾原大善导阇黎域内。"(《志汇·开元一九九》,1296 页)据《隆禅法师碑》(存西安碑林),寺是隆禅为善导所建。

兴教寺：在樊川北原。刘轲《大唐三藏大遍觉法师塔铭》："……今塔在长安城南三十里。初，高宗塔于白鹿原，后徙于此。中宗制影赞，谥大遍觉；肃宗赐塔额曰兴教，因为兴教寺。"（《志汇·开成〇二六》，2184 页）

义善寺：《续高僧传》卷二六《法顺传》："……坐定于南郊义善寺。"或此寺即为华严寺。

因圣寺：在龙首原。《唐渤海王五代孙陈许澂蔡观察判官监察御史里行李仍叔四岁女德孙墓志铭》："……瘗京兆府万年县龙首乡因圣寺佛阁西门之南地。"（《志汇·元和一二〇》，2034 页）道世《法苑珠林》卷二八《神异篇·杂异部·感应缘》："……京室东阜，地号马头……今所谓因圣寺也……"又见《续高僧传》卷二六《法顺传》。

玉泉寺：储光羲《苏十三瞻登玉泉寺峰入寺中见赠作》："……朝沿霸水穷，暮瞩蓝田遍。百花照阡陌，万木森乡县。"注曰："苏居世业蓝田。"（《全唐诗》卷一三八，1396 页）

云际寺：在终南山。岑参有《终南云际精舍寻法澄上人不遇归高冠东潭石淙望秦岭微雨作贻友人》诗（《全唐诗》卷一九八，2030 页）。章孝标、许浑、喻凫、温庭筠、李洞并有游寺诗，俱记《全唐诗》。

云居寺：在终南山。《大周故居士芦州巢县令息尚君之铭》："……迁枢于终南山云居寺尸陀林。"（《志汇·长安〇三八》，1018 页）白居易等并有游寺诗。

章敬寺：《通鉴》二二四《唐纪四〇·大历二年》："鱼朝恩奏以先所赐庄为章敬寺，以资章敬太后冥福。"（7195 页）寺在东城北数第一门通化门外，为中、晚唐名寺。

镇国寺：《入唐求法巡礼行记》卷三："从通化门外南行三里许，到春明门外镇国寺西禅院宿。"（140 页）春明门为东城北数第二门。

智炬寺：在终南山。《宋高僧传》卷一《不空传》："李辅国宣敕令于终南山智炬寺修功德。"

　　这样,在长安城及其近郊有一定规模的佛寺就应有二百所以
上。此外,还有大量不知名的山寺、"野寺"、佛堂、僧舍、兰若等。

　　这些寺院中,相当一部分占地广阔,建筑宏伟。如大兴善寺尽
靖善坊一坊之地;大荐福寺占开化坊南部一半,而其塔院在南面的
安仁坊;开明坊主要为光明寺占有;大安国寺占长乐坊东部大半;
大慈恩寺占晋昌坊东部的一半;大庄严寺占永阳坊东部的一半和
和平坊南北街以东的部分;大总持寺的规模与之大体相当。长安
的坊大小不等,在 500×558 米至 838×1115 米之间①。据实测,兴
善寺所在的靖善坊面积约为 261082 平方米②,这也是兴善寺的面
积;慈恩寺所在的晋昌坊的面积为 1022×520 米,慈恩寺居其半,
则为四分之一平方公里多③。如大安国寺、大庄严寺、总持寺所在
都是较大的坊,估计规模与慈恩寺大体相当。慈恩寺初建时,"重
楼复殿,云阁洞房,凡十余院,总一千八百九十七间";而西明寺"廊
殿楼台,飞惊接汉,金铺藻栋,眩目晖霞。凡有十院,屋四千余间。
庄严之盛,虽梁之同泰、魏之永宁,所不能及也"④。又如总持寺是
"复殿重廊,连甍比栋,幽房秘宇,窈窕疏通"⑤;清禅寺是"九级浮
空,重廊远摄,堂殿院宇,众事圆成,所以竹树森繁,园圃周绕"⑥。
章敬寺是鱼朝恩为祈章敬太后冥福以所赐庄创建,"穷壮极丽,尽

————————

①参阅《唐长安城地基初步探测》,《考古学报》1958 年第 3 期;中国科学院考
　古研究所西安唐城发掘队:《唐代长安城考古纪略》,《考古》1963 年 11 期,
　第 595—611 页;安金槐主编:《中国考古》,上海古籍出版社,1992 年,第
　618 页。
②参阅宿白:《隋唐长安城与洛阳城》,《考古》1978 年第 6 期;王亚荣编著:《大
　兴善寺》,三秦出版社,1986 年,第 15 页。
③参阅畅耀编著:《大慈恩寺》,三秦出版社,1988 年,第 4 页。
④《大慈恩寺三藏法师传》卷七、一〇,第 149、214 页。
⑤唐宣宗李忱:《重建总持寺敕》,《全唐文》卷八一,第 849 页。
⑥《续高僧传》卷三〇《慧胄传》。

都市之财不足用,奏毁曲江及华清宫馆以给之,费逾万亿"①。青龙寺、章敬寺、资圣寺、西明寺等著名的大寺,规模当也差不多。1973年对青龙寺遗址进行了发掘,发现殿址一处,塔址一处,殿堂建筑估计面宽五间,进深四间,塔位于其东侧五十余米处,这只是整个寺院西部的两组建筑,估计其寺应占新昌坊的四分之一②。新昌坊也是面积较大的坊,这类坊的实测面积为 550(—590)×1020(—1125)米,即 0.51—0.66 平方公里之间。自 1992 年开始,西北大学对校园所处的唐太平坊和其中的实际寺进行了发掘,根据出土文物和钻探材料,可推算实际寺的面积约为 220×230 米,即 50000 平方米③。实际寺不算是规模大的寺院。长安城除南面四列里坊外,其他里坊基本布满了寺院。多数里坊里寺院不只一处。

　　寺院有这样的规模,可以推想僧侣之众多。现在虽不能得出确切的数字,但根据资料可推断出大概情形。慈恩寺初建时奉敕"度三百僧,别请五十大德同奉神居降临行道";造西明寺成,"敕先委所司简大德五十人、侍者各一人,后更令诠试业行童子一百五十人拟度"④。这只是初建时一次住入、剃度人数。安国寺乘如在代宗朝于"左右街临坛度人,弟子千数"⑤,这些弟子当然不是全住安国寺,但总有相当一部分住在那里。而"(大历三年)春,正月,乙丑,上幸章敬寺,度僧尼千人"⑥。大历十年二月的一次庄严寺浮图失火,"寺僧数百人急救之,乃止"⑦。都可见寺院中聚集僧侣之众。

①《资治通鉴》卷二二四《唐纪四〇·大历二年》,第 7195 页。
②中国科学院考古研究所西安工作队:《唐青龙寺遗址发掘简报》,《考古》1974年第 5 期。
③柏明主编:《唐长安太平坊与实际寺》,西北大学出版社,1994 年,第 36 页。
④《大慈恩寺三藏法师传》卷七、一〇,第 155、215 页。
⑤《宋高僧传》卷一五《乘如传》,范祥雍点校,中华书局,1987 年。
⑥《资治通鉴》卷二二四《唐纪四〇·大历三年》,第 7198 页。
⑦《旧唐书》卷三七《五行志》。

又"永贞革新"时一次"出宫女三百人于安国寺"①。这些宫女中的
无家可归者应即留在该寺。再看一些较小的寺,如万寿寺,"宣帝
亲幸赐额,命官造理,殿宇廊庑,方丈山门,共一百九十七间,左右
院林二所,香地二顷六十余亩……敕度一百二十僧"②;奉慈寺,"今
上(武宗)即位之初,太皇太后为昇平公主追福,奏置奉慈寺,赐钱
二十万,绣帧三车,抽左街十寺僧四十人居之"③。即使如王维个人
施建的"小寺",也要求"抽诸寺名行僧七人"④;而他所访问的蓝田
山石门精舍也有"老僧四五人"⑤。像慈恩寺、西明寺这样的敕建
"官寺",不断在充实新的人员;除了正度的僧人之外,还有更多的
沙弥、侍者、净人、"家人",当然还有外来挂搭的游方僧。如估计常
住僧侣在千人以上,应不算夸大。在虽是比较偏僻的终南山,由于
有著名的大和尚住寺,如道宣在丰德寺,宗密在草堂寺,也会聚集
起相当数量的徒众。宫内寺院可举鹤林寺为例,《慈恩传》上记载
显庆元年二月玄奘到那里为河东郡夫人薛尼授戒,同时受戒的有
五十余人;该寺旁的德业寺也有尼数百人奏请法师授戒⑥。此外各
寺院还有相当数量私度的僧、尼。如狄仁杰上疏中就说到"无名之
僧,凡有几万,都下检括,已得数千"⑦;苏瓌上疏中更有"天下僧、
尼,滥伪相半"之语⑧。可见更有许多僧、尼不入名籍。这样,长安
二百左右所寺院,其兴盛时期(即除唐室初建的国家恢复期、"安史

①《旧唐书》卷一四《顺宗本纪》。
②柳玭:《大唐万寿寺记》,《全唐文》卷八一六,第8593页。
③段成式:《酉阳杂俎·续集》卷六《寺塔记》下,方南生点校,中华书局,1981
　年,第256页。
④《请施庄为寺表》,《全唐文》卷三二四,第3290页。
⑤《蓝田山石门精舍》,赵殿成笺注:《王右丞集笺注》卷三,上海古籍出版社,
　1984年。
⑥《大慈恩寺三藏法师传》卷八,第180页。
⑦《旧唐书》卷八九《狄仁杰传》。
⑧《新唐书》卷一二五《苏瓌传》。

之乱"等战乱期、武宗毁佛前后及唐末等时期)僧侣当有数万之众。朝廷斋僧动辄数千人,也可以证明这一点①。

寺院管理与经营

在中国的封建专制政治体制之下,宗教不可能成为凌驾于世俗政权之上的神学权威,也不可能孤立于世俗社会之外。不过在晋、宋时期,王权还主要是佛教的外护。所以虽然如道安曾说到"不依国主,则法事难立"②,但仍然有像慧远那样的"抗礼万乘,高尚其事,不爵王侯,而沾其惠"③的庐山僧团。至后秦设僧正,南北朝逐步确立、完善僧官制度,标志着佛教的神权终于屈从于王权之下。到隋、唐建立起统一、集权的大帝国,更进一步加强了对宗教的管理,也更严密地控制寺院及其活动。

唐王朝统治阶层的宗教观念决定了它与佛教的关系,进而也决定了寺院的性质与地位。从总的倾向看(不是说个别人和个别时期),在唐代,特别是其社会上层,六朝时期的那种修道的虔诚和

①平冈武夫估计长安的宗教人口数为五万,这包括道教和其他所谓"夷教"的人数。但道教人数远较佛教的为少,《唐六典》卷四《尚书礼部》记载天下道士、女道士计一千六百八十七人,而僧尼计五千三百五十八人,即僧尼占总数的四分之三。参阅《长安与洛阳》,第29—30页。又从圆仁《入唐求法巡礼行记》中所记会昌沙汰僧尼数,可对长安寺院人数做出推测:会昌三年正月一次流僧尼左街一千二百三十二人,右街二千二百五十九人;到五年涉及人数更多,从四月一日起,四十岁以下还俗,每天三百人,到十五日完了,估计总数四千五百人;十六日开始五十以下,到五月十日,未讲每天人数,大致和以前一样,应有七八千人;十一日开始,五十以上无祠部牒者还俗,只资胜一寺即有三十九人(第158、184—185页)。
②释慧皎:《高僧传》卷五《道安传》,汤用彤校注,汤一玄整理,中华书局,1992年。
③慧远:《沙门不敬王者论·求宗不顺化第三》,《弘明集》卷五。

信仰的狂热大为减弱了。唐太宗在唐代即被认为是帝王的典范，他明确对佞佛的萧瑀说"至于佛教，非意所遵"①，颇能代表当时统治者对佛教的基本态度。唐代某些统治者确实有热烈而宏大的崇佛行动，这对一代佛教的发展也确是巨大的推动力；也有如肃、代、德那样佞佛的帝王，但唐朝廷对佛教的推尊更多的是出于"利用"，而不是基于"信仰"。这种"利用"实际是把佛教当成了"工具"，从而大为淡化了作为宗教本质特征的"信仰"。"利用"主要表现为两个方面，一是加强对于佛教的管理与控制，使其纳入维护封建统治的轨道；二是把佛教当成祠祷、斋祭的宗教，使之礼仪化、形式化。另外，唐代佛教的极盛，表现为宗派佛教的繁荣和信仰的社会化、通俗化（特别是净土信仰和禅的盛行）。而京城大寺所代表的官方佛教的发展趋势虽对促进这一极盛局面的形成起了一定作用，但却和群众性的信仰存在很大的距离，从而也埋下了使佛教衰微的种子。

唐朝廷严格管理寺院和僧侣。唐朝廷监管僧、道的机关屡有变化，据会昌五年中书门下奏，唐初隶鸿胪寺，至天宝二年改隶祠部；但据开元二十七年撰成的《唐六典》，礼部下的祠部"掌祠祀享祭，天文漏刻，国忌庙讳，卜筮医药，道、佛之事"；又鸿胪寺"凡天下寺观三纲及京都大德，皆取其道德高妙为众所推者补充，上尚书祠部"，则早在此前祠部已是主管机构；而《通典》更明确记载延载元年僧、尼已隶祠部②。按当时典章的规定，寺院的数量、僧侣的人数

①《旧唐书》卷六三《萧瑀传》。
②《唐六典》卷四《尚书礼部》、卷一八《大理寺鸿胪寺》，陈仲夫点校，中华书局，1992年，第120、505页；《通典》卷二三《职官五·礼部尚书》，第640页。据《唐会要》卷四九《僧尼所隶》："延载元年五月十一日敕：天下僧尼隶祠部，不须属司宾。"则武后前僧侣曾由司宾司管理；又"会昌五年七月，中书门下奏：奉宣，僧、尼不隶祠部，合系属主客，与复合令鸿胪寺收管，宜分折奏来者……今陛下以其非中国之教，已有厘革，僧、尼名籍，便令系主客，不隶祠部及鸿胪寺，至为允当，从之"。则至此隶属又有变化。又唐朝廷崇道，道士曾隶崇玄署和宗正寺，与僧侣不同。

都有严格限制。在中国佛教历史上,象征着佛教与世俗政权关系的,是僧、道礼拜帝王和父母的争论。这一争论在南北朝即激烈地进行;到唐代,自立国初到开元年间又进行了百余年。反对方的主力是僧侣。但其势力越到后来是越微弱了①。到中唐时,朝廷又设立左右街功德使来管理佛、道事宜。这个职务早在代宗朝已经设置,大历十四年后短期停废,元和年间重新恢复,起始由宦官吐突承璀担任。这是进一步加强对僧、道管理的措施。附带提一句,唐代中、晚期宦官多有崇佛的人,这对于当时朝廷对佛教的态度有着相当的影响。

　　长安的重要的、大的佛寺几乎全是隋、唐两朝敕建的;就是一些贵族所施建的,也经朝廷敕额即经过朝廷批准,带上了"官寺"的性格。如前述慈恩、西明二大寺是朝廷为玄奘所建,这是众所周知的。隋代的两个禅定寺在唐建国的武德元年即分别改为大庄严寺和总持寺;唐高祖又分别为沙门昙献和景晖立了慈悲寺和胜业寺;青龙寺本为隋废寺,龙朔二年由城阳公主再建;资圣寺是龙朔三年为文德皇后资福而建;大荐福寺本为英王宅,文明元年高宗崩后百日立为寺,中宗时又大加营饰;大安国寺本是睿宗在藩旧宅,景云元年立为寺,以本封安国为名,等等,不胜枚举。有些本是旧寺,经朝命改建,如武后时改光明寺为大云寺;神龙中韦庶人追赠父亲为酆王,改大兴善寺为酆国寺等。南朝贵族施建佛寺是一时风气②。但当时的那些寺院既经建立,就有了一定的独立性,并不为官府所统辖。唐时的情况完全不同。敕建寺院的组织与活动都严格在政府管理之下。

　　唐代的寺院管理已官僚化。仅从寺院自身组织看,唐法令规定"每寺上座一人,寺主一人,都维那一人,共纲统众事",这就是

①参阅砺波护:《唐代政治社會史研究》第Ⅳ部《佛教と國家》第二章《唐代における僧尼礼拜君親の斷行と撤回》,京都同朋舍,1986年,第478—528页。
②参阅许嵩:《建康实录》,其中记录了不少施建佛寺的情况。

"三纲",是官方确认的寺院主持者。按前引《唐六典》"鸿胪寺"条,他们是由鸿胪寺推荐,经祠部任命的。例如今存高宗《谕普光寺僧众令》和慧净《辞谢皇储令知普光寺任启》①,就是关系任命纪国寺上座慧净兼任普光寺主的文书。大概当时僧众间有不同的意见,所以要由朝廷加以裁决。由于唐时僧侣有专门的官府统管,起初没有如南北朝那样设僧官。但到中唐时又设置了僧主、僧录等僧官职务。唐初制定法律,即严禁私度。《唐律疏议》卷十二《户婚律》对处罚私度有严格规定,不只处罚本人,还罚及家长和知情的地方长官②。又"僧、尼之簿籍亦三年一造",这是和一般百姓一样的,只是"其籍一本送祠部,一本送鸿胪,一本留于州、县",多了呈报、管理机关。这种簿籍关系到下面将要讲到的土地问题,当是严格执行了的(当然事实上私度不可能禁绝)。唐朝廷多次取缔私度,也证明了这一点。

　　自唐初即建立起由朝廷遴选"大德"的制度:"武德之初,僧过繁结,置十大德,纲维法务。"③就是说,设置"大德"的意义不只是按朝廷的意愿树立教内的权威,主要是为了维护教团的纪律。这样,宗教的、修道的水平就间接地由政府来维持和认定。政府甚至干预、决定具体教理的争论。典型的例子如"大历十三年,承诏两街临坛大德一十四人,齐至安国寺,定夺新、旧两《疏》是非"④。所谓"两《疏》"指《四分律》的怀素《疏》和法砺《疏》。两《疏》观点的不同本是教内的争论,但却由朝廷召集会议,讨论二者的是非。又贞元十二年,朝廷勘定禅宗法系,德宗亲制七祖神会赞文,并在内神龙寺立碑镌刻⑤。这给所谓南北二宗长期斗争作了结论,对以后禅宗

①《全唐文》卷一一,卷九〇四。
②《唐六典》卷四《尚书礼部》,第125—126页。
③《续高僧传》卷一一《吉藏传》。
④《宋高僧传》卷一五《圆照传》。
⑤宗密:《圆觉经大疏释义钞》卷三之下。

的发展影响至巨。至于开元年间禁绝三阶教,更是以政权干预教权的著例。唐代佛教各宗派争论激烈,朝廷通过内道场的活动,如召请高僧讲道,佛、道辩论,以至给僧侣赐紫、封爵等,都在这种争论中起决定性的作用。

朝廷对僧侣的活动,管束得相当严格。斋会、讲经、赴内道场等,朝廷都有具体安排。国忌日、千秋节有例行的斋会:"凡国忌日,两京定大观、寺各二散斋,诸道士、女道士及僧、尼皆集斋所,京文武五品以上与清官七品已上皆集,行香以退。"①从《慈恩传》的记载可以看出,对玄奘那样的大和尚,太宗、高宗都是优礼有加,但其行动却是受到严格限制的。甚至陪同皇帝出行路过家乡,去为亡父母营葬,也得请假②。对外来的僧人,更有严格的管理办法。他们到长安后由官府安排所住寺院,外出旅行则须得到批准,并携带不同级别的政府机构所发的证件("过所""公验")。这种证件在日本入唐僧的记录中仍有存留③。玄宗即位后,应是鉴于武、韦当政时期僧徒干政之弊,更曾严格限制僧尼与世俗的交往④。这样,

①《唐六典》卷四《尚书礼部》,第 127 页。
②《谢赐假营葬启》,《全唐文》卷九〇七,第 9463—9464 页。
③如日僧圆仁在《入唐求法巡礼行记》里就过录了不少这种证件。作为旁证,最澄贞元二十年入唐在台州上陆,时任台州刺史的陆淳曾发给他《引信》和《入唐牒》,见日本所传最澄《顯戒論緣起》;参阅户崎哲彦:《唐代中期の文學と思想——柳宗元とその周邊》,大津滋贺大学经济学部,1990 年,第 6—19 页。
④《唐会要》卷四九《杂录》:"开元二年……七月十三日敕:如闻百官家,多以僧尼、道士等为门徒往还,妻子等无所避忌;或诡托禅观,祸福妄陈,事涉左道,深致大猷。自今已后,百官家不得辄容僧尼等至家。缘吉凶要须设斋者,皆于州县陈牒寺观,然后依数听去二十九日敕:佛教者,在乎清净,存乎利益。今两京城内,寺宇相望,凡欲归依,足申礼敬。如闻坊巷之内,开铺写经,公然铸佛。自今已后,村坊市等,不得辄更铸佛写经为业。须瞻仰尊颜者,任就寺礼拜;须经典读诵者,勒于寺赎取。如经本少,僧为写供。诸州寺观,亦宜准此。"

长安寺院表现出一定的封闭性；其中的僧、尼即不具有如早期佛
图澄那样的"帝王师"的崇高地位；也没有"名僧"支遁那样的结交
"名士"而成为士林领袖的可能；更不能保持庐山慧远那样的笑傲
王侯的超然姿态。从本质上看，他们已沦为封建政权的"奴仆"。

　　与在政治上的严格管束相对照，唐朝廷在经济上对寺院是优
待、宽容的。这当然和寺院经济的发展趋势有关。唐初制定均田
制，其中有僧尼授田的规定。这是北魏以来的均田法令中所未见
的。其意义主要并不在照顾僧尼的生计，实际也是鉴于南北朝以
来寺院无限制地占田而采取的制约措施。授田是与登录僧籍、限
制私度相关连的。均田制规定："凡道士给田三十亩，女冠二十亩，
僧尼宜如之。"①此外还有属于整个寺院的常住田："开元十年正月
二十三日敕祠部：天下寺观田，宜准法据僧尼、道士合给数外，一切
管收，给贫下欠田丁。其寺观常住田，听以僧、尼、道士、女冠退田
充。一百人以上，不得过十顷；五十人已上，不得过七顷；五十人以
下，不得过五顷。"②但即使按这样的规定，寺院可能占田的数量也
是非常巨大的。即以均田制所受田数而论，如果仅按慈恩寺初建
时正式僧侣三百五十人计算，就应受田一万零五百亩。当时寺院
受田又可得足额；僧、尼为不课口，不纳庸调，不服正役；加上朝廷、
贵族以及一般平民的施与，使得寺院占田日趋严重③。寺院的土地
兼并，是促使均田制破坏的一个主要因素。这样，至武后朝，寺院
庄田扩张已成了大的社会问题。所以景龙中，辛替否上疏中有"十
分天下之财，而佛有其七八"④之语。

---

①《唐六典》卷三《尚书户部》，第74页。
②《唐会要》卷五九《户部员外郎》。
③参阅李锦绣：《唐代财政史稿》上卷第三分册，北京大学出版社，1995年，第1126—1132页。
④《陈时政疏》，《全唐文》卷二七二，第2672页。

　　长安郊外土地大量被寺院所占有①。例如西明寺建立时"赐田园百顷,净人百房,车五十两,绢布二千匹"(见苏颋《唐长安西明寺塔碑》,《全唐文》卷二五七,2597 页);"安史之乱"后,法津"权住荷恩寺,奏免常住两税,至今不易;又还官收地廿二顷,恩命令立丰碑在于寺普润庄也"(见锐璨《大唐荷恩寺故大德法津禅师塔铭》,《志汇·元和○一二》,1956 页)。宣宗时修理万寿寺,"殿宇廊庑,方丈山门,共一百九十七间,左右院林二所,香地二顷六十余亩"(见柳玭《大唐万寿寺记》,《全唐文》八一六,8593 页);清禅寺是"水陆庄田,仓廪碾碨,库藏盈满"(见《续高僧传》卷三○《慧胄传》);在东郊有相国寺庄(见《宋高僧传》卷七《归屿传》);等等。更可举出不空所住的大兴善寺为典型的例子。不空作为寺主,他"出入禁闼,势移权贵"②,去世时留有《遗书》一纸,处分财产说:"……东京和上塔所师僧院舍庄园,汝亦为吾勾当成立。其车牛、鄠县洨南庄并新买地及御宿川贴得稻地、街南菜园,吾并舍留当院文殊阁下道场转念师僧,永充粮料、香油、炭火等供养,并不得出院破用,外人一切不得遮兰及有侵夺。其祥谷紫庄将倍常住,其庄文契并付寺家。"③这样,兴善寺的庄田一直延伸到洛阳伊川之右的金刚智塔园。这个寺院应是具有代表性的。当时人形容是"京畿之丰田美利,多归于寺观,吏不能制"④。另外,长安城内的大寺院里面有许多隙地,也可以营殖生利。例如《太平广记》卷二五○转引《启颜录》,"邓玄挺入寺行香,与诸僧诣园观植蔬,见水车",问僧,答以"遣家人挽之",

①通过唐时州县寺院占田的例子可以帮助了解京城的情况。如唐初道英住蒲州普济寺,一次就"置庄三所",麻、麦、粟田远在夏县东山(《续高僧传》卷二六《道英传》);唐太宗一次就赐给少林寺田四十顷和水碾一具(《少林寺碑》,《金石萃编》卷七十四);而日僧圆仁于晚唐旅行到长山县醴泉寺,寺有庄园十五所,出寺北十五里,仍是寺庄(《入唐求法巡礼行记》卷二,第 99 页)。
②《资治通鉴》卷二二四《唐纪四○·大历二年》,第 7196 页。
③《三藏和上遗书》,《不空表制集》卷三,《大正藏》第 52 卷,第 844—845 页。
④《旧唐书》卷一一八《王缙传》。

这是寺院内的菜地。

除了土地之外,寺院还经营许多赢利事业,如邸店、碾硙、瓦窑、车坊、典当等。即以碾硙论,这是重要的灌溉和粮食加工设施。"永徽六年,雍州长史长孙祥奏言:'往日郑、白渠溉田四万余顷,今为富商大贾竞造碾硙,堰遏费水,渠流梗涩……'"①而广德二年三月户部侍郎李栖筠曾"奏请拆京城北白渠上王公、寺观碾硙七十余所,广水田之利,计岁收粳稻三百万石"②。可知碾硙亦多为寺观所有。寺院聚敛大量资财。如唐初的三阶教,在化度寺(还有洛阳的福先寺)设无尽藏,曾聚敛了大量钱财,"名为护法,称济贫弱,多肆奸欺,事非真正"③,"舍施钱帛金玉,积聚不可胜计"④。早在武后时,朝廷已下制派人检校⑤,到开元年间终于禁断。当然,寺观聚财也进行一些社会福利事业,如营建悲田坊,救助老病之人等。

寺院经济的发展,严重侵害了国家和世俗地主的利益。这乃是自唐初开始接连不断的士大夫反佛,朝廷屡次沙汰僧、尼,限制佛教,以至到武宗时期进行大规模毁佛的根本原因。但另一方面,寺院经济却正是在朝廷以及世俗各阶层的支持、扶植之下才膨胀起来的。它和世俗社会有着千丝万缕的联系,构成为封建经济的一个重要的组成部分。而寺院作为经济实体的作用越来越显著,僧侣作为地主分子的身份特征也更为突出起来。这对于宗教的神圣性和宗教徒的超越性都是强烈的腐蚀剂。如同寺院在政治上屈

---

①《通典》卷二《食货·水利田》,第 39 页。

②《唐会要》卷八九《硙碾》。

③唐玄宗:《禁士女施钱佛寺诏》,《全唐文》卷二八,第 320 页。

④《太平广记》卷四九三《裴玄智》,第 4047 页。

⑤田休光《法藏禅师塔铭》:"如意元年,大圣天后闻禅师戒行精最,奉制请于东都大福先寺检校无尽藏;长安年,又奉制请检校化度寺无尽藏。"《全唐文》卷三二八,第 3329 页。

从于朝廷的结果一样,它们经济上的发展和与世俗的"同化",实际也使它们对封建统治的依附性加强了。

寺院的宗教活动

长安的寺院在社会生活中起着多方面的作用,这在下面将讲到。当然寺院首先是宗教活动场所。然而以敕建大寺为中心的长安寺院,作为佛教活动的中心,其内容和作用与六朝时期的寺院已大不相同。六朝时期,南北各朝,自皇室到平民,高涨着信仰的狂热。寺院里以僧侣为核心,进行着以信仰为中心内容的讲经和法会,其活动有着更广泛的群众性和更纯真的宗教性。而长安的寺院,如日本佛教学者道端良秀所说:"据《唐会要》《长安志》《两京城坊考》等资料所见,长安城内百余所寺院,几乎都是由贵族显宦等统治者之手所造,并由他们所支持。地方的寺院也同样,多由当地的豪族统治阶层所经营……(这些人)建寺、造像、设大法会或斋会,在夸耀自己的财富和权力的同时,也表现出自我满足的心态。"①这样,长安大寺的贵族性质就十分突出。其活动内容主要是两个方面:一是作为佛教学术研究的中心,包括译经,这种研究和翻译工作是由一批高水平的义学沙门进行的,与一般的民众没有多大关系;二是为朝廷提供宗教服务,举行各种法事、斋会,这些活动带有浓厚的祀祷、礼仪性质,几乎和道教的活动没有甚么不同。中国佛教的译经事业到唐代取得了总结性的成就;而宗派佛学不只是中国佛教学术高峰,更对整个思想史、学术史做出了巨大的贡献,造成了长久而深远的影响。但这些不仅与民众基本无关,就是

---

① 《唐代佛教史の研究》,京都法藏馆,1957年,第204页。

有高度文化的士大夫也难于了解①。唐代新兴起而又是在群众间繁盛的佛教流派，一个是净土信仰，一个是禅宗。这二者在初兴起时都不以宗派立名，而只是修行的法门；又都兴起在离开京城的地方，在长安寺院里没有大的势力。直到盛唐之后，才逐渐加强了其在两都的影响。

　　唐代佛经翻译主要在两京进行，更多的译绩完成于长安。其成就已多有论述，不拟赘叙②。只就关系寺院活动情况的几点略加说明。

　　南北朝时的佛经翻译是完全由佛教徒自主进行的。当时在各割据王朝的支持下，建立起规模宏大的译场，如洛阳的逍遥园、北凉的闲豫宫、建康的道场寺等。当时世俗统治者主要起外护的作用，并不干预译事。但到隋代，长安的兴善寺、洛阳的上林园却是敕建即官营的。就是说自此时起，译经成了国家的事业。唐室初建，贞观元年太宗即诏于兴善寺设立译场，命波颇译经。至贞观十九年玄奘回国，先命在弘福寺译经；后建慈恩寺，为他组织了专门的译场；到高宗显庆三年，又建立西明寺译场，进行了宏伟卓著的译经活动。慈恩、西明、兴善成为官营"三大译场"，盛极一时的译业中心。一批精通华梵、学养极高的大译家如玄奘、义净、不空等，在这里从事规模巨大的翻译事业。译场中朝廷设监护大使，由高官，其中有的是宰相充任。这个职务主要是象征性的，这些人实际不可能参与具体的翻译工作；但他们领衔参与，却表明译经的官营

①值得注意的是，唐代宗派佛学高度发达，有关著述堆积如山，但在士大夫间，除了自盛唐起大批人热衷习禅外，很少有人关心它们。少数人中只可举出李华信仰密宗，梁肃、柳宗元亲近天台，算是对有关宗派的义理有所了解的。唐人著述中对于宗派佛教的著作也绝少提到。这也是这些著作到唐末大量逸失的重要原因之一。关于唐代士大夫的习禅，参阅拙作《唐代文人的习禅风气》，《禅文化研究所纪要》第15号，京都，1988年，第89—106页；收入《诗与禅》，(台北)东大图书公司，1994年，第83—108页。
②参阅汤用彤：《隋唐佛教史稿》第二章《隋唐传译之情形》，第65—77页。

性质。译场"所司供料"出于朝廷;具体翻译甚么,往往也出于朝命;译出后要上奏朝廷,表示由它来核准流通。这也是朝廷管束佛教的表现①。

南北朝时期如鸠摩罗什的译场动辄千人、两千人。当时的译场是翻译机构,同时也是讲习机构,是宣教的主要场所。译场中随译随解说、讨论。众多的参与者主要是作为听众的学徒。而唐代的译场是少数专家的精干班子,是相当封闭的工作场所。虽然主持传翻的译主不少是外国人,但参与者绝大多数已是中国人。译场的分工十分严密,其成员各有专司,都是各方面的专门人才。他们又是由朝廷严格遴选出来的。例如玄奘刚回国时组织的弘福寺译场,就选"大德谙解大小乘经、论,为时辈所推者一十二人"为证义,又有"缀文大德九人","字学大德一人","证梵语、梵文大德一人",还有笔受、书手等②。这其中许多人如道宣、辩机、神昉、神泰、道因等都是有成就的佛学家。后来参与玄奘译场的以窥基为代表的一批人更都是唯识学和因明的专门家。其他译场的情形也大致相同。如协助善无畏翻译的一行不仅是密教学者,还是成就卓著的天文学家、历法家。

译经工作也在宫廷内进行。如太宗曾于紫微殿西立弘法院,

①除慈恩、西明、兴善"三大译场",还有不少译人住在别的寺院,从事相当规模的译业,有的影响还相当巨大。如玄奘最初住的弘福寺,后来就有日照(地婆诃罗)译经。智通住总持寺,从贞观至永徽年间传译密典,所译《千臂千眼经》是该经众多译本的第一本,从此兴起了影响深远的中土大悲观音信仰。永徽年间无极高(阿地瞿多)在慧日寺传翻《陀罗尼集经》十二卷,这是一部密咒总集;时印度僧阿难律木叉师等也在经行寺编译该经。武后朝有实叉难陀于清禅寺、日照亦于西太原寺和广福寺译经。大荐福寺也建有翻经院,义净曾在那里译经。中宗时菩提流志曾在崇福寺编译《大宝积经》,这是大乘佛教里一部重要的经集。宪宗朝般若等在醴泉寺译出《本生心地观经》。如此等等,表明一时译业的兴盛,而许多寺院都把传翻佛典作为重要工作。
②参阅《大慈恩寺三藏法师传》卷六,第131页。

召玄奘居之，"昼则帝留谈说，夜乃还院翻经"①；高宗永徽二年"又追入内，于修文殿翻《发智》等论"②；他经常被命随驾至东都，译事不辍。义净在神龙三年"诏入内，与同翻经沙门九旬坐夏……更重传译于大佛光殿，二卷成文，曰《药师琉璃光佛本愿功德经》，帝（中宗）御法筵，手自笔受"③。皇帝亲自担任"笔受"当然只是形式，却也极表推崇之意。代宗永泰年间不空、飞锡等于大明宫内道场重译《仁王护国般若经》，这是一部宣扬护国思想的特殊的经典，中唐以后流行一时。

值得注意的是，对于唐王朝来说，这种规模宏大的译业的意义，与其说主要是宗教神学上的，更重要的是政治、文化上的。唐太宗是玄奘译业的大力支持、赞助者，但如前所述，他绝不是佛教的虔诚信仰者。对于他来说，译经是统一的大帝国的"文治"事业的一部分，是"致治"的手段。他曾为玄奘新译经写《大唐三藏圣教序》，其中说"佛道崇虚，乘幽控寂，宏济万品，典御十方"，可以使得"蠢蠢凡愚，区区庸鄙，投其旨趣，能无疑惑"④。时为太子的高宗作《述圣记》，也说"圣慈所被，业无善而不臻；妙化所敷，缘无恶而不翦"，并歌颂"皇帝陛下上玄资福，垂拱而治八荒；德被黔黎，敛衽而朝万国"⑤。而玄奘在给两位皇帝的表章里，也一再颂扬其仁德，表明佛教治国安民的伟力。菩提留志编译成《大宝积经》，睿宗也为作序。但如此优容佛教，实际上却与当时接受景教、袄教，准其传教和翻译经典一样，主要是表示大国接纳万方的气概，意在发挥各宗教的教化人心的作用。

与译业相关联而内容不同的还有佛教学术，主要是宗派佛学

---

①《大慈恩寺三藏法师传》卷七，第 154 页。
②《续高僧传》卷四《玄奘传》。
③《宋高僧传》卷一《义净传》。
④《全唐文》卷一〇，第 119 页。
⑤《全唐文》卷一五，第 178 页。

的研究。有些译家本身就是义学大师，而另一些人则只以宗派佛教的建设者著名。这些人创造了繁荣的宗派佛学，他们所在的长安寺院也就成为这项规模宏大、成就突出的学术研究的基地，一些寺院成了某宗派的根本道场。

唐代各宗派佛学是外来佛教思想被中土消化并加以再创造的产物，是佛教在中土思想土壤上长期传播、消化，在六朝发达的佛教义学学派的基础上建设起来的。这是佛教"中国化"的果实。宗派佛学已融入中土的意识形态之中，成为其有机组成部分。这些宗派可分为三类：一种是基本保持着外来思想理论的面貌，较少在中土意识基础上的发挥，如三论宗、慈恩宗、密宗（金刚乘、金刚密教）；一种是外来思想被消化，经过再创造，更充分地反映了中土意识的，如天台宗、华严宗；再有一类是理论色彩比较淡薄，主要是指示修行规范和修道法门的，如律宗是研讨修道者（主要是僧团）的戒律的，禅宗和净土宗都是解决个人"安身立命"的问题的。后两者一个追求"明心见性"，求得在现世的心灵上的解脱；一个追求来生福报，实际也是要得到精神上的慰藉。在唐代繁荣的佛教宗派里，当时群众中流传广泛、影响深远的是后二者。前者主要在士大夫间，后者则流传于社会上下各阶层中。宗教发展的决定因素在它的群众性，其社会存在和它的作用都要有群众基础。

但就长安寺院的情形来说，佛教学术的研究主要不是这后两个宗派。这固然是由于禅与净土主要是信仰法门，其理论内容比较粗疏，不必进行高深、细密的研讨。但也不能不承认在较封闭的寺院里生活的义学沙门的兴趣所在，造成了他们的佛教学术严重脱离群众的偏颇。这种专门化的学问十分烦琐、艰深，非埋头十年、数十年不能了解。它不仅脱离了群众的生活实际，而且在很大程度上也脱离了宗教修行的实践。长安寺院里的宗派佛学就是这种高级学僧的专门之学，贵族化的经院佛学。

一个宗派的代表人物往往占据一所或几所大的寺院，并得到朝廷或权要的支持；再有相当数量的徒众，对于弘扬这个宗派、发展他的学术自然起着很大的作用。天台宗形成于南方，在长安少有影响。三论宗的实际创始人吉藏自隋代住长安，入唐，受到朝廷礼重，被选为"十大德"之一，先后住实际、定水、延兴等寺。吉藏弟子慧远住蓝田悟真寺，再传弟子元康于贞观中被召入安国寺讲"三论"。但这个宗派没有形成较稳固的基地，很快就衰微了。相比较之下，玄奘住慈恩寺，大量传翻印度瑜伽行学派的著作，培养了一大批弟子；其中窥基在玄奘死后阐扬师说，有"百部疏主"之称，使得慈恩一宗的理论更加系统化；玄奘的另一个弟子新罗圆测在西明寺发展了唯识的另一学派。这两处成了慈恩宗的根本道场。智俨曾在云华寺弘传《华严经》，华严宗的实际开创者法藏也曾在这里开讲，直到中唐时的澄观仍在这里传授华严学说，云华寺作为华严学的中心达二百年左右。不空在兴善寺弘扬密教，在朝廷支持下一时影响巨大；其高足惠果住青龙寺，使得这里成了密教的中心。新罗（如惠日）、日本（如最澄、圆仁、圆珍）的学人也前来这里留学、受法。律宗则有道宣住终南山丰德寺，怀素住西太原寺，他们二人和相州日光寺的法砺并称"律宗三家"，成为唐时律学的三大派，后来南山一系独盛，传承不绝。当然各宗派大师不是固定在一个寺院著述、传教，一个寺院所住也并不限于一个宗派的僧侣。但某寺院主要作为某宗派的道场而存立，对宗派的延续、发展是起了作用的。

条件（包括经济供给、住所、图书资料、侍应人等）优裕的大寺院对宗派佛学的发展当然给予巨大的推动。义学沙门可以在那里埋头研究、著述，大量的著作被写作出来。即以慈恩一宗为例，玄奘用主要精力于翻译，著作不多（《大唐西域记》是辩机笔录的；根据印度护法等十大论师的著作糅译《成唯识论》则接近创作），但他的主要弟子几乎每个人都有著作传世，如神昉有《成唯识论要集》《十轮经疏》等，普光有《俱舍论记》等，圆测有《解深密经疏》《仁王经疏》等，慧沼有《成唯识论了义灯》《因明入正理论义断》等，而窥基著作等身更是有名。玄奘的再传弟子一辈如道证、智周、胜庄等也著述颇夥。唯识学把名相辨析、理论思辨发扬到了极致,成为了建立宗派的主要手段,所以特重著述;而且这些著述以琐细精密见长,非经过专门训练的人不能了解它们。这也是这些著作不能弘传、慈恩宗很快衰落的一个原因。大量的这类作品早在中土逸失,却被日本学僧带回本国,其中一部分流传至今。其他宗派的著作情况也类似。如道宣住在终南山,写了大量律学著作。法藏的华严学著作达百余卷,今存的还有近十种。中唐时的宗密一身兼祧菏泽禅与华严,又宣扬儒释调和,在佛教史和思想史上都是有贡献的人物,他主要住在终南山智炬寺、草堂寺,著述宏富,如《注华严法界观门》《原人论》《圆觉经大疏钞》《中华传心地禅门师资承袭图》等,并编有百卷的《禅源诸诠集》,今存《都序》四卷。没有当时寺院的条件,这样的著述活动是不可能维持的。

在文化史上具有重大意义的还有这些寺院里进行的更广泛的佛教学术著述活动,其价值远超出了宗教的范围①。其中如僧史、僧传的编撰(如道宣撰《续高僧传》、慧立等撰《大慈恩寺三藏法师传》),佛教类书、论著的编辑(如道世编辑《法苑珠林》,道宣编辑《广弘明集》),不仅为宗教史提供了宝贵资料,而且可填补历史研究之不足;今存唐人西行求法记(如玄奘述、辩机撰《大唐西域记》),是中外文化交流史和东南亚史地的不可或缺的基本资料;佛经音义类著作(如玄应《众经音义》、慧琳《一切经音义》等),为研究中古语言提供了稀有的材料;经录的编撰(如道宣撰《大唐内典录》、智昇撰《开元释教录》、圆照撰《贞元新定释教目录》等)不只著录、勘定了经典,为以后的研究提供了参考,在目录学上也具有重大价值;至于整个佛学著述和经典注疏所表现出来的研究方法、学风等,更在学术史上造成了广泛、深刻的影响。此外还有外语的研

---

① 参阅汤用彤:《隋唐佛教史稿》,第78—104页。

习,梵语辞书的编纂(全真《唐梵文字》、礼言《梵语杂名》等)和中国文献的梵译等,唐代应是中国历史上梵语研究水平最高的时期。正是寺院的条件保证了这样需要大量物质基础保障的大规模的研究、著述工作。

　　无论是庞大的译业,还是丰富的佛学著述,都是高层次的经院学术。少数有学养的高级僧侣利用长安寺院提供的条件所从事的这些工作,带有浓厚的泛文化色彩。其在文化史、学术史上的贡献是相当巨大的。即以宗派佛学为例,华严学自中唐以后发挥了越来越大的影响,宋明理学的建立就借鉴了华严学理的成果。但这种局促于寺院里的学问,信仰色彩是相当淡薄的,和群众也几乎没有甚么关系,它作为宗教活动的内在生命力是有限的。

　　唐朝廷利用京城寺院举行各种各样的盛大、华丽的法会。其中有的以祈福消灾(包括祈雨、治病这种颇有"道术"意味的法术)为目的,一般多是祝祷、庆贺、纪念的性质,并往往伴以欢快的游艺活动。如《唐六典》所规定的于帝王诞辰、国忌日两京设斋,齐集僧、道和百官,这显然主要是一种纪念仪式。在这些仪式中,佛与道是被等同对待的。唐代朝廷更盛兴内道场,在殿廷和宫内寺院设斋行道,其内容有讲经、授戒、行香、斋会等。有时规模很大,在太极殿或麟德殿举行(太极殿是宫城内太极宫的正殿,是每月朔望举行朝仪的地方;自高宗龙朔年间各朝皇帝常居大明宫,麟德殿是其中的主要殿庭之一,是举行盛大庆典和接见使臣的地方)。慧立等的《慈恩传》记载了奉迎玄奘入慈恩寺的情形:"(贞观二十二年)十二月戊辰,又敕太常卿江夏王道宗将九部乐,万年令宋行质、长安令裴方彦各率县内音声,及诸寺幢帐,并使务极庄严。己巳旦,集安福门街,迎像送僧入大慈恩寺。至是陈列于通衢,其锦彩轩槛、鱼龙幢戏,凡一千五百余乘,帐盖三百余事……又于像前两边各丽大车,车上竖长竿悬幡,幡后布师子、神王等为前引仪。又庄宝车五十乘坐诸大德;次京城僧众执持香华,呗赞随后;次文武百官各将侍卫部列陪从。太常九部乐挟两边,二县音声继其后,而幢幡钟鼓訇磕缤纷,眩日浮空,震耀都邑,望之极目,不知其前后……"①钱易则记述内道场的一次仪式:"上元二年九月甲申天成地平节,上于三殿置道场,以内人为佛、菩萨象,宝装饰之。北门武士为金刚、神王,结彩被坚持锐,严侍于座隅,焚香赞呗。大臣近侍作礼围绕。设宴奏乐,极欢而罢,各赠帛有差。"②这实际像是一种喜庆的礼仪,宗教的意味很淡薄。不少寺院为了这种仪式都准备了舞乐班子,像清禅寺,"寺足净人,无可役者,乃选取二十头令学鼓舞。每至节日,设乐像前,四远同观,以为欣庆。故家人子女,接踵传风,声伎之最,高于俗里"③。这种寺院的法事,如斋会、祀祷、迎送经像等,都是鼓乐喧天,热闹异常,美国学者薛爱华直接把它们说成是"收入丰裕的佛寺中举办的各种大型的节日活动、舞会以及戏剧演出等"④。它们成为长安城里群众性游艺活动的重要部分。

依据各朝对佛教的崇信情况不同,这些法事的宗教性也不一致。但已逐步在从佛教本来教义蜕化、衍变,则是明显的趋势。

代宗起初不重佛,但好祠祀。他的宰相元载、王缙、杜鸿渐都是著名佞佛的。其时不空宣扬的密法正在盛行。不空于永泰元年奉诏重译《仁王护国经》⑤。本经的主要内容,是宣扬护佛果、护菩

---

①《大慈恩寺三藏法师传》卷七,第 156 页。

②钱易:《南部新书》壬卷。

③《续高僧传》卷三〇《慧胄传》。

④Edward H. Schafer, *The Golden Peaches of Samarkand*, *A Study of Tang Exotics*, University of California Press, 1963, P. 21;谢弗(本人取汉名"薛爱华"):《唐代的外来文明》,吴玉贵译本,中国社会科学出版社,1995 年,第 36 页。

⑤《仁王护国般若波罗蜜经》,现存两个译本。一本《出三藏记集》卷四列入《失译杂经录》内,至费长房《历代三宝记》以此经为鸠摩罗什译;但据窥基所述玄奘看法(见《瑜伽师地论略纂》卷一〇),谓西方未闻此经本,以此本经是否自梵文翻译殊可致疑。

萨十地行法门和护国因缘。在"安史之乱"后朝廷面临严重内忧外患的局面下,这种以护国为中心的经典易于被当作救世的法门接受。在本经译出后的同年"九月,庚寅朔,置百高座于资圣、西明两寺,讲《仁王经》,内出经二宝舆,以人为菩萨、鬼神之状,导以音乐卤簿,百官迎于光顺门外,从至寺"①,接着还连续讲经多次。当时的情形是"下紫微而五云抱出,经长衢而万姓作礼。阡郭充满,犹墙堵焉"②。代宗更"常于禁中饭僧百余人,有寇至则令僧讲《仁王经》以禳之"③。这是内道场里的一种典型的法会。与之相关联的,自唐初已兴起的密教观音信仰和毗沙门天王信仰到中唐也更加兴盛,也是在朝廷内外设斋行道的内容④。

元和十四年奉迎佛骨一事由于韩愈论谏得罪而成为历史上的大事。实际这也是朝廷一种例行的法事,自唐初起先后举行过七次。从肃宗上元元年的一次起规模逐渐盛大。这与特别重视轨仪的密教兴盛有关⑤。奉迎佛骨是为了祀祷丰年,带有喜庆的游艺色彩。请看懿宗咸通十四年的一次:"十四年春,诏大德数十辈于凤翔法门寺迎佛骨。百官上疏谏,有言宪宗故事者。上曰:'但生得见,殁而无恨也。'遂以金银为宝刹……其剪彩为幡为伞,约以万队。四月八日,佛骨入长安,自开远门、安福楼夹道,佛声振地,士

①《资治通鉴》卷二二三《唐纪三九·永泰元年》,第7176页。
②慧灵:《仁王经陀罗尼念诵仪轨序》。
③《资治通鉴》卷二二四《唐纪四〇·大历二年》,第7196页。
④参阅吕建福:《中国密教史》,中国社会科学出版社,1995年,第349—375页。
⑤张仲素《佛骨碑》(《金石录》著录为《大圣舍利塔铭》):"岐阳法门寺鸣鹫阜,有阿育王造塔,藏佛身指节。太宗特建寺宇加之重塔;高宗迁之洛邑;天后荐以宝函;中宗纪之国史;肃宗奉之内殿;德宗礼之法宫。据本传,必三十年一开,则玉烛调,金镜朗,氛祲灭,稼穑丰。"(《全唐文》卷六四四,第6522页)法门寺舍利塔已于1988年发掘,参阅《法门寺发掘简报》,《文物》1988年第10期;该寺历史的一般情况,参阅陈景富:《法门寺史略》,陕西人民出版社,1990年。

女瞻礼,僧徒道从。上御安福寺,亲自顶礼,泣下沾臆。即召两街供奉僧赐金帛各有差。仍京师耆老元和迎真体者,悉赐银碗锦彩。长安豪家竞饰车服,驾肩弥路。四方挈老扶幼来观者,莫不蔬素以待恩福。时有军卒断左臂于佛前,以手持之,一步一礼,血流洒地。至于肘行膝步,啮指截发,不可算数。又有僧以艾覆顶上,谓之炼顶。火发痛作,即掉其首呼叫。坊市少年擒之不令动摇,而痛不可忍,乃号哭卧于道上。头顶焦烂,举止苍迫,凡见者无不大晒焉。上迎佛骨入内道场,即设金花帐、温清床,龙鳞之席,凤毛之褥,焚玉髓之香,荐琼膏之乳,皆九年诃陵国所贡献也。初迎佛骨,有诏令京城及畿甸于路傍垒土为香刹,或高一二丈,迨八九尺,悉以金翠饰之,京城之内约及万数。是妖言香刹摇动,有佛光庆云现路衢,说者迭相为异。又坊市豪家相为无遮斋大会,通衢间结彩为楼阁台殿,或水银以为池,金玉以为树。竞聚僧徒,广设佛像,吹螺击钹,灯烛相继。又令小儿玉带金额白脚呵唱于其间,恣为嬉戏。又结锦绣为小车舆以载歌舞。如是充于辇毂之下,而延寿里推为繁华之最。"①这里当然表现了不少人的佞佛狂热。但歌舞杂沓,聚众欢腾,逸乐的性质也是很明显的。坊市少年对舍身炼顶的和尚开玩笑,更具有讽刺意味。当年韩愈论谏里就说到"臣虽至愚,必知陛下不惑于佛,作此崇奉,以祈福祥也。直以年丰人乐,徇人之心,为京都士庶设诡异之观、戏玩之具耳"②。这虽是使用"婉讽"的手段,但也可看出当时人的一种心态。

自唐初,朝廷即举行一种颇具游乐色彩的法会:盂兰盆会。杨炯有《盂兰盆赋》即描写武后朝的一次法会的情形。到中唐更为盛行。代宗大历三年,"内出盂兰盆赐章敬寺。设七庙神座,书尊号于幡上,百官迎谒于光顺门。自是岁以为常"③。自齐梁时期起盛

①苏鹗:《杜阳杂编》卷下。
②《论佛骨表》,《韩昌黎集》卷三九。
③《资治通鉴》卷二二四《唐纪四○·大历三年》,第7202页。

行的盂兰盆信仰,典型地代表了佛教救济思想和中土孝道伦理相融合的趋势①。起初的形式主要是施舍、斋僧,到唐代演变为盛大的游行仪式了。元和十五年的一次盂兰盆会还"纵吐蕃使者观之"②,则是通过这个仪式来显示大国的声威。

自唐初,朝廷还主持一种主要是礼仪性质的活动:三教论衡或佛、道论争。这种活动有时在内廷,有时在寺观举行。本来,这种论辩自六朝就盛行,在早期具有佛、道对论的意义。特别因为唐朝廷并用佛、道,二者也在通过这种论争为各自争地位。在高宗、武后时期,朝廷对二者的侧重上又有摇摆,僧、道的辩论还是相当认真的。但从统治者的立场说,更强调的是并用三教,共赞王化。如唐初的一次:"高祖尝幸国学,命徐文远讲《孝经》,僧惠乘讲《金刚经》,道士刘进嘉讲《老子》。诏刘德明与之辩论。于是诘难锋起,三人皆屈。高祖曰:'儒、玄、佛义,各有宗旨。刘、徐等并当今杰才,德明一举而蔽之,可谓达学矣。'赐帛五十匹。"③这是在立国之初,高祖一方面肯定"各有宗旨",另一方面则更突出儒道。但越是到后来,这种"论辩"越表现出礼仪的性质。它们实际成了万众拥戴朝廷的表征,粉饰太平的手段。如"贞元十二年,天子降诞日,诏儒官与缁黄讲论。初若矛楯相向,后类江海同归"④。在白居易的文集里,仍保存着太和元年一次三教论衡的记录⑤。参加者为白居易、安国寺赐紫引驾沙门义林和太清宫赐紫道士杨弘元。三人的辩论表面上虽是"对扬三教",实际是各表各的见解。这种活动往往以赏赐、斋会而结束。

①参阅岩本裕:《目連傳説と盂蘭盆》,京都法藏馆,1968年,第9—49页、第225—245页。
②《旧唐书》卷一六《穆宗本纪》。
③刘肃:《大唐新语》卷一一《褒锡》。
④《南部新书》乙卷。
⑤见《白氏长庆集》卷六八。

　　另有俗讲,也是一种重要法会,下面另述。

　　从以上的情况可见,以敕建大寺为核心的长安寺院,其宗教活动主要是为朝廷服务的。朝廷对它们的培育与支持,当然对当时佛教的发展起了巨大的保障和推动作用。但就这些寺院活动的性质说,一方面多是为统治者祝祷祈福,带有粉饰太平色彩,另一方面又带有礼仪、游艺性质。就前一方面说,具有相当浓厚的道术化的倾向,在实际生活中这类活动也常常是与道教一起完成的;就后一方面说,则严重腐蚀着宗教信仰的纯粹性。

寺院的社会文化活动

　　伴随着纯宗教性质的淡化,长安寺院越来越发挥出一般的社会文化功能。寺院成了城市中重要的文化活动场所。本来佛教就带有浓厚的泛文化性质,这一点在中国高度发达的文化环境里更得到了突出的发展。而在繁荣昌盛的唐代,在作为其文化中心的首都长安的众多寺院,更发展出丰富多彩的寺院文化,点缀着这里的繁华兴盛的文化生活。

　　长安寺院与当时的政治生活直接关系不大。唐代有一些僧侣干政的事例,但无论是在当时还是在后来,都被认为是不正常的例外情况。较严重的事件主要发生在武后朝及其以后统治阶层有意利用佛教来争夺政权的时期,且事情发生在东都。一是以白马寺主薛怀义为代表的一批僧侣,支持、参与武则天称帝;再是圣善、中天、西明三寺主胡僧慧范参与韦、武之乱①。唐玄宗甫即

①参阅《资治通鉴》卷二〇三《唐纪一九·垂拱元年》至卷二〇五《唐纪二一·天册万岁元年》,第6436—6502页;卷二〇八《唐纪二四·神龙元年》至《景龙元年》,第6585—6616页。

位,即有限制僧侣和士大夫结交之举,也应是汲取这方面的教训。中唐时宗密多与朝官交好,"甘露之变"时,他曾有意庇护逃跑到终南山的李训①。这都只是僧侣中个别人的个别事例。但即以玄奘之受到太宗、高宗两朝礼重,地位崇高至极,也并不对朝政发表意见。当然,在当时封建政权统制下,僧侣是要支持朝廷的,包括用他们的教义来肯定政权的合理、英明;用法事来颂扬朝政的稳固;以至如"安史之乱"时不空和神会等人对朝廷平叛的实际支持。但从总的趋势说,当时宗教的神权并没有过多地直接干预世俗的王权。

个别特定的寺院里举行一些政治性的活动。如"(永泰元年三月)庚戌,吐蕃遣使请和,诏元载、杜鸿渐与盟于兴唐寺"②。次年二月,"宰臣、内侍鱼朝恩与吐蕃同盟于兴唐寺"③。兴唐寺是太平公主为则天所立,地处大明宫之南的大宁坊,是和外族使臣会盟的地方。又长庆元年,"太和长公主发赴回纥,上以半仗御通化门临送,群臣班于章敬寺前"④。至"(会昌三年二月)庚寅,太和公主至京师……诏宰相帅百官迎谒于章敬寺前"⑤。太和公主"下嫁"回纥和亲,后来回纥破败又回到京城,来回都到春明门外的章敬寺举行法事。这都是皇城附近的大寺所举行的官方活动。

更为重要的是,长安寺院是一代灿烂辉煌的艺术活动的中心。唐代高水平的建筑、雕塑、绘画艺术,有相当大的部分集中在寺院里,有些是经僧侣之手完成的。如著名的慈恩寺大雁塔,是玄奘参

---

①《旧唐书》卷一六九《李训传》。又参阅冉云华:《宗密》,(台北)东大图书公司,1988年,第29—37页。
②《资治通鉴》卷二二三《唐纪三九·永泰元年》,第7174页。
③《旧唐书》卷一一《代宗本纪》。
④《旧唐书》卷一六《穆宗本纪》。
⑤《资治通鉴》卷二四七《唐纪六三·会昌三年》,第7974—7975页。

照西域样式修建的，今存者屡经改建，仍可窥知本来的面貌①；善导擅长造像，他在实际寺时，被命赴龙门建造大卢舍那佛像，开凿了佛教东传以来最大的像龛，这就是今存雕塑史上的伟大杰作的龙门奉先寺大像②；善无畏长于工巧艺术，相传他制造模型，铸成金铜灵塔，备极庄严，所画密教曼荼罗尤其精妙。以这些人在当时的地位，他们的艺术成就必然产生巨大影响。

　　长安寺院里集中了一大批外来的僧侣，他们带来了外国和边疆各族的文化，包括实物和技艺。美国学者薛爱华有详细、有趣的论述。所以寺院也是文化交流的场所，又像是保存文物的博物馆。这种文化交流在艺术方面的成绩尤其显著。唐初于阗人尉迟乙僧所"画功德、人物、花鸟，皆是外国之物像，非中华之威仪"，特别是所作"凹凸花面中间千手眼大悲，精妙之状，不可名焉"③。所谓"凹凸花面"是指以晕染造成立体效果，是不同于中国传统上以线条为主的画法。这实际是西域流传进来的外来艺术技巧，对中国后来绘画艺术的发展有着深远影响。盛唐起密教兴盛，传入密教瑰丽奇异的艺术。"密教诸宗的威力在神咒，魅力在形相。"④各种奇丽夸张的曼荼罗图像创造出富于理性的中土人士所不能想象的境界。由于观音信仰的流行，各种密教变形观音——十一面观音、如意轮观音，特别是千手千眼观音造像大为流行。其中奇诡华丽的千手千眼观音造像特别受到人们的欢迎，广泛流行开来，直到今天还是中土佛寺的主要尊像之一。密教艺术的独特表现方法和风格特征作用于当时的艺术创作和人们的精神世界，不但在绘画、雕塑里，就是从韩愈一派趋奇尚怪的诗风到传奇中剑侠题材的流行，也

---

①《大慈恩寺三藏法师传》卷七，第 160 页。
②《河洛上都龙门之阳大卢舍那像龛记》，《金石萃编》卷七三。
③朱景玄：《唐朝名画录》。
④小林太市郎：《小林太市郎著作集》第七卷，东京淡交社，1974 年，第 104 页。

都受到它潜移默化的熏染①。

　　唐代寺院装饰着丰富多彩的壁画,造成了中国壁画史的黄金
时代。作画的当然有僧人,更有卓越的世俗艺术家。武宗会昌三
年,段成式在京任秘书省校书郎,一日和友人同游大兴善寺,鉴于
韦述《两京新记》等资料记载寺院情况多有遗漏,乃约以一旬时间
遍巡两街各寺;但其时毁佛已经开始,只调查了起兴善寺终慈恩
寺,主要在朱雀门大街以东的近二十所寺院。至大中七年任外职
归京,寺院在毁佛中被拆废。他根据回忆写成《寺塔记》两卷,其中
记载了他所调查寺院的大量建筑、壁画、造像以及所存文物的情
形。张彦远的《历代名画记》卷三也专门有《记两京外州寺观画壁》
部分。从这些资料可以知道,从唐初的展子虔、杨契丹、尉迟乙僧
等人开始,吴道子、杨庭光、卢楞伽、杨惠之、王维、周昉等一代著名
画家都图画寺壁,创作了大量精美的作品。这其中当然以"画圣"
吴道子最为杰出。朱景玄记载说:"又按《两京耆旧传》云:'寺观之
中,图画墙壁,凡三百余间。变相人物,奇踪异状,无有同者。'上都
兴唐寺御注金刚经院,妙迹为多,兼自题经文。慈恩寺塔前文殊、
普贤、西面庑下降魔、盘龙等壁,赵景公寺地狱壁、帝释、梵王、龙
神,永寿寺中三门两神,及诸道观、寺院,不可胜纪,皆妙绝一时。'
景玄每观吴生画,不以装背为妙,但施笔绝踪,皆磊落逸势。又数
处图壁,只以墨踪为之,近代莫能加其彩绘。凡图圆光,皆不用尺
度规画,一笔而成。景玄元和初应举,住龙兴寺,犹有尹老者年八
十余,尝云:'吴生画兴善寺中门内神圆光时,长安市肆老幼士庶竞
至,观者如堵。其圆光立笔挥扫,势如风旋,人皆谓之神助。'又尝
闻景云寺老僧传云:'吴生画此寺《地狱变相》时,京都屠沽渔罟之

①参阅陈允吉:《论唐代寺庙壁画对韩愈诗歌的影响》,《唐音佛教辨思录》,上
　海古籍出版社,1988年,第130—146页。沈曾植《海日楼札丛》卷五《成就
　剑法》:"唐小说所记剑侠诸事,大抵在肃、代、德、宪之世。其时密教方昌,颇
　疑是其支别。"

辈,见之而惧罪改业者,往往有之,率皆修善。'所画并为后代之人规式也。"①朱是元和时人,距吴道子活动时期不远②。他的来自亲所闻见的记述,生动地表现了吴道子寺观壁画的丰富多彩及其高度的艺术水平和受到热烈欢迎的程度。正如前文所表明的,吴道子也到道观作画,请他作画的僧、道当然是为了宗教宣传,但他(还有他的弟子们)作为艺术家从事的壁画创作是具有独立的美学价值的。前来寺院参谒的人们也主要是以欣赏的心情来观赏画家们的艺术创作的。

　　自东晋以后佛教广泛流传于社会上下,有一些具有深厚学养的士大夫进入佛门,文人结交高僧也成为风气。柳宗元说:"昔之桑门上首,好与贤士大夫游。晋、宋以来,有道林、道安、远法师、休上人,其所与游,则谢安石、王逸少、习凿齿、谢灵运、鲍照之徒,皆时之选。由是真乘法印,与儒典并用,而人知向方。"③这种儒、释交流形成为传统,对中国古代寺院和僧团建设影响巨大,使得僧侣中习诗作文有成就者代不乏人。有关长安寺院中文人与僧侣诗文唱和的资料俯拾即是,不必赘述,只举出几个典型的例子。《唐志》著录有慧净《续古今诗苑英华》二十卷,慧净就是普光寺主而被命兼任纪国寺上座的人,他于"贞观十年,本寺开讲,王公宰辅、才辩有声者,莫不毕集,时以为荣望也"④,可知他佛学的素养程度。而他编的这部诗歌总集"行于代。慧静(即"净")尝言曰:'作之非难,鉴之为贵。吾所搜拣,亦《诗》三百篇之次矣。'慧静俗姓房,有藻

---

① 朱景玄:《唐朝名画录》。
② 吴道子生卒年代不可详考,据有关资料约生于 7 世纪 90 年代,卒于公元758 年以后。参阅黄苗子:《吴道子事辑》,中华书局,1991 年,第 1—32 页。
③《送文畅上人登五台遂游河朔序》,《柳河东集》卷二五,上海古籍出版社,2008 年。
④《续高僧传》卷三《慧净传》。

识"①。从这段记载,可知慧净的文学水平。长乐坊的大安国寺紧靠大明宫,历来和宫廷有密切关系②。元和年间大阉吐突承璀盛营该寺,此后"自长庆中,宝历末、太和初,皆驾幸安国寺"③。一时"名德聚之安国"④,其中有不少诗僧。著名的如元和、会昌年间有广宣住该寺红楼院,和当时著名诗人频繁唱和。他本人留下了二十余首作品(包括联句),而存有和他赠答诗的则有李益、郑絪、韩愈、白居易、刘禹锡、元稹、张籍、杨巨源、王涯、冯宿、欧阳詹、王起、段文昌、雍陶、曹松、薛涛等人,一时诗坛名流几乎都包括在内。从他留下的应制之作可以看到他的地位,如他陪同皇帝游览天长寺、普济寺、兴唐观都应命作诗。这时的红楼院就好像是诗人的"沙龙"⑤。后来到宣宗时又有僧从晦,"道行高洁,兼工诗,以文章应制。上每择剧韵令赋,亦多称旨。晦积年供奉,望紫方袍之赐"⑥。可知以文章应制是安国寺的传统。另一位诗坛上的名人是住在居德坊先天寺的无可,这是一处比较寂寞的古寺。但和他往还的人却不少,诗人中著名的有贾岛、姚合、戴叔伦、马戴、薛能、方干、喻凫、刘得仁、雍陶、李郢、顾非熊、李洞、刘沧、张籍、殷尧藩等,这其中以姚、贾为代表的一批人善于描写冷寂风景和落寞人生,其创作风格以幽折清峭见长,形成了影响晚唐诗坛的"武功诗派"。无可的枯寂的寺院生活正是培植这一派诗歌的环境。

长安寺院里具有文学意义的还有"俗讲"。这有众多的前辈、

---

①《大唐新语》卷九。
②长安寺院在三百年间屡有兴衰变化,一个值得注意的现象是有些寺院显然发挥独特的功能,如有的寺院以译业著名,有的则主要是宗派活动的中心,有的是贵族男女修道的场所,有的则与宫廷活动有更密切的联系。
③段成式:《寂照和尚碑》,《全唐文》卷七八七,第 8238 页。
④《南部新书》戊卷。
⑤参阅平野显照:《广宣上人考》,《唐代文学と佛教の研究》,京都朋友书店,1978 年,第 100—150 页。
⑥裴庭裕:《东观奏记》卷下,田延柱点校,中华书局,1994 年,第 130 页。

时贤的研究成果,不烦详为介绍。日僧圆仁的《入唐求法巡礼行记》对俗讲的仪式和活动情形有详尽的说明。这里拟指出的是,俗讲在唐代虽然是寺院宣扬佛法的主要形式,但长安大寺的俗讲已经是纳入朝廷所主持的法事的一部分。这对提高俗讲的水平当然是起了相当大的作用的。如著名的、被评价为城中第一的文淑法师就是住在会昌寺的"内供奉、三教讲论、赐紫、引驾起居大德"①。这类著名的俗讲法师在朝廷敕建大寺里按朝廷的要求进行俗讲。如今存《维摩诘经讲经文》所表明的,他们不但有文采和表现技巧,并且对宫廷生活例如太常乐舞等相当地熟悉。而长安寺院的条件,也使他们可能集中时间和精力去进行长达百卷左右的长篇创作。同时值得注意的是这种俗讲越来越带上了娱乐的性质。例如中宗"令内道场僧与道士各述所能,久而不决。玄都观叶法善取胡桃二升,并壳食之并尽。僧仍不服。法善烧一铁钵,赫赤两合,欲合老僧头上。僧唱'贼',裂裟掩面而走,孝和抚掌大笑"②。叶法善在这里是表演"幻术",而以中宗为首的参与者则从中取乐。到晚唐时更有俳优直接参与其中,如"唐咸通中,俳优人李可及,滑稽谐戏……尝因延庆节,缁黄讲论毕,次及倡优为戏。可及褒衣博带,摄齐以升座,自称'三教论衡'。偶坐者问曰:'既言博通三教,释迦如来是何人?'对曰:'妇人。'问者惊曰:'何也?'曰:'《金刚经》云"敷座而座",或非妇人,何烦夫坐,然后儿坐也?'上为之启齿……"③这是宋人所谓"说诨经"的滥觞,把僧、道辩论完全戏剧化了。

各大寺院设置有专门的"戏场"。"长安戏场多集于慈恩,小者在青龙,其次荐福、永寿。尼讲盛于保唐。"④唐时戏场的活动是"百戏",包括俗讲。而且像慈恩大寺里,戏场不只有一处。当时又有

①《入唐求法巡礼行记》卷三,第 147 页。
②张鷟《朝野金载》卷三,第 66—67 页。
③《太平广记》卷二五二《俳优人》,第 1958 页。
④《南部新书》戊卷。

"变场"的称呼①,应是专门"转变"的场所。有关长安"戏场"的有限资料中,常被引用的是宣宗女万寿公主事:"(大中二年)十一月,庚午,万寿公主适起居郎郑颢……颢弟顗,尝得危疾,上遣使视之,还,问'公主何在?'曰:'在慈恩寺观戏场。'上怒……亟令召公主入宫,立之阶下,不之视。公主惧,涕泣谢罪。上责之曰:'岂有小郎病,不往省视,乃观戏乎!'遣归郑氏……"②应当注意的是,这是公主观戏,不会是一般人随意出入的地方,而是贵族阶层的娱乐场所。李洞咏安国寺诗说:"开讲宫娃听,抛生禁鸟餐。"③这是宫女们去听讲。这样,长安大寺的俗讲带有明显的"御用"性质。但应当肯定,确是由它们领导了一时的潮流,对这种艺术形式的流行起了巨大的推动作用。

长安寺院中既有自己的乐舞队伍,也培养出了一些杰出的艺术家,如庄严寺僧善本就是一例。他善琵琶,贞元中,长安大旱,诏于天门街祈雨,两街市人以声乐斗胜负,街东的康昆仑为第一手,街西无以敌,乃请善本出场,受到德宗的嘉奖。事见《乐府杂录》。

长安城的建设有意识地规划出像曲江那样的公共娱乐地,这是古代城市建设史上的一大进步。而长安城中众多的寺观,也起

①《酉阳杂俎·前集》卷五《怪术》:"虞部郎中陆绍,元和中,尝看表兄于定水寺。因为院僧具蜜饵、时果,邻院僧亦陆所熟也,遂令左右邀之。良久,僧与一李秀才偕至,乃环坐,笑语颇剧……僧复大言:'望酒旗、玩变场者,岂有佳者乎?'……"参阅任半塘:《唐戏弄》上册,上海古籍出版社,1984年,第961—984页。又唐代"戏场"设在佛寺中是普遍的现象。《太平广记》卷三四《崔炜》:贞元中,崔居南海,"中元日,番禺人多陈设珍异于佛庙,集百戏于开元寺"(第216页)。卷四一《黑叟》:宝应中,越州宝林寺,"军吏州民,大陈伎乐"(第259页)。卷八三《续生》:濮阳郡,"每四月八日,市场戏处,皆有续生。郡人张孝恭不信。自在戏场,对一续生;又遣奴子往诸处看验……"(第532页)"四月八日"为佛诞,这些戏场亦在佛寺。
②《资治通鉴》卷二四八《唐纪六四·大中二年》,第8036页。
③《题新安国寺》,《全唐诗》卷七二一,第8279页。

着公共游乐地的作用。宏伟的殿庭可供游览;高耸的佛塔可供登临,这有众多的诗文形容、描摹。朝廷在这方面起了带头作用。有时皇帝率领百官行幸寺院,常去的是慈恩寺、荐福寺、安国寺、章敬寺等景观宏伟优美的大寺。这时候群臣往往要应制赋诗。这是君臣赏心的游乐,更是粉饰太平的盛集。特别是长安寺观十分注意绿化,培植花木,不少寺观都是赏花的好去处。道教玄都观的桃花因为有刘禹锡以诗得罪而为后人得知;唐昌观的玉蕊花更有元、白等著名诗人吟诵过。佛寺中更有盛产名花的。其中慈恩寺"竹木森邃,为京城游观之最"①,它旁边的杏园里的杏花招引众多的人游赏。而自天宝年间,长安盛赏牡丹。"兴唐寺有牡丹一窠,元和中著花一千二百朵……又有花叶中无抹心者,重台花者,其花面径七、八寸。兴善寺素师院,牡丹色绝佳。元和末,一枝花合欢。"②可见其培植技术之专、之佳。到中唐时"长安三月十五日,两街看牡丹甚盛。慈恩寺元果院花最先开,太平院开最后"③。西明寺的牡丹也很有名,元稹、白居易等都写过赏花诗。传奇《霍小玉传》写到主人公李生"与同辈五六人诣崇敬寺玩牡丹花,步于西廊,递吟诗句"④。赏花是京城一项重要的游艺活动,白居易《秦中吟》里所写的全城如痴如狂的赏花热潮主要在寺观里,所以当时才有"执金吾铺官围外寺观种以求利,一本有直数万者"⑤的事。直到会昌毁佛以前,这一直是京城的一大风景。段成式于毁佛后有诗说:"前年帝里探春时,寺寺名花我尽知。今日长安已灰烬,忍能南国对芳枝。"⑥

①《资治通鉴》卷一九九《唐纪一五·贞观二二年》胡注引《西京杂记》,第6264页。

②《酉阳杂俎·前集》卷一九,第168页。

③计有功:《唐诗纪事》卷五二,上海古籍出版社,1987年,第786页。

④鲁迅校辑:《唐宋传奇集》,人民文学出版社,1953年,第69—70页。

⑤李肇:《唐国史补》卷中。

⑥《桃园僧舍看花》,《全唐诗》卷五八四,第6772页。

长安寺院与士人、官僚的生活关系甚为密切。在科举中，"长安举子，自六月已后，落第者不出京，谓之'过夏'。多借静坊庙院及闲宅居住，作新文章，谓之'夏课'"①。这就是所谓"习业"寺院的风气②。又"神龙已来，（进士）杏园宴后，皆于慈恩寺塔下题名。同年中推一善书者纪之。他时有将相，则朱书之。及第后知闻，或遇未及第时题名处，则为添'前'字"③。这样，在慈恩寺的庆宴、题名，游赏赋诗，成为每年举子的一时盛会。这种宴会也在别的寺院举行。如在崇圣寺佛牙阁上举行的进士樱桃宴④。

这些寺院也是重要的交际场所。如文学史上著名的杜甫、高适、岑参、薛据同登慈恩寺塔，各自赋诗，这样的活动对诗人们的生活和创作都有一定的意义。这是文人间的交谊。再如萧颖士有时名，李林甫欲见之，时萧正居丧，"请于萧君所居侧僧舍一见"⑤。这是官僚和文人间的交往。又大历四年，握有朔方重兵的"郭子仪入朝，鱼朝恩邀之游章敬寺"。时章敬寺刚刚建成，鱼邀请郭参观自有炫耀之意，但也是为了加深二者的关系，所以宰相"元载恐其相结"⑥。甚至有情人利用寺院来传递信息⑦。又如"姜皎常游禅定寺，京兆办局甚盛。及饮酒，座上一妓绝色"⑧；而小说《任氏传》中的韦崟说到"昨者寒食，与二三子游于千福寺，见刁将军缅张乐于

①《南部新书》乙卷。
②参阅严耕望：《唐人习业山林寺院之风尚》，《唐史研究丛稿》，第367—380页。
③王保定：《唐摭言》卷三《慈恩寺题名游赏赋咏杂纪》。
④《两京城坊考》卷四转引《辇下岁时记》，第100页。
⑤赵璘：《因话录》卷三。
⑥《资治通鉴》卷二二四《唐纪卷四〇·大历四年》，第7206页。《太平广记》卷一七六"郭子仪"条转引《谭宾录》谓"丞相意其不相得，使吏讽，请君无往"（第1311页），与《通鉴》说法不同。
⑦《太平广记》卷三四二"华州参军"条，记载氏族崔氏女欲嫁柳生，崔母"乃命（侍女）轻红于荐福寺僧道省院达意"（第2713页）。
⑧《太平广记》卷三六二《姜皎》，第2877页。

殿堂,有善吹笙者,年二八"①云云,则寺院中可以歌酒饮宴。

有的寺院还有特殊的功用。如在尼寺安置被黜罚的官员眷属;又像位于大明宫丹凤门前光宅坊的光宅寺,在元和年间置待漏院以前,曾是百官上朝"待漏"的地方。至于寺院僧侣与世俗结交也有些暧昧以至悖乱之事,在资料中也可以见到。

总之,唐代长安寺院作为佛教大发展的成果,主要代表的是当时高级僧侣的佛教、官方御用的佛教、贵族士大夫佛教的发展形态。它们是当时高度发展的佛教学术的中心,是朝廷祀祷祝祭活动的场所,同时又是城市文化活动的中心。它们在很大程度上已和群众的真挚热烈的信仰相脱节了。唐代群众性的佛教信仰的主要形态是新兴的禅和净土法门。它们不仅更为生活化、简单化了,而且兴起在远离朝廷的各地方,然后逐渐才向政治中心的长安渗透。这种兴盛的信仰活动主要是在普通的佛堂、兰若、经坊、斋会里,在社邑和家庭以至日常生活中进行。佛教中的这种分化,对于其以后发展的影响是十分深远的。

(原载《唐研究》第 2 卷,北京大学出版社,1996 年)

---

① 《任氏传》,鲁迅校辑:《唐宋传奇集》,第 37 页。

唐代佛道二教的发展趋势

佛、道二教到唐代都发展到鼎盛阶段。这当然与朝廷的积极提倡，包括大力推行"三教并立"政策有直接关系，也是这两个宗教在中国文化传统中长期发展的结果。正是在极盛的局面之下，这两个宗教显示出某些共同的发展趋势。这些趋势也突出地显示了中国古代宗教以至一般文化发展的某些特点和规律。

一

在唐代中央集权的专制体制下，不允许宗教权威凌驾于世俗统治之上或游离于世俗统治之外。佛教本是外来宗教，在自两汉之际传入中土后的几百年间，不断地调整与中土政治体制和伦理传统的关系；道教是本土宗教，产生于民间，本来带有浓厚的反抗现实体制的性格。但自晋、宋以来，在中土的具体环境中，二者都主动地向世俗政权靠拢。东晋的释道安已明确说过"不依国主，则法事难立"①；经过陆修静、寇谦之等人"清整"的道教也逐渐剥落了反抗现实的色彩。在六朝时期，南北各王朝都已逐步建立起国家

————————
① 《高僧传》卷五《道安传》。

管理僧、道的制度。到唐代,这种制度和办法更加完善了。唐代确
有不少皇帝亲受菩萨戒或受道箓,算是进入佛门或道门为弟子;一
些高僧或高道也倍受朝廷礼重;唐朝廷更自认是道教教主老子宗
支,如此等等,当时佛、道二教的地位看似十分崇高,但实际上其存
在和全部活动都受到朝廷的严格管束和支配。这样,宗教神权服
从于世俗政权的格局已完全形成,佛、道二教为现实体制服务的功
能也就更充分地发挥出来。

　　唐朝廷监管宗教的机构屡有变化,资料记载多有矛盾,已不能
得其详。但从现有的材料可以知道,当时朝廷对佛、道二教的管束
是相当严格的。唐初,佛、道隶属于礼宾机关鸿胪寺。这有把宗教
徒视为"观国之宾"的意思;后来改隶祠部①,这是主管祭祀的机关,
也就意味着佛、道二教要履行朝廷的祭祀职能。唐代法律对佛、道
二教的组织和活动有严格规定:大型寺、观(在两都和通都大邑的)
多为朝廷敕建;寺、观的主持者"三纲"(佛寺是上座、寺主、都维那,
道观是上座、观主、监斋)由官府任命;教内职务如佛、道二教里的
"大德",佛教里的"僧主"、"僧录"及道教里的"道门威仪"等,也由
朝廷简选;严禁"私入道"②,就是说,出家不单纯是个人行为,要得
到政府允许,违反者不但要处罚本人,还要罚及父母和地方官;僧、
道簿籍三年一造,一本上祠部,一本送鸿胪,一本留州、县;唐初制
定"均田制",规定了僧、道受田办法,这也是加强僧、道管理的有效

_____

①《唐六典》卷四《尚书礼部》:"祠部郎中、员外郎掌祠祀享祭,天文漏刻,国忌
　　庙讳,卜筮医药,道、佛之事。"(第120页)《唐六典》成书于开元二十七年,是
　　唐前期法律。《唐会要》卷四九《僧、尼所隶》:"延载元年五月十一日敕:天下
　　僧、尼隶祠部,不须属司宾。"同书录会昌五年中书门下奏,谓改隶祠部在天
　　宝二年。天宝六年又置功德使,起初只管理僧、尼,至元和年间也管理道士。
　　又《佛祖统纪》卷三九谓仪凤三年(678)高宗令道士、女冠隶宗正寺,即视同
　　皇族宗属,但这只是一种荣誉,宗正寺并不执行实际管理职能。
②《唐律疏议》卷四:"议曰:私入道,谓道士、女官,僧、尼同,不因官度者,是名
　　私入道。"(刘俊文点校,中华书局,1983年,第97页)

措施；朝廷专门制定了"道僧格"，即对僧、道触犯刑律做出规定，就是说，朝廷对僧、道的行为有处置权。如此等等，都表明朝廷对宗教事务前所未有的重视和十分严格的管辖。当时即使是纯粹的宗教教理问题，朝廷也握有裁定的绝对权威。例如佛教律宗内部关于戒律的争论，禅宗关于法系的争论，都是由朝廷敕命做结论的。具有象征意义的是，佛教方面自六朝以来就有否定礼拜"王者"和父母的主张，曾为此进行过长期、激烈的争论，到开元年间最终以僧侣方面屈服而结束。这样，虽然在唐王朝的不同时期佛、道二教的地位或有高下，但它们从属于朝廷的格局已经定型，世俗政权对于宗教神权有着绝对的权威。这是关系宗教性质和作用的大事。在这种情况下，佛、道二教的"御用"性质也随之强化并突出起来。主要表现有以下三方面。

佛、道二教积极地支持朝廷，为其制造宗教幻想。在李唐王朝创建过程中，佛、道二教已向其靠拢。著名事例如少林寺僧侣、楼观道士都曾直接参与李唐起义军事，王远知等道士们更曾密传符命，杜撰老子降迹的神话，为新王朝制造舆论。迨至唐朝建成后，又对维护其政权起到程度不同的作用。例如"安史之乱"的时候，密宗的宗主不空、禅宗的宗主神会都曾为平定叛乱出过力；有唐一代佛、道二教的领袖人物，如佛教的玄奘、道宣、法藏、神秀、神会、不空，道教的王玄览、潘师正、叶法善、司马承祯、李含光等，都膺受朝命，出入宫廷，有些人甚至受命为朝官；等而下之者，则周旋于权贵之门。代表神权的僧、道从而成为世俗统治的奴仆。

其次，佛、道二教强化了一般的求福消灾、礼虔报本的祝祷功能。佛教求解脱，求涅槃，道教求长生久视、飞升成仙，都有自身特殊的修证、养炼目标。其宗旨和活动的内容、形式与封建王朝的祠祷享祭活动有着根本的区别。但在唐王朝的管理之下，适应朝廷的需要，佛、道二教被赋予了同等的祭祀功能。按朝廷的规定，"凡道观三元日、千秋节日，凡修金箓、明真等斋及僧寺别敕设斋，应行道官给料……凡国忌日，两京定大观、寺各二散斋，诸道士、女道士及僧、尼，皆集于斋所，京文武五品以上与清官七品已上皆集，行香以退。若外州，亦各定一观、一寺以散斋，州、县官行香……"①这即是在节日、忌日依朝命设斋、行香的制度，表明寺、观已被等同于一般的御用祭祀机构。特别是道教的玄元皇帝庙（天宝二年长安改名为太清宫，洛阳为太微宫，诸州为紫极宫），更带有宗庙性质了。

再次，唐王朝继承前此南北各王朝的传统，执行"三教齐立"政策，努力"调和"三教。即以儒家的观念、伦理为基础，灵活地利用佛、道二教，使之各自发挥教化功能。具有象征意义的是所谓"三教论衡"。这本是六朝时期即已存在的儒、佛、道"三教"辩论的形式。这种辩论典型地表现了中土各王朝对宗教的态度。唐初，高祖即曾主持这种辩论：

> 高祖尝幸国学，命徐文远讲《孝经》，僧惠乘讲《金刚经》，道士刘进嘉（据道宣《集古今佛道论衡》应为"喜"）讲《老子》，诏陆德明与之辩论。于是诘难蜂起，三人皆屈。高祖曰："儒、玄、佛义，各有宗旨，刘、徐等并当今杰才，德明一举而蔽之，可谓达学矣。"赐帛五十匹。②

这次辩论的结论是以儒家统摄佛、道，正反映了唐王朝在思想、文化领域里的基本立场。同样，张九龄的《贺论三教状》反映的是唐玄宗时的情况：

> 右：伏奉今日墨制，召诸学士及道、僧讲论三教同异……伏惟陛下道契无为，思该玄妙，考六经之同异，诠三教之幽赜，将以降照群疑，敷化率土。屏浮词于玉殿，辑精义于金门，一变儒风，再扬道要，凡百士庶，罔不知归。臣等幸侍轩墀，亲承至训，忭跃

---

① 《唐六典》卷四《尚书礼部》，第 126—127 页。
② 《大唐新语》卷一一《褒锡》，第 165 页。此次论辩亦记录于《旧唐书》卷二四《礼仪志》，谓事在武德七年。

之极，实倍常情。望宣付史馆。谨奉状陈贺以闻。谨奏。①

这同样是讲论"三教"而归于儒道，以期达到教化的目的。"三教"各自都表现出相互宽容的态度，这当然也是"并立"的前提。到中唐，这种辩论演变成礼仪性的仪式，在皇帝诞辰时举行，更带上了一定的娱乐性质。

从以上三个方面，可以清楚看出唐代佛、道二教与现实统治体制的关系。当初佛图澄在石赵，寇谦之在北魏，都曾以"王者师"自居；东晋释慧远坚持"不敬王者"，主张"求宗者不顺化"，声言"抗礼万乘，高尚其事，不爵王侯，而沾其惠"②。这可以说是在当时条件下宗教神权谋求独立、超越地位的有限努力。而到唐代，这种努力基本上已见不到了。宗教信仰本来应是先验的，绝对的，是不受世俗权威约束的。佛、道二教被纳入到世俗政权的管理之下，可以说是对其神圣性的亵渎。结果不论朝廷表现得如何尊崇、鼓吹佛、道二教，总改变不了其"利用"的立场，即把他们当作是施行"教化"的辅助工具。这样一来，宗教也就在一定程度上失去了其应有的神圣性质。

这样到唐代，佛、道二教对于专制王朝的从属地位终于确定。这无论在宗教史上，还是政治史上，意义都是十分重大的。从另一方面看，这也是中土传统理性精神的胜利，是统一的专制政治体制的胜利。

二

唐代佛、道二教的极盛，还表现为宗教学术的高度繁荣。这当然是宗教兴旺的一种表现。佛、道二教的学术以阐发教理为中心，

---

① 《全唐文》卷二八九，第2934—2935页。
② 《沙门不敬王者论·求宗不顺化第三》，《弘明集》卷五，《大正藏》第52卷。

其主要内容是宗教哲学，更涉及众多的学术领域。唐代佛、道二教的学术研究对中国文化的贡献是巨大的。

　　唐代佛教学术研究的主要成绩，一方面有规模空前的译经事业，另一方面是经过"中国化"而形成的各宗派为阐发各自宗义而进行的研究和著述。

　　就译经而言，唐代的成绩是空前的。主要是在国立的慈恩、西明、兴善三大译场里，在朝廷高官监护下，进行了规模巨大的翻译工作。唐代的译场不同于晋、宋时期那种动辄千人的讲学机构，而是学有专长的专业班子。这些参与者不只翻译大量典籍，更从事著述，许多人都是著作等身的佛学专家。即以玄奘一门而论，他主持编译了六百卷的《大般若经》，这是大乘般若学的总结性的大丛书；重译了《维摩》等重要大乘经；系统翻译了《俱舍》《婆沙》以及"一身六足"等《阿毗达摩》部派佛教论书；还全面地翻译和介绍了《瑜伽师地论》和唯识学的"一本十支"各论，这是印度佛教教理发展最新、也是最高的成果。玄奘"糅译"印度唯识十大论师疏解世亲《唯识三十颂》的著作而成《成唯识论》，这是中土法相宗的根本论书。至于他著有学术价值巨大的《大唐西域记》，把《老子》翻译为梵文，等等，更是文化史上被津津乐道的盛事。玄奘门下龙象辈出，特别有神昉、嘉尚、普光、窥基，俗称"玄门四神足"，均阐扬师说，多有撰述，堪称学养有素的大学问家。其中窥基成绩尤多，师说经他的阐发得以发扬光大，有"百部疏主"之称，在法相宗的建立中功劳尤大。玄奘的再传弟子如道证、智周、胜庄等也著述颇夥。印度佛教的瑜伽行派即唯识学乃是佛教教理发展的最高峰，玄奘所创立的中土法相宗是典型的经院佛学学派。从印度佛教历史看，教理研究的兴盛往往是对信仰潮流的反动。而从玄奘及其门下的情况看，阐扬教理的成就也远大于宗教实践的成绩。

　　隋、唐时期陆续建立起中国佛教的各宗派。这是佛教"中国化"完成的标志，也把中土佛教学术的发展推向了高峰。各宗派为了树立自宗的宗义,都确立起自宗的"判教"体系①,对作为佛教基本观念的"佛性论"、"缘起论"、"修道论"等重大理论问题提出自宗的主张。高度的学术性成为各宗派的共同特点。宗派佛教是佛教"中国化"的产物,必然具有中土思维重理性的特征。当然,不同宗派对理论重视的程度是不同的,所取得的成果也是不同的。如天台、三论、华严各宗,皆学理精深,论证严谨,宗义体系庞大而细密。其代表人物如智𫖮、灌顶、吉藏、法藏、宗密等都是学理高深的大学问家。而唐代势力巨大的禅宗和净土宗理论色彩则比较淡薄。它们一个主要流行于士大夫间,一个广泛在民众间弘传。它们原来都是修行法门,并不太重视论理。禅宗主张"以心传心"、"不立文字",甚至对传统经论取否定态度。净土宗则注重念佛修行。但是在发展中,这两个宗派也都出现了一批精于学理的大师。净土宗在著名的善导以下,有怀感、少康、迦才、道镜、慧日、飞锡等人,他们都各有撰述。而历代禅师更留下大批"不立文字的文字"如偈颂、语录、灯录等,这是与传统佛教著述形式不同的另外一种著作。唐代宗派佛教在理论建设上取得了极其巨大的成绩,给后代中国学术的发展留下了宝贵遗产。宋代新儒学的建立,就借鉴了它们的成果。

　　道教本来更富于实践性。它产生于民众间,起初教理比较粗陋,教典也比较稀少,从学术成就看远逊于佛教。但经过六朝时期的发展,借鉴了儒家和佛教的理论成果,大批教典被创造出来。到唐代发展到极盛,在教学方面也取得了巨大成绩。

　　道教以老子为教主,李唐王朝又自命为老氏宗支,唐代道教对

---

① "判教"或称"教相判释"、"教判",是中国佛教特有的组织教理体系的方法,即把佛教长期发展中形成的内容纷杂、矛盾的数量庞大的佛典归纳为佛陀一代说法,从而组成为一个体系,并确定哪一部经典是佛陀的最终了义说法,以为本宗的立宗依据。这是树立宗义的需要,也反映一个宗派解释教理的基本立场。

《老子》的研究自然十分重视。高宗朝曾朝命王公以下皆习《老子》；玄宗御注《道德经》，建"崇玄学"，实行"道举"；并于天宝元年下制书："庄子号为南华真人，文子号为通玄真人，列子号为冲虚真人，庚桑子号为洞虚真人，其四子所著书改为真经。"①如此等等，都极大地推动了对《老子》和道家的研究。据杜光庭《道德真经广圣义序》的记载，历代注解《道德经》的有六十余家，其中唐人居半②。今存唐人所著《道德经》仍有傅奕《道德经古本篇》二卷、成玄英《道德经开题序诀义疏》残一卷（敦煌本，又蒙文通辑有《道德经义疏》）、张君相《道德真经集解》八卷、李荣《道德真经注》四卷、唐玄宗《御注道德经》四卷、吕岩《太上玄元道德经解》一卷、李约《道德真经新注》四卷、陆希声《道德真经传》四卷和杜光庭《道德真经广圣义》五十卷等。杜光庭《道德真经广圣义》一书可以看作是唐代道教对《道德经》研究的总结著作。这些出自道教内外的对《道德经》的研究，目的主要是对教理进行论证，但《道德经》本是道家著作，这种研究在提高道教教理方面做出成绩，也对道家的研究做出了相当的贡献。

　　唐代道教的符箓制度和斋醮科仪更加完善和系统化。这本来都是关系养炼实践的，但同样也被充实以相当丰富的理论内容。符箓是道教施行法术的手段之一。所谓"符"是一种云霞烟雾状的篆体文字，书写天神地祇名称；"箓"则是召役神吏、施行法术的牒文，其中记载天曹官属佐吏之名，并以诸符错杂其间。据说这些都是元始天尊化灵应气而成的法言、灵文。张万福《传授三洞经戒法箓略说》卷下《明科信品格》说：

---

① 《旧唐书》卷九《玄宗本纪》。这道诏令的主要意义在表明朝廷对道家的态度。实际如《文子》《庚桑子》并没有流行。

② 参阅《道藏》第 14 册，文物出版社、上海书店、天津古籍出版社，1988 年，第309—310 页。

　　　凡人初入法门，先受诸戒，以防患止罪。次佩符箓，制断
　妖精，保中神炁。次受《五千文》，诠明道德生化源起。次受
　《三皇》，渐登下乘……①

以下依次受《灵宝》《洞真》等经，还源返真，归于常道。唐代从皇帝
到一般官僚士大夫多有受道箓的。斋醮作为道教的祭祷仪式，早
期形式比较简单、粗陋，晋、宋以来逐渐规范化、礼仪化，形成一套
完整的置坛、设供、焚香、化符、上章、念咒、诵经、赞颂等仪式，并配
合以禹步、音乐。唐朝廷规定斋有七名，即金箓大斋、黄箓斋、明真
斋、三元斋、八节斋、涂炭斋、自然斋②。这其中除去"涂炭斋"，称
"灵宝六斋"。这类斋醮不但在道观里，也经常在"内道场"里举行。
随着符箓、斋醮的盛行，出现了一批专门研究它们的道典。如玄宗
朝太清宫道士张万福著有《传授三洞经戒法箓略说》《三洞法服科
戒文》《洞玄灵宝三师名讳形状居观方所文》等；同时期的朱法满是
玉清观道士，所著《要修科仪戒律抄》，是道教科仪的类书；而晚唐
五代杜光庭著作等身，今存科仪著作即达二十余种，他的这些书里
包含着丰富的学术和艺术内容。
　　唐代外丹术极其兴盛，同时又是外丹向内丹的转化时期。有
众多的外丹著作总结了历史炼丹的成绩。但不重丹药和符箓的上
清派道士更被朝廷所重视，他们接受了儒学和佛教（特别是禅宗）
的影响，注重"心性"的养炼，发展出新的神仙思想，出现了很多有
价值的著作。如上面提到的成玄英的《道德经义疏》③，还有王玄览
的《玄珠录》、司马承祯的《坐忘论》、吴筠的《神仙可学论》等，都特
别对于"心性"理论进行了探讨和发挥，这在下面还将加以说明。
　　正是在总结前代研究成果和当代繁荣的宗教学术的基础上，

———————

①《道藏》第 32 册，第 193 页。
②《唐六典》卷四《尚书礼部》，第 125 页。
③蒙文通辑本（四川省立图书馆藏），1946 年。

到开元年间,结成了佛、道二藏。这在中国文化史上和学术史上都是具有重大意义的事件。这两项工作是在朝廷的直接主持下,广泛动员教内外力量完成的。

值得注意的是,在唐代,无论是佛教还是道教,其高水平的教理研究主要是依靠一批专业人才进行的。如玄奘、张万福等大师级的人物,他们所做的都是艰深的经院学问。他们主要活动在社会上层,封闭在教团的小圈子里。他们的研究成果在相当程度上已脱离了宗教实践。又如华严宗讲"法界缘起",连武则天都听不懂,要法藏借用殿前金狮子作比喻来讲解。唐代文人普遍地结交僧、道,但从他们的诗文看,对佛、道二教教理的了解一般都很肤浅,名僧、高道的著作他们大体也没有读过。倒是宋代理学家们更重视佛、道著述,一些人认真研读,作为建立新儒学的借鉴。

宗教信仰本应是先验的,不需要论证;宗教活动主要在实践,不应陷于理论思辨。为树立信仰而进行的理论论证,在帮助人确立信仰的同时,却又可能促使人忽视甚至脱离宗教实践。当宗教变成书斋里的学问的时候,信仰也就相当淡薄了。唐代佛、道二教的繁荣的学术研究,又成为六朝以来发达的信仰潮流的反动,在为中国学术、文化做出巨大贡献的同时,对信仰却也起了一定腐蚀作用。

三

从宗教实践的层面看,唐代佛教各宗派中影响巨大而深远的应属禅宗和净土法门;道教里则是新兴的内丹术和新神仙思想。它们的共同点是对"心性"的重视。就是说,在唐代,无论是佛教,还是道教,其宗教实践的重点都转向个人"心性"的修证、养炼上来了。这样,宗教修持的现实性和伦理性也就更突出起来了。

　　宗教所探讨的"心性"即人的本性,实际是指人实现宗教目标的可能性和现实性。唐代佛、道二教对"心性"问题的重视,客观上反映了到这一时期人的主体意识的加强。这也体现时代思想发展的趋势。汉儒"章句之学"一乱之于玄学,再乱之于佛、道,在南北朝几百年间的变乱中发展,逐渐由探索"天人之际"的问题转向探讨人的"心性"上来。儒学完成这一转变的标志是宋学的建立。佛、道在唐代的发展则先行了一步,给儒学的发展以巨大的推动与借鉴。

　　佛教在探求"性灵真奥"方面较儒学有着优长,这是人们早已公认的①。而隋、唐时期发展起来的佛教各宗派,更普遍地注重对"心性"问题的探讨。宗义体系完整、严密的天台、华严如此,更富群众性和实践性的禅和净土也是如此。即以在唐代弘传广远的后二者为例。禅和净土当初都不以"宗"立名。它们作为修行法门,宗义都比较简单。但能造成巨大影响,表明他们是适应了时代要求的。禅的基本观念是所谓"明心见性",从而把对于佛性、净土等外在的追求转变为自性修养功夫,把对"他力求济"的期望转变为自心觉悟的努力。慧能、神会的南宗禅以"无念"、"顿悟"为两大理论支柱,这是对人的心性的绝对性和无限性的充分肯定。到了中唐时期,以马祖道一为代表的"洪州禅"提出"平常心是道",把超越的佛性等同于平凡的人性,肯定佛性即在穿衣吃饭、扬眉瞬目的人生日用之中,从而把禅所追求的"清净心"和"平常心"等同起来,给发扬人的"自性"开辟了更广阔的门径。净土信仰的基本观念本是与禅截然相反的。信仰净土纯是"向外驰求"、依靠"他力"的。但从本质来看,在其对众生得救的坚定信念里,也正表现出肯定人性的坚强信念。此宗以念佛行业为众生成佛的正因,以阿弥陀佛的

————————————

①何尚之《答宋文皇帝赞扬佛教事》:"范泰、谢灵运每云,六经典文,本在济俗
　为治耳。必求性灵真奥,岂得不以佛经为指南邪?"(《弘明集》卷一一)

愿力为外因。而"行业"又分正行和杂行。"正行"即依"净土三部经"修行,最主要的是"持念"即念佛;"杂行"即奉行一切诸善。所谓"善"主要又是指忠、孝、仁、爱等传统伦理内容。这一方面使得修行空前地简易了,另一方面也向一般民众敞开了成佛的大门。禅和净土共同的内在精神,也是它们能够吸引广大群众的主要原因之一,即对救济众生的关注和对众生"心性"的信心。后来禅和净土能够相互交融,这也是重要基础。

　　道教方面,唐代外丹术发展到极盛,同时也在急剧地走向衰落。唐代道教真正有生命力的部分,也是后来兴起的内丹思想所继承的主要内容,是一批上清派道士对"心性"问题的探讨。唐代外丹术之所以衰败,除了在实践中经不起检验之外,还由于那种寻求和依靠外物(丹药)的观念,已落后于时代思想发展的总潮流。在古代方术里,早已有行气、导引、胎息等修炼身心之术,并被道教纳入为重要法术。这种注重依靠自身的身心修炼之术不断地得到发展。到隋代道士青霞子苏玄朗,乃归神丹于心炼,提倡"性命双修",被认为是内丹术的开创者[1]。到唐代,成玄英、王玄览、司马承祯、吴筠等著名道士都强调自心的养炼。例如成玄英的《道德经义疏》即主张修道不但不能有欲,也不能执著于无欲。这是要求内心一种绝对的清净境界,是和禅宗的"性净"论相通的。王玄览的修道论则强调"众生与道不相离。当在众生时,道隐众生显;当在得道时,道显众生隐。只是隐、显异,非是有、无别"[2]。这显然借鉴了佛教的"心性本净"说。另一方面他又提出"形养"和"坐忘养"两种

①最早使用"内丹"一语的是东晋的许逊,他在《灵剑子·服气诀》里说"服气调咽用内丹";后来被尊为天台三祖的慧思在《誓愿文》里说到"借外丹力修内丹",但当时还没有明晰的、与外丹相对立的内丹观念。关于青霞子苏元朗,或以为是唐人,或以为所传书为唐人伪托。参阅卿希泰主编:《中国道教史》第2卷,四川人民出版社,1992年,第516—518页。
②《玄珠录》卷上,《道藏》第23册,第621页。

修道方式："形养将成仙"，这还是较低级的；"坐忘养舍形入真"，才
算真正得道。他又指出："识体是常是清净，识用是变是众生。"①这
显然又是借鉴了唯识学的"识体"和"转识成智"说，把修仙得道的
根本归结于心识的转变了。司马承祯特别提倡"安心"、"坐忘"之
法，以期达到"神与道合"。这又是与当时流行的北宗禅的观念相
一致的。在《坐忘论》里，他提出修道有七个层次，即信敬、断缘、收
心、简事、真观、泰定、得道。六朝时期的道典宣扬得道的艰难，不
但要有赤诚心，还要有名师指点，往往又要经过很多磨难。而司马
承祯却提出了"至道无难"的简易成仙之法，明确指出"凡学神仙，
先知简易"；"神仙亦人也。在于修人虚气，勿为世俗所论折；遂我
自然，勿为邪见所凝滞，则成功矣"。他把学仙分为五个阶段：斋
戒、安处、存想、坐忘、神解；到了神解，则"信、定、闲、慧，四渐通
神"，"在人谓之仙矣"②。这种修仙方法，和禅宗的"安心"、"守心"
方法十分相似。吴筠既批评那种认为神仙乃禀异气自然而成、非
修炼可致的观点，也反对"独以嘘吸为妙，屈伸为要，药饵为事，杂
术为利"的只重"形养"的一派，提出人性中有"远于仙道"和"近于
仙道"各七个方面，而修仙就是要"取此七近，放彼七远，谓之拔陷
区，出溺途，碎祸车，登福辇，始可与涉神仙之津矣"。其具体方法
则是"虚凝淡漠怡其性，吐纳屈伸和其体"，守静去躁，忘情全性，形
神俱超，那么"虽未得升腾，吾必知挥翼丹霄之上矣"。③ 这些说法，
也与禅宗的"明心见性"之说相通。中唐时期的著名道士施肩吾，
也是诗人，在文坛上广有影响，他主张养生、识物、炼形、化气。
他说："惟人也，以精为母，以炁为主。五脏中各有精，精中生炁；五
脏中各有炁，炁中生神。欲寿无穷，长生住世，炼精为丹，养炁为

---

① 《玄珠录》卷上，《道藏》第 23 册，第 625、628 页。
② 《天隐子·易简》《神仙》，《道藏》第 21 册，第 699—701 页。
③ 《神仙可学论》，《全唐文》卷九二六，第 9651 页。

神，真仙上圣，修真补内不补外也。"①从而要求因心明道，用道守心，从而得仙。晚唐五代的著名道士杜光庭，是新一代道教教理的组织者，他的修道论也强调清心寡欲，舍恶从善。他说，成仙之道数百，非一途所限，有飞升、隐化、尸解、鬼仙等各种情况，而他特别强调的是"仙者心学，心识则成仙；道者内求，内密则道来……常能守一，去仙近矣"②。于是，唐代道教对"心性"的重视，同样形成为一种倾向，代表着道教发展的潮流。

　　强调"心性"的养练必然会削弱对外在偶像的崇拜，相信自身的能力也就淡化了对他力救济的依赖。这种观念发展到极端，就会把宗教信仰转变为心性的修养和体认功夫。这也就导向了宋代理学的思路。

　　考察现存的唐人诗文，让人们感到困惑的是当时许多人的宗教观念过于矛盾、驳杂。人们对宗教的态度常常言行不一，许多人不仅对不同宗派不加区分，更往往把佛、道二教相混淆。如李白一生热衷于求仙访道，可他也写过《海漫漫》那样的诗，对求仙进行极其尖锐的讽刺，他同时又参禅习佛；杜甫以济人活国为己任，他又对佛教、道教均表现出相当坚定的信仰；白居易也参禅，也修净土业，还炼过丹，长期服云母散等药物，而他也写过尖锐地批判佛教、道教的文字。诸如此类例子不胜枚举。造成这类现象的一个重要原因是，在当时人的宗教观念和实践里，主要关注的并不是教理的辨析和理解，而是追求精神上的寄托。无论是佛教还是道教，都主要是被当作安身立命的根据。范传正谈到李白的神仙信仰，说他"好神仙非慕其轻举，将不可求之事求之，欲耗壮心、遣余年也"③。柳宗元就佛教信仰与韩愈辩论，说"浮图诚有不可斥者，往往与《易》《论语》合，诚乐之，其于性情奭然不与孔子异道"④。白居易晚年有诗说：

①《西山群仙会真记》卷三《补内》，《道藏》第4册，第430页。
②《墉城集仙录序》，《道藏》第18册，第167页。
③《唐左拾遗翰林学士李公新墓碑》，王琦注：《李太白全集》卷三一《附录》。
④《送僧浩初序》，《柳河东集》卷二五。

……达磨传心令息念，玄元留语遣同尘。八关净戒斋销日，一曲狂歌醉送春。酒肆法堂方丈室，其间岂是两般身。[1]

以上几位都是唐代文人中有代表性的人物，他们的人生态度和思想观念不同，而对宗教的态度却有其共同点，即都把宗教当作安顿身心的手段，利用宗教来修心养性。在其内心深处，信仰的成分是淡薄的。对他们来说，成佛、成仙已不是修道的主要目标，佛、道二教更体现为心理的、伦理的、人生方式的价值。这一方面表现宗教观念的深入，即已经浸渍到人们的感情和生活之中；另一方面则是信仰的淡化和趋于朦胧了。

不可否认，唐代佛、道二教中仍存在着热烈、虔诚的信仰潮流，比如广泛流行的净土信仰和神仙信仰。但这是与总的发展趋势相疏离的潮流，主要存在于民众间。并且即使这种信仰也表现出浓厚的注重人生实际的特色。例如在龙门石窟的造像记里，会发现当时人祈愿的内容，除了"生净土"、"登正觉"等传统的宗教目的外，更多的是"现世获福"、"愿身平安"、"合家无病"、"共同福德"、"一切行人，平安孝养"等现实愿望[2]。从严格意义上说，这样的愿望已没有多少宗教意味了。虔诚的信仰被平凡的现实愿望取代，也正反映了关注人生、重视现实的精神已占上风。

四

当佛、道二教已被置于世俗政权的严格管束之下，当教团里的

---

[1]《拜表回闲游》，朱金城笺校：《白居易集笺校》卷三一，上海古籍出版社，1988年。

[2] 参阅《八琼室金石补正》卷三〇至三三。

大德们热心钻研经院学问、官僚士大夫把宗教当作安身立命的依靠的时候,宗教的神圣性和超越性已大大降低了。宗教本是求"真"的,即确立人对"终极真理"的绝对信仰,这也即是神学家田利克所谓的人的"终极关怀"。但在唐代,佛、道二教更注重求"善",即解决教化和伦理范畴的问题。随之发展出另一种倾向:当人们把宗教当作颐养性情、安顿身心的依据的同时,就会赋予它们更多的"美学"意义,人们从中求"美",在一定程度上把它们当作欣赏对象了。这样,唐代的佛、道二教又都表现出浓厚的艺术色彩,并造成了佛教、道教文学艺术的空前繁荣。

首先从现象上就可以清楚地看出,唐代佛、道二教的活动已具有浓厚的艺术性质:寺、观里法会、斋醮以至歌舞伎乐,极其华丽,规模往往十分巨大;宫廷、官府的礼佛、斋僧等仪式,时常伴随着宴乐;行香、上供、散斋等都带有一定的表演、观赏性质;用于宣教的"僧讲"和"道讲"即所谓"俗讲",形成为艺术创作和表演的新形式;僧、道中间出现许多艺术水平高超的人,他们主要在从事文学、艺术活动,往往达到相当高的水准;即使是纯粹的宗教法术,如密教的奉迎佛骨的仪式,也"设诡异之观,戏玩之具"①;而如道教的符箓、青词也带有相当的艺术性;寺、观里供奉的造像、布满墙壁的壁画更多有艺术精品;佛曲和道调都是精美的音乐创作;等等。唐代那些通都大邑里的寺、观,特别是两京的大型寺、观,已成为重要的文化活动中心。如"长安戏场多集于慈恩,小者在青龙,其次荐福、永寿。尼讲盛于保唐"②。这里的"戏场"是演出百戏的场所。古代都市缺少公共交际场地,唐代的寺、观成为人们交际、游览的重要处所。特别是士大夫在那里习业、寄居成为风气,游历寺、观,拜访僧、道更是文人们的重要活动。这些情况,固然反映了宗教生活已

①《论佛骨表》,《韩昌黎集》卷三六。
②《南部新书》戊卷,第50页。

经成为社会生活密不可分的一部分,但也显示出宗教已严重地"世俗化",乃至"艺术化"了。

人们在思想观念上的变化,还表现在宗教意识往往被转化为艺术玄想,各种宗教内容被普遍地当作艺术创作的对象了。宗教和文学艺术本来有着密切关系,文学艺术乃是宗教宣传的重要手段之一。但唐代的情况有其特殊性:在很多情况下,人们并不是利用文艺形式来宣传宗教教义,而是对宗教题材进行独自的艺术发挥。例如在著名诗人李白、李贺、李商隐等人的诗作里,都以不同手法描绘了神仙世界的美丽景象,而这些作品却不是,或不全是宣扬神仙或神仙信仰的。神仙或神仙世界的幻想多是作为艺术表现的内容出现的。又例如白居易的《长恨歌》的后半,通过方士求仙来描写杨、李爱情,人们可以从中看出讽喻,却看不出对神仙的迷信。美术作品的情况也同样:敦煌壁画里那些花团锦簇的净土变、法华变和维摩变等,乃是理想化的现实生活的缩影,对于多数人来说只是寄托了对未来的希望和向往;人物画的情形也是如此:唐代画家所画的"菩萨似宫娃"尽人皆知,画家们是按照现实的审美要求来处理表现题材的。

有些纯粹出于宗教目的创作出来的作品,由于艺术表现上的刻意追求,其宗教意味也大打折扣了。明显的例子是禅宗的偈颂和语录。在禅宗发展的早期,偈颂本是示法、明禅的,较后出现的语录也是如此。但越是到后来,禅师们越是努力炫耀机智和文采,越是用心于文字功夫,也就很少表现新鲜的禅解了。当形成为"文字禅"的时候,其宗教的意味也就十分淡薄了。后期的禅宗偈颂和语录为文人创作提供了丰富的语言文字和艺术表现方面的借鉴,而起码在文人间,是没有多少人参悟或了解其中的禅意的。

在许多情况下,宗教题材更被当作单纯的比喻或隐喻。例如传奇小说《张老灌园》(牛僧孺《玄怪录》)、《裴航遇仙》(裴铏《传奇》)等描写的仙、凡间的爱情故事,实际是借用神仙题材来歌颂人间的情爱的。其中流露出唐人好尚奇异的艺术情趣,却绝不是宣扬信仰的。六朝时期道教创造出许多仙、凡遇合的传说,其中刘晨、阮肇天台遇仙的故事尤其脍炙人口。这类故事当初是被当作实事对待的。可是唐人却说:

> 今来尽是人间梦,刘阮茫茫何处行?①

人们一般是不再相信那些传说为事实了。"初唐四杰"之一的卢照邻因为体弱多病,服食丹药,对道教相当热衷,可是在其名作《长安古意》一诗里,在着力描绘了市井繁华、宫阙壮丽、歌舞游宴之后,却发抒感慨说:

> 借问吹箫向紫烟,曾经学舞度芳年。得成比目何辞死,愿作鸳鸯不羡仙……②

道教鼓动起热烈的"羡仙"意识,可是这里却明确地表示"不羡仙",而更执著于人间的荣华。这是唐人意识的典型表现。这也表明,当时人是更多地从审美的角度、艺术欣赏的角度来对待宗教幻想的。唐人大量的宗教题材的文学艺术作品多具有这样的意义。

当人们更多地从审美的方面来欣赏宗教内容的时候,同样说明宗教之作为宗教的本来意义是大为蜕化了。

以上,简单分析了唐代臻于极盛的佛、道二教的发展趋势。概括地说,当时的佛、道二教带上了更多的伦理、文化的性格。在魏、晋以后的几百年间,苦难社会培养起对于宗教的狂热信仰。这一时期成为中国佛、道二教历史上宗教信仰心态突出发展的时期。但到了唐代,在统一强大的集权政治体制和发达繁荣的经济、文化环境中,佛、道二教的教化的、伦理的、审美的内容大为加强了,而

---

① 张佐:《忆游天台寄道流》,《全唐诗》卷二八一,第 196 页。
② 《幽忧子集》卷二,《四部丛刊》(集部),上海涵芬楼影印本。

信仰的方面则相应地淡化了。佛、道二教演变为更具文化色彩的宗教,发展起丰富多彩的宗教文化。这也是这两个宗教在中土高度发达的文化环境中生存的必然结果。这一发展趋势又直接导致了两个重要后果:一个是自此以后,佛、道二教确立起与世俗政权的更为协调的关系,成为现实统治体制的重要辅助力量;另一方面,佛、道二教教理与儒学进一步交融,在"三教"进一步"调和"的基础上,促成宋代"新儒学"即理学的形成。再一点是,自此以后,在意识形态的更高层面上,在文人士大夫阶层的主流意识中,佛、道二教的存在,更多地表现为教化的、文化的意义,信仰的意义则不可挽回地淡化下去了。这对以后中国思想文化发展的影响是十分巨大的。

(原载《南开学报(哲学社会科学版)》1999 年
第 5 期)

唐代的宦官与佛教

一

读国史的人都知道,阉寺之祸,至唐代转烈。延续至于明、清,成为历朝政治的一大弊患。宦官本是宫廷内侍,在正常的统治体制下是不得干预行政的。但他们活动在宫廷,特别是上层宦官作为皇帝的贴身近侍,如果得到宠信,就大有可能恃位弄权,干扰朝政。这种状况在唐代颇为典型。唐代宦官的活动又有其特点,主要是宦官阶层作为内廷构成部分的集团化,其身份、职务的官僚化以及与外廷发生密切、复杂的关系。尤其是到唐玄宗在位的后期,宦官权势转重,更与当时朝政的腐败有直接关系。唐史称:

> 玄宗在位既久,崇重宫禁,中官稍称旨者,即授三品左右监门将军,得门施棨戟。开元、天宝中……品官黄衣已上三千人,衣朱紫者千余人。后李辅国从幸灵武,程元振翼卫代宗,怙宠邀君,乃至守三公,封王爵,干预国政,亦未全握兵权。代宗时,子仪北伐,亲王东讨,遂特立观军容宣慰使,命鱼朝恩为之……德宗避泾师之难,幸山南,内官窦文场、霍仙鸣拥从。贼平之后,不欲武臣典重兵,其左右神策、天威等军,欲委宦者

主之,乃置护军中尉两员、中护军两员,分掌禁兵,以文场、仙
鸣为两中尉,自是神策亲军之权,全归于宦者矣。自贞元之
后,威权日炽,兰锜将臣,率皆子蓄,藩方戎帅,必以贿成,万机
之与夺任情,九重之废立由己……①

　　这样,到了中、晚唐,上层宦官不但干预朝政,更手握禁军,操纵着
皇帝废立大权,成为决定朝廷大政的举足轻重的力量。

　　两《唐书》有《宦官传》,还有其他众多史料,对宦官专横都有痛
切的描述和批评,但对他们作为一个朝廷内部的特殊阶层或集团
的多方面的活动和作用却远远揭示得不够。由于宦官们的政治活
动往往关系朝廷大政,留下的材料又相对多些,留意的人也就较
多;但他们在内廷中更多方面的活动和作用史家就不能或不愿细
加探究了。比如唐代宦官阶层的具体构成、活动方式,他们的经济
状况以至家庭、生计等,就很少有人研究。本文拟加讨论的宦官的
佛教信仰,从现象看只是宦官个人精神领域的事,但其作用和影响
却非止一端,即是一向乏人过问,却值得深入探讨的课题。

二

　　有关宦官佛教信仰的资料并不算稀少,但比较零散,一向无人
董理。宗教信仰本来是个人的精神世界的事,但那些权势赫奕的
大宦官作为帝王近侍,其思想、行为,包括宗教信仰,与皇帝、进而
与整个朝廷的关系却是相当重大的。而且,唐代是中国佛、道二教
发展的极盛时期,朝廷的宗教政策、皇帝对具体宗教的态度,密切
关系到这两大宗教的发展和兴衰;而唐代佛、道二教的发展更影响

――――――――――

　　①《旧唐书》卷一八四《宦官传》,第4754页。

到社会生活的诸多方面。

　　玄宗朝以前,宦官势力有限,有关他们宗教信仰状况也记载较少。但零星的资料可证明当时宦官间佛教信仰相当流行①。实际上在许多其他朝代的史料里都可以看到宦官阶层信仰佛教的情形。个中的理由是容易理解的:如果说宦官同样具有对人生的"终极关怀"的话,他们不会希求延续自己畸形的人生,必定向往来生有个更美满的命运。而佛教正是许诺人以"来生之计"的。这样,他们一般不会热衷于追求道教的"长生久视"或"飞升成仙",而更倾心宣扬来世转生的佛教,宋代以后还有白莲教等种种民间宗教。

　　玄宗朝的高力士是唐史上第一个位高权重的著名宦官。值得注意的是,玄宗本来是更迷信道教神仙之说的,但高力士却笃信佛教。天宝初,著名道士吴筠应诏入京,"骠骑高力士素奉佛,尝短筠于上前,筠不悦,乃求还山"②。众所周知,诗人李白是得到吴筠的推荐入朝的,他同样受到高力士的谮毁,可以推测二者间也存在着信仰上的冲突。今存《内侍省功德碑》:

> 　　弟子右监门卫将军□□□□事上□国渤海郡开国公内供奉高力士、□□□□□□将军上柱国□□□□□□□□□光禄大夫行内侍省内侍上柱国宏农郡开国公内供奉杨思勖……等一百□□□为大唐开元神武皇帝□□□□□□□,□□□□,同兹末法,普贤神力,尚遇全经,思崇□□之□,冀阐仁王之化……敬造西方□□寿佛一铺……□天资始,长膺北极之尊;智地无

---

① 如隋唐之际的张阿难:"仁寿二年,改事勇德□子……拔迹乱朝……时参幕府,勋居第一……又以勋□上柱国……加右监门将军兼检校□□□□□□□□□□□□心□□恪□,允资于恭慎,银青光禄大夫行内侍汶江县开国侯张阿难……兼司内省之任……□□参禅,逸问遐□,清飙远扇……"《内侍汶江县开国侯张公碑》,《全唐文》卷九九一,第10265—10266页。
② 《旧唐书》卷一九二《吴筠传》,第5130页。

疆，永奉南山之寿……庐峰远契，指安养而为□；灵山旧□，
□□□□□□……①

历史记载高力士"天宝初，加冠军大将军、右监门卫大将军，进封渤
海郡公"②，碑文中又有"开元神武皇帝"尊号，应是天宝元年二月玄
宗加"开元天宝圣文神武皇帝"尊号前所作。文中杨思勖以下略去
了一系列宦官名字。这篇文字虽多漫漶，但意思大体是清楚的：宦
官们集体造阿弥陀佛像一铺，为玄宗祈福。其中表达的西方净土
信仰，正符合当时佛教发展的潮流。晚唐段成式曾记载这样一段
轶事：

> （翊善坊保寿）寺有先天菩萨帧，本起成都妙积寺。开元
> 初，有尼魏八师者，常念《大悲咒》。双流县百姓刘乙，名意儿，
> 年十一，自欲事魏尼，尼遣之不去，常于奥室立禅。尝白魏云，
> 先天菩萨见身此地，遂筛灰于庭。一夕，有巨迹数尺，轮理成
> 就。因谒画工，随意设色，悉不如意。有僧杨法成，自言能画，
> 意儿常合掌仰祝，然后指授之，以近十稔，工方毕。后塑先天
> 菩萨凡二百四十二首，首如塔势，分臂如意蔓……画样凡十五
> 卷。柳七师者，崔宁之甥，分三卷，往上都流行。时魏奉古为
> 长史，进之。后因四月八日，赐高力士。今成都者是其次本。③

这里说的是天宝年间密教信仰流传的一例。翊善坊保寿寺（或作
宝寿寺）本来是高力士宅，天宝九年（750）施舍为寺，后面还将说
到。所谓"先天菩萨帧"，是一幅密教曼荼罗，画的是千手观音像。
崔宁于天宝年间（742—756）客岭南，曾从事于鲜于仲通门下，"安
史之乱"中曾任西川节度使，大历（766—779）末年并曾一度为相；

---

① 《全唐文》卷九九〇，第 10242—10243 页。
② 《旧唐书》卷一八四《宦官传》，第 4758 页。
③ 《酉阳杂俎·前集》卷六，第 257—258 页。

魏奉古初为雍丘尉,终兵部侍郎。段成式的记载说的是图帧经崔宁之手献给朝廷,玄宗在佛诞日又赐给高力士,后者舍寺时施舍给了保寿寺。天宝年间正是"开元三大士"弘传的大悲信仰流行的时候。李德裕的《次柳氏旧闻》又记载另一个事例:

> 今洛京天津桥有荷泽寺者,即高力士去请咒水祈雨,回至此寺前,雨大降。明皇因于此地造寺,而名荷泽焉。寺今见在。①

持咒祈雨也是密教法术。这里说明皇之所以建荷泽寺,是因为高力士施行密教法术得到效验的缘故。这都表明了高力士是正在流行的密教的支持者。

前录《内侍省功德碑》里高力士下面第二位的杨思勖,现存有他在龙门的造像铭,下面是《全唐文》录文:

> 立身干蛊,英谋骏□。横行边徼,追马援之功;□□庭□,尽曾参之养。自保厘□□,□□□心,扬名显亲,忠孝□矣。□□浮□禄位,深镜真如;觉五蕴□□空,□□非实。知三世之□法,□相何□? 虽迹混朝伦,而心□□□。以为□籧之饰,点风尘□,□□□□□,涉岁月而先朽。□□□□□□□日,奉为烈□□□□□□□先□□先姚□□夫人□□□□,凿石龛造十□□□世□□□□藏菩萨各一躯。

《全唐文》有编者按语说:"谨案:碑在洛阳龙门,撰人名已泐,衔亦不全,唯存'慈原县开国公徐撰'八字。"②这里撰碑的徐某,可能即是以工草隶、善碑版知名的徐浩。这是杨思勖在取得高位后,为父母祈福在龙门造像所作铭文。

---

① 《次柳氏旧闻》,《百川学海》本。
② 《(上阙)兼左骁尉大将军知内侍上柱虢国(阙)像铭》,《全唐文》卷九五九,第9962页。《八琼室金石补正》卷三二录《虢国公造像铭》文字差异甚多,并附录孙星衍《平津读碑记》的考证,可参阅。

同时期有宦官孙志廉，为内谒者监，迁朝议大夫守内常侍，天宝十二载去世。墓志称他是"言语侍从之臣，左右中涓之任……出入鸳鸾之殿，栖游日月之宫"，"公以势莫久居，了真空而是观；所归正信，悟即有而得玄"①，显然也是佛教的忠实信徒。

又《祖堂集》的《司空山本净和尚章》记载：

> 天宝三载，敕令中使杨光庭往司空山采恒春藤。到于寺中，去禅师院语话次，问禅师曰："弟子生死事大，一心慕道，愿和尚慈悲救度！"师曰："大夫自京城来，帝王之地，禅伯甚多，彼处问之。某甲老病，一无知解。"中使设礼再请……中使到京城，进恒春藤讫，遂口奏禅师，具陈上事。帝乃闻之，敕令中使却往传诏取禅师。②

司空山本净是六祖慧能的弟子。这段记载表明，新兴起的禅宗在宦官中也争取到忠实信徒。其在朝廷得以迅速传播，宦官显然也起了推动作用。

在肃、代二朝执政弄权的李辅国是历史上第一个位至宰相的宦官。史称他"不茹荤血，常为僧行，视事之隙，手持念珠，人皆信以为善"③。起码他是以佛教信徒的面目出现的。他初事高力士，对佛教的态度应和当时整个宦官集团相一致。代宗本人崇佛，当朝大臣元载、王缙、杜鸿渐亦以佞佛著称。李辅国对佛教的态度显然也是他迎合圣意、邀宠固位的手段。

与李辅国活动在同一时期的孙常楷起身于玄宗朝，在肃宗朝特见宠遇，代宗朝平定仆固怀恩叛乱他立有军功，所谓"四进散官，五迁近职……转朝议郎、内给事、上柱国，特加朝散大夫，更名常

① 申堂构：《唐故内侍省内常侍孙府君墓志铭并序》，《全唐文》卷四〇五，第4149页。
② 《祖堂集》卷三，日本禅文化研究所影印本，1994年，第130—131页。
③ 《旧唐书》卷一八四《宦官传》，第4759页。

楷,擢受内常侍、修功德使"。神道碑说他"植性慈惠,尤深象教,靡
茹荤血,务施缁徒,斯不曰善乎! 故归全之日,恍如先知,乃召群
子,载授理命,尸坐自若,奄然而终,谈者以为报施明征矣"。死后
他的养子,也是大宦官的孙荣义和"朝议郎、内典引、上柱国僧法
航、法律等,奉引进之恩,深泣血之感,奄岁哀送,必虔必信"①。这
里的法航、法律等当是他的"门僧"。

还有同时期的刘奉芝,"解褐拜内坊典直,秩满授内府局丞,无
何,转本局令,寻迁内寺伯,自出身事主廿余年……以上元元年十
二月十九日,大渐于辅兴里之寝居,时年六十五",也是平生"口不
茹荤,心唯奉佛"的②。刘奉芝在唐史上不见其他纪录,可以算是普
通宦官的一例。

代宗朝的鱼朝恩是影响唐王朝几代行政、唐史上十分著名的
人物。他官至"开府仪同三司、兼右监门卫大将军、仍知观军容宣
慰处置使、知内侍省事、内飞龙闲厩使、内弓箭库使、知神策军兵马
使、上柱国、冯翊郡开国公鱼朝恩……行内侍监,判国子监事,充鸿
胪礼宾等使,封郑国公,食邑三千户",被称扬为"历事三圣,始终竭
力……社稷之卫,邦家是赖"③。史载:

> 大历二年,朝恩献通化门外赐庄为寺,以资章敬太后冥
> 福,仍请以章敬为名,复加兴造,穷极壮丽。以城中材木不足
> 充费,乃奏坏曲江亭馆、华清宫观楼及百司行廨、将相没官宅
> 给其用,土木之役,仅逾万亿。三年,让判国子监事,加韩国
> 公。章敬太后忌日,百僚于兴唐寺行香,朝恩置斋馔于寺外之
> 车坊,延宰臣百僚就食……④

①于邵:《内侍省内常侍孙常楷神道碑》,《全唐文》卷四二九,第4373页。
②赵昂:《故朝议郎行内侍省内寺伯上柱国刘府君墓志铭并序》,《唐文拾遗》卷
   二七,收入《全唐文》,第10671页。
③代宗:《命鱼朝恩判国子监事敕》,《全唐文》卷四八,第530页。
④《旧唐书》卷一八四《宦官传》,第4764页。

章敬寺是中唐时期长安新建大寺。南宗禅马祖道一的弟子怀晖后
来即住章敬寺,是在朝野造成广泛影响的禅师。顺便提一句,马祖
道一的几位大弟子北上入京,除怀晖外,还有鹅湖大义、兴善惟宽、
香山如满等,有力地推动了禅宗在京城的传播。这些禅师都出入
内廷,当得到宦官的支持。

　　内外典里另有些关于鱼朝恩崇佛的记载。如《祖堂集》里有他
向南阳慧忠国师问法的纪录①。又唐人胡璩《谭宾录》记载一段
轶事:

　　　　郭子仪为中书令,观(军)容使鱼朝恩请游章敬寺,子仪许
　　之。丞相意其不相得,使吏讽,请君无往。邻吏自中书驰告郭
　　公,军容将不利于公,亦告诸将。须臾,朝恩使至,子仪将行,
　　士衷甲请从者三百人。子仪怒曰:"我大臣也,彼非有密旨,安
　　敢害我? 若天子之命,尔曹胡为!"独于童仆十数人赴之……②

从这件事可见当时朝廷中宦官的气焰、外臣和他们的关系,也可以
知道章敬寺显然是鱼朝恩经营的势力范围。又佛教史书里记载当
时盛行的佛、道较力一事:

　　　　(大历)三年戊申岁九月二十三日,太清宫道士史华上奏,
　　请与释宗当代名流角佛力、道法胜负。于时代宗钦尚空门,异
　　道愤其偏重,故有是请也……(崇)惠闻之,谒开府鱼朝恩,鱼
　　奏请于章信(敬)寺庭树梯,横架锋刃……帝遣中官巩庭玉宣
　　慰再三……③

这个故事也涉及章敬寺,同样清楚表明鱼朝恩对佛教的态度。

────────────

①《祖堂集》卷三《慧忠国师章》,第 115 页。
②《太平广记》卷一七六《郭子仪》,第 1311 页。
③《宋高僧传》卷一七《崇惠传》,第 425—426 页。

德宗与代宗同样佞佛，身边的宦官也承袭前代习佛风气。如邵常政等人，是"建中之乱"中护从皇帝避难逃亡的功臣，被晋升时朝廷有制文说：

> 元从兴元、朝议郎、行内侍邵常政等，或扈从于艰难之际，或服勤著廉善之名，宜序班资，用优阶秩。夫奠东司而临象教，尔无忘于肃清；将成命以察戎行，尔无忘于畏慎；正闱闼以亲宾客，尔无忘于敬恭。行是三者，可以长守其禄位，而不离于荣近矣。①

这里"奠东司而临象教"，是表扬他们管理佛教即任功德使事。还有同样是所谓"兴元元从定难功臣"的焦希望：

> 贞元五年，诏以射生军为神威军，加内侍省同正兼谒者监赐上柱国……十二年，制加中护军，累迁内侍省内侍同正兼内常侍……至乃公离诸见，性符道源，以明诚宏大觉之因，以清净修有为之事，动静无阂，喧寂一如，不牵外缘，不滞禅想……谓无上法宝，诸佛之心，自达磨东来，实为教祖。公了见真性，玄契度门……②

这位焦希望显然是禅宗门徒。这些例子都显示德宗时期内廷宦官们宗教信仰的实态。

贞元四年朝廷设置左右街大功德使、东都功德使，修功德，使总僧尼之籍及功役。据《僧史略》记载：

> 宪宗元和二年二月，诏僧尼、道士全隶左、右街功德使，自是司封、祠部不复关奏。《会要》曰：大历十四年，敕内外功德使并宜停罢。若然者，代宗朝早置功德使，但内外与左右街异耳。元和中，并司封、祠部而置左右街功德使，以吐突承璀累

①元稹：《邵常政等可内侍省内谒者监制》，《全唐文》卷六四七，第6550—6551页。
②吴通微：《内侍省内侍焦希望神道碑》，《全唐文》卷四八一，第4920页。

立军功，故有此授，僧、道属焉。宝历中，护军中尉刘规亦充此使……宣宗重阐佛宗，所度僧尼还属左右街功德使，故杨钦义充左街功德使……①

功德使制度确立了宦官对僧、道的管辖权，从而也更加密切了宦官集团与上层僧侣相互依恃的关系。贞元年间大宦官窦文场、霍仙鸣分别担任左右街功德使，他们本人都是佛教的虔诚信徒。后面还将讲到，窦文场早年已拜千福寺楚金为师；而贞元十二年"仙鸣病，帝赐马十匹，令于诸寺为僧斋以祈福。久病不愈，十四年，仓卒而卒"②。这些都可见他们信仰的诚挚。孙光宪说：

> 唐自安、史以来，兵难荐臻，天子播越，亲卫戎柄，皆付大阉，鱼朝恩、窦文场乃其魁也。尔后置左右军、十二卫，观军容、处置、枢密、宣徽四院使，拟于四相也。十六官使皆宦者为之，分卿寺之职，朝廷班行备员而已，供奉官紫绶入侍。③

窦、霍权势如此崇重，其加护佛教所起的作用是可以想见的。

前面已经提到的孙常楷的"犹子"孙荣义，"至德中，策勋至上柱国，起家掖庭局监"。唐代有一定身份地位的宦官和俗人一样组织家庭，娶妻养子。佛教信仰在他们的家族间传承，亦如一般官僚士大夫阶层一样。孙荣义的情况即是一例。孙荣义在贞元十九年拜右骁卫将军充右神策军护军中尉、右街功德使；明年，有诏知内侍省事，加特进右武卫大将军，封乐安县开国男。在"永贞事变"中他翼戴宪宗有功，进骠骑大将军，益封乐安县公，拜开府仪同三司。孙常楷尝于邑里奏建宝应众善寺，他又"请于寺内置无垢、净光、法华三院塔额，檀施臧获为净人者十辈，所以修先志，所以崇佛乘，孝

---

①《僧史略》卷中《管属僧尼》，金陵刻经处本。
②《旧唐书》卷一八四《宦官传》，第 4766 页。
③孙光宪：《北梦琐言》卷六，中华书局上海编辑所，1960 年，第 53 页。

子信士,斯为至矣"①。

宪宗元和年间左军中尉吐突承璀干政弄权,继领功德使。吐突承璀"盛修安国寺,奏立圣德碑,高大一准华岳碑,先构碑楼,请敕学士撰文,且言'臣已具钱万缗,欲酬之。'上命李绛为之,绛上言云云,上览奏,承璀适在旁,上命曳倒碑楼。承璀言:'碑楼甚大,不可曳,请徐毁撤。'冀得延引,乘间再论,上历声曰:'多用牛曳之。'承璀乃不敢言。凡用百牛曳之,乃倒"②。这一时期宦官担任功德使与僧侣的关系,韩愈的经历是个例子。他于元和四年分司东都,"除尚书都官郎中,分司判祠部。中官号功德使,司京城观寺,尚书敛手就职。先生按《六典》,尽索之以归,诛其无良,时其出入,禁哗众以正浮屠"③。韩愈是反佛的,他要利用职权对僧侣加以管束,因而与宦官相冲突。次年他上书给上司东都留守郑余庆说:

> ……分司郎官职事,惟祠部为烦且重,愈独判二年,日与宦者为敌,相伺候罪过,恶言詈辞,狼藉公牒,不敢为耻,实虑陷祸。④

分司官本是闲职,但祠部却"为烦且重",这是由当时僧、道众多与活跃的形势所决定的;而宦者保护僧侣则应是韩愈与之相冲突的原因。到后来元和末年,发生了著名的奉迎佛骨事件,主持者正是宦官:

> (元和十三年)功德使上言:"凤翔法门寺塔有佛指骨,相传三十年一开,开则岁丰人安。来年应开,请迎之。"十二月,

① 权德舆:《唐故右神策护军中尉右街功德使开府仪同三司守右武卫大将军知内侍省事上柱国乐安县开国公内侍省少监致仕赠扬州大都督府孙公神道碑铭并序》,《全唐文》卷四九八,第5076、5077页。
② 《资治通鉴》卷二三七《唐纪五十三·宪宗元和四年》,第7661页。
③ 皇甫湜:《韩文公神道碑》,《皇甫持正文集》卷六,《四部丛刊》本。
④ 《上郑尚书相公启》,《韩昌黎集》卷一五,《四部丛刊》本。

庚戌朔，上遣中使帅僧众迎之。①

至次年正月，"中使迎佛骨至京师，上留禁中三日，乃历送诸寺，王公士民瞻奉舍施"②。韩愈终于得罪被严贬，宦官应是下石者。

宪宗朝宦官刘宏规屡次出使监军，立军功；穆宗、敬宗即位都参与定策，执掌朝权，被称赞为"说礼敦诗，深知将帅之体；安人和众，实有经武之材。以清净礼缁黄，以慈惠亲戎旅。西方之教，不肃而成；北落之卫，隐然难犯"③。可知他也是信仰佛教的。

仇士良是唐后期又一个权势炙手可热的大宦官，所谓"出入七朝，显扬三纪"，参与宪宗以后几代皇帝的废立。特别是在"甘露之变"中劫持文宗，粉碎朝官镇压宦官的图谋，是影响晚唐政治的大事。文宗死，他与另一个大宦官鱼弘志矫诏立颍王李炎（武宗）。武宗崇道毁佛，他却信仰佛教。入唐求法的日僧圆仁一行于开成五年八月到长安，巡院押牙作状差巡官，令参见功德使仇士良，曾得到他的照应④。两年后的会昌二年十月，毁佛开始，诏条流僧尼。据圆仁记载：

> 京城内仇军容拒敕，不欲条流。缘敕意不许，且许请权停一百日内帖诸寺不放僧尼出寺。……廿七日，军容有帖，唤当街诸寺外国僧。廿八日早朝，入军里。……都计廿一人，同集左神策军军容衙院。吃茶后，见军容。军容亲慰安存。当日各归本寺。⑤

仇士良晚年失势，当与他的信仰有关。前此的大和九年"甘露之

①《资治通鉴》卷二四〇《唐纪五十六·宪宗元和十三年》，第 7756 页。
②《资治通鉴》卷二四〇《唐纪五十六·宪宗元和十四年》，第 7758 页。
③ 李德裕：《唐故左神策军护军中尉兼左街功德使知内侍省事刘公神道碑铭》，《全唐文》卷七一一，第 7296 页。
④《入唐求法巡礼行记》卷三，第 141 页。
⑤《入唐求法巡礼行记》卷三，第 158—159 页。

变"时，与郑注图谋诛灭宦官的李训在败露后，逃到终南山草堂寺宗密那里避祸，"时仇士良知之，遣人捕密入左军，面数其不告之罪，将害之。密怡然曰：'贫道识训年深……'中尉鱼弘志嘉之，奏释其罪"①。可以推测，宗密之终于被放过，应和仇士良有关系。又武宗毁佛时有名僧知玄，"武宗御宇……望祀蓬莱山，筑高台以祈羽化……因德阳节，缁黄会麟德殿，独诏玄与道门敌……辞河下倾，辩海横注，凡数千言，闻者为之股栗。大忤上旨，左右莫不色沮。左护军仇士良、内枢密杨钦义惜其才辩，恐将有斥逐之命，乃密讽贡《祝尧诗》……帝览诗微解"②。这则是仇士良直接出面保护僧侣的一例。佛教有传说：继承武宗的宣宗"本宪宗第四子，穆宗异母弟也，武宗恒惮忌之，沉之于宫厕，宦者仇公武潜施拯护，俾髡发为僧，纵之而逸。周游天下，险阻备尝。因缘出授江陵少尹，实恶其在朝耳。武宗崩，左神策军中尉杨公讽宰臣百官迎而立之，闻安已终，怆悼久之"③。这种传说当然不是事实，但传说的出现却是与仇士良本人的佛教信仰有关系的。

　　活动在唐末的吴承泌曾祖士侃、祖德廊、父全绍都是宦官，黄巢军占领长安时他出使河北，与易定节度使王处存同领甲兵二万，奔赴行朝，后来任许蔡通和慰谕使、西川宣谕使、加内侍，充学士使，改宣徽北院使、守左监门卫将军、濮阳郡开国伯，食邑七百户。他"酷好□门，誓不茹膻饮酒"④，显然也是虔诚的佛教徒。

　　应当提及的是，宦官的"夫人"们也多有信仰佛教的，这一情况具体显示了宦官"家庭"内部的精神环境。如玄宗朝的宦官张元

①《宋高僧传》卷六《唐圭峰草堂寺宗密传》，第125—126页。
②《宋高僧传》卷六《唐彭州丹景山知玄传》，第130页。
③《宋高僧传》卷一一《唐杭州盐官海昌院齐安传》，第262页。
④裴庭裕：《大唐故内枢密使特进左领军卫上将军知内侍省事上柱国濮阳郡
　开国侯食邑一千户食实封一百户吴公墓志铭并序》，《全唐文》卷八四一，第
　8845页。

忠,夫人令狐氏,天宝九载卒。"自阻已后,念趣来缘,每弘慈悲,常思不忘。"①德宗朝所谓"兴元元从定难功臣"之一的宦官朱某,夫人赵氏在"丈夫"于元和七年去世后,"昼哭二十二年,乃兹从心,专意内典,以嗣子奉命鸡林,三岁然复,疢心疾首,六时礼念,冥期佑助,以福后胤,果符神力,保全以归。洎相见时,悲倍于喜。浃旬,大夫崇命日隆,自宫闱令拜阁门使,中外相庆,咸谓夫人冥求保助,以至于斯……夫人以大和八年四月十六日终于长安辅兴里之私第……先府君元和七年即世……"②同样是德宗朝的彭献忠,养父令俊为内侍省谒者监。建中三年入侍宫殿,贞元三年授内府局丞,十一年授朝请大夫,二十年加正议大夫、内侍省内侍,仍赐上柱国,充教坊使,当德宗去世后,他是策动政变拥立宪宗的宦官之一,后以策立功不断升迁,元和六年迁左领军卫大将军、知内侍省事,充左神策军护军中郎将,兼左街功德使。他于元和十二年去世,"夫人长乐郡君冯氏……自昼哭之罹凶,乃冥心而习静,落发坏服,从哀即空,元和十二年三月十五日出家受戒,特敕正度,仍赐法名正智,赐居义阳寺,所以遂宏誓而资幽福也"③。他的养子希昭、希贞、希晟都是宦官。有权势的宦官娶妻养子,组织家庭,本意当然是求得生活和精神上的安慰,但也是以家庭为纽带来巩固和扩展他们作为内廷一个集团的势力。宦官的养子许多也做宦官,职务有承袭意味。佛教信仰在这样的家族中也是世代承袭的。

---

① 《唐故银青光禄大夫行内侍员外置同正员上柱国张公夫人雁门郡夫人令狐氏墓志铭并序》,《唐文拾遗》卷六六,收入《全唐文》,第 11111 页。
② 崔锷:《大唐故兴元元从登仕郎守内侍省内寺伯员外置同正员上柱国朱公故夫人天水郡赵氏墓志铭并序》,《唐文拾遗》卷二八,收入《全唐文》,第 10692 页。
③ 张仲素:《内侍护军中尉彭献忠神道碑》,《全唐文》卷六四四,第6524页。

<h1 style="text-align:center">三</h1>

在朝廷活动的上层僧侣得到内廷宦官的支持,宦官集团成为他们的有力外护,二者间结下相互依恃的关系。唐时内廷有诏命给僧人,宦官负传达之责;朝廷有所施舍、赐予,当然又是宦官代为传送;著名僧人患病,宦官代表朝廷慰问;他们圆寂,往往有宦官监护丧事。如此等等的联系,无论对于宦官本身的信仰,还是对于密切宦官与僧侣的关系都会起作用。

如肃宗时的大光:

> 西游京邑,朝见肃宗……因赐名大光。属帝降诞节,斋于定国寺,因赐墨诏,许天下名寺意往者住持。令中官赵温送于千福寺,住持经道场。其诵经作吴音,辽辽通于圣听,帝甚异其事,令中官而宣谕焉。①

中官显然与大光结下了相当亲密的关系。著名的密教大师不空则更为典型:

> 上元末,帝不豫……空表请入山,李辅国宣敕令于终南山智炬寺修功德……大历三年……敕近侍、大臣、诸禁军使并入灌顶……五年夏,有诏请空往五台山修功德……遣中使出城迎入(自五台修功德回)。②

不空作为"帝师"的活动,也得到宦官的直接帮助。有的宦官拜僧人为师,如窦文场:

---

① 《宋高僧传》卷二四《唐湖州法华寺大光传》,第622页。
② 《宋高僧传》卷一《唐京兆大兴善寺不空传》,第9页。

至贞元十三年四月十三日左街功德使、开府邠国公窦文场奏："千福寺先师楚金是臣和尚,于天宝初为国建多宝塔,置法华道场,经今六十余祀。僧等六时礼念,经声不断,以历四朝,未蒙旌德。"敕谥"大圆禅师"矣。①

楚金是乾元二年去世的,他与窦文场的关系,类似于贵族家庭的"门僧"。有些僧侣更是直接经宦官援引、举荐而进入宫廷的,如好直:

大和中游五台,路出京邑,一夕而去。前护戎郗志荣、宋常春二内侍尤味其道,孜孜远招。开成初再至京国,二贵人同力唱和,牵袯虐留,致安国寺大方丈以居之。王畿龙象,莫不钦重。无何,招入为供奉大德,非所好也,徇俗受之。②

又戒法本来在北庭译经:

……翻传(《十地经》)才毕,缮写欲终,遇北庭宣慰中使段明秀事讫回……相随入朝。③

晚唐著名禅师雪峰义存:

乾符中,观察使京兆韦公……存为之入府,从人愿也。其时内官有复命于京,语其道……僖宗皇帝闻之,翰林学士访于闽人陈延效,得其实奏,于是乃锡"真觉大师"之号……④

孙光宪记载:

严遵美,内谒之最良也,尝典戎。唐末致仕,居蜀郡,鄙叟庸夫时得亲狎。其子仕蜀至阁门使,曾为一僧致紫袈裟,僧来

①《宋高僧传》卷二四《唐京师千福寺楚金传》,第 619 页。
②《宋高僧传》卷三〇《唐上都大安国寺好直传》,第 741 页。
③《宋高僧传》卷三《唐北庭龙兴寺戒法传》,第 46 页。
④《宋高僧传》卷一二《唐福州雪峰广福院义存传》,第 287 页。

> 感谢,书记所谢之语于掌中……

又:

> 唐太尉韦公昭度,旧族名人,位非忝窃,而沙门僧澈承恩,
> 为人潜结中禁,京兆与一二时相,皆因之大拜。悟达国师知
> 玄,乃澈之师也,尝鄙之。诸相在西川行在,每谒悟达,皆申跪
> 礼。国师揖之,请于僧澈处吃茶。后掌武伐成都,田军容致檄
> 书曰:"伏以太尉相国,顷因和尚方始登庸,在中书则开铺卖
> 官,居翰林则借人把笔。"盖谓此也。①

由这样的事实可见当时有势力的僧人对朝政的影响力。

自南北朝以来,施舍、兴建佛寺、僧堂、精舍作为重大功德,在
帝王、权贵间广泛流行。唐代在武后、中宗时期,主要是在朝廷主
持下,两京掀起大规模兴建佛寺的热潮;"安史之乱"后,经战火毁
坏的两京佛寺得以恢复,又兴建起许多新的佛寺。在这两个阶段,
有权势的宦官都曾热衷其事。如天宝年间的高力士,资产殷厚,非
王侯能拟,曾舍宅建宝寿寺:

> 于来庭坊造宝寿佛寺、兴宁坊造华封道士观,宝殿珍台,
> 侔于国力……初,宝寿寺钟成,力士斋庆之,举朝毕至。凡击
> 钟者,一击百千;有规其意者,击至二十杵,少尚十杵。②

孙常楷有仲兄知古,当肃宗朝,以直谏忤旨配流费州。后来代
宗践祚,常楷得到宠重,朝廷诏追复知古官爵。

> (常楷)特上封章,请割衣食之费,于泾阳县卜爽垲之地,
> 建立伽蓝,上报皇慈覆焘之恩,次展天属怡怿之功。优诏嘉
> 许,赐名曰宝应。③

---

① 《北梦琐言》卷六,第53—54、49页。
② 《旧唐书》卷一八四《宦官传》,第4758页。
③ 于邵:《内侍省内常侍孙常楷神道碑》,《全唐文》卷四二九,第4373页。

前面已经提到，大历二年七月丁卯，鱼朝恩"奏以先所赐庄为章敬寺，以资章敬太后冥福，于是穷壮极丽，尽都市之材不足用，奏毁曲江及华清宫馆以给之，费逾万亿"①。章敬寺在长安城东通化门外，是中晚唐时期著名大寺。长庆元年，"太和长公主发赴回纥，上以半仗御通化门临送，群臣班于章敬寺前"②；到会昌年间太和公主回京师，诏宰臣率百官于章敬寺前奉迎。这类活动在章敬寺举行，应和寺院的宦官背景有关系。

焦希望曾上奏在宦官统领的神策军中建立精舍。唐时宫廷内建有许多寺院、佛堂，有的供皇帝、后妃礼佛，有的则专为百司所设。在神策军所建的这种"精舍"是专为宦官祈福之用的。经焦希望上奏，德宗"乃赐额曰'贞元达磨传法之院'，表正知也。每从容而叹曰：性无生灭，物有始终，本乎天者为昭明，亲乎地者为委顺。是以遗生死，外形骸，感冬夜之诗，归于其室；被岁时之制，允叶前经"。焦希望又曾"建先修塔于泾阳之县东南焦刘渡之溪、公之故夫人李氏浮图城中，龟谋协从，雁影连属，支提郁起，像法恒存"③。又史载"（元和）十二年二月，置元和圣寿佛寺于右神策军"④，也是宦官在内廷所建的奉佛场所。

唐代朝廷设内道场，是宫廷佛教的主要活动方式之一。在内道场里，宦官必然发挥着重要作用。后来被赐号"国师"的禅宗和尚南阳慧忠，"肃宗皇帝载定区夏，闻其德高，以上元二年正月十六日敕内给事孙朝进驲骑迎请……又敕内侍袁守宏迎近阙下光宅寺安置……在家弟子开府孙知古、并弟内常侍朝进……凡数万人痛石室之末筹……"⑤这表明参与内道场的僧侣与宦官的关系。佛教

①《资治通鉴》卷二二四《唐纪四〇·大历二年》，第7195页。
②《旧唐书》卷一六《穆宗本纪》，第490页。
③吴通微：《内侍省内侍焦希望神道碑》，《全唐文》卷四八一，第4920页。
④《唐会要》卷四八《寺》，《丛书集成》本。
⑤《宋高僧传》卷九《唐均州武当山慧忠传》，第205—207页。

资料记载，"代宗尝在便殿，指天下观军容使鱼朝恩，谓（慧）忠曰：
'朝恩亦解些子佛法。'朝恩即问忠曰：'何者是无明？无明从何而
起？'……朝恩伏地曰：'死罪死罪！……朝恩此去，实不敢向师论
佛法。'"①这样的故事或许是出于传说，但所反映的内廷讲经、宦官
参与的风习则应是真实的。

　　隋唐时期朝廷建立官营译场，开创译经史上的一个新阶段。
自初唐确立起朝廷向译场派出监护大使的制度，首席往往由宰相
兼领，有众多能文的大臣参加。但"安史之乱"后，代宗朝译场恢复
活动，负监护之责的却主要是宦官。当时传翻的密典《仁王护国般
若波罗蜜经》是一部宣扬护国思想的经典（或以为是中土撰述的伪
经），得到朝廷特别重视，一时间十分流行。这部经典在代宗朝重
译就是由宦官监护的：

　　　　永泰元年四月二日恩旨颁下令译斯经（《仁王经》），爰集
　　京城义学大德应制翻译（不空等）……典内侍省内闇上柱国臣
　　马奉献、判官儒林郎行内侍省掖庭局官教博士员外置同正员
　　杨利全……开府仪同三司兼左监门卫大将军仍兼知处置神策
　　军兵马事知内侍省事内飞龙厩弓箭等使上柱国冯翊郡开国公
　　臣鱼朝恩兼统其事……②

鱼朝恩在这项工作中起了重要作用：

　　　　代宗成先圣之愿言，诏兴译务，敕军容使鱼朝恩监护于南
　　桃园，起乎告朔，终乎望日，帝御承明殿灌顶道场，躬执旧经，
　　对译新本（《仁王护国般若波罗蜜经》）。③

　　又求法僧悟空"以贞元五年己巳（自西域）达京师，敕于跃龙门

①《佛祖历代通载》卷一四《大历九年》，《大正藏》第49卷，第605页中。
②《贞元新定释教目录》卷一五，《大正藏》第55卷，第884页下—885页上。
③《宋高僧传》卷五《唐京师安国寺良贲传》，第100页。

使院安置。进上佛牙、舍利、经本,宣付左神策军缮写。功德使窦
文场写毕进呈,敕署空壮武将军、试太常卿,乃归章敬寺"①。如上
所述,章敬寺是鱼朝恩施建的。同年"二月四日……(西明寺良秀)
上表云:'去年十一月二十八日右街功德使王希迁奉宣,令良秀等
修撰新翻《大乘理趣六波罗蜜经疏》者……帝览奏,敕内给事毛瑛
琦宣慰……'"②至"(贞元八年)六月八日,欲创(《大乘理趣》等经)经
题,敕右街功德使王希迁……等送梵经出内。缁伍威仪,乐部相
间,士女观望,车骑交骈,迎入西明寺翻译"③。则《大乘理趣六波罗
蜜经》的传翻,宦官一直参与其事。

　　四十《华严》是中唐译经的主要成绩之一。清凉澄观是兼挑华严
与禅的名僧,"(贞元)七年,河东节度使李公自良复请于崇福寺讲。
德宗降中使李辅光宣诏入都……(明年)五月,内中使霍仙鸣传宣催
入。观至,帝颇敦重,延入译场刊正(《华严》后分四十卷)"④。后经
宦官的请求,被列入为《贞元新定释教目录》中《特承恩旨录》三种
之一:

　　　　左右监门卫将军知内侍省事马承倩奏　臣得光宅寺写一
　　切藏经院检校写经,僧智通状称检藏经开元目录、上都华严寺
　　沙门玄逸撰集释教目内未入藏经数……⑤

又:

　　　　(贞元)十二年六月,诏(莲花)于崇福寺翻译(《普贤行愿
　　品》)……神策军护军中尉霍仙鸣、左街功德使窦文场写进……⑥

_____

①《宋高僧传》卷三《唐上都章敬寺悟空传》,第51页。
②《宋高僧传》卷五《唐京师西明寺良秀传》,第107—108页。
③《宋高僧传》卷二《唐洛京智慧传》,第23页。
④《宋高僧传》卷五《唐代州五台山清凉寺澄观传》,第106页。
⑤《贞元新定释教目录》卷一,《大正藏》第55卷,第771页下。
⑥《宋高僧传》卷三《唐莲华传》,第47页。

值得特别提及的是,唐代宗派佛教发达,关于教义的争论也十分纷繁,是非往往由朝廷出面判定,宦官也参与其间并起重要作用。唐初《四分律》法砺疏和怀素疏对律文解释不同,代宗大历十三年朝廷出面判定两疏是非:

> 承诏两街临坛大德一十四人齐至安国寺,定夺新旧两疏(《四分律》法砺疏十卷和怀素疏十卷)是非……时遣内给事李宪诚宣敕勾当京城诸寺观功德使镇军大将军刘崇训宣敕云:"《四分律》旧疏新疏,宜令临坛大德如净等于安国寺律院佥定一本流行。"……遣中官赵凤诠敕尚食局索一千二百六十人斋食……及解道场,中官李宪诚宣敕语:"温国寺转念道场《四分律》临坛大德等:释门三学,以心印相传,无上菩提,以戒法为根本。道场毕日,即宜赴大安国寺楷定律疏……"①

如此由朝廷判别教义正伪,显示佛教的"御用"性质大为强化了。而宦官参与其事,则承担了佛教"御用"桥梁的作用。

纵观唐王朝的宗教政策,除玄宗和武宗朝重道,崇佛是一贯的。而玄宗重道求仙,佛教的密宗和禅宗却又大为发展;武宗毁佛,不久后宣宗继位即得以复兴。这期间,奉佛的宦官都起到一定作用。佛教的兴盛对唐王朝政治、经济、文化等各方面的影响是十分巨大的,而宦官集团在这里所扮演的角色,直接、间接所发挥的影响是值得认真研究的。

补记:

上文曾论及中唐时期"洪州宗"马祖道一弟子北上入京与宦官的关系。拙论草成后,忆及胡适曾论述到这一问题,遂检得胡著《记李朝正的〈重建禅门第一祖菩提达摩大师碑〉阴文》,其中一段

---

① 《宋高僧传》卷一五《唐京师西明寺圆照传》,第377—378页。

话正可支持拙论的看法,兹引录如下:

此碑阴文又可以让我们知道洪州道一的一支如何在德宗贞元年间,透过宦官的势力,已进入帝室的宫廷。此文说:

……曹溪能弟子南岳惠让(注意:此事还没有确定怀让之名,还称"惠让"),让弟子龚公山洪州道一。洪州弟子信州鹅湖山大义。大义,贞元中内道场供奉大德。每敷演妙理,万法一如;得无所得,证无所证,开合不二,是非双泯。夫无像之像,像遍十方;无言之言,言充八极,可谓真证真得,涅槃宗源乎!

至(贞元)十九年(803)四月十九日,德宗皇帝乃度中贵王士则,命舍官,赐名惠通,充(大义)弟子;有度官生童子惠真充侍者。惠通由是亲承(大义)教旨,妙达真宗。

……

大义入长安供养内道场,似在贞元中叶——至少在贞元十九年以前。至十九年,皇帝特为他度中贵王士则充他的弟子,赐名惠通。立《禅门第一祖碑》的宦官李朝正大概就是这个宦者王士则的弟子,就是大义和尚的再传弟子了。故他自己说,他"但据所禀本教来处叙之"。大义是洪州道一门下的第一人进入宫廷的。后来宪宗元和三年(808)有诏征召太行山百岩寺怀晖至京师,住章敬寺,每岁召入麟德殿讲论。元和四年召见惟宽于安国寺,五年问法于麟德殿(怀晖事见权德舆的《百岩禅师碑》;惟宽事见白居易的《传法堂碑》)。怀晖、惟宽都是道一的弟子,他们被召入宫廷,都在元和初年,都在大义之后了。马祖道一原出于四川成都净众寺金和尚(无相)门下,后来自称是曹溪能和尚的再传弟子。道一还是一个"高节志道,随处坐禅"的山林和尚。到了大义这一支才开始进入皇帝宫廷。我们看李朝正的大刻梁武帝的《菩提达摩碑文》,可以想象当时最早拜在大义和尚门下做"亲承教旨"的弟子的太监们是何等愚陋的人了。

以上录文出自《胡适手稿》第七集卷三,又见姜义华主编的《胡适学术文集·中国佛学史》第 293 至 294 页(中华书局,1997 年)。因为内容与拙论关系重要,长篇加以引录,请谅。

（原载北学大学国学研究院编《国学研究》第 9卷,2002 年）

慧远庐山结社及其文化意义

南北朝时期是中国历史上动荡不安，又是发生激烈变动的时期。民族的交流与融合，儒、佛、道"三教"的兴盛与斗争，文学理论与创作实践的"新变"，等等，社会生活和精神生活都在产生巨大变化。这种种方面，都为唐、宋文化的繁荣做了准备。在思想和一般的精神生活方面，这一时期佛教的传播与繁荣影响尤大。无论是思想观念，还是行为方式，特别是涉及人生的"终极关怀"诸问题，佛教都提出了完全不同于中土传统的内容，在当时和后代产生了极其深远的影响。在六朝时期，有贡献、有影响的中外僧人很多。而就对于文人的影响而言，特别是在生活和创作的实践层面上，无论是当时抑或是后代，没有一个人发生过慧远那样巨大、全面和长远的作用。胡适曾谈到庐山史迹代表着中国文化历史的三大趋势，第一个即是"慧远的东林，代表中国'佛教化'和佛教'中国化'的大趋势"①。事实上中国从来没有真正"佛教化"；而佛教"中国化"则是个长远的过程，并不自慧远始，更不至慧远终。但慧远所开创的东林佛教增添了佛教发展的新内容，促进了佛教"中国化"，并对中国文化和文学的发展做出了卓越贡献则是可以肯定的。

慧远是支遁以后又一位既"高"且"名"的中土士族出身的僧人。他既不同于那些以传翻外来佛典为业的译师，也不是刻苦求

①《庐山游记》，胡明编：《胡适精品集》第5卷，光明日报出版社，1998年。

法的头陀僧。他也不同于支遁为代表的、《世说新语》表扬的那些"名士"型的僧人。他具有高度的佛学素养,又"博综六经,尤善《庄》《老》"①,通儒术、善文章;他不仅精于佛教义学,在信仰、修持的实践方面也是一代典范;他更有巨大的社会威望,声名卓著,在教团内外广有影响;而他又坚持山居修道,不慕世务,对统治者保持高蹈、疏离的姿态。从而他体现了中土僧团的一种新精神,开创了一种新传统。这种精神和传统特别被历代亲近佛说的士大夫们所认知和欢迎,使其影响广被文坛。了解佛教对中国文化、文学的影响,了解中国文人接受佛教的情形,慧远是典型的个案。

慧远对佛教发展的一个重大贡献,也是他与文人发生因缘的重大事件,是他提倡观想念佛,在庐山与僧、俗结社,立志往生西方。这乃是中土历史上第一个有规模、有水平的高僧与居士的结社,开创了佛教信仰实践的新形式,也直接开启了后代文人居士佛教的一种类型。值得注意的是,后人把这个结社当作一种典范,把他的这一活动传说化,形成了有关"十八贤"结"白莲社"的故事,并不断赋予传说以新的内涵。这些传说显示了慧远的巨大、深远的影响,同时在客观上又反映了文人居士佛教发展的状况。因此,慧远结社演变为"白莲社"的过程,本身就具有丰富的文化史的意义,也显示了中土文人接受佛教的方式与特征。

宋陈舜俞《庐山记》记述了关于慧远在庐山的活动以及结白莲社的传说:

> 虎溪,昔远师送客过此,虎辄号鸣,故名焉。时陶元亮居栗里山南,陆修静亦有道之士,远师尝送此二人,与语合道,不觉过之,因相与大笑。今世传《三笑图》,盖起于此。神运殿之后有白莲池。昔谢灵运恃才傲物,少所推重,一见远公,肃然心服,乃即寺翻《涅槃经》。因凿池为台,植白莲池中,名其台

---

① 《高僧传》卷六《慧远传》。

曰翻经台。今白莲亭即其故地。远公与慧永、慧持、昙顺、昙恒、竺道生、慧叡、道敬、道昺、道诜，白衣张野、宗炳、刘遗民、张诠、周续之、雷次宗，梵僧佛陀、耶舍十八人者，同修净土之法，因号"白莲社"。①

这是宋代的记载，表现的是传说的完整形态（另有《十八高贤传》则以佛陀耶舍为一人，加上佛驮跋陀罗，足十八人）。这里除了叙写结"白莲社"外，还涉及慧远与陶潜、陆修静、谢灵运交游事。相关故事后来被传为掌故，写入诗文，画为图画，为历世文士所艳羡。但考之历史，事情却大半是出于虚构。有些情节随意捏合、违背常识是很显然的。但历史上许多有大学问的人却宁愿相信它们是事实。这表明有关传说的形成和流传是有客观基础与需要的。就是说，尽管传说并不是史实，但却真实地反映了创造和流传这些传说的社会心态，体现着历史发展的内在的真实。所以这些传说就比事实更有说服力，被一代代人们传颂下来。

慧远等人结社是中国佛教史上的重要事件。《高僧传》上记载，"彭城刘遗民，豫章雷次宗，雁门周续之，新蔡毕颖之，南阳宗炳、张莱民、张季硕等，并弃世遗荣，依远游止。远乃于精舍无量寿像前，建斋立誓，共期西方"。接着录有刘遗民的《发愿文》，开头说：

惟岁在摄提（元兴元年，402）秋七月戊辰朔二十八日乙未，法师释慧远贞感幽奥，宿怀特发，乃延命同志息心贞信之士百有二十三人，集于庐山之阴般若云台精舍阿弥陀像前，率以香花敬荐而誓焉……誓兹同人，俱游绝域，其有惊出绝伦，首登神界，则无独善于云峤，忘兼全于幽谷，先进之与后升，勉思策征之道……②

①吴余慈编：《庐山志副刊》。
②《高僧传》卷六《慧远传》。

这里所说的元兴元年那次法会,当是慧远结社的一次具体活动。这一次即有百余人参加,可见结社规模之盛大。但是这里并不见具体人名。《高僧传》举出的那些人,与慧远结交不在同一时期,因此也就不可能参与同一次集会。所以慧皎的记载已经有创作成分。但慧远作为弥陀净土的坚定信仰者和热忱弘扬者,在所住庐山联系了一批具有高度文化素养的士大夫,使那里成为净土信仰的一个中心,则是历史事实。这也是慧远宗教活动的重要事件,反映了东晋末期知识阶层佛教信仰的一个重要方面。

而且,慧远当时也还没有"白莲社"这一名称,更没有"十八贤"的名目。直到唐初法琳的《辩正论》里,还只举出刘遗民、雷次宗、周续之、毕颖之、宗炳,称为"五贤"①。"十八贤"结"白莲社"的具有浪漫色彩的故事实际是到中唐时期才流行起来的。戴叔伦在《赴抚州对酬崔法曹夜雨滴空阶五首》之二说到"高会枣树宅,清言莲社僧"②,这是可考最早出现"莲社"一语的用例。戴任抚州刺史在兴元元年(784)至贞元元年(785)。其次是僧灵澈《东林寺寄包侍御》诗有云:"谁能来此焚香坐,共作垆峰二十人。"③这里也包含有"十八贤"观念。灵澈被皎然引荐给包佶是在贞元(785—805)初。而尽大力量宣扬"白莲社"传说的当数白居易。他于元和十年(815)贬江州司马,在庐山营草堂,次年所作《春游西林寺》诗有句曰:

　　　　身闲易澹泊,官散无牵迫。缅彼十八人,古今同此适。④

次年又作有《草堂记》说:"昔永、远、宗、雷辈十八人,同入此山,老

①《辩正论》卷三,《大正藏》第52卷,第504页下。
②《全唐诗》卷二七四。
③《全唐诗》卷八一〇。
④《白居易集笺校》卷七。

死不反,去我千载,我知其心以是哉!"①而他元和十四年(819)迁忠州刺史后有《郡斋暇日忆庐山草堂兼寄二林僧社三十韵皆叙贬官以来出处之意》诗,其中说:

> 春抛红药圃,夏忆白莲塘。唯拟捐尘事,将何答宠光。有期追永、远(晋时永、远二法师曾居此寺),无政继龚、黄……②

这里还写到"白莲塘",就是僧传里提到的谢灵运所凿白莲池。此后,在晚唐、五代诗人和诗僧作品里,就经常出现有关白莲社的典故了。如李群玉《湘中别成威阇黎》诗说:"何方济了岸,只仗慈航力。愿与十八贤,同栖翠莲国。"③李是在裴休于会昌三年(843)至大中元年(847)任湖南观察使时被延聘游湘中的。温庭筠《长安寺》诗说:"所嗟莲社客,清荡不相从。"《寄清凉寺僧》诗说:"白莲会里如相问,说与游人是姓雷。"④如此等等利用有关白莲社事典,频见于裴说、李咸用、李山甫、伍乔、李中、李建勋以及诗僧贯休、齐己、修睦等人的作品里。齐己的《题东林十八贤真堂》诗说:

> 白藕花前旧影堂,刘雷风骨画龙章。共轻天子诸侯贵,同爱吾师一法长。陶令醉多招不得,谢公心乱入无方。何人到此思高躅,岚点苔痕满粉墙(谢灵运欲入社,远大师以其心乱,不纳)。⑤

可知唐时在白莲塘旁有十八贤影堂,并盛传谢灵运欲入社的传说。

宋陈舜俞《十八贤传》记载,"十八贤"中的昙诜著有《莲社录》,显然是出于附会。在《高僧传》里昙诜的传记附在卷六《道祖传》后,是他的弟子,后师事慧远,注《维摩》,作《穷通论》等。陈著序文

---

① 《白居易集笺校》卷四三。
② 《白居易集笺校》卷一八。
③ 《全唐诗》卷五六八。
④ 《温庭筠诗集笺注》卷三、卷四。
⑤ 《全唐诗》卷八四四。

里又说"东林寺旧有《十八贤传》,不知何人所作,文字浅近,以事验诸前史,往往乖谬"。则《莲社录》应是这类传本之一。他又说遂"因旧本参质晋、宋史及《高僧传》,粗加刊正"。他的生卒年不可考,只知道熙宁(1068—1077)年间曾为嘉禾令。大观(1107—1100)初,沙门怀悟复详补其书,这就是今传《十八高贤传》。但后来有关十八贤的传说一直存有异词。例如明宋濂在《跋匡庐社图》里就把陶渊明、陆修静列入十八人中,并说"今所画止十八人,取著名于时者也。人数增减、相传有不同者,所记异辞也"①。明王祎的《自建昌州还经行庐山下记》里也把陶、陆列入十八人之中。

这样看来,"十八贤"结"白莲社"故事,乃是典型的所谓"层层累积的"、"箭垛式"的传说。一代代文人抱着羡慕和敬仰的心情,叙说这个故事,并把他们各自的理解和想法注入到传说之中,从而发展了这一传说。虚构的莲社传说能够体现深层文化史意义的原因即主要在于此。

下面,略考慧远结社的史实。

被列入"十八高贤"中属于"儒"的六人,均确有其人,并和慧远有关系。但从现存资料看,并不一定都参加过结社立誓活动。

首先是刘遗民,在佛教史上是著名人物。唐元康《肇论疏》引慧远为他作的传说:

> 刘程之,字仲思,彭城人,汉楚元王裔也。承积庆之重粹,体方外之虚心,百家渊谈,靡不游目,精研佛理,以期尽妙。陈郡殷仲文、谯国桓玄,诸有心之士,莫不崇拭。禄寻阳柴桑,以为入山之资。未旋几时,桓玄东下,格称永始。逆谋始,刘便命孥,考室林薮。义熙公侯咸辟命,皆逊辞以免。九年,太尉刘公知其野志冲邈,乃以高尚人望相礼,遂其放心。居山十有

——————
① 《文宪集》卷一四。

二年卒。有说云：入山已后，自谓是国家遗弃之民，故改名遗民也。①

唐法琳在《辩正论》卷七注里引《宣验记》则说：

> 刘遗民，彭城人。少为儒生，丧亲，至孝以闻。家贫，卜室庐山西林中。多病，不以妻子为心。绝迹往来，精思禅业。半年之中，见眉间相，渐见佛一眼及发际二色，又见全身，谓是图画。见一道人奉明珠，因遂病差。②

桓玄僭位称帝在元兴二年（403），年号永始，据上述材料，那一年刘始入庐山。但核之刘的《发愿文》，为前一年所作，则他在居山前应已皈依慧远门下。《高僧传》里录有他致僧肇的信，讨论后者所作《般若无知论》。从信里看，《般若无知论》是竺道生于义熙四年（408）前后回庐山时带给他的，信中还写到他和慧远一起研读的情况。又陶潜有《和刘柴桑》《酬刘柴桑》诗，据考为义熙五年作③。前诗说到："山泽久见招，胡事乃踌躇。直为亲旧故，未忍言索居。"④表明他弃官入山已久。僧肇又有《答江东隐士刘遗民书》，作于后秦弘始十五年（413），已是刘去世前不久。

宗炳、周续之、雷次宗三位《宋书》《南史》均入《隐逸传》。唐张彦远说：

> （宗炳）前后辟召，竟不就。善琴书，好山水，西陟荆巫，南登衡岳，因结宇衡山，怀尚平之志……自为《画山水序》……⑤

则庐山并不是宗炳的主要活动之地。义熙八年（412）刘裕诛刘毅

---

① 《肇论疏》，《大正藏》第45卷，第181页下。
② 《辩正论》卷七《信毁交报篇》，《大正藏》第52卷，第539页下。
③ 逯钦立：《陶渊明事迹诗文系年》，《陶渊明集》，人民文学出版社，1979年，第277页。
④ 《陶渊明集》，第57页。
⑤ 《历代名画记》卷六。

领荆州,辟宗炳为主簿,不起,答称"栖丘饮谷三十余年"。这应是指"西陟荆巫"时事,此后是"下入庐山,就释慧远考寻文义"①。宗炳所著《神不灭论》即《明佛论》说:"昔远和尚澄业庐山,余往憩五旬,高洁贞厉,理学精妙。"②这些可以确定他到庐山的时间,并表明他与慧远交往并不长久。周续之在山时间较长。史称"年十二诣(范)甯受业,居学数年,通《五经》并纬候。名冠同门,号曰'颜子'。既而闲居,读《老》《易》,入庐山,事沙门释慧远。时彭城刘遗民遁迹庐山,陶渊明亦不应征命,谓之'寻阳三隐'"③。雷次宗则"少入庐山,事沙门释慧远。笃志好学,尤明《三礼》《毛诗》,隐退不交世务"④。后于元嘉十五年(438)征至都,又曾一至庐山,已是在慧远去世后。这样,周、雷二人有可能参加元兴元年那次法会,宗则绝不可能。

张野字莱民,据《庐山记》为南阳人,徙居寻阳柴桑,与陶渊明通婚姻;又说他"师敬远公,与刘、雷同辙。远公卒,葬西岭,谢灵运为铭,野序之,称门人焉"。关于他和陶的关系,陶有《岁暮和张常侍》诗,而《记》中称野"后征散骑常侍",即应是与他唱和的。《世说新语·文学》刘注里有他的《远法师铭》,今存他的《奉和慧远游庐山诗》。张诠字秀硕,是张野的门人,事迹除《庐山记》《十八贤传》的记载外,别无可考。

"十八贤"中有关僧十二人的记述,则更多出于拼凑。其中梵僧佛陀跋陀罗和佛陀耶舍都是著名译师。慧远在庐山曾请僧伽提婆重译《阿毗昙心论》并亲为制序,但后者却未被列入十八贤。佛陀跋陀罗在北方受鸠摩罗什门下排斥,于义熙七年(411)来庐山,应慧远之请,译出《修行方便禅经》,第二年即离去西游。后来他在

---

① 《宋书》卷九三《隐逸传》。
② 《弘明集》卷二。
③ 《宋书》卷九三《隐逸传》。
④ 《宋书》卷九三《隐逸传》。

金陵道场寺完成了《华严》等重要译业。他与净土信仰无涉。而佛陀耶舍入庐山事则完全出于讹传。据《高僧传》，佛陀耶舍在姚兴时（394—416）入长安，于逍遥园与罗什同译经，出《四分律》并《长阿含经》等，"后辞还外国，至罽宾，得《虚空藏经》一卷，寄贾客，传凉州诸僧，后不知所终"①。则他与庐山没有任何关系。与慧远有关系的有一位邪舍禅师，见智顗《与晋王书请为匡山两寺檀越》：

> ……（慧）远内闲半满，外善三玄，德布遐方，声高霄汉。初诣山足，依止一林，共邪舍禅师头陀其下，若说若默，修西方观。末于林右建立伽蓝，因以为名东林之寺……②

说佛陀耶舍入庐山，大概是把他与这位邪舍混同了。但至迟在中唐时期，已流传有佛陀耶舍入庐山并终于其地的传说，见颜真卿《东林寺题名》③。大约形成于西川保唐无住（714—774）弟子之手的禅宗灯史《历代法宝记》更把佛陀耶舍讹传为两个人，说达摩"遣弟子佛陀、耶舍二人，往秦地说顿教悟法。秦中大德乍闻狐疑，都无信受，被摈出，遂于庐山东林寺"④，并说他们见远公，译出《禅门经》，灭度后葬庐山，塔庙见在云。这又把耶舍传为禅门弟子，并糅入了佛陀跋陀罗事迹。胡适指出这是禅宗为树立法系的伪造。这个故事传说很广，被记载到贞元二十年（804）入唐的日僧最澄所著《内证佛法相承血脉谱》里，并被写进日本古小说集《今昔物语》。

　　其余华僧十人，慧永比慧远早居西林寺，是他请桓伊为慧远建了东林寺；慧持是慧远的弟弟，于隆安三年（399）已离开庐山入蜀；竺道生是"楞伽师"，提倡"顿悟成佛"、"佛无净土"等新说，与净土信仰相矛盾，他大约在太元（376—396）末年至庐山，得见提婆，从

---

① 《高僧传》卷二《佛陀耶舍传》。
② 《全上古三代秦汉三国六朝文·全隋文》卷三二。
③ 《全唐文》卷三三九。
④ 《历代法宝记》（敦煌本）。

习一切有部义,居七年,北游长安,于义熙五年前后曾又一次入山,不久去建康,在此期间与慧远有交往;其他七人,有的与庐山有因缘,有的资料缺如。所以这十个人不过是后人撮合的"庐山诸道人"的缩影而已。

"十八贤"之外,关于慧远与陆修静、陶渊明、谢灵运交往的轶事更引起后世文人的兴趣。这三个人在传里是被当作慧远的衬托来描绘的。但有关传闻与事实的距离比前述诸人的情形更为遥远。

据《高僧传》:"自(慧)远卜居庐阜,三十余年,影不出山,迹不入俗,每送客游履,常以虎溪为界焉。"这是表扬慧远风范的典型细节,当初这个记述显然与陆修静无涉。孟浩然《疾愈过龙泉精舍呈易业二上人》诗有云:"日暮辞远公,虎溪相送出。"①又李白《别东林寺僧》诗:"笑别庐山远,何烦过虎溪。"②等等,也都没有提到陆修静。晚唐贯休《再游东林寺作五首》之四说:

> 爱陶长官醉兀兀,送陆道士行迟迟。买酒过溪皆破戒,斯何人斯师如斯。③

原注曰:"远公高节,食后不饮蜜水,而将诗博绿醑与陶潜,别人不得。又送客不以贵贱,不过虎溪,而送陆静修("修静"之讹)道士过虎溪数百步。今寺门前有道士冈,送道士至此止也。"则已把三个人联系起来。到宋代,苏轼为石恪《三笑图》作赞,说"彼三士者,得意忘言……各笑其笑,未知孰贤"④,至黄庭坚、晁补之更坐实为慧远和陆、陶交游事。名画家李公麟作《莲社图》,也是在这一时期。

陆修静生于义熙二年(406),慧远去世时他才十一岁。他在晚

---

① 徐鹏校注:《孟浩然集校注》,人民文学出版社,1989 年,第 18 页。
② 《李太白全集》卷一五。
③ 《全唐诗》卷八三六。
④ 《东坡七集》。

年确曾入居庐山。但说他和慧远结交则纯系捏造。南北朝时庐山也是道教名山,佛教徒把陆修静这样著名的道士网罗到慧远门下,显然是出于张大门庭的用意,客观上也反映了佛、道交流的形势。

陶潜为彭泽令,去职居柴桑,在义熙元年(405),正当慧远居庐山的晚年;陶潜又和刘遗民、周续之、张野等人诗文赠答,有密切交谊。虽然他的诗文里没有与慧远交往的直接证据,但从情理推断二人应是有来往的。不过陶潜的人生态度是生则"坦万虑以存诚,憩遥情于八遐"①,死则"聊乘化以归尽,乐夫天命复奚疑"②,崇尚任运自然的人生观,与佛教义理全然不合。他的《形影神》三诗,逯钦立系于义熙九年,表现的是形释神灭观念,与慧远《形尽神不灭论》《万佛影铭》等作品的"神不灭"论完全相反。他发感慨说:"亲戚或余悲,他人亦已歌。死去何所道,托体同山阿。"③观念与刘遗民等人的"怵于生死报应"也绝不相同。陈寅恪指出,慧远的思想"与渊明所得持任生委运乘化乐天之宗旨完全相反,陶令绝对未受远公佛教之影响"④。所以很难相信慧远和陶潜"与语道合";有另外的传说谓慧远特允陶潜饮酒,勉其入社,陶攒眉而去,倒比较合乎情理。

谢灵运出身的陈郡谢氏如当时的众多士族一样乃是奉佛世家。义熙元年他二十一岁,被琅邪王司马德文(即后来东晋最后一个皇帝恭帝)辟为大司马行参军。次年,刘毅为都督豫州扬州之淮南、历阳、庐江、安丰、堂邑五郡诸军事、豫州刺史,驻节姑孰(今安徽当涂县),辟之为记室参军。刘毅以讨伐卢循叛乱丧师失利,转为江州都督。应是在这个时候,谢灵运有机会见到正在庐山的慧远。他后来写《庐山慧远法师诔》,说"予志学之年,希门人之末,惜

----

①《闲情赋》,《陶渊明集》,第156页。
②《归去来兮辞》,《陶渊明集》,第162页。
③《拟挽歌辞三首》之三,《陶渊明集》,第142页。
④《陶渊明之思想与清谈之关系》,《金明馆丛稿初编》,第203页。

哉诚愿弗遂,永违此世"①;慧远的传里也说到"陈郡谢灵运负才傲俗,少所推崇,及一相见,肃然心服"。慧远与谢灵运年龄相差五十余,他曾请谢作庐山《佛影铭》,可见对后者的器重和二人相契之深厚。谢灵运不只是优秀的山水诗人,在佛教史上也做出了多方面贡献,曾参与南本《涅槃经》的"改治",并作有《辨宗论》等重要义学论著;而他把佛理融入诗文之中,在佛教与文学交流的实践方面更取得了重要成绩。隋智顗已经说到"远自创般若、佛影二台,谢灵运穿凿流池三所"②,则前此已有关于穿池的传说;但"穿池"和"种莲"似乎并没有被当作相关的一回事。中唐时开始盛传的莲社传说,则是以谢种白莲命名。当时文人诗文也多咏其事。如白居易《郡斋暇日忆庐山草堂兼寄二林僧社三十韵皆叙贬官以来出处之意》:"春抛红药圃,夏忆白莲塘。"③无可《寄题庐山二林寺》:"塔留红舍利,池吐白芙蓉。"④李咸用《和人游东林》:"黄鸟不能言往事,白莲虚发至如今。"⑤等等,可知唐时白莲池为东林胜景。这种"遗迹"更推动了有关传说的流传。

陆、陶、谢三人远较列入"十八贤"的僧、俗声望更高。把慧远和这几位联系起来,并让他处在居高临下的位置,也就大大抬高了他的地位。而通过三个代表把佛、儒、道三者联系起来,其所体现的思想观念更是值得推敲的。

以上,讨论了关于慧远在庐山结莲社的记载,哪些是事实,哪些是传说。但如前所述,传说虽然不是史实,却并不是毫无意义的。慧远在庐山结净土社的活动,其意义本来就是多方面的;而史

————————

①《全上古三代秦汉三国六朝文·全宋文》卷三三。
②《与晋王书请为匡山两寺檀越》,《全上古三代秦汉三国六朝文·全隋文》卷三二。
③《白居易集笺校》卷一八。
④《全唐诗》卷八一四。
⑤《全唐诗》卷六四六。

实被改造,被生发,形成为内容更丰富的传说,则是在一定的文化
和思想环境下出现的现象。就是说,传说反映着历史发展的客观
要求和创造这些传说的人的真实心态。所以,那些看似无稽的传
说,对于认识历史往往有着重要价值。透视有关莲社的传说,起码
可以得出以下几点认识:

首先,慧远的庐山结社是净土社,有关传说的形成和流传反映
了净土信仰在中土的发展和兴盛。后人尊重他的净土信仰,往往
把他的结社活动当作榜样,以至后来的净土宗立他为"初祖"。

慧远的净土信仰本来是有其特定内容的。自《般舟三昧经》和
《无量寿经》《阿弥陀经》传译以来,净土信仰即已开始在中土流布。
僧史、僧传上记载一批早期弘传净土的僧人如竺僧显、竺法旷等。
而只有到了慧远,以其在僧、俗间的显赫地位,结社宣扬净土,并坚
持多年,才极大地扩展了净土信仰的弘传。在他以后,对于弘扬净
土做出重大贡献的有北魏到唐初的昙鸾、道绰、善导等人,他们传
授的主要是念佛法门,逐渐形成为中国佛教的一个重要宗派。然
而慧远的净土信仰与后来的所谓"净土宗"无论是观念还是行法都
并不相同。慧远是道安弟子,所传受的是般若"本无"教义,提倡
"法性"说,《高僧传》记载:

> 先是,中土未有泥洹常住之说,但言寿命长远而已。远乃
> 叹曰:"佛是至极,至极则无变;无变之理,岂有穷耶?"因著《法
> 性论》曰:"至极以不变为性,得性以体极为宗。"

这是说,法性即般若空、佛性,是至极不变的,而把握它则要靠"体
极"之悟。根据这种观念,他宣扬《般舟三昧经》里的"念佛三昧"。
他又说:

> 穷玄极寂,尊号如来,体神合变,应不以方。故令入斯定

（念佛三昧）者，昧然忘知，即所缘以成鉴。①

就是说，如来本是"穷玄极寂"的法性，人们因缘感悟，入念佛三昧，即可见其形影。这里主张的是所谓"观想念佛"，是一种禅观，所感得的是"唯心净土"。刘遗民《发愿文》所说的"神者可以感涉"，也是这个意思。而后来昙鸾、善导等宣扬的净土法门则是根据《阿弥陀经》《无量寿经》《观无量寿经》等"净土三部经"，把净土设想为实在的西方极乐世界，主张人们通过修持，称名念佛，则可得到阿弥陀佛或再加上观音、势至"三身佛"的接引而得以往生。虽然慧远后来被奉为中土"净土宗"初祖，实则他的净土观念与信仰和后来的净土宗义大不相同。慧远的观想念佛教义糅合了大小乘禅法，体现了中土佛教禅、慧兼重的精神，把精致的佛理和信仰实践结合起来，因而特别易于被知识阶层所接受。

唐宋以后，净土法门在中土广泛弘传，以至民间形成"家家阿弥陀，户户观世音"的局面。但特别是在知识阶层中，对净土、地狱、果报、轮回等基本没有虔诚的信仰。有些人取"祭如在"的态度，也有些人则怀抱"此生安处即西方"的观念。从根源上看，基本还是慧远的"唯心净土"观念的思路。而且，知识阶层的这种观念和态度，也影响到一般民众。人们相当普遍地把西方净土以至一般的佛教信仰作为安慰身心的寄托，实际则缺乏真挚的信仰心。这也成为中土人士对待宗教态度的重要特征。

第二，慧远结社不是一般僧、俗的结合，士大夫参与者又都是文学之士，体现了儒、释交流与结合的传统。而莲社传说更把著名道士陆修静和大诗人陶渊明、谢灵运牵合其中，更突出了统合"三教"的精神。这体现了当时佛教发展的基本倾向，也反映了中土文化内容丰富、包容的性格。

慧远本人"少为诸生，博综六经，尤善《庄》《老》"，是内、外学兼

_____

① 《念佛三昧诗集序》，《广弘明集》卷三〇上。

通的大学问家。《高僧传》上说他曾"讲《丧服经》,雷次宗、宗炳等并执卷承旨";又"周续之与雷次宗同受慧远法师《诗》义"①。同书又记载他在道安门下讲"实相"义,"乃引《庄子》义为连类,于是惑者晓然。是后安公特听慧远不废俗书"。据传殷仲堪问他:"《易》以何为体?"他回答:"《易》以感为体。"殷曰:"铜山西崩,灵钟东应,便是《易》耶?"他笑而不答②。他所谓《易》以感为体,正是根据《易经·系辞》里"寂然不动,感而遂通天下之故"的意思。但因为他是佛教徒,他所谓"感"应通于因缘义,所以对殷仲堪举出的事物交感的例子不以为然。他曾明确说到世典与佛理的关系:

> 每寻畴昔,游心世典,以为当年之华苑也。及见《老》、《庄》,便悟名教是应变之虚谈耳。以今而观,则知沈冥之趣,岂得不以佛理为先?苟会之有宗,则百家同致。③

这里他一方面肯定百家可以同致,另一方面又强调皆归之佛理;既坚持了佛教徒的根本立场,又肯定了俗学的价值。向他习佛的雷次宗等人大都学养有素。雷精《三礼》《毛诗》,后来宋文帝立儒、玄、史、文四学,他与朱膺之等主文学,并于鸡笼山开馆授徒。周续之从范甯受业,能五经及纬侯,名冠同门,号曰'颜子'。白居易指出:"庐山自陶、谢洎十八贤已还,儒风绵绵,相续不绝。"④慧远本人有《与隐士刘遗民等书》,一方面宣扬儒、玄、佛一致之旨,"苟会之有宗,则百家同致";另一方面又强调"以佛理为先","宜简绝常务,专心空门"⑤,典型地表明了他与士大夫交往中统合儒、释的姿态。这样,慧远的结社体现了佛教与中国传统学术的结合。无论是"三

---

①陆德明:《经典释文》卷五《毛诗音义上》。
②《世说新语》上卷下《文学》。
③《与隐士刘遗民等书》,《广弘明集》卷二七上。
④《白居易集笺校》卷四三。
⑤《广弘明集》卷二七上。

教调和"的观念,还是那种开阔、自由的学风,都容易得到以儒学安身立命的中土士大夫阶层的欢迎,又为他们亲近和汲取佛、道(道教、道家)的滋养开辟了道路。

第三,慧远为人品格高蹈脱俗,有关"不过虎溪"之类传说正生动地表现了这种品格。佛教在中土传播,不得不依靠世俗统治的支持和资助。支遁、佛图澄、道安等一代高僧都依附和服务于世俗王权。但慧远却隐居庐山,坚持山居修道。他所结交的人中,高官显宦不少。如前后任(或兼任)江州刺史的桓伊、王凝之、桓玄、何无忌以及殷仲堪(都督荆、益、凉三州诸军事、荆州刺史)、王谧(中书监、领司徒)和刘裕(后来的宋武帝)等人。他们或是施主,或助成其译业,或劝请其出山拟加重用,或进行过教义方面的讨论,等等,都有不同程度的交谊,然而他却一直保持着高蹈的、独立的姿态。他本来出身于道安门下。道安明确意识到"不依国主,则法事难立"①的现实状况,主要活动在邺、襄阳、长安等大都市,与石赵、苻秦政权保持密切联系。而慧远却自立门庭,隐居庐山三十余年,即使经桓玄等权臣劝请也坚不出山。他针对桓玄等人提出的沙门致敬王者的要求反复辩难,作《沙门不敬王者论》,主张方外之民不受世俗之化,坚持"抗礼万乘,高尚其事,不爵王侯,而沾其惠"②的立场。他热心交往的刘遗民、宗炳等人也是植操幽栖、不慕荣利的人物。这些人大多博学多才,或不受征辟,或弃官隐居。陶渊明《和刘柴桑》诗结尾说:"栖栖世中事,岁月共相疏。耕织称其用,过此奚所须。去去百年外,身名同翳如。"③这也是慧远周围的士大夫共同具有的守分知足、高蹈超俗的性格特征。后来人追慕慧远结社,也往往看重其潇洒超脱、不慕荣利的精神。如孟浩然诗说:

---

① 《高僧传》卷五《道安传》。
② 《沙门不敬王者论·求宗不顺化第三》,《弘明集》卷五。
③ 《陶渊明集》,第58页。

　　尝读《远公传》，永怀尘外踪。东林精舍近，日暮空闻钟。①

王昌龄诗说：

　　昔为庐峰意，况与远公违。道性深寂寞，世情多是非。②

杜甫说：

　　隐居欲就庐山远，丽藻初逢休上人。数问舟航留制作，长
开箧笥拟心神。③

韦应物诗说：

　　……昙远昔经始，于兹闷幽玄……道妙苟为得，出处理无
偏。心当同所尚，迹岂辞缠牵。④

黄庭坚有诗《戏效禅月作远公咏并序》说：

　　远法师居庐山下，持律精苦，过中不受蜜汤，而作诗换酒
饮陶彭泽；送客无贵贱，不过虎溪，而与陆道士行，过虎溪数百
步，大笑而别。故禅月作诗云："爱陶长官醉兀兀，送陆道士行
迟迟。买酒过溪皆破戒，斯何人斯师如斯。"故效之。

　　邀陶渊明把酒碗，送陆修静过虎溪。胸次九流清似镜，人
间万事醉如泥。⑤

王庭珪说：

　　彼陶令与十八贤者一溺于此，遂终身不出。盖当时挈治
世具不得设张，即思自放于山谷之间，而进退卒以不污于

---

①《晚泊浔阳望香炉峰》，《孟浩然集校注》，第66页。

②《送东林廉上人归庐山》，《全唐诗》卷一四〇。

③《留别公安太易沙门》，《杜少陵集详注》卷二二。

④陶敏、王友胜校注：《韦应物集校注》，上海古籍出版社，1998年，第389页。

⑤《山谷集》卷一一。

后世。①

邵宝诗说：

> 雁门僧避胡尘来，匡庐山中寻讲台。谁云净土在西竺，此池自有莲花开。莲花开开千万朵，江南君臣不疑我。渊明故是避世人，菊花醉插头上巾。攒眉掉臂谢公去，一杯浊酒堪全真。当年意在谁独识，虎溪笑处泉流石。至今古塔依西林，月落江云树千尺。②

王阳明诗说：

> 远公学佛却援儒，渊明嗜酒不入社。我亦爱山仍恋官，同是乾坤避人者。③

以上所录诗文（有些是片断），作者的时代、思想倾向各不相同，但都颂扬慧远和有关传说所表现的孤高傲世、不随流俗的生活方式和精神境界。而把传说的结社定名为"白莲"，暗用佛典里一再使用的出污泥而不染的莲花典故，也正象征着一种贞洁脱俗的理想的精神境界。后世中土士大夫也往往是从这个角度来肯定佛教的。如柳宗元与韩愈辩论时就强调佛教徒"不爱官，不争能，乐山水而嗜闲安者为多"④。反佛的韩愈为自己贬潮州后结交禅僧大颠辩护，说亲近大颠是因为他"实能外形骸，以理自胜，不为事物侵乱。与之语，虽不尽解，要自胸中无滞碍，以为难得"⑤。这样，历代许多文人喜欢与僧侣结交，从他们身上找到了被现实体制疏离或排斥的士大夫所向往的人生理想，慧远结社里的僧、俗交流从而成

---

① 《游庐山记》，《卢溪文集》卷三四。
② 《寄题东林寺壁》，《容春堂前集》卷二。
③ 《庐山东林寺次韵》，《王文成公全书》卷二〇《外集二》。
④ 《送僧浩初序》，《柳河东集》卷二五。
⑤ 《与孟尚书书》，《韩昌黎集》卷一八。

为人们所企羡的魏晋风流的一种典型表现。这种观念和姿态当然具有一定的消极、颓唐意味,但确也体现着部分士大夫保持个性独立、追求精神自由的强烈执著。

第四,慧远的结社是文化人的结社。这既与南北朝流行的群众性的"社"、"邑"等法社不同,也和世俗权势荫庇下、义学沙门为中心的讲论佛义的法会不同。而传说又把陶、谢这样的大文豪纳入其中,更突出了它的文艺性质。

慧远本人具有卓越的文学才能,诗、文兼擅。今存所作《游庐山记》,是中国古典文学中早期山水记的名篇;他还留有《庐山东林杂诗》;他曾编辑《念佛三昧诗集》并为作序文,论述以禅入诗的道理,对后代影响深远。今存刘遗民、张野、王乔之(江州别驾)的《和慧远游庐山诗》和佚名《庐山诸道人游石门诗序》,可见当时庐山诗文唱和的彬彬之盛。《隋书·经籍志》著录有《慧远集》十二卷、《雷次宗集》十六卷、亡佚者有《刘遗民集》五卷,《唐志》又著录有《宗炳集》十五卷,可知这些人创作之宏富。宗炳又是大画家,并著有画论《画山水序》,其观点明显反映出佛教义理的影响。后世文人羡慕慧远等人结社的风范,也是特别看重其浓厚的文艺色彩。如白居易有诗说:

> 常闻慧远辈,题诗此岩壁……自从东晋后,无复人游历。独有秋涧声,潺湲空旦夕……①

他在这里表现的对当年庐山诸道人与文人诗唱和的向往之情,也代表了后世一般文人的典型心态。

第五,慧远结社又是所谓"高贤"的结社,开创了文人居士佛教信仰实践的一种新形式;而莲社传说的形成与传播,又有力地推动这种结社形式的延续和发展。

---

① 《游石门涧》,《白居易集笺校》卷七。

　　宋赞宁认为庐山法会是结社法集之始①。这也是后来发达的文人居士佛教经常采取的形式。仅就唐时庐山一地而言,中唐时颜真卿、姜公辅曾"依遗民、莱民旧事,待大师(上宏和尚)于虎丘雁门之上"②。李涉早年与弟李渤同隐庐山。他有诗说:

　　　　十地初心在此身,水能生月即离尘。如今再结林中社,可羡当年会里人。③

他也曾与僧人在此结社。李渤是道教信徒,兄弟二人同在庐山而信仰不同,颇可玩味。白居易贬江州时在庐山营草堂,亦曾与东、西二林僧人结社。北宋时周敦颐曾在庐山结青松社。南宋初,东林寺有白莲会,陆游说:

　　　　……白江州至太平兴国官三十里,此适当其半,是日车马及徒行者憧憧不绝,云上观,盖往太平官焚香。自八月一日至七日乃已,谓之白莲会……东林寺亦自作会。④

　　直到清代以迄晚近,那里的结社之风仍相沿不绝。宋代以后,居士佛教盛行,各种僧、俗结社遍布全国各地,成为士大夫佛教活动的主要形式。

　　以上,考察了东晋慧远庐山结社实况及有关白莲社的传说。可以看到,佛教史上的一个具体事件,演化出一系列浪漫故事,以至故事流传得比史实更为广远,影响也更为巨大。这个故事里描写的慧远很有生气,很有个性,他的人格被美化了,他的地位也被提升了。而在这个史实演变出故事的过程中,起决定作用的是社会的,特别是知识阶层的普遍心态;这种心态又正与中国佛教的发

①《僧史略》卷下,《大正藏》第54卷,第250页下。
②刘轲:《庐山东林寺故临坛大德塔铭》,《全唐文》卷七四二。
③《游西林寺》,《全唐诗》卷四七七。
④《渭南文集》卷四五《入蜀记》。

展有直接关系。这样,作为中土士大夫主体的文人阶层的宗教观念与实践,在有关慧远和白莲社的传说里也就清楚地体现了出来。所以透视这段史实和传说,不只有助于我们认识佛教"中国化"的进程和规律,也会帮助我们认识中土知识阶层的佛教理解的内容和特征,从而加深对中土文人整个思想观念和创作实践的分析和了解。

（原载南开大学文学院中文系编《魏晋南北朝文学与文化论文集》,南开大学出版社,2002 年）

智圆和契嵩:推动佛教
"援儒入释"潮流

　　佛教输入中国,与中土传统思想、文化相冲突、相斗争、相交流、相融合,乃是广泛、深入地影响中国历史发展的重要现象。其中与在中国占统治地位的意识形态——儒家思想理论体系的复杂关系则是主要方面。在绵延近两千年的长时期里,二者关系随时代发展而变化,影响十分深远而巨大。

　　进入宋代,十分兴盛并具有巨大理论成就的隋唐宗派佛教逐步演变为"世俗化"的"禅净合一"佛教。特别是随着寺院经济发展,僧团风气普遍窳劣、败坏;加上禅宗毁经灭教遗风弥漫,佛门教学水平衰败,佛门已难得出现更多有建树、有影响、支撑起进一步发展的领袖人物。而自中唐"儒学复古"潮流兴起,唐武宗以暴力毁佛,至"宋初三先生"胡瑗(993—105)、孙复(992—1057)和石介(1005—1045)等又继续大力张扬兴儒反佛,对佛教造成很大打击。"理学"在这样的背景下发展起来,更褫夺了佛法的理论优势。正是面对这样的形势,佛教内部出现挽救颓败、重新振兴的努力:有些宗师力图起衰救弊、延续本宗法统;有些僧人坚定地舍身求法或热诚地弘法兴福;更有些僧团领袖人物活跃在社会上层,并造成一定影响;等等。而对于佛教发展起更重要作用的是出现一批新型学僧,有人称他们为"儒僧"①。他们不同于南北朝时期致力研讨经义、阐扬佛理的义学沙门,而是在精研佛法和儒学的基础上,从学理上调和、沟通儒释,遂推动起一股"援儒入释"潮流。这些人作为当时僧团上层核心的一部分,在相当大的程度上影响着整个佛教发展的方向。孤山智圆(976—1022,字无外,或名潜夫,自号中庸子,俗姓徐)和明教契嵩(1007—1072,字仲灵,又号潜子,俗姓李),就是具有代表性的两个人。

　　智圆和契嵩都不是疏于经教、"流荡舛误"的"言禅者"②流。他们是当时佛门中罕见的具有高深佛学素养的学僧。智圆法系属天台宗,自称是智者大师嫡传;是"中兴台教"的荆溪湛然十世法孙,天台宗山外派代表人物之一。天台宗在宋代分化为山家、山外两派,分歧在对于"观心"宗义理解的不同。本来对于所"观"之"心"的性质在天台内部早有歧见。入宋,针对智顗《金光明经玄义》广、略二本的认识不同,引发起长达数十年"山家"和"山外"两派纷争。智圆师从"山外"派代表人物源清,传承慈光晤恩(912—986)的教法,认为广本里的"观心释"为后人所增,遂形成与四明知礼(960—1028)为代表的"山家"派的尖锐对立。争论的焦点在所观是"真心"(山外)还是"妄心"(山家),由此兼及对于"事具三千"等诸法理解的分歧。智圆曾和同门梵天庆昭合撰《释难扶宗记辨讹》《金光明经玄义表微记》《请观音经阐义钞》等,批驳山家派观点。《辨讹》提出"理观"和"事观"两种观法,断定"使诸法等而无差,混而为一,事事全成于法界,心心全显于金光,如此则岂非纯明理观乎"③。这是对于"真心观"的发明。智圆又以疏释《金刚錍》的方式,基于湛

①〔美〕包弼德:《斯文:唐宋思想的转型》(Peter K. Bol, "*This Culture of Ours*" *Intellectual Transititions in Tang and Sung China*, P. 19, *Stanford University* Press,1992),刘宁译,江苏人民出版社,2001年,第20页。
②《送琛上人南游序》,《柳河东集》卷二五。
③《四明十义书》卷上,《大正藏》第46卷,第833页上。

然"无情有性"、心性遍在的观点，论证了以性具论为核心的宗义体系。智圆一生著成大批疏抄科注，除了阐发上述天台宗义，还有关于大乘基本经典的，自《文殊般若》至《阿弥陀经》，计成十疏。其佛教著述在生前已编辑为一百七十卷行世。契嵩则是禅宗后期著名宗师。他七岁出家，十三受具，得法于洞山晓聪，属于云门宗，为青原下十世。他从十九岁起四出游方，下江湘，陟衡、庐，遍参善知识，在宗门博得盛名。仁宗庆历（1041—1048）年间，他来到钱塘，乐其湖山之胜，遂留居灵隐永安精舍。云门宗本来具有浓厚的文化性格。契嵩天资聪慧，发扬这一传统，博览经籍，通儒学，善诗文，又专心佛学著述。四库馆臣评论说：

> 第以宋代释子而论，则九僧以下，大抵有诗而无文。其集中兼有诗文者，惟契嵩与惠洪最著。契嵩《镡津集》，好力与儒者争是非，其文博而辨；惠洪《石门文字禅》，多宣佛理，兼抒文谈，其文轻而秀。①

契嵩以诚挚宗教信徒所具有的坚定的为道不为名、为法不为身的姿态，大力为佛教辩护，俨然以护法中坚自居。他至慨于宗门内部"宗不明，祖不正而为其患"，作《传法正宗记》《传法正宗定祖图》《传法正宗论》等。这几部书作为禅史，虽然用笔疏略，但是其中评论颇具创见，契嵩也因此得到宋仁宗嘉奖，敕令其书入藏，并敕号"明教大师"。他又作《辅教篇》，明儒、释一贯之旨，并把该书投献给朝廷达官贵人，得到自丞相韩琦以下许多人的赏识，被加以礼接。他满载声誉，南下回到杭州。时值蔡君谟帅杭，延请他到佛日山，尊崇甚厚。他直到逝世，著述不辍，一生留有著作百余卷六十余万言。今存《传法正宗记》《镡津文集》等。智圆和契嵩这样的人物，如果生活在东晋十六国时期，论学问，论才能，都可以和道安、

---

① 《四库全书总目》卷一六四《集部·别集类·北磵集》，中华书局，1965年，第1405页。

慧远一比高下。

应当考虑到的还有一点，就是他们活动的时期。陈寅恪在《冯友兰中国哲学史下册审查报告》中说：

> 凡新儒家之学说，几无不有道教，或与道教有关之佛教为之先导……北宋之智圆提倡中庸，甚至以僧徒而号中庸子，并自为传以述其义(孤山闲居篇)。其年代犹在司马君实作中庸广义之前，(孤山卒于宋真宗乾兴元年，年四十七。)似亦于宋代新儒家为先觉。①

司马光(1019—1086)比智圆晚生近半个世纪。就是"宋初三先生"出生最早的孙复也比他小十六岁。他更早于理学先驱邵雍(1011—1077)和周敦颐(1017—1073)等人。契嵩出生时间在后，但也较司马光、邵雍、周敦颐为早。这样在学术源流层次上，就可以论定他们如陈寅恪所说"于宋代新儒学为先觉"的地位和作用。

再值得注意的一点是，熟悉儒学、出入儒道本来是中土义学僧侣的特点。智圆和契嵩则并不是一般地接受儒学教育，而是真正学有所得，有所发明；他们不是借儒以明释，搞所谓"格义佛教"，而是对儒学进行发挥，援儒以入释。即以他们的生活状态说，也不是一般地"好与贤士大夫游"②。智圆"居西湖孤山，学者如市，杜门乐道，与处士林逋为邻友。王钦若出抚钱唐，慈云遣使邀师同往迓之。师笑谓使人曰：'钱唐境上，且驻却一僧。'师早瘿瘰疾，故又号病夫，讲道吟哦，未尝少倦"③。契嵩和欧阳修(1007—1072)年寿相同。他出世的时候，正值欧阳修主盟文坛。他嘉祐六年(1061)北上汴京，与韩琦以下许多高官大僚交游，后来南下杭州，一直过着与士大夫诗文唱和的文雅生活。

---

① 《金明馆丛稿二编》，第 251—252 页。
② 《送文畅上人登五台遂游河朔序》，《柳河东集》卷二五。
③ 《佛祖统纪》卷八，《大正藏》第 49 卷，第 204 页下。

智圆在《谢吴寺丞撰闲居编序书》中说:

> 某幼缘宿习,雅好空门,于龆龀之年,即毁其发,坏其服,而为浮屠徒也。洎年迩升冠,颇好周、孔书,将欲研几极深,从有道者受学,而为落发之师拘束之,不获从志。由是杜门閴然,独学无友,往往得《五经》之书而自览焉。虽文字不及尽识,句读不及尽分,而好求圣师之指归而会通其说焉。譬若九方堙之相马,略玄黄而谈神骏也,而与夫嘈嘈诵声者、寻章摘句者已胡越矣……吾虽无师之训教,无友之磋切,而准的《五经》,发明圣旨,树教立言,亦应可矣。①

这表明他对儒学的高度热忱,实际也反映了当时僧团中兴起的一种新观念和新作风。他的《赠林逋处士》诗曰:

> 深居猿鸟共忘机,荀孟才华鹤氅衣。满砌落花春病起,一湖明月夜渔归。风摇野水青蒲短,雨过闲园紫蕨肥。尘土满床书万卷,玄缥何日到松扉。②

显然比起对于僧人的出家修道,他更欣赏士大夫的隐逸生活。他曾明确地说:

> 曰:浮图之教流于华夏者,其权舆于东汉乎!其于训民也,大抵与姬公、孔子之说共为表里耳。何耶? 导之以慈悲,所以广好生恶杀也;敦之以喜舍,所以申乎博施济众也;指神明不灭,所以知乎能事鬼神之非妄也;谈三世报应,所以证福善祸淫之无差也。使夫黎元迁善而远罪,拨情而反性。核其理也,则明逾指掌;从其化也,则速若置邮。噫! 虽域外之真诠,实有毗于治本矣。③

---

① 《闲居编》卷二二,《续藏经》第 56 册,第 898 页下—899 页上。
② 《闲居编》卷四一,《续藏经》第 56 册,第 925 页下。
③ 《翻经通纪序》,《闲居编》卷一〇,《续藏经》第 56 册,第 880 页下。

这就进一步把儒、释关系确定为表里关系,进而将二者合而为一。在智圆以前的儒、道、释三教辩论中,主张三者可以"统合"的人大抵是从各自立场出发,承认另一方与自己的思想主张在精神上相一致,二者(或三者)可以相调和。例如佛教方面,往往肯定儒家思想或伦理与自己的教义并行而不悖。而当智圆在他的《中庸子传》里说"夫儒、释者,言异而理贯也"①,则是肯定儒、佛之间只是言辞表达的差别,道理本是一以贯之的了。

智圆自号"中庸子",表明他服膺儒家"中庸"之道。古代最初系统阐述"中庸"观念的《礼记·中庸》篇,本是出自儒家思孟学派、发展儒家心性理论的基本著作②。智圆阐发天台"一心三观"的中道说,则从心性观上把《中庸》与佛说统合起来。

"中庸"一语,《论语》里仅一见,即"子曰:中庸之为德也,其至矣乎,民鲜久矣"③。不过"中"的观念则频见于《论语》之中,如"允持其中"、"从容中道"、"时中"等等。《论语》里所谓"中"主要是认识论、方法论的意义。经过思孟学派的发挥,赋予"中庸"以心性论的内容。《中庸》篇论述"中"的意义说:"喜怒哀乐之未发谓之中,发而皆中节谓之和。中也者,天下之大本也;和也者,天下之达道也。致中和,天地位焉,万物育焉。"这就又把"中庸"的意义提高到修道论和宇宙观的高度上来。而达到"中庸",则要求致诚反本,实际这就是超凡成圣的心性修养之道。汉代已降,儒家溺于章句,对《中庸》这种心性理论并没有做出更重要的、具有更多理论价值的发挥,《中庸》一篇也没有得到更多重视。在中国思想史上,发展心性理论的任务实际是让给佛家了。这就如范泰、谢灵运等人所说

---

① 《闲居编》卷一九,《续藏经》第56册,第894页上。
② 《礼记·中庸》传统上认为是子思作,根据今人研究,或承认原出子思,但经后人增补(冯友兰);也有人断定是秦统一后作品(任继愈);思想史上一般作为思孟学派的代表作来处理(侯外庐)。
③ 《论语·雍也》。

"必求性灵真奥，岂得不以佛经为指南"①。特别是大乘佛教以龙树为代表的中观学派提出作为宇宙观和修道观的"中道"观，虽然和儒家"中庸"观念在理论上和思路上有重大差异，但是在注重主观心性的决定作用这关键一点上二者却有相通之处。儒家方面真正从心性论意义上重视《中庸》和"中庸"思想，是从中唐时期的"古文"家们开始的。韩愈曾说："夫圣人抱诚明之正性，根中庸之正德，苟发诸中、形诸外者，不由思虑，莫匪规矩，不善之心无自入焉。"②而刘禹锡更直接把儒家的"中庸"与佛说联系起来：

> 曩予习《礼》之《中庸》，至"不勉而中，不思而得"，愯然知圣人之德，学以至于无学。然而斯言也，犹示行者以室庐之奥耳，求其径术而布武，未易得也。晚读佛书，见大雄念物之普，级宝山而梯之。高揭慧火，巧镕恶见；广疏便门，旁束邪径。其所证入，如舟沿川，未始念于前而日远矣，夫何勉而思之邪？是余知突奥于《中庸》，启键关于内典，会而归之，犹初心也。③

系统地阐发"中道"的还有柳宗元和李翱。柳宗元明确主张"统合儒释"，又精通天台教理。他说："吾自得友君子，而后知中庸之门户阶室，渐染砥砺，几乎道真。"④他认为"圣人之道"即"大中之道"。他又说："圣人之为教，立中道以示于后。""立大中，去大惑，舍是而曰圣人之道，吾未之信也。"⑤他更以"明章大中，发露公器"⑥为己任。他作为一位热衷改革的政治家，其"中道"观更富于政治内涵。李翱力主排佛，是韩愈盟友。可是在当时环境下，他与佛教又多有

---

①《何尚之答宋文皇帝赞扬佛教事》，《弘明集》卷一一，《大正藏》第52卷，第69页中。
②《省试颜子不贰过论》，《韩昌黎集》卷一四。
③《赠别君素上人并引》，《刘禹锡集》卷二九。
④《与吕道州温论〈非国语〉书》，《柳河东集》卷三一。
⑤《时令论下》，《柳河东集》卷三。
⑥《唐故给事中皇太子侍读陆文通先生墓表》，《柳河东集》卷九。

接触和交流。他的《复性书》三篇,是《中庸》之后儒家心性理论的代表作,也是发展唐代儒学理论的不可多得的著作。欧阳修曾评论说:"予始读翱《复性书》三篇,曰:此《中庸》之义疏尔。"①李翱《感知己赋》则说:"昔圣贤之遑遑兮,极屈辱之驱驰。择中庸之蹈难兮,虽困顿而终不改其所为。"他更把《中庸》一篇提高到儒家经典核心的地位,说:

> 子思,仲尼之孙,得其祖之道,述《中庸》四十七篇,以传于孟轲。轲曰:"我四十不动心。"轲之门人达者公孙丑、万章之徒,盖传之矣。遭秦灭书,《中庸》之不焚者,一篇存焉。②

他的《复性书》三篇也正是以《中庸》为主要依据的。而他所阐发的心性论借鉴了佛家特别是禅宗思想,思想史上早有公论,此不赘述。同样思想史上一般也肯定,李翱用佛教的心性说充实并发展了《中庸》致诚反本的心性论,从而开启宋代新儒学谈心性的先机。

到宋代,继承李翱、提倡《中庸》开一代风气之先的,正是佛家的智圆。他和李翱一样主张"复性",他说:

> 粤西圣之教也……得其小者近者,则迁善而远恶,得其大者远者,则归元而复性。③

就是说,佛说在迁善远恶的实际作用之外,更远大者则是"复性"。他对中庸的理解则是:

> 中庸者,龙树所谓中道义也……夫诸法云云,一心所变。心无状也,法岂有哉?亡之弥存,性本具也;存之弥亡,体非有也;非亡非存,中道著也。此三者,派之而不可分,混之而不可

---

①《读李翱文》,《居士外集》卷二三。
②《复性书上》,《李翱集》卷一、卷二。
③《故钱唐白莲社主碑文有序》,《闲居编》卷三三,《续藏经》第56册,第913页下。

同,充十方而非广,亘三世而非深,浑浑尔,灏灏尔。众生者,
迷斯者也……曰:荡空胶有,孰良?曰:荡空也过,胶有也不
及。然则空愈与?曰:过犹不及也,唯中道为良……中道也,
妙万法之名乎,称本性之谓乎。苟达之矣,空有其无著,于中
岂有著乎!①

这就明确地把"中庸"和龙树的"中道"等同起来。就是说,他是直
接用大乘中观学派的不住空、有的"中道"观念来理解"中庸"的。
这是从佛理上肯定"中庸"。进而他又用"中庸"来指导修道。他在
给一位僧人的名字作解释时说:

是知吾友以继续大中之道以立名,岂徒然也?夫大中之
道,非圣人莫能至之,非君子莫能庶几行之。《书》曰"建用皇
极",《语》曰"中庸之德,其至矣乎",抑又古先觉王升中天,降
中国,中日生,证中理,谈中教。噫,释之尚中既如此,儒之尚
中又如彼,中之为义大矣哉! 吾友志慕真宗,旁通儒术,希中
为字,不亦宜乎! 俾解希乎中,无空有之滞;行希乎中,无偏邪
之失;事希乎中,无狂狷之咎;言希乎中,无奸佞之弊。四者备
矣,修之于身,则真净之境不远;而复化之于人,则圣人之教不
令而行。夫如是,则称其字而思过半矣,彰德之义于斯见矣。②

他在这里指出,从"真宗"角度看,解、行、事、言这几个方面,"中庸"
都可以作为指针;而这样去做,对己可以修身,对外可以化人,从而
也就贯彻了圣人之教。如此他又在践行上肯定"中庸",主张用"中
庸"统摄佛教的教理和修行。这也成为天台"真心观"的证明。他
自称"中庸子"的道理也在这里。

涉及儒、释关系,他对韩愈的看法是颇堪玩味的。当年韩愈辟

①《中庸子传上》,《闲居编》卷一九,《续藏经》第56册,第894页中、下。
②《叙继齐师字》,《闲居编》卷二七,《续藏经》第56册,第905页下—906页上。

佛之论一出,群僧疾之如仇,儒家士大夫则把他当作反佛的旗帜。但智圆作为佛教徒却对他称颂不已。他的《读韩文诗》说:

> 女娲炼五石,能补青天缺。共公触不周,能令地维绝。杨孟既云没,儒风几残灭。妖辞惑常听,淫文蠹正说。南朝尚徐庾,唐兴重卢骆。雕篆斗呈巧,仁义咸遗落。王霸道不明,烟花心所托。文不可终否,天生韩吏部。斥伪俾归真,鞭今使复古。异端维既绝,儒宗缺皆补。高文七百篇,炳若日月悬。力扶姬孔道,手持文章权。来者知尊儒,孰不由兹焉。我生好古风,服读常洒蒙。何必唐一经,文道方可崇。①

这完全是从儒家角度来肯定韩愈振兴儒道之功的。他又有《述韩柳诗》,这样说明理由:

> 退之排释氏,子厚多能仁。韩柳既道同,好恶安得伦。一斥一以赞,具令儒道伸。柳州碑曹溪,言释还儒淳。吏部《读墨子》,谓墨与儒邻。吾知墨兼爱,此释何疏亲。许墨则许释,明若仰穹旻。去就亦已异,其旨由来均。后生学韩文,于释长狺狺。未知韩子道,先学韩子嗔。忘本以竞末,今古空劳神。②

韩愈有《读墨子》一文,说孔子泛爱仁亲,博施济众,同于墨子的"兼爱"等,从而做出结论说:"孔子必用墨子,墨子必用孔子,不相用,不足为孔、墨。"③智圆依此推论:佛家同样主张博爱,也应当被儒家所推许。因此晁说之说到一个历史现象:

> 予尝怪韩文公、欧阳文忠公力排浮图,而其门多浮图之雄。如澄观、契嵩辈虽自能传于后世,而士大夫今喜称道之者,实二公之力为多也。夫毁其教而进其徒,岂非一反哉! 往

① 《闲居编》卷三九,《续藏经》第56册,第921页下。
② 《闲居编》卷三九,《续藏经》第56册,第922页中。
③ 《韩昌黎集》卷一一。

年孤山智圆凛然有名当世，自成一家之学，而读书甚博，性晓文章经纬，师法韩文公，常责其学者不如韩有功于孔氏；近则（契）嵩力辩欧阳之谤，有古义士之风。是二人者，忘其仇而慕其善，又一反哉！①

从文化史角度看，这里列举的不合常规即"反"的现象，却正是唐宋时期发展到一定程度的儒、释交流已步入融和阶段的表现。即如智圆，以佛教徒身份而热衷儒事，明确提倡儒、释合一，正代表教团内部出现的一种潮流，也是当时儒、释双方理论相交融的结果。

契嵩对于儒家的态度，与智圆可说是殊途而同归。他出世的时候，正值欧阳修倡导"诗文革新"，大力辟佛。他所居住的东南地区有章望之（表民）、黄晞（聱隅）、李觏（泰伯）等人，都与欧阳修相呼应，以排佛尊儒闻名。契嵩不是像智圆那样采取对儒学趋附、会通的做法，而是挺身出来论战，大力为佛教辩护，俨然是护法中坚。但他却同样热衷研习儒学，在理论层面力图援儒入释以振兴佛教。他与智圆所采取的具体路径不同。典型的表现在对韩愈的态度上。智圆十分赞赏韩愈，区分所谓"本"与"迹"即本质和现象，说韩愈表面上辟佛，而其著述本意和作用却同于佛理。这是网罗敌人于自己旗下的办法。而契嵩则相反，对韩愈进行针锋相对的辩驳，作《辟韩》三十篇，针对韩愈文章论点一一加以驳斥。但是其所论却基本是以儒家义理为根据。例如他批评韩愈在《潮州刺史谢上表》里劝唐宪宗行封禅为佞媚，作祭黄陵庙、祭罗池庙文张扬鬼神迷信，致冯宿书表露急躁冒进心态，还有对于韩愈在《与孟尚书书》里为自己信佛传说辩护不得要领，等等。契嵩如此把韩愈当作批判对象，显示他护法的勇气；而值得注意的是，他批评韩愈的有些观点却正和宋代一些道学家的说法相似。例如对于《原道》，这是韩愈兴儒反佛的纲领性文章，作为基本论点的开头几句是："博爱

①《惧说赠然公》，《嵩山文集》卷一四。

之谓仁,行而宜之之谓义,由是而之焉之谓道,足乎己无待于外之谓德。仁与义为定名,道与德为虚位。"①这些话受到一些道学代表人物的严厉批评。如程颐承认《原道》是好文章,却认为"只云'仁与义为定名,道与德为虚位',便乱说"②。张耒则具体指出,如果按韩愈上述说法,"道与德特未定,而仁与义皆道也。是愈于道,本不知其何物,故其言纷纷异同而无所归"③。后来朱熹也说:"(《原道》)首句极不是,'定名'、'虚位'却不妨。有仁之道,义之道,仁之德,义之德,故曰'虚位'。大要未说到顶上头。"④这些批评大都是指责韩愈"虚位"之说没有确定儒道的绝对性。而契嵩正持类似观点。他说:

> 考其意,正以仁义人事必有,乃曰"仁与义为定名";道德本无,缘仁义致尔,乃曰"道与德为虚位",此说特韩子思之不精也。夫缘仁义而致道德,苟非仁义,自无道德,焉得其虚位?果有仁义,以由以足,道德岂为虚耶?道德既为虚位,是道不可原也,何必曰《原道》?

在给"道德"下过定义后,他接着说:

> 道德,在《礼》则"中庸"也,"诚明"也;在《书》则《洪范》"皇极"也;在《诗》则"思无邪"也;在《春秋》则列圣"大中之道"也。⑤

这显然是利用儒家观点来进行批驳的。智圆力图把韩愈的思想与佛教调和起来,努力把韩愈描绘成佛教的护法;契嵩则力辟韩愈,

---

①《韩昌黎集》卷一一。
②《二程语录》卷一二。
③《韩愈论》,《张右史文集》卷五六。
④黎靖德编:《朱子语类》卷一三七《战国汉唐诸子》,中华书局,1986年,第3271页。
⑤《非韩上·第一》,《镡津文集》卷一七。

他的办法是指出韩愈思想不符合儒道,因而更不符合佛道。实际上二者都是主张儒与佛可以一以贯之。值得玩味的是,契嵩又曾这样说到韩愈:

> 韩氏之心,于佛亦有所善乎! 而大颠,禅书亦谓韩子尝相问其法,此必然也。①

这又是肯定韩愈接受禅的影响了。相关联的,还有契嵩与欧阳修的关系。契嵩在杭州潜心著书的仁宗庆历年间,正是欧阳修主盟文坛、反佛名声大噪的时候。当以反佛著称的章表民来到杭州时,契嵩与之交往,并对欧阳修大加表扬,作《纪复古》说:

> 章君表民以官来钱唐,居未几,出欧阳永叔、蔡君谟、尹师鲁文示予学者,且曰:"今四方之士,以古文进于京师,崭然出头角,争与三君子相高下者,不可胜数。"视其文,仁义之言炳如也。予前相与表民贺曰:"本朝用文已来,孰有如今日之盛者也。此圣君之德,而天下之幸也。"②

他更称赞欧阳修的文章,所作《文说》中有云:

> 章表民始至自京师,谓京师士人高欧阳永叔之文,翕然皆慕而为之,坐客悦听。客有一生遽曰:"文兴,则天下治也。"潜子谓客曰:"欧阳氏之文,言文耳。天下治,在乎人文之兴。人文资言文发挥,而言文借人文为其根本。仁义礼智信,人文也;章句文字,言文也。文章得本,则其所出自正。犹孟子曰'取之左右逢其原'。欧阳氏之文,大率在仁信礼义之本也。诸子当慕永叔之根本可也。胡屑屑徒模拟词章体势而已矣。"③

这就不但赞赏欧阳修的写作技巧,更肯定他的"仁信礼义"。后来

---

①《辅教编·劝书第一》,《镡津文集》卷一。
②《镡津文集》卷八。
③《镡津文集》卷八。

嘉祐年间他北上汴京,更上书欧阳修说:

> 阁下文章绝出,探经术,辨治乱,评人物,是是非非,必公必当。而天下之士欲游阁下之门者,非有此德,焉敢俯仰乎阁下之前。不惟不敢事其俯仰,亦恐其望风结舌,而不敢蹈阁下之闽阈者多矣。若某者,山林幽鄙之人无状,今以其书奏之天子,因而得幸下风,阁下不即斥去……①

契嵩批判历史上以反佛著名的韩愈,却倾慕、逢迎现实中继承韩愈反佛的欧阳修。前一方面是他"原教"、护法的理论所须,后一方面则他符合他在现实中援儒入释的观念和行为。

契嵩的《辅教编》由两部分构成:上篇是《原教》,下篇是《孝论》。这种结构本身已表明他儒、释一贯的姿态。他曾清楚说明自己的志向和为人:

> 吾虽不贤,其为僧为人,亦可谓志在《原教》而行在《孝论》也。②

就是说,他坚持佛教立场,但又努力实践儒家孝道。本来按儒家的认识,"夫孝,天之经也,地之义也,民之行也"③。"孝"乃是儒家伦理核心,以孝治天下是儒家政治的根本原则之一。而历来对佛教的指责,则多揭露其非孝,即从根本上违背中土传统伦理和政治原则。而契嵩却说:

> 子亦闻吾先圣人其始振也,为大戒,即曰"孝名为戒",盖以孝而为戒之端也。子与戒而欲亡孝,非戒也。夫孝也者,大戒之所先也;戒也者,众善之所以生也。为善微戒,善何生邪?为戒微孝,戒何自邪?故经曰:"使我疾成于无上正真之道者,

---

① 《上欧阳侍郎书》,《镡津文集》卷一〇。
② 《与石门月禅师》,《镡津文集》卷一一。
③ 《孝经注疏》卷三《三才章第七》,《十三经注疏》,中华书局,1980年,第2549页。

由孝德也。"①

这里所谓"先圣人"指佛陀。他说佛陀出世所制大戒的根本内容，
即是"孝"。他又具体发挥说：

> 五戒始一曰不杀，次二曰不盗，次三曰不邪淫，次四曰不
> 妄言，次五曰不饮酒。夫不杀，仁也；不盗，义也；不邪淫，礼
> 也；不饮酒，智也；不妄言，信也。是五者修，则成其人，显其
> 亲，不亦孝乎？是五者有一不修，则弃其身，辱其亲，不亦不孝
> 乎？夫五戒有孝之蕴，而世俗不睹，忽之而未始谅也。故天下
> 福不臻而孝不劝也。②

如此把佛门五戒与儒家五常相比附，本是南北朝以来为佛教辩护
的常谈。而契嵩更把这些统统归结到"孝"，则把儒家伦理进一步
纳入为佛教戒律的根本。可以对照一下宋代理学家的说法，程颐
批评佛教说：

> 其术大概且是绝伦类，世上不容有此理。又其言待要出
> 世。出那里去？又其迹须要出家。然则家者，不过君臣、父
> 子、夫妇、兄弟，处此等事，皆以为寄寓，故其为忠孝仁义者，皆
> 以为不得已尔。又要得脱世网，至愚迷者也。③

后来朱熹说得更直截了当：

> 佛、老之学，不待深辨而明。只是废三纲五常，这一事已
> 是极大罪名，其他更不消说。④

对照这些批评，契嵩对"孝"的提倡和颂扬，实际是放弃了佛教的根

---

① 《孝论·明孝章第一》，《镡津文集》卷三。
② 《孝论·戒孝章第七》，《镡津文集》卷三。
③ 《二程遗书》卷二上。
④ 《朱子语类》卷一二六《释氏》，第 3014 页。

本立场。

　　契嵩的孝道观念，是基于他的人性论。他说：

　　　　夫人有二大：性大也，情大也。性大，故能神万物之生；情
　　大，故能蔽圣人之心。①

这是说，"心性"乃是宇宙本原，而"情"则是万恶根源。这实同佛家
"无明"缘起教义。而在进一步解释这"性"的内涵时，则明确纳入儒
家伦理。他有信给章表民说：

　　　　所谓道者，仁义之谓也。仁义，出乎性者也。人生纷然，
　　莫不有性。其所不至于仁义者，不学故也。学之而不自得者，
　　其学浅而习不正故也。夫圣之与贤，其推称虽殊，而其所以为
　　圣贤者岂异乎哉？其圣者得之于诚明，而贤者得之于明诚。
　　诚也者，生而知之也；明也者，学而知之也。及其至于仁义一
　　也。表民其学切深于道，有所自得，故其文词之发也懋焉。韩
　　子所谓"仁义之人，其言蔼如"也。②

这里更明确地把他所谓的"道"与儒家的"仁义"等同起来，认为它
们皆出于人性；又主张现实中没有实现仁义是由于"不学"，即修持
还不到功夫。这样，圣与贤实际都是人的本性的实现。不过圣人
得自"诚明"，是生而知之的；贤人则是学而知之的，所以是"明诚"。
他又说：

　　　　圣人所以欲人自信其心也。信其心而正之，则为诚常，为
　　诚善，为诚孝，为诚忠，为诚仁，为诚慈，为诚和，为诚顺，为诚
　　明。诚明则感天地，振鬼神，更死生变化而独得。是不直感天
　　地动鬼神而已矣，将又致乎圣人之大道者也。是故圣人以信

―――――――――――

①《逍遥篇》，《镡津文集》卷八。
②《与章表民秘书书》，《镡津文集》卷一一。

其心为大也。①

这里说的圣人自信的"心",已经不是禅宗不思善、不思恶的清净无染的心,而被充实以儒家的忠孝仁爱等伦理内容了。"诚明"本是儒家《中庸》观念,指的是致诚反本的"至善"的心性。这样,契嵩把宇宙本源归之于人的自心,从而在思想史上首次提出"心即理"命题:

> 曰:治心何为乎? 曰:治心以全理。曰:全理何为乎? 曰:全理以正人道。夫心即理也,物感乃纷,不治则汩理而役物,物胜理则人其殆哉。②

"心即理"是理学中"心学"一派理论的概括,契嵩实开这一派理论主张的先河。值得注意的是,朱熹批评佛教,曾说:"吾以心与理为一,彼以心与理为二。亦非故欲如此,乃是见处不同。彼见得心空而无理,此见得心虽空而万理咸备也。"③这就指出儒与佛对于"心"与"理"关系在认识上的差异。按朱熹的论断,契嵩显然是倾向于儒家一边了。

契嵩所援引儒家心性论,正是思孟一派在《中庸》里所表述的主张。所以他也和智圆以及当时的许多佛门人物一样,极力推崇《中庸》。而如上所说,《中庸》又正是当时新儒学形成和发展的重要典据。契嵩专门作有《中庸解》五篇。第一篇开宗明义就说:

> 夫中庸者,盖礼之极而仁义之原也。礼乐刑政,仁义智信,其八者一于中庸者也。人失于中,性接于物,而喜怒哀惧爱恶生焉,嗜欲发焉。有圣人者,惧其天理将灭,而人伦不纪也,故为之礼乐刑政,以节其喜怒哀惧爱恶嗜欲也;为之仁义

①《辅教编中·广原教》,《镡津文集》卷二。
②《治心》,《镡津文集》卷七。
③《朱子语类》卷一二六《释氏》,第3015—3016页。

智信，以广其教道也。

夫中庸者，立人之道也。是故君子将有为也，将有行也，
必修中庸然后举也。①

这样，儒家的伦理道德、礼乐刑政，都被统一到中庸。中庸是天理，
也是心性。反之，正由于失去中庸，心性被感情所染，才使得天理
澌灭，人伦纪纲从而受到破坏。他如此把"中庸"提到宇宙观的高
度，也正与当时理学思潮的基本方向相一致。他进而更明确地把
儒家基于天道的心性与佛道等同起来，在上宋仁宗的万言书里说：

若《中庸》曰："自诚明谓之性，自明诚谓之教。"是岂不与
经所谓实性一相者似乎？《中庸》但道其诚，未始尽其所以诚
也。及乎佛氏，演其所以诚者，则所谓弥法界、遍万有、形天
地、幽鬼神而常示，而天地、鬼神不见所以者，此言其大略
耳……又曰"惟天下至诚（据今本脱"为"字——笔者）能尽其
性，能尽其性则能尽人之性，尽人之性则尽物之性"，以至与天
地参耳。是盖明乎天地、人物其性通也。岂不与佛教所谓万
物同一真性者似乎？②

这就把佛教的法界观和佛性论与《中庸》阐发的心性论统一起来
了。正因此，他作为佛教徒，又极力推崇儒家经典。他说：

五经之治，犹五行之成阴阳也……《礼》者，皇极之形容
也；《诗》者，教化之效也；《书》者，事业之存也；《易》者，天人之
极也；《春秋》者，赏罚之衡也。③

他不只是主张儒、佛可以调和，可以互补，更与智圆一样，进一步认
为二者相一贯，相一致：

---

①《中庸解第一》，《镡津文集》卷四。
②《上仁宗皇帝万言书》，《镡津文集》卷九。
③《论原·问经》，《镡津文集》卷七。

> 古之有圣人焉,曰佛,曰儒,曰百家,心则一,其迹则异。
> 夫一焉者,其皆欲人为善者也;异焉者,分家而各为其教者也。
> 圣人各为其教,故其教人为善之方有浅有奥,有近有远。及乎
> 绝恶而人不相扰,则其德同焉。①

就这样,他把佛陀和儒家以至诸子百家的代表人物都看作是"圣人",并认为他们学理的核心是一致的,只是形迹有所不同;教化内容是一致的,只是方法有所不同。这是更为弘通的观念,表明他所理解的佛法,已经在很大程度上和中土学术融为一体。他特别从教化的角度肯定儒、佛的一致性:认为二者一方面同是教人为善,另一方面又都有益于治道。前者属于个人修身,后者关系治理天下。这也正是儒家修身、齐家、治国、平天下的思路。如此援儒以入佛,已把儒、释一贯的思想发展到极致。四库馆臣评论说:

> ……反覆强辨,务欲援儒以入墨。以儒理论之,固为偏
> 驳;即以彼法论之,亦嗔痴之念太重,非所谓解脱缠缚,
> 空种种人我相者。第就文论文,则笔力雄伟,论端锋起,实能自畅其
> 说,亦缁徒之健于文者也。②

这里高度评价他的文章,却又对他文章"务欲援儒以入墨"不以为然。因为实事求是地说,他所阐发的观点,无论是义理还是逻辑,无论是从儒家看还是从佛门看,确有许多矛盾、片面、偏颇之处。但他的活动和思想所体现的精神却代表了佛教内部的一种潮流。

实事求是地说,认为儒、释二者绝对地"一贯",应当说是一种偏颇的看法。与智圆和契嵩同时和在以后,仍有不少坚定护法的教内外人士在理论和实践上坚持独立的、超然的立场;相对应的,则有更多官僚士大夫,特别是理学家们,为维护儒家正统而坚持辟

---

① 《辅教编中·广原教》,《镡津文集》卷二。
② 《四库全书总目》卷一五二,第 1313 页。

佛。但智圆和契嵩所阐扬的儒、释一贯的理论和实践却代表佛门内部一种思潮,这种思潮正是整个社会思潮的一种反映,其作用和影响是十分巨大的。

　智圆和契嵩肯定儒、释互补进而主张儒、释一贯,当作佛教护法的重要理据,在很大程度上是以放弃佛教的独立立场、佛法的独立价值为代价的。所以从根本上说,这又是佛教衰落的一种表现。而他们的活动却具有一种象征意义:佛教最终放弃了独立于或超然于世俗统治的努力,其活动也不再能起到破坏、干扰、变乱儒家正统的作用。正如契嵩的文集名称所明白表示的,佛门中这批代表人物身在"方外"但志在"辅教",立身行事,作文立言,都有意识地回归到儒道和王化上来。另一方面,他们的思想与活动又具有相当重要的意义与作用。这主要体现在两个方面:一方面从作为思想史发展潮流看,如陈寅恪所说,他们的工作从外部积极地支持了理学的建设和发展,从一定意义上说甚至起到"先驱"的作用;另一方面对于佛教,正由于主动放弃了与儒家、与王化相对立、相抗衡的立场,更全面地向儒家靠拢,给士大夫接受佛教提供了更广阔的空间。而正由于宋代以后部分士大夫对佛教更积极地优容、接受,一方面有可能继续接受它的影响,选择、摄取其有价值的部分,另一方面又成为佛教存在和发展的一支重要力量。这样尽管佛教本身在一步步走向衰落,但士大夫间儒、释交流的传统仍继续得以发扬,居士佛教和居士文化的发展亦取得可观的成就。这都和智圆、契嵩等开创的传统有直接关系。

　　　　　　　(原载南开大学历史学院编《中国思想与社会研究》第 1 辑,2007 年 6 月)

印度的弥勒菩萨与中国的弥勒佛

弥勒是大乘佛教著名的菩萨。本来是翻译佛典介绍到中国的印度佛教的菩萨,但是在中国佛教信仰的长期、曲折的发展过程中,却蜕化成一个具有鲜明民族性格的腹大体胖、笑口常开的弥勒佛。中国佛教弥勒信仰的内涵与形式变化之大为宗教史上所罕见。但是这种变化无论是在弥勒信仰本来的内涵中,还是在佛教"中国化"的发展里又都可以追寻到踪迹。而且,其间的发展、变化正显示了中国佛教发展的某些规律性内容和中国佛教的某些重要特征。

钱穆指出:

> 中国文化是一种现实人生的和平文化,这一种文化的主要泉源,便是中国民族从古相传一种极深厚的人道观念。①

外来佛教的弥勒信仰在中国传播、演化,可以证明钱穆关于中国文化的这个论断。而这一论断又完全适于说明中国宗教的特质。

日本著名的前辈中国佛教史专家塚本善隆所作关于北魏佛教研究,是中国佛教史研究中的典范个案。他曾对龙门石窟造像进行量化统计,说明从北魏到初唐弥陀和弥勒、阿弥陀与观世音信仰的消长、转化。同样,侯旭东利用新的资料,包括大量碑刻,作出统计,得出大抵相同的结论(《五六世纪北方民众佛教信仰》)。这些

---

① 钱穆:《中国文化史导论(修订本)》,商务印书馆,1994 年,第 50 页。

研究表明,弥勒信仰自东晋开始兴盛,至北魏臻于鼎盛,到隋唐时期逐渐衰落。他们是利用造像、碑刻做的考察。就弥勒信仰的实际情况说,情形应远为复杂。实际上到隋唐时期,随着佛教传播进一步扩展和深入,信仰形态和流传方式已发生巨大变化。比如声势渐盛的禅宗就是不重经像的。而就弥勒信仰说,在一般民众更为普及的传承层面,隋唐时期已不断衍变、分化,逐渐转换为新的形态;至宋代,更被兴盛的民间宗教吸纳,赋予新的内涵,在民众信仰与生活中发挥深远而巨大的影响。

钱穆又曾说:

> 孔子根据礼意,把古代贵族礼直推演到平民社会上来,完成了中国古代文化趋向人生伦理化的最后一步骤……因此我们若说中国古代文化进展,是政治化了宗教,伦理化了政治,则又可说他艺术化或文学化了伦理,又人生化了艺术或文学。这许多全要在古人讲的礼上面去寻求。①

弥勒信仰在中国接受、传播、衍化的过程,正给钱穆这一论断提供了一个确切例证。

弥勒信仰本是大乘佛教佛陀观与佛土观的产物,是净土信仰的一个具体内容。在中国翻译佛典里弥勒名号最早出现在后汉支娄迦谶所出《道行般若》和吴支谦所出《无量寿经》的异译《大阿弥陀经》里,是佛陀座下聆听说法的人物之一。他作为众多菩萨(如观音菩萨、文殊菩萨、普贤菩萨等)中的一位,同样是大乘菩萨信仰潮流的产物。但他又是"现世中持续教化众生的菩萨,在某种意味上可以说是完成修行的菩萨"②,即是不同于凡夫菩萨的大菩萨。又,早在支谦所译《维摩诘经》最后《累嘱品》(什译同)里,佛陀嘱咐

①《中国文化史导论(修订本)》,第73—74页。
②武内绍晃:《佛陀観の変遷》,平川彰等编:《大乘佛教とは何か》,第168—169页。

在未来世流通该经,已出现较明晰的"未来佛"观念。而后来发展的弥勒信仰正赋予他未来佛的性格。这成为具有独特内涵的净土信仰的一个内容。而且比较西方净土和弥陀信仰,根据陆续结集的所谓"弥勒六部经"或"弥勒三部经",在弥勒信仰里下生信仰和上生信仰相结合,构成更为复杂的内容。

弥勒汉传异译为"慈氏",据相关经典说本是中印波罗㮈国人,曾师事婆罗门教,后来接受佛陀教化,成为佛弟子,得佛授记,在兜率天待机,未来做佛。所谓兜率天,为欲界第四天;"兜率"意为"知足",即五欲境知止足的意思。弥勒作为菩萨如今正在那里待机。这就形成所谓"上生信仰"。又据传弥勒在佛陀生前往生兜率,在其寿四千岁即相当人世间五十七亿六千万年之后,儴佉转轮圣王时,正法治化,四大宝藏应时出现,他将降神于大婆罗门家,自右胁生,出家学道,在金刚庄严道场龙华菩提树下成佛,先后在龙华树下华林园中为人、天、众生三会说法,广度群生。这则是所谓"下生信仰"。弥勒菩萨及其待机的弥勒净土所反映的"未来佛"和"未来光明世界"的观念,在中国被落实为理想的佛国土,又如钱穆所说其宗教内容被"政治化"了。典型的就是北朝"大乘匪"此起彼伏的叛乱活动就是以弥勒出世相号召的。弥勒信仰的这种性格一直延续到明清民间宗教之中。这也典型地体现了中国佛教突出的政治性质特征(中国宗教政治性质还有另外的特征,更主要的还有与上述反体制性质相对立的屈从于、服务于统治体制的一面,二者后一方面体现得更为突出)。

关于弥勒净土与弥陀净土哪一个更为殊胜,是中国净土信仰以至贯穿整个中国佛教史长期争执的问题。自南北朝后期,弥陀及其西方净土信仰逐渐争得更广大的信众,后来形成了宗派佛教的净土宗,在宋、明以来"禅净合一"的中国佛教主流中更成为民众信仰的主要内容和终极追求。但是,正因为弥勒信仰具有更广阔、更独特的内涵,则被赋予它进一步演化的广阔空间,其发展又体现了与弥陀信仰全然不同的方向。

又值得注意的是,中国佛教里弥勒信仰流传很早,并很早就被"艺术化"了。形成大量的相关题材的造像、碑刻,也有许多文艺作品。东晋时期的名僧支道林曾作过十一首菩萨赞,其中就有《弥勒赞》:

> 大人轨玄度,弱丧升虚迁。师通资自废,释迦登幽闲。弥勒承神第,圣录载灵篇。乘乾因九五,龙飞兜率天。法鼓振玄宫,逸响亮三千。晃晃凝素姿,结跏曜芳莲。寥朗高怀兴,八音畅自然。恬智冥微妙,缥眇咏重玄。盘纡七七纪,应运莅中墦。挺此四八姿,映蔚花林园。亹亹玄轮奏,三搃在昔缘。①

这里从弥勒上生兜率天一直写到下生华林园说法。在支道林时代,弥勒六部经中仅有竺法护所出《弥勒下生经》一部,他是根据《大阿弥陀》《维摩》等经典的记述来描写的。他作为一代佛门领袖,如此热情宣扬弥勒信仰,自然会造成相当影响。到南北朝时期,弥勒信仰在社会各阶层形成更大的声势,相关题材作品也更多。如宋明帝刘彧有《龙华誓愿文》,齐竟陵王萧子良有《龙华会记》,周颙有《京师诸邑造弥勒像三会记》,等等,均佚,存目见《出三藏记集》卷一二《法苑杂缘原始集目录》;又沈约为皇太子造弥勒像,作《弥勒赞》,文见《广弘明集》卷十八。在传说中较早的有宋安旬事,说他"于宅内设观世音斋",同时"诵《法华经》,菜食长斋,三十七载。常翘心注想,愿生兜率。宋元嘉十六年(439),出都造经,不测所终"②。王琰的《冥祥记自序》里说:"夫镜接近情,莫逾仪像;瑞验之发,多自此兴。经云:'镕斫图缋,类形相者,爰能行动,及放光明。'今西域释迦、弥勒二像,晖用若冥,盖得相乎!"③从这些材

---

① 《广弘明集》卷一五,《大正藏》第 52 卷,第 197 页上。

② 刘义庆:《宣验记》,鲁迅辑:《古小说钩沉》,《鲁迅辑录古籍丛编》第 1 卷,第 270 页。

③ 《鲁迅辑录古籍丛编》第 1 卷,第 314 页。

料,可见当时供养弥勒的风气正在流行。这些都还是贵族士大夫的作品。它们的内容还局束在翻译经典框架之里。真正显示中国人的创造力的是民众的作品。早期的有变文《佛说观弥勒菩萨上生兜率天光经讲经文》等,宋初有关于布袋和尚的民间传承,元曲里有郑廷玉的《忍字记》等,继而有宝卷《弥勒佛说地藏十王宝卷》(明)、《弥勒出西宝卷》(清)、《大圣弥勒化度宝卷》(清)、《弥勒尊经》(清)等。

弥勒的"变身"正与中国佛教发展的关键性转变势态相应。自唐末五代宗派佛教逐渐衰落,"禅净合一"的民间信仰潮流兴起,一个面貌全新的弥勒佛出现了。在佛教众神里,他被塑造成人们亲近的善神、福神;在现实生活中,他给人以训喻和安慰,也提供了一种处世方式、行为榜样。这种现象特别体现了上引钱穆的话的后一段:"是政治化了宗教,伦理化了政治,则又可说他艺术化或文学化了伦理,又人生化了艺术或文学。"在文学艺术里,特别是在民众间的传承里,弥勒的形象被艺术化、伦理化了。

弥勒形象发生巨大变化,翻译经典里的弥勒菩萨转变为中国的弥勒佛,仔细追寻起来,当然由原来的弥勒信仰提供教理上的依据,而中土民众的信仰需求则形成演变的强大动力。

弥勒信仰相对于弥陀"净土成佛"观念,一个重要不同是主张"秽土成佛"。弥陀净土在十万亿佛土之外的遥远西方,是神秘的佛国;而弥勒净土乃在欲界六天之中,对于有情显然是更为接近的;他降临的未来世界就是人们生存的娑婆世界,人们不必到西方过十万亿国土去寻求虚无缥缈的"极乐"世界,这个极乐世界就在未来此方国土的龙华树下。这样,弥勒所在无论是在天上还是在人间都具有更强烈的现实性格,是更具吸引力的。分析龙门北魏窟造像值得注意的一点是,早期弥勒造像主要是菩萨装的立像和交脚像,这是在兜率内院作为菩萨的弥勒形象;而到后来,更多的则是佛装像,即是弥勒佛未来降临在龙华树下说法的形象。造像形象的变化正和信仰内容的演变相一致:越是到后来,弥勒下生信仰占有更重要位置。这正是信仰者更重视现世利益的心态所决定的。一些佛教论师同样也强调这一点。如在玄奘时代,新兴的西方净土法门正在蓬勃发展,但玄奘及其一门弟子多修弥勒净业,嫡传窥基、大乘灯等亦均发愿往生兜率。窥基极力突出弥勒净土功德,说:

> ……又念弥陀、弥勒功德无有差别,现国现身,相成胜劣。但以弥勒恶处行化,慈悲深故;阿弥陀佛净土化物,慈悲相浅。又净土多乐,欣生者多,厌心不深,念令福少,非奇特故;恶处多苦,欣生者少,厌心深重,故念福多,甚希奇。故虽知佛力,念亦可生,圣教不同,屡生心惑,知足天宫,同在此界,外道内道、大乘小乘所共信许,既是化身,决定得生。①

这和弥陀净土宗人的论调正好相反,突出强调弥勒净土的殊胜。

与上一点相联系的,是弥勒信仰允诺给人们现世福利。经典所描写的是未来世界,但表达的却完全是现实的景象。《佛说弥勒大成佛经》里描写"弥勒佛国"的庄严说:

> 智慧威德,五欲众具,快乐安隐,亦无寒、热、风、火等病,无九恼苦;寿命具足八万四千岁,无有中夭;人身悉长一十六丈,日日常受极妙安乐,游深禅定以为乐器……有一大城名翅头末,纵广一千二百由旬,高七由旬,七宝庄严,自然化生七宝楼阁,端严殊妙,庄校清净,于窗牖间列诸宝女,手中皆执真珠罗网,杂宝庄校以覆其上,密悬宝铃声如天乐。七宝行树,间树渠泉,皆七宝成,流异色水,更相映发,交横徐逝,不相妨碍,其岸两边纯布金沙。街巷道陌广十二里,悉皆清净,犹如天园扫洒清净。有大龙王名多罗尸弃,福德威力皆悉具足,其池近

---

① 《观弥勒菩萨上兜率天经赞》卷上,《大正藏》第38卷,第277页中、下。

城，龙王宫殿如七宝楼，显现于外，常于夜半化作人像，以吉祥
瓶盛香色水，洒淹尘土。其地润泽，譬如油涂，行人往来无有
尘坌。是时世人福德所致。巷陌处处有明珠柱，光喻于日，四
方各照八十由旬，纯黄金色，其光照耀昼夜无异，灯烛之明犹
若聚墨，香风时来吹明珠柱，雨宝璎珞，众人皆用，服者自然如
三禅乐。处处皆有金、银、珍宝、摩尼珠等，积用成山，宝山放
光，普照城内，人民遇者皆悉欢喜，发菩提心……时世人民若
年衰老，自然行诣山林树下，安乐淡泊，念佛取尽，命终多生大
梵天上及诸佛前。其土安隐，无有怨贼劫窃之患，城邑聚落无
闭门者，亦无衰恼、水火、刀兵及诸饥馑、毒害之难。人常慈
心，恭敬和顺，调伏诸根，如子爱父，如母爱子，语言谦逊，皆由
弥勒慈心训导，持不杀戒，不啖肉故……①

而如《观弥勒菩萨上生兜率天经》，更细致、生动地叙述了弥勒命终
后往生兜率天的上生故事，同样体现浓郁的现实性格。兜率天作
为"六欲天"的第四天，生在这里的"兜率天子"身体长大，寿命很
长，可以享受五欲之乐，弥勒上生到那里乃是"供养一生补处菩
萨"。他在善法堂教化诸天，六时说法，教化世人持戒修行，奉行十
善，念佛名号，观佛形象，死后可超九十六亿劫生死之罪，得往生此
土；经文更进一步提出"是诸大众若有得闻弥勒菩萨摩诃萨名者，
闻已欢喜，恭敬礼拜，此人命终如弹指顷，即得往生，如前无异。但
得闻是弥勒名者，命终亦不堕黑暗处、边地、邪见诸恶律仪，恒生正
见，眷属成就，不谤三宝"②。该经进而又指出，如有人犯戒造恶，听
到弥勒之名，礼拜忏悔，也可立即除罪。经中对兜率天景象的描写
比《下生经》细致得多，显然受到西方弥陀净土经典的影响；而强调
往生除罪，则把大乘的普遍成佛观念具体化了。值得特别注意的

①《佛说弥勒大成佛经》，《大正藏》第14卷，第429页上—下。
②《佛说观弥勒菩萨上生兜率天经》，《大正藏》第14卷，第420页中。

是,兜率天作为"六欲天"之一,可以享受五欲之乐,这也成为此方净土的特征。所以在净土描写中有许多"天女"、"宝女"作为侍御,弥勒上生到那里,度过的并不是枯寂无味的修道生活,而是在亭台楼阁、杂花宝帐、祥云缭绕、歌舞伎乐之中尽情享乐。他讲经说法的"内院",更像是南朝贵族沙龙。因此有人说"上生信仰是一种'贵族信仰'"①。值得注意的是,这是不同于遥远的西方净土的此方地上"天国",当然也是宗教幻想的美好境界;而下生的弥勒则已经是"佛",所以在中土造像里作佛装;参与"三会"的人则全都能够现世值佛,共享佛果。六朝时期的许多弥勒造像就是表现祈愿与佛相值、参与龙华三会的内容的。

在民众信仰层面就更突出了这一点。据考古材料,较早的在龙门石窟古阳洞有北魏太和十九年(495)长乐王丘穆陵亮夫人尉迟氏为亡子造像记,所造为弥勒像,所求是"若存托生,生于天上诸佛之所;若生世界妙乐自在之处,若有苦累,即令解脱,三途恶道,永绝因趣,一切众生,咸蒙斯福"②。穆亮尚中山长公主,封赵郡王,徙封长乐王。弥勒造像乃是北魏时期造像的主要题材。表现在造像记里,民众祈求弥勒的主要是皇帝王侯、父母师僧、居家眷属等"离苦受乐","子子孙孙,咸受福庆","老者延年,少者益算","同登正觉"③等。从这些内容看,弥勒和弥陀信仰又有共同的一面。当年名僧支遁就是把弥勒、弥陀同时供养的。也正因此,在六朝时期的某些造像里,弥勒信仰和弥陀信仰又往往被混淆了。如北魏永

① 参阅杜继文:《漫说中国佛教的弥勒上生信仰》,《中国佛教与中国文化》,宗教文化出版社,2003 年,第 105—125 页。
② 《八琼室金石补正》卷一二,第 69 页。
③ 参阅北魏太平真君三年(442)鲍纂《石佛造像记》,《陶斋藏石记》卷六;延昌元年(512)《刘洛真造像记》,《金石萃编》卷二七;神龟三年(520)《翟蛮造弥勒像记》,《陶斋藏石记》卷六;东魏武定六年(548)《广武将军奉车都尉唐小虎造像记》(残石),《陶斋藏石记》卷九。

平三年(510)尼法庆造弥勒像,题记中却希望"托生西方妙乐国
土"①;神龟二年(519)杜永安造弥陀像,却说"弥勒三唱,恒登先
首"②;神龟三年翟蛮造弥勒像记,又说"愿使亡者上生天上,托生西
方"③。这种观念中的混淆,表明一般民众往往并不重视两种信仰
在教理上的分歧,他们只是通过信仰来寻求现世的救济。

　　在民众文艺所表达的观念里,对于现实福利的希冀与追求就
更为突出。如《祇园因由记》:"须达问曰:'诸天之中,最何快乐?'
身子答曰:'诸天相似,若论殊益,无过兜率,一乐、二闻法。'须达回
心,其长者宫殿在兜率见。身子又告,故知善业因果,速疾如此。"④
《无常经讲经文》:"念观音,求势至,极乐门开随取意。一弹指顷到
西方,大圣弥陀见欢喜。更闻经,兼受记,必定当来值慈氏。永抛
浊世苦娑婆,不向三涂受沈坠。"⑤《佛说观弥勒菩萨上生兜率天经
讲经文》所描写的则完全是世俗富贵荣华景象:"经云:'如是处兜
率陀天'乃至'五十六亿万岁'等者:'若说天男天女,寿量大难算
数。全胜往日麻仙,也越当时彭祖。人人咸尽天年,个个延经劫
数。朝朝长处花台,日日不离宝树。天人个个寿难思,长镇花台没
歇时。王母全成小女子,老君浑是阿孩儿。又无疲倦妨闻法,只是
欢忻绕本师。盖为曾持不煞戒,今朝果报得如斯。'上来解'上生'
二字已竟,从此解'兜率'者。具足梵语应云兜率陀,或云睹史多,
唐言知足。知欲乐足,故疏云:'兜率,此云知足。'"⑥这样,人们在
弥勒信仰里更多寄托了获得现实救济的希望。

　　中国独特的弥勒佛面貌的变化又与禅宗有关。禅宗不只提

①《八琼室金石补正》卷一三,第71—79页。
②《八琼室金石补正》卷一三,第74页。
③《陶斋藏石记》卷六。
④王重民等编:《敦煌变文集》上册,人民文学出版社,1984年,第405页。
⑤《敦煌变文集》下册,第662页。
⑥《敦煌变文集》下册,第651—652页。

倡一种"明心见性"宗义,一种对于传统经教大胆怀疑和否定的观念,更提供一个人生方式、行为艺术。弥勒菩萨的形象借助禅宗的思想观念和思维方式加以改造。宗密讲"降其迹而适性,一时间警策群迷"①的宗师,曾举出傅大士。著名居士双林大士傅翕(497—569)是后来对于弥勒信仰的转化造成巨大影响的代表人物。他受到梁武帝敬重,曾为后者讲《金刚经》。徐陵为他撰碑,记载他"自叙元系","则云补处菩萨,仰嗣释迦;法王真子,是号弥勒……但分身世界,济度群生,机有殊源,应无恒质,自序因缘,大宗如此"②。不仅他自己如此自负地表白,他的徒众更用力加以宣扬。如弟子慧集游行郡国,尝说一偈,为人间普遍传唱:

> 大士兜率来,震动游诸国。莲花匝地生,特许迎弥勒。普光初学道,无边世界动。回天复转地,并入一毛孔。③

这样,傅大士已经不是兜率天上的弥勒,而是现实世界的弥勒分身。这种观念应是受到观音化身说的影响。梁陈以后,傅大士作为弥勒分身示现成为流行的普遍说法。唐初法琳《辩正论》里称赞他"常转法轮,绍隆尊位;分身世界,济度群生"④。又梁、陈间傅大士与宝志同被看作是"神僧",而宝志被认为是观音化身,他们遂分别成为两种不同净土信仰的代表⑤。后来唐代毁经灭教一派禅门大德如德山宣鉴、临济义玄、普化和尚等,都体现大不同于传统高僧的面貌与性格。而洪州一派"平常心是道"、"非佛非心"的基于否定思维的信仰观念更给塑造那种不拘常格、玩世不恭的"神僧"形象提供了依据。至北宋惠洪(1071—1123)《石门文字禅》卷一四

---

① 《禅源诸诠集都序》卷四,《大正藏》第48卷,第412页下。
② 《东阳双林寺傅大士碑》,《徐孝穆集笺注》卷五。
③ 《善慧大士语录》卷四,《续藏经》第69册,第128页中。
④ 《辩正论》卷三,《大正藏》第52卷,第506页上。
⑤ 关于傅翕的弥勒信仰,张勇《傅大士研究》论述甚详,参阅其下编第九章《弥勒应化和维摩禅行的统一》,巴蜀书社,2000年,第305—340页。

《愿监寺自长沙游清修依元禅师兴发复入城余口占四首赠之》之三说到"秋来又入重城，满腹愍腮惊人。只欠一个布袋，便是弥勒化身"。这与崇宁（1102—1106）中朝廷赐"定应大师"号大体同时。就是说，"布袋和尚"的形象到这时已经成形。至元代，其内涵已发展得更丰富了。郑廷玉《布袋和尚忍字记》（郑是前期元曲重要作家，存目二十三种，今存六种，是涉佛题材的代表剧作家）写如来座下第十三尊罗汉宾头卢尊者被谪下凡，投胎为刘均佐，其人悭吝不堪，有弥勒、伏虎禅师、定慧长老等人点化。弥勒在他的手上写一"忍"字，后来他历经磨难，皆由"忍"化解。其中对弥勒的刻画，突出他的"大肚"特征："兄弟，笑煞我也。这和尚吃什么来，这般胖哪。（唱）……他腰围有簸来粗，肚皮有三尺高，便有那骆驼、白象、青狮、豹，敢也被你压折腰……这和尚肉重千斤，不算臕。"①而"大肚"的含义则是"能容"、"能忍"。剧里偈语说："行也布袋，坐也布袋，放下布袋，得大自在。"另一个特征是可笑：在弥勒出现的短短的戏文里，"笑"字出现十五次，包括提示演员表情的"布袋笑科"，"见正末笑"等。后面更有一偈："你笑我无，我笑你有，无常到来，大家空手。"这两个特征，概括起来就是著名的联语："大肚能容，容天下难容之事；笑口常开，笑世上可笑之人。"

佛教在中国的发展过程中，对于世俗统治一般总体上是采取积极顺应的姿态，无论在观念上还是实践中都竭力有效地消弭了与本土传统的对抗和矛盾。而弥勒"未来佛"的信仰本来具有鲜明的反抗现实体制的内涵。弥勒出世的未来太平世界，被形容为地上的佛国，容易被看作是改天换地的新世界。这就给改造现实社会、推翻现存体制的观念和行动提供了依据。但是在中国的现实条件下，这一信仰被充实以现实救济、现世福利的内容，又附加上传统的乐天安命的人生伦理，创造出"弥勒垂迹"的大肚能容、笑口

---

① 《全元曲·杂剧》第 2 卷，河北教育出版社，1998 年，第 832—833 页。

常开、出语无定、随处寝卧的荷杖布袋的幽默形象,体现为笑傲世界、开朗乐观、广受民众欢迎的弥勒佛了。至于这种信仰的意义和价值,则是需要以科学的态度认真分析和讨论的。

　　　　　　　　（原载南京大学宗教与文化研究中心编《弥勒
　　　　　　文化与和谐社会》,宁波出版社,2008 年）

南朝士族的佛教信仰与佛教文化

魏晋时期实行九品官人法，"高门华阀，有世及之荣；庶姓寒人，无寸进之路"①。至"五马渡江"，南北分裂，双方政治形势不同。史称"过江则有侨姓，王、谢、袁、萧为大；东南则有吴姓，朱、张、顾、陆为大；山东则有郡姓，王、崔、卢、郑为大；关中亦有郡姓，韦、裴、柳、薛、杨、杜为大；代北则有虏姓，元、长孙、宇文、陆、源、窦为大"②。在南方，一批随晋王朝南渡的北方士族与当地土著士族虽然有分歧和斗争，但主要趋势却是在逐渐融合，形成掌握各朝政治权力、支持当地经济和文化发展的主体。在偏安一方、"举目有山河之异"的情况下，他们的宗教信仰心得以滋长，促使佛、道二教同时走向繁荣。相对比之下，北方则是在少数族军事集团建立的强权统制之下，土著士族失去政治上的依恃，他们极力谨守旧的经学传统，作为"夷教"的佛教则受到少数族统治者的特别崇重，有意识地使之成为辅助教化、统治民众的手段。这就使得北方佛教显示出更突出地与国家专制政权相结合的性质。而在发展高层次的佛教文化方面，特别是在佛教与中土传统相融合的创新方面，北方则远远落后于南方。又与北方少数族建立的强势政权相对比，南方掌握实际政治权力的是高门士族，皇权在其中几个有实力的士族

---

① 《廿二史劄记》卷八《九品中正》。
② 《唐会要》卷三六《氏族》。

间转移。某一士族取得政权后，一方面要争取其他士族的支持，同时又受到他们的制约，不可能确立起绝对的权威。这样，南方政权在豪族间更迭，而构成其基础的那些"大族盛门"却一直保持着强大的政治和经济实力，更维系着文化上强大的优势。这样就如陈寅恪所指出：

> 故东汉以后学术文化，其重心不在政治中心之首都，而分散于各地之名都大邑。是以地方之大族盛门乃为学术文化之所寄托。中原经五胡之乱，而学术文化尚能保持不坠者，固由地方大族之力，而汉族之学术文化变为地方化及家门化矣。故论学术，只有家学之可言，而学术文化与大族盛门常不可分离也。[①]

陈寅恪这里讲儒学的情况，宗教包括佛教的状况也大体如是。

综观这一时期南朝佛教的发展，有以下几个方面表现十分突出，对于推动佛教文化的兴旺发达起了重大作用：

第一，这一时期高门（包括皇族）出家为僧成为风气。这是佛教势力扩张的具体体现，对于佛教进一步发展的影响尤其深远。

按照中土固有文化观念，出家修行本来难于被更多的人接受和施行。所以居士佛教发达成为中国佛教的重要特征，违背传统家庭伦理也是历代反佛的人提出的重要理据之一。颜之推为佛教辩护的重要一点，也是说"内教多途，出家自是其一法耳。若能诚孝在心，仁惠为本，须达、流水，不须剃落须发，岂令罄井田而起塔庙，穷编户以为僧尼也？"他同时更承认，无限制地度僧尼，"皆由为政不能节之，遂使非法之寺，妨民稼穑，无业之僧，空国赋算，非大觉之本旨也"[②]。因此佛教初传时期，本土人士出家的很少，朝廷对于汉人出家也加以限制。但到东晋十六国之后，民众出家为僧的

---

①《崔浩与寇谦之》，《金明馆丛稿初编》，第131页。
②王利器：《颜氏家训集解》卷五《归心篇》，上海古籍出版社，1980年，第360页。

渐多,高门为僧的风气也逐渐盛行起来。

一些著名的高僧,如道安、慧远、竺道生、僧祐等,都是士族家庭出身,他们自幼接受过良好教育。又如东晋竺法深,桓彝说"此公既有宿名,加先达知称,又与先人至交"①,肯定也是出身高门。又据《高僧传》和《续传》,宋释道敬(《高僧传》卷一三)出身琅琊王氏,梁慧超(《续传》卷六)、梁僧副(《续传》卷一六)、陈智远(《续传》卷一六)出身太原王氏,晋竺僧显(《高僧传》卷一一)、释僧誓(《高僧传》卷六)出身北地傅氏(与傅瑗、傅亮同族),晋道宝(《高僧传》卷五)出身吴郡张氏,宋道温(《高僧传》卷七)、齐僧慧(《高僧传》卷八)均出身安定皇甫氏(汉高士皇甫谧后裔),宋慧通(《高僧传》卷七)出身沛国刘氏,宋慧观(《高僧传》卷七)出身清河崔氏,齐昙超(《高僧传》卷一一)出身清河张氏,齐智称(《高僧传》卷一一)、梁道达(《续传》卷五)出身河东闻喜裴氏,梁慧弥(《高僧传》卷一二)出身弘农杨氏(汉太尉杨震后裔),晋竺道壹(《高僧传》卷五)、梁道超(《续传》卷六)出身吴郡陆氏,梁智藏(《续传》卷五)出身吴郡顾氏,梁法云(《续传》卷五)出身宜兴周氏,梁法朗(《续传》卷五)出身吴兴沈氏,等等。这些人都出身名门士族。又晋庐山昙邕本是苻秦卫将军,"淝水之战"失败,从道安出家(《高僧传》卷六);齐释法安(《高僧传》卷八)是魏司隶校尉毕轨之后;徐陵第三弟孝克出家为沙门,号法整②;刘勰晚年于定林寺出家,号慧地③;等等。这些人则是在出家前已有相当高的社会地位。又如伏挺,为官纳贿,惧罪而出家④,也代表一种情况。至于皇室和士族妇女出家为尼的也

①《世说新语笺疏》上卷上《德行》,中华书局,1983年,第32页。《高僧传》卷四《竺法深传》记载法深是宰相王敦之弟,余嘉锡考证"晋史并不言王敦有此弟……实则深公本衣冠之胤,所谓宰相,盖别有所指,不必是王敦也"。
②《陈书》卷二六《徐陵传》,第337页。
③《梁书》卷五〇《刘勰传》,第712页。
④《梁书》卷五〇《伏挺传》,第722页。

不少。

如此众多高门士族成员出家为僧尼，在历史上是空前的，也是绝后的。

这些上层人士进入佛门，使僧团成分发生巨大变化。虽然这类人物在僧尼总数中比例并不高，但他们具有相当的地位和身份，又有较高的文化素养，在僧团里自然会造成更大的影响。这样，南朝僧团在构成上不仅与外来僧人为主体的汉魏时期大不相同，比起当时的北方僧团更具有相当高的文化优势，从而赋予南方僧团以更浓厚的文化性格。这就给佛教文化的发展，给佛教文化与本土文化的交流、融合提供了有利条件。

第二，高门士族信众积极参与佛典翻译、佛学撰著，与义学沙门（如上所述，这些人本身不少就是士族出身的知识分子）一起探究佛理，研习教义，促进了具有高度学术水平的佛教义学的发展，也发扬了中国佛教注重教理建设、注重学术的传统。

在中国等级社会的传统中，佛教输入中土必然形成不同的层次。一般民众主要是接受一种新的信仰，而知识阶层则更专注新颖的教理。般若学"六家七宗"就是玄理与佛理相结合的产物。倾心佛教的南朝士大夫，沿袭这一传统，特别注重研习和发挥佛教的学理层面。这也成为义学师说发达的重要基础。

晋、宋已降，对于新一代名士们来说，曾经盛行一时的玄学化的佛教已逐渐不能使他们满足，遂开始更认真地探寻佛理真义。殷浩（？—356）的情况就是具有典型意义的。他本来善玄言，好《老》《易》，是玄谈名家，后来受到权臣桓温疏忌，被废为庶人，贬住东阳，始热衷于佛说，"大读佛经，皆精解。唯至'事数'处不解。遇见一道人，问所签，便释然"①。所谓"事数"即佛教名相、概念，如"四谛"、"五阴"、"十二缘生"之类。因为这些词语是用所谓"带数

---

①《世说新语笺疏》上卷下《文学》，第 240 页。

释"方式构成的,因称"事数"。殷浩特别认真钻研这些基本概念。又有记载说他"始看佛经。初视《维摩诘》,疑'般若波罗蜜'太多,后见《小品》,恨此语少"①。"般若波罗蜜"是大乘佛教基本概念。殷浩起初对大乘空观缺乏了解,因此觉得《维摩诘经》里对这一概念重复过多;后来读了大乘空宗基本典籍《小品般若》,才知道这一概念的重要。又"殷(浩)、谢(安)诸人共集。谢因问殷:'眼往属万形,万形来入眼不?'"②这讨论的是佛教基本概念"根"("眼根")与"尘"(万形)的关系,即对于外物认识的客观性问题。针对谢安的问题,殷浩如何回答没有记载,后来鸠摩罗什翻译的《成实论》里曾明确提出同样问题。《成实论》的"成实"意谓成就四谛真实,从佛教思想发展说这是一部由小乘向大乘过渡的论书,内容主要是论证我、法两空教义的。关于"根尘合离"问题,其中说:

> 问曰:"汝言识能知,非根知,是事已成。今为根、尘合故识生,为离故生耶?"答曰:"眼识不待到,故知尘。所以者何?月等远物,亦可得见。月色不应离香而来。又假空与明故得见色,若眼到色,则间无空明,如眼篦触眼则不得见。当知眼识不到而知……"③

殷、谢讨论的就是这种关于认识器官(根)、认识对象(尘)和认识结果的基本概念和原理问题。

又如王导孙珣、珉两兄弟都热心佛学。曾听外国沙门僧伽提婆讲《毗昙经》。《毗昙经》即《阿毗昙心》,僧伽提婆应慧远之请所译,是说一切有部的根本论书,内容论释有漏、无漏、色法、十八界、十二因缘、三十七道品等基本概念。幼小的王珣兄弟已经热衷研习这些佛教基本概念,很快就能够理解,并能与沙门一起宣讲。

---

① 《世说新语笺疏》上卷下《文学》,第 234 页。
② 《世说新语笺疏》上卷下《文学》,第 233 页。
③ 《成实论》卷四《根尘合离品第四十九》,《大正藏》第 32 卷,第 268 页上。

又如针对"佛经以为祛练神明，则圣人可致"的原理，简文帝说:"不知便可登峰造极不? 然陶练之功，尚不可诬。"①关于"圣人"是否"可致"、如何而致，本是中国传统学术集中探讨的课题，后来竺道生的涅槃佛性心说综合儒、释两家做出了新的回答。简文帝提出的就是这个问题。他的理解正符合谢灵运在《辨宗论》提到的"释氏之论，圣道虽远，积学能至，累尽鉴生"②的观点。

以上是东晋后期的事例，表明当时士族间已经颇有人认真研习佛教基本概念和原理。这已经是一种全然不同于混同佛说与玄谈的新的学风。像殷浩等人对待佛教，显然已和时代稍前的支遁周围那些名士不同。这是具有重大意义的学风上的转变，正和译经的繁荣、中国佛教教理发展的总形势相一致。

5世纪初即东晋末年，正是以鸠摩罗什为代表的"旧译"的繁荣期。一大批"旧译"经典把大乘真义更准确、完整地介绍给中土僧俗，推动了中土佛教义学的发展。在北方，译经活动得到各割据政权的支持;在南方则有许多高门士族人士成为译经的实际支持者和积极参与者。例如东晋太元十六年(391)提婆等人于浔阳南山精舍翻译《阿毗昙心》，江州刺史王凝之、西阳太守任固之为檀越③;隆安元年(397)至二年尚书令、东亭侯王珣造立精舍，集合京师义学沙门僧伽提婆等四十余人翻译《中阿含经》④;义熙十四年(418)至元熙二年(420)佛陀跋陀罗于扬州道场寺翻译《华严经》⑤时为吴郡内史的孟顗和右卫将军褚叔度为檀越;宋明帝时吉迦夜等翻译

①《世说新语笺疏》上卷下《文学》，第229页。
②《与诸道人辨宗论》，《广弘明集》卷一八，《大正藏》第52卷，第224页下。
③未详作者《阿毗昙心序第十》，《出三藏记集》卷一〇，苏晋仁、萧錬子点校，中华书局，1995年，第378页。
④释道慈:《中阿含经序第八》，《出三藏记集》卷九，第337—338页;卷一三《僧伽提婆传》，第525页。
⑤出经后记《华严经记第一》，《出三藏记集》卷九，第326页。

《方便心论》,刘孝标担任笔受①;元嘉十二年(435)求那跋陀罗携
《胜鬘经》梵本来到建康,时为丹阳尹的何尚之召集敏德名望,请出
此经,后来在彭城王刘义康支持下,求那跋陀罗、宝云、慧严等著名
译师从事翻译:

> 司徒彭城王殖根退劫,龙现兹生,依迹上台,协赞皇极。
> 而神澄世表,志光玄猷,闻斯幽典,诚期愈旷。凡厥道俗,莫不
> 响悦。请外国沙门求那跋陀罗手执正本,口宣梵音,山居苦
> 节,通悟息心。释宝云译为宋语。德行诸僧慧严等一百余人,
> 考音详义,以定厥文。大宋元嘉十三年,岁次玄枵,八月十四
> 日初转梵轮,讫于月终。公乃广写云布,以泽未洽,将兴后世,
> 同往高会道场。②

还有元嘉二十九年(452)求那跋陀罗在荆州翻译《八吉祥经》,刘义
宣为檀越③,等等。

这样,南方译经规模不如北方长安逍遥园译场那样庞大,却有
士族人士更积极的参与。译经又伴随着讲论,更有力地推动了义
学水平的提高。只要看看《出三藏记集》所录《宋明帝敕中书侍郎
陆澄撰法论目录》,就可以了解晋、宋百余年间僧、俗义学水准的变
化。当初支遁与王洽关于"即色游玄"的问答、郗超和竺法汰关于
"本无"的问难,都还不出玄理论辩的范围。但稍后的王谧请教鸠
摩罗什,问到"涅槃有神"、"灭度权实"、"般若法"、"般若称"、"般若
知"等,从佛教义理层面看显然已经达到更高水平。正是在这样的
基础上,中土人士发挥个人对于佛理认识的著作开始大量出现。
有些采取经典注疏形式,有些则是专门论著。如刘虬,宋泰始
(465—471)中仕至晋平王骠骑记室、当阳令,精信释氏,曾"注《法

---

①《出三藏记集》卷二《新集撰出经律论录第一》,第63—64页。
②释慧观:《胜鬘经序第十七》,《出三藏记集》卷九,第349页。
③出经后记《八吉祥经后记》,《出三藏记集》卷九,第352页。

华经》,自讲佛义"①;南齐周颙研究《三论》,"泛涉百家,长于佛理。著《三宗论》。立空假名,立不空假名。设不空假名难空假名,设空假名难不空假名。假名空难二宗,又立假名空。西凉州智林道人遗颙书曰:'此义旨趣似非始开,妙声中绝六七十载。贫道年二十时便得此义,窃每欢喜,无与共之。年少见长安耆老,多云关中高胜乃旧有此义,当法集盛时,能深得斯趣者,本无多人。过江东略是无一。贫道捉麈尾来四十余年,东西讲说,谬重一时,余义颇见宗录,唯有此途白黑无一人得者,为之发病。非意此音猥来入耳,始是真实行道第一功德。'其论见重如此。颙于钟山西立隐舍,休沐则归之……每宾友会同,颙虚席晤语,辞韵如流,听者忘倦。兼善《老》《易》,与张融相遇,辄以玄言相滞,弥日不解"②;何胤"师事沛国刘瓛,受《易》及《礼记》《毛诗》,又入钟山定林寺听内典,其业皆通……胤年登祖寿,乃移还吴,作《别山诗》一首,言甚凄怆。至吴,居虎丘西寺讲经论,学徒复随之。东境守宰经途者,莫不毕至……注《百法论》《十二门论》各一卷,注《周易》十卷,《毛诗总集》六卷,《毛诗隐义》十卷,《礼记隐义》二十卷,《礼答问》五十五卷"③;谢举"少博涉多通,尤长玄理及释氏义,为晋陵郡时,常与义僧递讲经论。征士何胤自虎丘山赴之。其盛如此"④;等等。甚至宫廷女官如萧齐的宣修容,也"初习《净名经》义,备该元理,权实之道,妙极沙门。末持《杂阿毗昙心论》,精研无比,一时称首。三十年中,恒自讲说,自为《杂心讲疏》,广有宏益"⑤。

　　齐竟陵王萧子良开西邸,集合僧俗,讲论佛法是活动主要内容之一。参与的僧侣多是高水平的义学沙门,学士文人们对于佛教

①《南齐书》卷五四《刘虬传》,第939页。
②《南齐书》卷四一《周颙传》,第731—732页。
③《梁书》卷五一《处士·何点传》,第735—739页。
④《梁书》卷三七《谢举传》,第530页。
⑤《金楼子》卷二《后妃篇》。

义理也多有相当深入的了解。萧子良本人有关佛法著作由僧祐辑录为《法集录》十六帙一百一十六卷,另有《内典博要》三十卷①。他还抄写和节略佛经,下面是讲经和节略《成实论》情形:

> 齐永明七年十月,文宣王招集京师硕学名僧五百余人,请定林僧柔法师、谢寺慧次法师于普弘寺迭讲,欲使研核幽微,学通疑执。即座仍请祐及安乐智称法师,更集尼众二部名德七百余人,续讲《十诵律》,志令四众净业还白。公每以大乘经渊深,漏道之津涯,正法之枢纽,而近世陵废,莫或敦修,弃本逐末,丧功繁论。故即于律座,令柔、次等诸论师抄比《成实》,简繁存要,略为九卷,使辞约理举,易以研寻。八年正月二十三日解座,设三业三品,别施奖有功劝不及,上者得三十余件,中者得二十许种,下者数物而已。即写《略论》百部流通,教使周颙作论序,今录之于后。②

萧子良世子巴陵王萧昭胄也有《法集》,并批注过《百论》。

梁武帝萧衍"兼笃信正法,犹长释典,制《涅槃》《大品》《净名》《三慧》诸经义记,复数百卷。听览余闲,即于重云殿及同泰寺讲说,名僧硕学,四部听众,常万余人"③。史书上关于他临幸寺院、召集无遮大会、亲自讲经、主持佛教典籍撰著等活动多有记载。他除了组织僧俗编撰了上面所说的几部经典注疏之外,还支持智藏等二十人编撰《义林》八十卷,虞阐、到溉等编撰《佛记》三十卷,宝唱等编撰《经律异相》五十卷,等等。在萧子良、萧衍等有权势人物提倡下,齐、梁时期佛教义学大发展,讲读、注释经典,写作弘法著作成为风气。萧衍的兄弟南平元襄王萧伟"晚年崇信佛理,尤精玄学,著《二旨义》,别为新通。又制《性情》《几神》等论,其义僧宠及

---

①《金楼子》卷五《著书篇》;《梁书·元帝本纪》作一百卷。
②僧祐:《略成实论记第六》,《出三藏记集》卷一一,第405页。
③《梁书》卷三《武帝本纪下》,第96页。

周舍、殷钧、陆倕并名精解,而不能屈"①;昭明太子萧统"崇信三宝,遍览众经。乃于宫中别立慧义殿,专为法集之所。招引名僧,谈论不绝。太子自立二谛、法身义,并有新意"②;梁简文帝著有《法宝连璧》三十卷③;元帝富著述,有《内典博要》百卷④;后梁中宗萧詧"笃好文义,所著文集十五卷,内典《华严》《般若》《法华》《金光明》义疏三十六卷,并行于世"⑤;梁周弘正,"(智)藏法师于开善寺讲说,门徒数百,弘正年少,未知名,著红裈,锦绞髻,踞门而听,众人蔑之,弗谴也。既而乘间进难,举坐尽倾,法师疑非世人,觇知,大相赏狎"⑥;陈徐陵"光宅惠云法师每嗟陵早成就,谓之颜回。……少而崇信释教,经论多所精解。后主在东宫,令陵讲《大品经》,义学名僧,自远云集。每讲筵商较,四座莫能与抗"⑦;陵弟孝克,"居于钱塘之佳义里,与诸僧讨论释典,遂通《三论》。每日二时讲,旦讲佛经,晚讲《礼传》,道俗受业者数百人……开皇十年,长安疾疫,隋文帝闻其名行。召令于尚书都堂讲《金刚般若经》"⑧;右卫将军、秘书监傅绛"笃信佛教,从兴皇寺惠朗法师受《三论》,尽通其学。初有大心寺暠法师著《无净论》以诋之,绛乃为《明道论》,用释其难"⑨;王固"习《成实论》义"⑩;等等。

从积极地研习、接受外来翻译典籍到自主地撰写佛典注疏和专门著作,不只是著述形式的转变,更体现了佛学理解方面的跃

---

①《梁书》卷二二《高祖五王传》,第 348 页。
②《梁书》卷八《昭明太子传》,第 166 页。
③《梁书》卷四《简文帝本纪》,第 109 页。
④《梁书》卷五《元帝本纪》,第 136 页。
⑤《北史》卷九三《萧詧传》,第 3090 页。
⑥《南史》卷三四《周弘正传》,第 897 页。
⑦《陈书》卷二六《徐陵传》,第 325、334 页。
⑧《陈书》卷二六《徐陵传》,第 337—338 页。
⑨许嵩:《建康实录》卷二〇,上海古籍出版社,1987 年,第 562 页。
⑩《陈书》卷二一《王固传》,第 282 页。

进。本来在中国历史重视典籍的传统中,翻译佛典具有宗教圣典的威信,阅读、研习佛教经典遂成为知识阶层的习俗。而南朝独立的义学研究和著述实现了一大飞跃:中国人更专注于发挥本土的佛教学理。当然在这一时期还不能摆脱对于外来翻译经典的依傍,但在中国佛教独立发展的道路上确实是扎扎实实地迈进了一大步。

第三,南朝建造寺院形成高潮。与北方盛行凿窟造像相比较,两者虽然都有积累功德的信仰意义,但北方普及到民众的凿窟造像活动体现更浓重的信仰实践性质,而南方主要是皇室、亲贵、士族舍宅、施财建寺,则提供更多佛教文化发展的场地,体现更多方面的文化内涵。南方许多寺院都成为佛教文化建设的基地。

东晋以来南方造寺渐成风气。到刘宋时期,已经是"调役百姓,修营佛寺,务在壮丽"①。元嘉十二年丹阳尹萧摹之论奏说到:

> 佛化被于中国,已历四代,形像塔寺,所在千数,进可以系心,退足以招劝。而自顷以来,情敬浮末,不以精诚为至,更以奢竞为重。旧宇颓弛,曾莫之修,而各务造新,以相姱尚。甲第显宅,于兹殆尽,材竹铜彩,糜损无极,无关神祇,有累人事。②

至齐、梁,皇室、贵族更大兴营造之风。仅以齐宣修容为例,她"常无蓄积,必行信舍。京师起梁安寺,上虞起等福寺,在荆州起禅林、祇洹等寺,浔阳治灵丘、严庆等寺。前后营诸寺佛宝帐百余领,躬事后素,亲加雕饰,妙于思理,若有神功。性好赈施,自春及冬,无日而息……(凶)信至京都梁安、宣业、福成、定果、灵光、正觉等寺,同皆号哭,如丧亲戚焉;及渚宫祇洹、禅林等寺,又如此也"③。帝王的例子如梁武帝,即帝位之后,即"奉为太祖于钟山起大爱敬寺,又

---

①《晋书》卷八四《王恭传》,第 2186 页。
②《宋书》卷九七《天竺传》,第 2386 页。
③《金楼子》卷二《后妃篇》。

为奉献后起大智度寺"①。建国第二年造法王寺,其地本号新林,是前代宫苑,以兴义军首祚王业,故号"法王",沈约作《法王寺碑》说:

> 昔周师集于孟津,汉兵至于垓下,鞩商肇乎兹地,殪楚由乎斯域。慧云匪由触石,法雨起乎悲心。驱之仁寿,度之彼岸……按兵江汉,誓众商郊,因斯而运斗枢,自兹而廓天步。业隆放夏,功高伐殷。济横流而臣九服,握乾网而子万姓。眷言四海,莫不来王。②

这里把护持佛法与夺取皇权结合起来,建寺成为兴国的实际行动。后来又舍故居建光宅寺,沈约又有《光宅寺刹下铭并序》说:

> 光宅寺,盖上帝之故居,行宫之旧兆,扬州丹阳郡秣陵县某乡某里之地……义等去鄞,事均徙镐。及克济横流,膺斯宝运,命帝阍以广辟,即太微而为宇。既等汉高流连于丰沛,亦同光武眷恋于南阳。思所以永流圣迹,垂之不朽。今事与须弥等固,理与天地无穷,莫若光建宝塔,式传于后。③

这则是以建寺的行动祈求江山永固。在帝王提倡之下,天监年间,皇室和臣僚、僧侣造寺形成高潮。《建康实录》记录的还有长干寺、永建寺、佛窟寺、敬业寺、敬居寺、明庆寺、涅槃寺、翠微寺、本业寺、解脱寺、劝善寺等。从建康一地的部分记载,可以知道梁、陈两朝各地普遍造寺的兴盛程度。

造寺同时要度僧,施舍土地、资财,营建塔、像,这无疑是相当大的糜费,对国计民生造成巨大损害。但如果从佛教自身建设说,众多寺院成为佛教中心,对于推动佛教文化的发展又提供了有利环境。

---

①《金楼子》卷一《兴王篇》。
②陈庆元校笺:《沈约集校笺》卷七,浙江古籍出版社,1995年,第212—213页。
③《沈约集校笺》卷六,第193页。

　　第四,南北朝时期是宗教信仰普遍诚挚、浓重的时期,高门士族作为统治阶层的上述活动有热诚的信仰来支持,十分活跃的信仰实践活动是这一时期佛教发展的重要特点。小南一郎根据日本学者的研究成果指出:

> 相对于清谈、格义的佛教信徒并不认为回心具有那样重要的意味,对于比较理性更重行动来体现信仰的佛教信徒来说,回心的体验占有其信仰的更重要的部分。①

实际上虔诚的信仰与学理探讨、文化建设是相互支撑的。

　　属于信仰实践方面,这一时期高门士族中拜佛、读经、敬僧(包括朝廷、私家供养所谓"家僧"、"门僧")、持斋(八关斋、观世音斋等)、受戒(特别是梁武帝提倡戒绝酒肉)等成为风气,有些人更坚持度过清修或隐逸生活。齐、梁以降,各种法会、斋会名目繁多。除了寺院举行的各种法会,朝廷以及贵族宅第也经常举办讲经集会、无遮大会、救苦集会、平等法会、四部大会、盂兰盆会等。如梁武帝亲自组织的四部无遮大会就有数万人参加。前面已经介绍几个士族大姓佛教信仰的状况,以下再做些补充。宋沈道虔(384—449)隐居不仕,州郡凡十二命不就,与戴颙交好,后者是著名的佛画家,他"少仁爱,好《老》《易》,居县北石山下……累世事佛,推父祖旧宅为寺。至四月八日,每请像。请像之日,辄举家感恸焉。道虔年老,菜食,恒无经日之资,而琴书为乐,孜孜不倦"②。又南齐周颙:

> 清贫寡欲,终日长蔬食,虽有妻子,独处山舍。卫将军王俭谓颙曰:"卿山中何所食?"颙曰:"赤米白盐,绿葵紫蓼。"文惠太子问颙:"菜食何味最胜?"颙曰:"春初早韭,秋末晚菘。"

①《六朝隋唐小説史の展開と佛教信仰》,福永光司編:《中國中世の宗教と文化》,京都大学人文科学研究所,1982年,第438页。
②《宋书》卷九三《隐逸传》,第2291—2292页。

时何胤亦精信佛法，无妻妾。太子又问颙："卿精进何如何胤?"颙曰："三途八难，共所未免。然各有其累。"太子曰："所累伊何?"对曰："周妻何肉。"……胤兄点，亦遁节清信。颙与书，劝令菜食。曰："……若云三世理诬，则幸矣良快，如使此道果然，而(受)形未息，则一往一来，一生一死，轮回是常事。杂报如家，人天如客，遇客日鲜，在家日多，吾侪信业，未足长免，则伤心之惨，行亦息念……"①

萧齐竟陵王萧子良和文惠太子的情况则是：

(齐武帝)永明末，上将射雉，子良谏曰："……故《礼》云'闻其声不食其肉，见其生不忍其死'。且万乘之尊，降同匹夫之乐；夭杀无辜，伤仁害福之本。菩萨不杀，寿命得长。施物安乐，自无恐怖。不恼众生，身无患苦。臣见功德有此果报，所以日夜劬勤，厉身奉法，实愿圣躬康御若此。每至寝梦，脱有异见，不觉身心立就燋烂。陛下常日舍财修福，臣私心颙颙，尚恨其少，岂可今日见此事。一损福业，追悔便难?"……又与文惠太子同好释氏，甚相友悌。子良敬信尤笃，数于邸园营斋戒，大集朝臣众僧。至于赋食行水，或躬亲其事，世颇以为失宰相体。劝人为善，未尝厌倦，以此终致盛名……九年，京邑大水，吴兴偏剧，子良开仓赈救。贫病不能立者，于第北立廨收养，给衣及药……世祖不豫，诏子良甲仗入延昌殿侍医药。子良启进沙门于殿户前诵经，世祖为感梦，见优昙钵华，子良按佛经宣旨，使御府以铜为华，插御床四角。日夜在殿内，太孙间日入参承。世祖暴渐，内外惶惧，百僚皆已变服，物议疑立子良，俄顷而苏，问太孙所在，因召东宫器甲皆入。遗诏使子良辅政……②

---

① 《南齐书》卷四一《周颙传》，第732—733页。
② 《南齐书》卷四〇《武十七王传》，第699—700页。

这里相当生动、细致地描写出萧齐王侯萧子良信仰生活的实态。梁代到溉(477—548),历官齐、梁二代,在梁代官至国子祭酒,参与撰著《佛记》:

> 到溉字茂灌,彭城武原人。曾祖彦之,宋骠骑将军。祖仲度,骠骑江夏王从事中郎。父坦,齐中书郎……溉家门雍睦,兄弟特相友爱。初与弟洽常共居一斋。洽卒后,便舍为寺,因断腥膻,终身蔬食,别营小室,朝夕从僧徒礼诵。高祖每月三置净馔,恩礼甚笃。蒋山有延贤寺者,溉家世创立,故生平公俸,咸以供焉,略无所取。①

刘杳(487—536),梁武帝大通年间官至尚书左丞,撰有《要雅》《古今四部书目》等:

> 杳治身清俭,无所嗜好。为性不自伐,不论人短长。及睹释氏经教,常行慈忍。天监十七年,自居母忧,便长断腥膻,持斋蔬食。及临终,遗命敛以法服,载以露车,还葬旧墓,随得一地,容棺而已,不得设灵筵祭醊。其子遵行之。②

著名学者、文人裴子野"末年深信释氏,持其教戒,终身饭麦食蔬"③。又徐陵:

> 徐陵……母臧氏,尝梦五色云化而为凤,集左肩上,已而诞陵焉。时宝志上人者,世称其有道,陵年数岁,家人携以候之,宝志手摩其顶,曰"天上石麒麟也"。光宅惠云法师每嗟陵早成就,谓之颜回。八岁能属文……少而崇信释教,经论多所精解。后主在东宫,令陵讲《大品经》,义学名僧,自远云集。

---

① 《梁书》卷四〇《到溉传》,第 568—569 页。
② 《梁书》卷五〇《文学·刘杳传》,第 717 页。
③ 《梁书》卷三〇《裴子野传》,第 444 页。

每讲筵商较,四座莫能与抗。①

另一位著名文人江总:

> 江总字总持,济阳考城人也,晋散骑常侍统之十世孙。五
> 世祖湛,宋左光禄大夫、开府仪同三司,忠简公。祖蒨,梁光禄
> 大夫,有名当代……台城陷,总避难崎岖,累年至会稽郡,憩于
> 龙华寺,乃制《修心赋》……总尝自叙其略曰……弱岁归心释
> 教,年二十余,入钟山就灵曜寺则法师受菩萨戒。暮齿官陈,
> 与摄山布上人游款,深悟苦空,更复练戒,运善于心,行慈于
> 物,颇知自励,而不能蔬菲,尚染尘劳,以此负愧平生耳。②

以上所列举人物,身份、地位、经历、业绩不同,他们都十分认
真地度过虔诚的修道生活。对待佛教的这种态度,和早期名士与
名僧交游的情形相比较已有明显改变,从总体看也和唐、宋时期热
衷习禅的官僚文人们的情形大不一样。

值得注意的是,在信仰层面,当时特别盛行对于灵验的信仰。
其中包含鬼神灵怪、神通变化、咒术占验等。这些大多通于中土神
仙方术。如东晋末年有传说:

> 汉沙门竺昙盖,秦郡人也。真确有苦行。持钵振锡,取给
> 四辈。居于蒋山,常行般舟,尤善神咒,多有应验。司马元显
> 甚敬奉之。卫将军刘毅闻其精苦,招来姑孰,深相爱遇。义熙
> 五年大旱,陂湖竭涸,苗稼燋枯,祈祭山川,累旬无应。毅乃请
> 僧设斋,盖亦在焉。斋毕,躬乘露航,浮泛川溪,文武士庶,倾
> 州悉行。盖于中流焚香礼拜,至诚慷慨。乃读《海龙王经》。
> 造卷发音,云气便起。转读将半,沛泽四合。才及释轴,洪雨
> 滂注,畦湖毕满,其年以登。刘敬叔时为毅国郎中令,亲豫此

---

① 《陈书》卷二六《徐陵传》,第 325、334 页。
② 《陈书》卷二七《江总传》,第 343、344、346、347 页。

集，自所睹见。①

这里所述不可思议的灵验不会是事实，但反映的请僧设斋、礼拜祈祷的情形是真实的。又传说宋武帝刘裕年轻时"又经客下邳逆旅，会一沙门，谓帝曰：'江表当乱，安之者，其在君乎。'帝先患手创，积年不愈，沙门有一黄药，因留与帝，既而忽亡，帝以黄散傅之，其创一傅而愈。宝其余及所得童子药，每遇金创，傅之并验"②。这被当作是称帝的朕兆。这种朕兆和汉高祖刘邦斩白蛇的瑞应故事类似，也算是佛教信仰"中国化"的具体表现。

著名学者、著《七录》的阮孝绪也有供养佛像的灵验故事。据说"其恒所供养石像，先有损坏，心欲治补，经一夜忽然完复，众并异之"③。笃实的学者同样是这类灵验事迹的宣扬者。

又庾诜（455—532 年），也是梁代著名学者，性爱山林，屡征不就，著有《帝历》《易林》等：

> 晚年以后，尤遵释教，宅内立道场，环绕礼忏，六时不辍。诵《法华经》，每日一遍。后夜中忽见一道人，自称愿公，容止甚异，呼诜为上行先生，授香而去。中大通四年，因昼寝，忽惊觉曰："愿公复来，不可久住。"颜色不变，言终而卒，时年七十八。④

这种对于佛教灵验的信仰，构成士族阶层精神生活的重要内容。当时民众的信仰活动正有上层人士支持与推动。例如观音灵验，东晋谢氏、宋傅氏、齐吴郡张氏、陆氏，三个朝代、四个家族、几代人都是灵验传说的信仰者，并把相关传说写成三部《应验记》，著之竹

---

① 《法苑珠林》卷六三《祈雨篇·感应缘》，周叔迦、苏晋仁校注，中华书局，1983 年，第 1882—1883 页。
② 《南史》卷一《宋本纪上第一》，第 2 页。
③ 《梁书》卷五一《处士·阮孝绪传》，第 742 页。
④ 《梁书》卷五一《处士·庾诜传》，第 751 页。

帛，流传后世，即是士族阶层佛教信仰状态的典型实例。

王琰的情况同样具有典型意义。据他自述说，他幼年在交趾，遇到一位贤法师，从受五戒，得一躯观音金像，后来回到都城建康，与二弟精勤供养；因为修补房舍，不得不把金像移寄南涧寺，不幸遇盗；到宋孝武帝大明七年(463)，金像显灵，在地下三尺被发现；明帝泰始末年，又把金像托付给僧人，被后者移寄多宝寺；此后王琰暂游江都，寺僧转赴荆楚，十多年后，在江峡遇见所托付僧人，知道金像所在；回到多宝寺寻访，寺主爱公说并无此像；夜里做梦，见像在寺中，醒后至寺，果如梦中所睹，其时为建元元年(479)。作者记叙这段经历说："像今常自供养，庶必永作津梁。循复其事，有感深怀。"这个被作者纪录为亲身经历的佛像灵验故事，被认为是"经塔显效，旨证亦同"的事例①，作者受其启示，编撰同类传说，成《冥祥记》一书。南北朝时期许多所谓"释氏辅教之书"大体是在这种心态下辑录而成的。

在中国历史上宗教观念淡漠、理性精神强大的传统中，南北朝时期高门士族对佛教普遍怀抱虔诚信仰心态，成为这一时期社会精神生活的一个主要特征。这种信仰也为一代佛教思想与佛教文化发展提供了强大动力。

自先秦以来，中土南北文化和民风传统上显然具有不同的风格。至南北分裂，华夏传统文化重心转移到南方，更促成了进一步的分化。就经学说，史称"南人约简，得其英华；北学深芜，穷其枝叶"②。这是指北方仍保持汉学大体而少新变，注重口授微言，笃守师说。这也是因为少数族统治阶层难以参与经学传授，留在北方的保守的世家得以延续固有传统。而南方则自东晋以来，学风沿袭魏、晋(西晋)而更大有转变：一方面内容更多地容纳《老》《庄》和

①《冥祥记自序》，鲁迅辑：《古小说钩沉》，《鲁迅辑录古籍丛编》第1辑，第313—314页。
②《北史》卷八一《儒林传序》，第2709页。

玄学，另一方面则杂以清谈，词尚华腴，学风更加放诞。这样，南朝的学风，如萧子显总结说：

> 江左儒门，参差互出，虽于时不绝，而罕复专家。晋世以玄言方道，宋氏以文章闲业，服膺典艺，斯风不纯，二代以来，为教衰矣。①

姚思廉则说：

> 自是中原横溃，衣冠殄尽，江左草创，日不暇给，以迄于宋、齐。国学时或开置，而劝课未博，建之不及十年，盖取文具，废之多历世纪，其弃也忽诸。乡里莫或开馆，公卿罕通经术，朝廷大儒，独学而弗肯养众，后生孤陋，拥经而无所讲习。三德六艺，其废久矣。②

在这种情况下，南北方佛教虽然同样在积极地融入中国传统文化内容，同样急剧地"中国化"，而具体形态又大不相同：北方佛教在少数族统治者的支持和保护之下，显示出更强有力的国家统制特色，形成注重经典传授和修持实践的笃实虔诚的信仰风气；而在高门士族统治的南方，则沿袭汉、魏以来玄理与佛说合流的传统，倾注精力在佛教义理的阐释和发挥，形成繁荣的义学师说，进而发展出灿烂的佛教文化，在思想、文化领域中造成的影响更特别深远。正因此，主要是由南方士族创造的佛教文化，作为一代文化的重要部分，集中体现这一时期中国佛教发展的特色，也成为整个中国文化史上的重大成就。

（原载中国佛教文化研究所编《佛学研究》2008年卷，中国社会科学出版社，2008年）

---

① 《南齐书》卷三九《陆澄传》，第686页。
② 《梁书》卷四八《儒林传》，第661页。

佛教写经、刻经与中国书法艺术

佛教对于中国书法艺术发展作出巨大贡献。陈垣曾指出：

> 诗文杂学之外，释门所尚者，厥为书法。①

中国佛教发展和鼎盛时期在东晋至唐代，这也正是中国书法艺术成就最为辉煌的时期之一。而无论对于书法艺术的创新和提升，还是对于推动书法在群众间的普及，佛教都发挥了重大作用。

众所周知，历代僧人中能书、善书者众多。许里和在他的名著《佛教征服中国》里曾说，"一俟佛法和僧人开始影响有教养的上层社会的生活，这种技术或艺术自然就会在寺院中流传"②。他指的是佛教开始在思想文化领域发挥重大影响的晋、宋时期的情况。中国书法艺术到唐代发展到高峰，这一时期佛门出现一批大书家。叶昌炽指出：

> 然综论有唐一代，工行书者，缁流为盛。上溯智永，下迄无可，二百余年，衣钵相传不绝。③

---

① 陈垣：《明季滇黔佛教考》，中华书局，1989 年，第 110 页。
② 〔荷〕许里和：《佛教征服中国》（Erik Zürcher, *The Buddhist Conquest of China*: *The Spread and Adaptation of Buddhism in Early Medieval China*, Copyright 1972 by E. J. Brill, Leiden, Netherlands），李四龙、裴勇等译，江苏人民出版社，1998 年，第 208 页。
③ 叶昌炽撰，柯昌泗评：《语石　语石异同评》卷一，中华书局，1994 年，第 23 页。

这里提到的智永，初唐人，王羲之七世孙，山阴永欣寺僧人，真、行、草书均"妙得家法"，生前身后甚有高名。他曾手写《真草千字文》八百余本，分送诸寺，今仍有数种墨迹传世。启功咏智永千字文题诗说：

> 砚白磨穿笔作堆，千文真面海东回。分明流水空山境，无数花林烂漫开。

这里所咏是日本所藏墨迹本，注释说："非独智永面目于斯可睹，即以研求六朝隋唐书艺递嬗之迹，眼目不受枣石遮障者，舍此又将奚求乎？"①智永《千字文》如"流水空山"的简净，又内含"花林"葱茏的蓬勃生机，至今仍被当作学书范本。唐太宗偏爱二王书法，僧怀仁集王羲之为《圣教序》，用"书圣"文字摹写帝王鸿文，表扬佛法，三者合一，是行书楷模。《宣和书谱》论草书则说：

> 隋得释智永，唐得张颠、释怀素、亚栖辈二十人。②

今人谢稚柳也说：

> 唐代新兴的草书，自"张旭三杯草圣传"，接着是"以狂继颠"的怀素，千百年来为后学所宗仰，奉为典范。③

张旭、怀素以及后来的高闲、亚栖、贯休等创造了草书艺术的又一高峰。

关于佛门习书，宋姑苏景德寺法云《务学十门》里专列为一门：

> 不工书无以传　　书者，如也。叙事如人之意，防现生之忘失，须缮写而编录，欲后代以流传，宜躬书以成集，则使教风

①启功：《论书绝句一百首》，《启功丛稿·艺论卷》，中华书局，1997年，第14页。
②《宣和书谱》卷一三《草书叙论》。
③谢稚柳：《唐怀素〈论书帖〉与〈小草千文〉》，《中国古代书画研究十论》，复旦大学出版社，2004年，第56页。

不坠,道久弥芳。故释氏经律,结集贝多;孔子《诗》《书》,删定竹简。若不工书,事难成就。①

这里总结书法的意义,肯定"工书"乃是成就佛事的关键。宋、元以来,佛门里善书者史不绝书。如明初名僧梵琦,善行、草;释德祥,书宗晋人,颇为可观;释克新,能古隶;释静慧,正书师虞永兴,甚得其法;明末"四高僧"中憨山德清多才多艺,诗文具佳,书法亦颇为可观,启功论书绝句评论憨山德清和另一位善书法的破山海明:

> 憨山清后破山明,五百年来见几曾。笔法晋唐原莫二,当机文董不如僧。

有注文解释说:

> 明世佛子,不乏精通外学者,八法道中,吾推清、明二老。憨山悬笔作圣教序体,传世之迹,亦以盈寸行书为多。观其行笔之际,每有摇曳不稳处,此正袍袖宽博,腕不贴案所致。而疏宕之处,备饶逸趣。破山多大书行草,往往单幅中书诗二句。不以顿挫为工,不作姿媚之势,而其工其势,正在其中。冥心任笔,有十分刻意所不能及者。②

明清之际著名诗僧如担当、大错,画僧如石涛、渐江、朱耷均善书。担当曾拜董其昌门下,追摹不遗余力。他也特工草书,有诗《与索书者三首》,其一曰:

> 为人挥洒最殷勤,是纸皆为百练裙。笔底有光余万丈,峥嵘高过斗间文。③

---

①《缁门警训》卷一,《大正藏》第48卷,第1046页上—中。
②《论书绝句一百首》,《启功丛稿·艺论卷》,第89—90页。
③担当:《担当诗文全集》,余嘉华、杨开达点校,云南人民出版社、云南美术出版社,2003年,第365页。

由此可见他创作意趣之高远。朱耷行草学钟、王,楷书学欧阳询,结体端庄,笔划兼得圆润、刚劲之致,布局参差,颇得超逸奇特情趣,张庚评论说"有晋唐风格"①。石涛本以善画著名,擅长行、楷,参以隶体,运笔圆熟,朴散有致。近代佛门习书亦为风气,颇有能者。佼佼者如弘一法师,多才多艺,亦工书,嗜篆刻。他自说出家之后,诸艺皆废,唯书写不辍,传世精品如《清凉歌》五首、小楷写经《阿弥陀经》、大幅题榜新昌"天然胜竟"等,均精工可观。前引启功所说僧人"袍袖宽博"致使行笔"摇曳不稳",陈垣另有看法:

> 和尚袍袖宽博,写字时右手提起笔来,左手还要去拢起右手袍袖,所以写出的字,绝无扶墙摸壁的死点画,而多具有疏散的风格。和尚又无须应科举考试,不用练习那种规规矩矩的小楷。如果写出自成格局的字,必然常常具有出人意表的艺术效果。②

"僧派"或"僧体"成为书法中的一派,对之历来褒贬不一。但作为一种独具创意的风格,在书法史上是有一定地位和贡献的。

上述僧人书法乃是佛门所谓"外学"之一,同于文人士大夫的雅事、清玩。从整体看,还属于整个中国书法艺术的支脉。佛门对于书法艺术作出独特贡献、值得特别提出表扬的,还有源远流长的写经和刻经(碑版、摩崖、雕刻、印刷雕版等)。

鸠摩罗什所出《大品般若》最后,佛陀咐嘱流通说:

> 须菩提,诸菩萨摩诃萨若欲学六波罗蜜,欲深入诸佛智慧,欲得一切种智,应受持般若波罗蜜,读诵、正忆念、广为他人说,亦书写经卷,供养、尊重、赞叹、香华乃至伎乐。何以故?般若波罗蜜是过去、未来、现在十方诸佛母,十方诸佛所尊重故。③

---

① 《国朝画征录》。
② 《溥心畬先生南渡前的艺术生涯》,《启功丛稿·题跋卷》,第66页。
③ 《摩诃般若波罗蜜经》卷二七《法尚品》,《大正藏》第8卷,第423页下。

北凉昙无谶所出《大集经》亦大力宣扬读诵、书写经典功德：

> 释迦如来灭度之后，随有是经流布之处，若有听受、持读、
> 诵说、书写经卷，乃至一偈一句一字，而其国主一切恶事即得
> 消灭；所有树木、谷米、药草，四大天王降施甘露而以益之；国
> 土王法悉得增长，邻国恶王勤求和同，各各自生喜心慈心；一
> 切诸天、佛弟子者悉来拥护。如是国土王子、夫人及诸大臣，
> 各各生于慈愍之心；谷米丰熟，食之无病；亦无斗讼，兵革不
> 起；无诸恶兽及恶风雨；远离一切过去恶业。若诸众生有女业
> 者，现受、生受及以后受，即能令灭除五逆罪；谤方等经及以圣
> 人，犯四重禁一阐提辈，其余恶业如须弥山，悉能远离，增长善
> 法，具足诸根，身、口、意善，远离恶见，破坏烦恼，修集正道，供
> 养诸佛，具足善法及内外事，令诸众生寿命增长，念慧成就。①

基于这样的观念，在中国重视典籍的文化环境中，诵读、书写经卷
乃成为佛门供养法宝的主要形式，而书写经典则是传播教法的主
要手段之一，因此历代信徒怀着无限虔敬的信仰心来从事，有力地
推动了研练书法的风气及其在群众间的普及。

今存佛教书法最早实物，是 20 世纪初日本大谷探险队在新疆
土峪沟石窟发现的佛经抄本竺法护译《诸佛要集经》残卷（藏旅顺
博物馆）。卷末题记称：

> □康二年正月廿二日月支沙门法护手执□□口授聂成远
> 和上弟子沙门竺法首笔□□今此经布流十分载佩弘化速成
> □□元康六年三月十八日写已②

这段记述表明，元康二年（292）由竺法护翻译的《诸法要集经》，四年

---

①《大方等大集经》卷二一《宝幢分第九中·护法品第十》，《大正藏》第 13 卷，
　第 150 页上一中。
②西川宁、神田喜一郎监修：《六朝寫經集》，二玄社，1981 年。

后即已有人书写。这个抄卷体近楷书,结构严谨,笔划工整,已显示较高书艺水平。这件实物确切反映了中国佛教早期的抄经风气。

有意识做功德的写经在晋代已经流行。如东晋居士谢敷已"手写《首楞严经》,当在都白马寺中,寺为灾火所延,什物余经,并成煨烬,而此经止烧纸头界外而已"①。数万卷敦煌写本则提供了众多世代写经大量实物。据现有编号,五六万件敦煌写卷中佛典抄本约占全部的85%,汉文的又占其中的90%,所写经典达四百余种②。带有题记"年代最早的是一件戒本(S.797),时间为建初元年(386或405);最晚的是列宁格勒所藏编号为 M.1696(Ф.32A)的一件写本,时间为公元1002年"③。大规模写经风气出现在北魏。据《释迦方志》记载:太祖道武帝"于虞地造十五级塔。又云开泰、定国二寺写《一切经》,造千金像,三百名僧每月法集"④。这是朝廷组织书写成部经藏,可见当时写经的规模。

南北朝时期从事写经的有僧尼,也有一般文人士大夫。如梁处士刘慧斐,"居于东林寺。又于山北构园一所,号曰离垢园,时人乃谓为离垢先生。慧斐尤明释典,工篆隶,在山手写佛经二千余卷,常所诵者百余卷"⑤。一般百姓写经,有的是个人做功德,有的受人雇用。如北魏时做到中书侍郎的刘芳,年轻时"昼则佣书,以自资给……芳常为诸僧佣写经论,笔迹称善,卷直以一缣,岁中能入百余匹,如此数十年,赖以颇振。由是与德学大僧,多有还往"⑥。贵族信徒写经既有物力,又能够集中高水准书手,对于推进这一门

---

① 《冥祥记》,鲁迅:《古小说钩沉》第 3 集,《鲁迅辑录古籍丛编》第一卷,第 344 页。
② 郑汝中:《敦煌书法管窥》,《敦煌研究》,1991 年第 4 期。
③ 藤枝晃:《敦煌写本概述》,徐庆全等译,《敦煌研究》,1996 年第 2 期。这是藤枝晃剔除赝品所作的关于有纪年敦煌写本时限的判断。还有把年限提前的其他说法。
④ 《释迦方志》卷下,《大正藏》第 51 卷,第 974 页中。
⑤ 《梁书》卷五一《处士·刘慧斐传》,第 746 页。
⑥ 《魏书》卷五五《刘芳传》,第 1219 页。

艺术的发展助力尤大。以北魏东阳王元荣为例，他是北魏明元帝玄孙，据考最迟至孝昌元年（525）始任瓜州刺史，直到北周取代北魏以后仍留任，曾在敦煌凿造石窟。敦煌写卷北京服46号《仁王护国般若波罗蜜多经》写于魏孝庄帝永安三年（530），据姜亮夫考定为元荣所造，题记云：

> 永安三年七月二十三日，佛弟子元□，集为梵释天王……若经一部，合三百部，并前立须乞延年……

又有写于两年后的普泰二年带有题记的三卷，一件是日本中村不折所藏《律藏初分第十四卷经》，尾题为：

> 大代普泰二年，岁次壬子，三月乙丑朔，二十五日己丑，弟子使持节散骑常侍都督领西诸军事车骑将军开府仪同三司瓜州刺史东阳王元荣……敬造《无量寿经》一百……造《摩诃衍》一部百卷……《内律》五十五卷……造《贤愚》一部……《睹佛三昧》一部……《大云》一部……①

又P.2143号卷子，是《大智度论第廿六品释论》题记，所写造经题目与前件同；另一件S.8926号是所造《维摩经》百部之一。据推断"负责为东阳王元荣抄经的是一个专门以写经为职业的组织，并有组织与领导者，只有写经者的协调与配合，才能在有限时间里抄完佛经"②。又敦煌写卷S.996号是魏太和三年（479）昌黎王冯熙所写《杂阿毗昙心经》卷六，有长篇题记，中云：

> 使持节侍中驸马都尉、羽真、太师、中书监领秘书事、车骑大将军都督诸军事、启府洛州刺史、昌梨王冯晋国，仰感恩遇，撰写十《一切经》，一经一千四百六十四卷，用答皇施。愿皇帝陛下、太皇太后，德苞九元，明同三曜，振恩阐以熙宁，协淳气

① 姜亮夫：《莫高窟年表》，上海古籍出版社，1985年，第131—132页。
② 王元军：《六朝书法与文化》，上海书画出版社，2002年，第283页。

而养寿……大代太和三年岁次己未十月己巳廿八日丙申与洛州所书写成讫。①

饶宗颐指出:

> 孝文之喜华化,似得力于母教;而魏世宫廷佛法复盛,燕之冯氏,与有力焉……冯熙一门显贵,其二女并为孝文皇后;姊即幽皇后,尝出家为尼;妹即废后,为练行尼,终于瑶光寺。②

与史书相印证,"熙为政不能仁厚,而信佛法,自出家财,在诸州镇建佛图精舍,合七十二处,写一十六部《一切经》。延致名德沙门,日与讲论,精勤不倦,所费亦不赀"③。冯熙在洛阳的写经卷子,流入西陲敦煌而存留至今。

写经作为佛门功德,当然要用工整的楷书,而楷书是后来唐代中国书法成熟期的主要成就。台静农指出:

> 楷书艺术到达最高峰,当然在南北朝的时代,尤其北朝的碑志书与写经书促进楷书艺术的成功为最有力量。当时江南还在追寻钟繇,而钟又不可得……南朝偶有刻石文字,与北朝字体,亦无异致。至于"化圆为方"的今体楷书,即智永一派的楷书,形成于梁、陈、隋三代,今能见到的开皇大业年间的碑志就颇多。④

沃兴华总结抄经楷书发展的三个阶段,即晋宋"横平竖直"的平正期(《晋人写经》、《诸佛要集经》[296]、《大涅槃经》[359]、《十诵比丘戒本》[405]等),"突出点划和结体"的险绝期(敦煌写卷 S. 1996

---

①《六朝寫經集》。
②饶宗颐:《北魏冯熙与敦煌写经——魏太和写〈杂阿毗昙心经〉跋》,《饶宗颐史学论著选》,上海古籍出版社,1993年,第484页。
③《魏书》卷八三《冯熙传》,第1819页。
④台静农:《智永禅师的书学及其对于后世的影响》,《台静农论文集》,安徽教育出版社,2002年,第310页。

《阿毗昙心经卷第六》[479]、S.1427《成实论卷第十四》[511]、S.
2067《华严经》[513]等），于6世纪中复归平正，楷书从而走向成熟
（S.1318《金刚般若波罗蜜经》[564]、S.635《佛经佛名经卷》等）①。
这个演变进程表明写经对于楷书艺术发展的贡献。到唐代，楷体
作为朝廷官文书和科举功令文字的标准字体，楷书艺术发展到
顶峰。

　　值得注意的是，南北朝时期南、北书风明显不同。这在写经里
也表现得很清楚。如戴蕃豫指出：

　　　　当夫晋室南渡，中原地带为僭伪诸国所据，魏晋书流，皆
　　出仕焉。如属于晋卫瓘、索靖一派之崔氏，传魏钟繇、晋索靖
　　之流之卢氏仕于后赵及前燕，事实班班可考也。自五胡之盛
　　也，其势渐陵江表，故书风亦渐变。昔日之魏晋者（中国正统
　　派）今变而为胡人流矣。前凉之《大云无想经》（343）犹存西晋
　　风；前秦之《譬喻经》（359，中村氏藏）例以竹针式之横画上承
　　晋人之《诸佛要集经》之技巧。西凉所书《十诵比丘戒本》
　　（405，斯坦因氏发掘）之纤劲，《法华经》（411，大谷氏发掘）之
　　丰润，乃至北凉之《优婆塞戒经》（427，大谷氏）破片，皆各具特
　　殊面目，暴露野性之热情也。反之，南朝虽正统所属，其写经
　　仅一《持世经》存，为宋元嘉廿六年书（449），其丰丽之情趣与
　　巧致之技法，殊仿佛法帖中二王之书风也。②

北朝写卷如《佛说菩萨藏经》（457），风格雄奇浑厚，明显具有刻削
意趣；而南朝写卷如上述《持世经》（449）、S.81《大般涅槃经》（506）
等，则追求表现的清朗俊逸，端庄秀丽。后来隋朝统一，北方统一
南方，但在学术上、艺术上却基本上是南方统一北方。隋、唐书法

①　参阅沃兴华：《插图本中国书法史》，上海古籍出版社，2001年，第255—
　　258页。
②　戴蕃豫：《中国佛教美术史》，书目文献出版社，1995年，第81页。

也是南书占优势。不过南、北书艺交流,包括北方写经取得的成就,对于造就隋唐书法的鼎盛,贡献不容小觑。

值得注意的还有经藏的结集,这是佛教发展的需要与成果。在印刷术发明之前,经藏是靠书写流通的。书写成规模的经藏是大工程,需要大量书手,对于书法的普及和提高必然会大有促进。僧祐《出三藏记集·法苑杂缘原始集目录序》的《经藏正斋集》里著录有《定林上寺建般若台大云邑造经藏记》《定林上寺太尉临川王(萧宏)造镇经藏记》《建初寺立般若台经藏记》等①,反映当时寺院建设经藏盛况。据《历代三宝记》记载,梁武帝天监十四年(515)于华林园总集释氏经典,又有沙门僧绍编定《众经目录》四卷,三年后经宝唱改定,计得经典一千四百三十三部三千七百四十一卷。当时佛典目录编定显然是与经籍结集同时进行的。北方大约在同一时期,北魏孝武帝太昌元年(532)至永熙三年(534)整理皇家经籍,命舍人李廓编撰《魏世众经目录》,计得经籍四百二十七部两千零五十三卷。魏收作《齐三部一切经愿文》,其中说到"皇家统天,尊道崇法……金口所宣,总勒缮写,各有三部,合若干卷"②。北周王褒也有为"奉造《一切经》藏"③所作的《周经藏愿文》。这样,南北方、教内外、公私都在热心加以搜集、整理、保藏经藏。这些辑录起来的庞大文献又要广泛缮写、流通。隋立国后,即"令计口出钱,营造经像。而京师及并州、相州、洛州等诸大都邑之处,并官写《一切经》,置于寺内;而又别写,藏于秘阁。天下之人,从风而靡,竞相景慕,民间佛经,多于六经数十百倍"④。这是朝廷主持的大规模写经,亦表明佛典流通之广泛。唐贞观九年(635)四月,奉敕于宫苑内写《一切经》。大总持寺僧智通共使人秘书郎褚遂良等附新译经

---

① 《出三藏记集》卷一二,第488—489页。
② 《广弘明集》卷二二,《大正藏》第52卷,第257页上。
③ 《大正藏》第52卷,第257页中。
④ 《隋书》卷三五《经籍四》,第1099页。

校定申奏,奉敕施行;龙朔三年(663)正月二十二日,敕令于敬爱道场写一切经典;又"奉麟德元年(664)正月二十六日敕,取履味沙门十人惠概、明玉、神察、道英、昙邃等,并选翘楚,尤闲文义,参覆量校,首末三年,又置官寮,是涂供给……写旧经论七百四十一部二千七百三十一卷,又写大唐三藏法师新译经论七十五部一千三百三十五卷,合新旧八百一十六部四千六十六卷入藏"①。后两次是在武则天为了篡权而极力推尊佛教的时候。

唐代宫廷写经,如武则天为父母写《妙法莲华经》达三千部②,可推测当时皇室写经规模之盛大。权贵阶层写经,如天宝七载(748),杨贵妃兄杨铦奉为圣主写《一切经》五千零四十八卷,般若四教天台疏论二千卷俾镇寺等③。中唐时期施行割据的魏博节度使田承嗣因为魏州开元寺"经典旧多残缺,哀彼学徒访问无所,乃写《一切经》两本,并造二楼以贮之"④。五代"释应之……保大中,授文章应制大德,赐紫。元宗喜《楞严经》,敕应之书,镂版既成,上之"⑤,等等。一般僧侣和平民百姓写经亦十分普遍。著名的如净土大师善导,利用布施所得净财书《阿弥陀经》数万卷,画《净土变相》三百余壁,近年在吐鲁番和敦煌出土的古写经中发现了善导所书《阿弥陀经》残卷。《法苑珠林》上记载隋释法藏写经传说:

> 隋鄜州宝室寺沙门法藏,戒行精淳,为性质直。至隋开皇十三年,于洛交县韦川城造寺一所……兼造《一切经》,已写八百卷,恐本州无好手纸笔,故就京城旧月爱寺写。至武德二年闰二

---

① 参阅《大唐东京大敬爱寺一切经论目》,《大正藏》第 55 卷,第 188 页下—189 页上、第 181 页上。

② 参阅启功:《武则天所造经》,《启功丛稿·题跋卷》,第 133 页。

③ 李邕:《五台山清凉寺碑》,《文苑英华》卷八五九,中华书局影印本,1966 年,第 4536 页。

④ 封演:《魏州开元寺新建三门楼碑》,《文苑英华》卷八六三,第 4554 页。

⑤《佩文斋书画谱》卷三一。

月内身患二十余日……藏师虽写余经,未写《金刚般若》……并
造《般若》得一百卷。未经三五日,临欲舍命,具见阿弥陀佛来
迎。由经威力,得生西方,不入三途。①

这反映的是一位沙门写经。又如"弘文学士张静者,时号笔工,罕
有加胜。(终南山僧法诚)乃请至山舍,令受斋戒,洁净自修,口含
香汁,身被新服。然静长途写经,不盈五十。诚料其见财,两纸酬
其五百。静利其货,竭力写之"②。这则是僧人雇用文人书写。又
岑参《观楚国寺璋上人写一切经院南有曲池深竹》诗:

> 璋公不出院,群木闭深居。誓写一切经,欲向万卷余。挥
> 毫散林鹊,研墨警池鱼。音翻四句偈,字译五天书……③

这是一位和尚凭个人力量发愿写《大藏经》。又"同官令虞咸颇知
名,开元二十三年(735)春往温县,道左有小草堂,有人居其中,刺
臂血朱和用写《一切经》,其人年且六十,色黄而赢瘠,而书经已数
百卷,人有访者必丐焉"④。这是刺血写经,以后虔诚信徒多有仿效
的。敦煌文书京辰46号《四分律删补随机羯磨》有题记:

> 午年五月八日,金光明寺僧利济初夏之内为本寺上座金
> 耀写此《羯磨》一卷,莫不研精尽思,庶教流而用之也。至六月
> 三日毕,而复记焉。

这卷经典曾认真书写近一个月;敦煌文书 P.2100 号《四部律并论
要用抄》卷上为沙门明润抄写,题记有"纵有笔墨不如法"的话,则
反映了临书态度之郑重谨慎。

---

①《法苑珠林》卷一八《敬法篇·感应缘》,第 601—602 页。
②《续高僧传》卷二八《唐终南山蓝谷悟真寺释慧超传》,《大正藏》第 50 卷,第
　689 页上。
③《全唐诗》卷一九八,第 2040 页。
④《太平广记》卷一〇〇《屈突仲任》,第 667—668 页。

　　唐人写经精品技艺不次于那些大书家的传世作品。如敦煌写卷 P.2056《阿毗昙毗婆沙卷五》，点画圆润精美，起承转折分明，笔法几近完美无缺。启功论及初唐时期的一卷《妙法莲华经·方便品》，说"此卷笔法骨肉得中，意态飞动，足以抗颜欧、褚"，他进而又说"余平生所见唐人经卷，不可胜计。其颉颃名家碑版者更难指数。而墨迹之笔锋使转，墨华绚烂处，俱碑版中所绝不可见者"①；又有《金刚般若波罗蜜经》残卷一件，他则评之为"书体精妙"，"笔势瘦健"，并题诗为赞曰：

　　　　虹光字字腾麻纸，《六甲》《西升》谁擅美。李家残本此最似，佛力所被离火水。缓步层台见举趾，日百面看益神智。加持手泽不须洗，墨缘欲傲襄阳米。②

从这样的实例，可以推测当时民间书法发达情形及其高度艺术水准。不过大量经卷是写经生或僧众抄写的，难免造成所谓"千人一面，一字万同"的程序化偏向。此外，在当时楷书已趋成熟的情况下，那种带有浓厚隶书意味的"写经体"从发展趋势看则显得有些落伍了。

　　在中国，书写和摹刻经典本来有久远传统。上古实物有相传是周、秦时代的《石鼓文》。自东汉末雕造熹平石经，到清代康熙年间刊刻《十三经》，儒家经典上石有规模又有文字可考者前后有七种。佛门刻经当然受到儒家经典上石的影响，但又具有特殊意义，取得独特成就，对于书法艺术发展的影响则远较儒家刻经可观。佛教刻石，包括碑版、摩崖、刻经和经幢，至北朝倏而勃兴，蔚为大观，成为书法艺术史上的另一大成就。

　　书法史上有"北碑南书"之说。这是指北朝盛行凿窟造像，留下大批碑版题记；南方则由隶法发展出楷书、草书、行书，出现一批

①《唐人写经残卷跋》，《启功丛稿·题跋卷》，第298页。
②《唐人写经残卷跋》，《启功丛稿·题跋卷》，第297页。

卓越书家。

　　佛教碑刻主要是指造像题记和其他各种碑碣。最具代表性的
是龙门石窟遗存,共有三千六百方左右。它们镌刻于北魏到唐代,
主要是北魏作品,约二千块。其中精品众多,有"古碑林"之称。后
人加以拣选,有四品、十品、二十品、三十品、百品以至一千五百品
等称谓①。约定俗成称"龙门二十品"②的,都是顶尖之作。留下的
刻工名字只有慧成碑的朱义章和孙秋生碑的萧显庆二人,事迹都
无从稽考,另外的大量作品出于众工之手。这二十件作品除慈香
品存慈香窟,其余十九品均在古阳洞。古阳洞窟龛造像主都是随
同孝文帝南迁的王公贵戚,因而题记文字大多比较讲究,篇幅长而
书法精。其中十四品年代可考。最早的是太和十九年长乐王丘穆
陵亮夫人尉迟氏为亡息牛橛造弥勒像记;最迟的是神龟三年比丘
尼慈香、慧政造像记;有三品年代存疑;另三品无纪年③,不过可以
肯定镌刻年代大体在上述时限之内④。以"龙门二十品"为代表的
北魏碑刻书体就是所谓"魏碑体"。这是一种由汉、晋隶书向隋、唐
楷书过渡的书体,其总的特征是结体、用笔在隶、楷之间,字形端正
大方,用笔浑朴刚健,兼有沉着凝重和雅致秀丽之美。这在当时是

---

①古阳洞北壁有光绪十六年题记曰:"光绪庚寅春,长白丰二、文十三住潜溪
　寺,拓龙门造像记共得千五百品。"
②关于这二十品包含哪些作品,诸家记录有出入,命名方式亦多歧异,如有的
　以发愿人命名,有的以追福对象命名,还有的以发愿人官爵命名,等等。今
　人宫大中以发愿人命名,按年代顺序,定名为"慧成"、"尉迟"、"一弗"、"元
　详"、"解伯达"、"高太妃"、"道匠"、"郑长猷"、"孙秋生"、"高树"、"慧感"、"侯
　太妃"、"马振拜"、"侯太妃"、"法生"、"杨大眼"、"魏灵藏"、"元燮"、"元佑"、
　"慈香"等共二十方碑文。参阅宫大中:《谈龙门二十品》,《龙门石窟艺术》,
　上海人民出版社,1981年,第205—224页。
③参阅宫大中:《二十品名称时代尺寸表》,《龙门石窟艺术》,第224页。
④其中比丘慧成为亡父始平公造像记,有造于太和十二年(488)或二十二年两
　说。这关系古阳洞开凿时间:如果能够证明此碑刻于太和十二年,则意味着
　古阳洞开凿于北魏迁都洛阳之前。

书艺的新创造,对后来书法艺术的发展影响更是广泛而深远。

今存北朝时期的墓志铭和造像碑堪称杰作的不少。墓志铭如《元羽墓志》(501)、《石婉墓志》(508)、《皇甫驎墓志》(515)、《张玄墓志》(531)等,笔意都气象雄浑,刚健凌厉,带有浓重的雕镂意味。造像碑艺术特色突出的,较早的有北魏《马鸣寺根法师碑》(523),"书用侧笔,极尽变化,茂密雄强,结构整然"①;河南嵩山会善寺《中岳嵩阳寺碑铭》(535),无撰人名,笔法颇含风致,被评为汉后唐前隶书之冠;北齐的《高叡修寺记》(557),笔法宽宏,结体精美,开唐颜真卿等先河;河北正定著名的隋《龙藏寺碑》(586),被认为是隋楷第一,"无北魏寒俭之风。此碑不仅字体结构朴拙,用笔沉挚,给人以古拙幽深之感。且自南北朝至唐,在书学的递嬗上亦影响颇大"②。这一时期的作品有些看似不计工拙的率尔之作,但结体奇肆,点画放逸;另有些风格比较拙朴,却体现出相当浓厚的审美意趣。评魏碑有一种说:"厚重、生拙和大气是碑版书法的三大特征。"③这三点也可说是北朝碑版的共同特征。作为美学追求,对后来各体书法影响巨大,特别是为隋唐楷书繁荣作了准备。

摩崖著名者有山东泰山石经峪《金刚经》、徂莱山《大般若经》以及邹县"四山摩崖刻石"(尖山大佛岭、铁山、岗山、葛山)、东平白佛山、河北邯郸鼓山南北响堂寺等地作品,皆始于北齐。泰山《金刚经》刻在泰山南麓龙泉山谷石坪上,据近年中、德学者联合实际考察,存 45 行 1390 字④,字径二尺,面积六千平方米,形体宽博疏放,凝重含蓄。"四山摩崖刻石"迄于北周,刻有《匡喆刻经颂》《大集经》《文殊般若经》《摩诃般若波罗蜜经》《如是我闻》《刻经题名》

---

①杨震方:《碑帖叙录》,上海古籍出版社,1982 年,第 134 页。
②《碑帖叙录》,第 237 页。
③《插图本中国书法史》,第 515 页。
④山东省石刻艺术博物馆、德国海德堡学术院:《山东泰山经石峪摩崖刻经及周边题刻的考察》,《考古》,2009 年第 1 期。

《观无量寿经》等，其中尖山摩崖"文殊般若"四字，字径一米余；"大空王佛"四字，字径二米余；铁山刻经字径则在 40—69 厘米之间。叶昌炽说："四山摩崖，其字径尺，妥贴力排奡，巨刃摩天扬。"[①]康有为说："四山摩崖，通隶楷，备方圆，高浑简穆，为擘窠之极轨也。"[②]这些作品风格接近魏碑，篆、隶、楷意趣交融，和隋、唐以后基本是楷书的摩崖石刻不同。

上述摩崖中已有经文。佛经上石就今存而言，以天保二年（551）阳曲一石为最早。在近年考古调查中，新发现不少，分布在河北、山东、山西等地。例如河北涉县中皇山北齐刻经，包括《十地经》《思益梵天所问经》《佛说盂兰盆经》《妙法莲华经》等，总计十三万余字；河北曲阳县西羊平村隋代造摩崖造像经龛内刻有《佛垂般涅般略说教戒经》、《妙法莲华经》的《观世音普门品》等[③]。有些石窟中，如龙门一些洞窟、河南安阳小南海石窟、四川安岳卧佛院石窟都刻有佛经。卧佛院所刻达七十余部之多。有史料记载说明朝永乐十八年（1420）在开雕南、北藏时明太祖朱棣下令刻制石经一部，安置在大石洞。这部石经是否雕造过，大石洞在何处，如今不得其详。刻经最重要的成就当属房山石经，其雕造与末法观念流行有直接关系[④]。北齐那连提黎耶舍于天统二年（566）译出集中阐扬末法思想的《大集经月藏分》十卷；八年之后（574）发生周武灭佛，成为雕造石经的机缘。这部石经发踪者是隋唐之际的沙门静

①《语石　语石异同评》卷四，第 286 页。

②《广艺舟双楫》。

③ 赵超：《古代石刻》，文物出版社，2001 年，第 206 页。详马忠理等：《涉县中皇山北齐佛教摩崖刻经调查》，《文物》，1995 年第 5 期；乔修罡、青柏：《平阴发现北朝摩崖刻经》，《中国文物报》，1995 年 7 月 6 日；刘建华：《河北曲阳八会寺隋代刻经龛》，《文物》，1995 年第 5 期。

④ "末法"是对于佛法命运依"时"划分的一种观念，即佛灭后若干世代，进入正法衰颓而僧风浊乱的"末法"时期。关于具体年代，说法不一，一般指佛灭后第三个五百年开始。

琬（?—639）。他继承师傅慧思遗愿，深惧佛法毁灭，遂拟采用传统刻石办法来保存经典。自隋大业末年在今北京市房山县云居山开始刻造石经，到贞观年间刻成《大涅槃经》。唐初刻经兴盛一时，至唐末中绝。辽代圣宗时地方官韩绍芳奏请续刻，得到朝廷支持，遂募集资财，雕造再度大规模地恢复。辽、金成为刻经的又一个兴盛期。元代曾对少数经版进行修理，但工作基本停顿，至 17 世纪完全停止。这项巨大工程前后持续千余年，参与的僧人、居士、工匠不计其数，又得到历代皇室、贵族、官僚的支持和资助，耗费人力、物力无算。辽、金是少数民族建立的政权，统治者大力尊崇佛教，施助刻经，反映这些民族接受、融入中华传统文化的总趋势。据 20 世纪实地考核统计，石经山九个洞内和云居寺南塔前地穴中分别藏有石刻经版一万五千零六十一块（其中完好的经石一万四千六百二十一块），镌刻佛典千余种、三千五百余卷，另外还有六千八百余则题记，洞外有重要碑铭八十二通。1987 年中国佛教图书文化馆影印出版《房山石经》五十六册。房山石经雕造延续时间长，在书法艺术领域取得多方面成就。

把佛经刻在石柱上，如山西太原晋祠的《华严经》石柱，是刻经的另一种形式。从初唐开始，一种样式独特的经幢开始流行，上面多数刻写陀罗尼经咒，偶有梵文和其他文字的。中晚唐时期建造经幢风行一时。晚唐毁佛，大批经幢被损毁。从保留部分看，许多都具有文献上或艺术上的价值，此不具述。

这样，在今存古代书法作品中，包括写经、刻经，佛教所创作的或与佛教相关的占有很大一部分，在书法史上占据重要地位。这是佛教留下的珍贵遗产，是佛教对于中国文化发展的又一重大贡献。

文字是记录语言的工具。汉字由于自身特点，其书法与雕塑、绘画、建筑等一样，成为独特的艺术门类。它不但发展源远流长、丰富多彩，成为中华民族大家庭各民族的宝贵财富，又流行在东亚汉字文化圈诸国，成为国际间文化交流的纽带。汉字书法作为内涵丰富、形式多样的实用艺术形式,更在民众日常生活的各个领域发挥重大作用。上述各类写经、刻经兼具宗教、审美、文化交流等多方面的意义与价值,是值得珍视、继承和发扬光大的。

（原载南开大学文学院编《文学与文化》创刊号,2010 年）

辽金元佛教与民族间的交流与融合

一

中国古代历史发展中有一个重要规律:边疆少数民族进入中原,创建政权,这一过程伴随着民族大迁徙,同时又是各民族频繁交往与密切融合的时期;这种交往与融合又给重新统一后政治、经济、文化、社会的繁荣提供了条件,作了准备,从长远看,对于中华民族的形成、巩固和发展起着重大的积极作用。同时,又有另一个重要规律:分裂割据局面往往有助于宗教勃兴,包括佛教在各民族中的传播与兴盛;而内容丰富、形态成熟的佛教不仅给各族民众提供了共同的信仰,而且在客观上成为联系、沟通各民族的精神纽带,促进了各民族之间的交流与融合。

这两个规律充分体现在中国北方民族南下的活动之中。辽、金、元三朝分别是由北方民族契丹、女真、蒙古族创建的。这三个民族的统治者南下中原,建立政权后,都把所建立的王朝归属为中国历史传统的一部分;他们自南下伊始均积极地接受佛教,立国后又都与中国历代王朝一样,实行儒、佛、道"三教并立"方针,并大力提倡、尊崇佛教。这三个民族进入中土后的发展情形不同,佛教对其所发挥的影响、所起的作用也不一样。对于这种影响与作用需作具体分析,但有一点是可以肯定的,即佛教对于提升这些民族的文明程度起了一定的积极作用,并促进了他们与其他民族之间特别是与汉族之间的交往、交流和融合。这后一方面成为决定其后来发展的重要因素。这些少数民族之所以成为中华民族大家庭的重要成员,并对中华民族的发展与巩固作出巨大贡献,佛教所发挥的作用是极其重要、不可替代的。这也是中国佛教对中华民族的重大贡献。

李济指出:

> 两千年来中国的史学家,上了秦始皇的一个大当,以为中国的文化及民族都是长城以南的事情。这是一件大大的错误,我们应该觉悟了！我们更老的老家——民族的兼文化的——除了中国本土之外,并在满洲、内蒙古、外蒙古以及西伯利亚一带:这些都是中华民族的列祖列宗栖息坐卧的地方①。

他还具体指出"1644 年以前的三次北方大入侵":"(a)匈奴—鲜卑入侵;(b)契丹—女真入侵;(c)蒙古入侵。"②其具体时间分别是公元 304—580 年、907—1235 年、1280—1368 年。但他没有提到女真后裔满族入主中国,这可算作是第四个时期。在这几个时期,北方民族南下的形势有所不同。比如,在第一个时期,形成了所谓"五胡十六国"的割据局面,而后来的蒙古人、满人则建立了元、清两个统一全中国的王朝。这些民族后来的发展状况也各不相同。比如,契丹人大部分同化到汉地居民之中了,而蒙古族和满族则作为独立的民族活跃至今。值得注意的是,从整体历史趋势看,时间

---

① 《记小屯出土之青铜器(中篇)·后记》,《李济考古学论文选集》,文物出版社,1990 年,第 962 页。
② 《中国民族的形成》,江苏教育出版社,2005 年,第 282 页。

越是靠后,少数民族政权也更自觉地归属到中国历史传统之中,所采取的统治方针、策略也更积极、全面地遵行中国历代王朝的传统规范,包括宗教政策。对待佛教即是如此:这些政权都采取了历代王朝的传统策略、做法,礼敬僧徒,兴建和维护寺院,注重发挥佛教稳固统治、辅助教化的作用。

契丹、女真、蒙古诸族和中国历史上所有北方民族一样,本来信仰形态原始的萨满教。"萨满"一语来自阿尔泰语系的满—通古斯语族,本指巫师。中土最早出现"萨满"(珊蛮)概念是12世纪中叶徐梦莘所著《三朝北盟会编》:"珊蛮者,女真语巫妪也。以其通变如神,粘罕以下皆莫能及。"[1]"萨满教"尚不具备组织化、制度化的宗教形态,但已具备作为宗教基本条件的信仰和仪式两个要素。《多桑蒙古史》在写到蒙古人的宗教信仰时说:

> 鞑靼民族之信仰与迷信,与亚洲北部之其他游牧民族或蛮野民族大都相类,皆承认有一主宰,与天合名之曰腾格里(Tangri)。崇拜日月山河五行之属。出帐南向,对日跪拜。奠酒于地,以酹天体五行。以木或毡制偶像,其名曰 Ongon,悬于帐壁,对之礼拜,食时先以食献,以肉或乳抹其口。此外迷信甚多。以为死亡即由此世渡彼世,其生活与此世同。以为灾祸或因恶鬼之为厉,或以供品,求珊蛮(cames)禳之。

对于其具体形态,作者又描述说:

> 珊蛮者,其幼稚宗教之教师也。兼幻人、解梦人、卜人、星者、医师于一身,此辈自以各有其亲狎之神灵,告彼以过去、现在、未来之秘密。击鼓诵咒,逐渐激昂,以至迷罔,及神灵之附身也,则舞跃瞑眩,妄言吉凶,人生大事皆询此辈巫师,信之甚

---

[1]《三朝北盟会编》卷三。

切。设其预言不实,则谓有使其术无效之原因,人亦信之。①

契丹人和女真人的萨满信仰情形应与此相类似。比起萨满教来,佛教的发展形态显然更为发达和进步,在仪式和实践层面,有经咒、图谶、禳灾、除害、降神、通灵、驱魔、治病、占验、预言等种种神通法术,有礼佛、斋僧、诵经、祈祷、禁戒、禅定、设坛、上供、祭祀等种种修行方式和礼拜仪式。这些既可以完全包容萨满教的内容,又体现了丰富的文化内涵和艺术性质。加之佛教是南方先进民族的宗教信仰,而南方文化是北方民族所艳羡的;佛教自身又没有排斥异教的传统,可以和这些民族固有的萨满信仰兼容并处。这样,这些民族南下迁入汉地,建立政权,与汉地居民(主要是汉族)混居,佛教毫无例外地成为这些民族所接受的汉地文化中最早、最重要的部分之一。中国佛教是中国传统文化的重要载体。这些民族接受佛教,成为其进而接触、接受汉地先进文化的重要渠道,大大有助于提高其文化水平和精神素质,并进一步促进了其与汉地民众的交流和融合。

二

唐末兴起于北方的契丹族南下劫掠,俘获僧人,即给予优遇。随着其逐步加强与南方汉地、东方新罗和西方党项族(后来的西夏)的往还,在这些地区兴盛的佛教信仰迅速在契丹人中传播。在契丹人南下建国的过程中,对渤海国的征服是一个重要步骤。《剑桥中国辽西夏金元史》指出:

----

① 〔瑞典〕多桑:《多桑蒙古史》,冯承钧译,商务印书馆,2013年,第31—32页。

作为一个稳固的东北国家的辽,是直接承自于辽东的渤海(719—926)的;在契丹人国家的建立过程中,对渤海的征服可能是比在937年获得中原的十六州更为重要的步骤。渤海是一个独立的国家,它有五京,有一个构造精巧的汉式的官僚政府,有一批精通书面汉语的精英,有一种在唐帝国的边疆出现并繁荣了两个世纪的发达的文化。①

渤海国举国虔信佛教。在其五京中,建都最久、最为重要的是上京龙泉府(今黑龙江宁安市龙京城),至今在其故地已发掘出九处佛寺遗址。渤海国成为契丹人接受佛教的一个重要途径。又据传早在唐天复二年(902),辽太祖耶律阿保机设置龙化州,安置从山西北部掠获的俘虏,已创建开教寺;后来又陆续建立了四十个左右同样的移民点,安置汉族人口,其中当然包括佛教徒。后梁贞明二年(916),耶律阿保机称帝,建立了契丹国。在他即位后第六年,"以兵讨两冶,以所获僧崇文等五十人归西楼,建天雄寺以居之,以示天助雄武"②。契丹神册三年(918),辽国开始建筑皇都(今内蒙古赤峰市巴林左旗林东镇以南波罗城),后至天显元年(926)加以扩建,于天显三年改称上京,置临潢府。该城北部皇城为宫殿群,南部是汉城,包括孔庙、佛寺和道观,至今仍保存有遗址。这样,民族迁徙与交流加强了契丹人的实力,也奠定了辽国大兴佛教的基础。正如周叔迦所言:"契丹接受汉族的文化,以佛教成为主流。"③陈垣也指出:"辽时文化本陋,惟燕云十六州为中华旧壤,士夫多寄迹方外,故其地佛教独昌,观缪(荃孙)、王(仁俊)二家所辑遗文,属佛教

---

① 〔德〕傅海波、〔英〕崔瑞德编:《剑桥中国辽西夏金元史(907—1368年)·导言》,中国社会科学出版社,1998年,第3页。
② 《辽史》卷一《太祖本纪上》,第6页。
③ 周叔迦:《中国佛教史》,《周叔迦佛学论著集》上集,中华书局,1991年,第256页。

者殆十之六七。"①契丹人建立的辽王朝按照中国传统模式建设国家,把尊信佛教作为国策,这对于其自身及此后中国的发展,都发挥了重要作用。

女真族南下建立金王朝,像是在重复当年契丹人南下的形势。女真族兴起伊始,在名义上本归属于辽国;辽天庆五年(1115),其首领完颜阿骨打统一诸部称帝,建国号"大金",仅仅经过几年,即急速扩张实力,一举攻灭辽国,把疆界扩展到从今河南、陕西中部直到甘肃东部一线,与南宋对峙,所占领的国土面积远远超过了辽国。而且按人口数量来说,当时女真人只占其所统治全部人口的十分之一。如何治理包括汉人、契丹人、渤海人、奚人等在内的各族民众就成为女真统治者所面临的重大问题。完颜阿骨打自立国起即采取包容各民族的政策,并屡有诏命,凡降伏新民,皆善为存抚。金王朝亦沿袭辽国崇奉佛教的国策,作为安定国家、安抚各族民众的重要手段;其历代皇帝广度僧尼,大造塔寺,奖掖佛教不遗余力。南宋洪皓《松漠纪闻》卷一描述:

金俗奉佛尤谨。公卿诣寺,则僧坐上坐。燕京兰若相望,大者三十有六,然皆律院。自南僧至,始立四禅,曰太平、招提、竹林、瑞像。贵游之家多为僧,衣盂甚厚。延寿院主有质坊二十八所。僧职有正、副判录,或呼司空,出则乘马佩印,街司、五伯各二人前导,凡僧事无所不统,有罪者得挞之,其徒以为荣。出家者无买牒之费。金主以生子肆赦,令燕、云、汴三台普度。凡有师者皆落发,奴婢欲脱隶役者,才以数千嘱请即得之。得度者亡虑三十万。旧俗奸者不禁,近法益严,立赏三百千,它人得以告捕。尝有家室,则许之归俗。通平民者,杖背流递。僧尼自相通及犯品官家者皆死。

①《中国佛教史籍概论》卷四,中华书局,1962年,第84页。

金代佛教文化成就突出,塔寺建造、造像壁画等都达到了相当高的水准,《金藏》的刊刻对于中国佛教的贡献尤为巨大。

蒙古人早期征服欧亚大陆,其对于世界历史发展的重大意义之一就是极大地促进了所征服地区各民族的经济、文化交流。著名历史学家汤因比指出:

> 蒙古帝国使得许多地域性文明发生了迅速的互相接触,而在此之前,这些文明在其发展中很少把自己彼此联系在一起,甚至很少知道同时代的其他文明,他们与同时代的其他文明只是通过传导性的欧亚大平原被潜在地联系在一起。①

佛教本来是蒙古人在征服欧亚大陆的过程中所接触的众多宗教之一,但后来在这个民族的发展中却起了关键性的作用。成吉思汗作为有见识的政治家和征战四方的战略家,对其所征服广大领土中的各种宗教如佛教、道教、基督教(景教)、伊斯兰教以至于摩尼教、祆教等兼收并蓄,给予平等待遇,表现出远大的眼光和开阔的胸襟。早在公元 1204 年,成吉思汗征服与回纥相邻的乃蛮部,该部深受回纥文化影响,信奉佛教;后来被蒙古人所征服的西夏和金也都虔信佛教。至窝阔台在位,把西夏故地和甘、青部分藏区分配给其次子阔端,阔端遂入主凉州(今甘肃武威),称西凉王。公元 1239 年,阔端派遣部将多达那波帅蒙古军队进军西藏,作为扩张领土政策的一环,其主要目的之一就是与当地的藏传佛教领袖建立联系,进而征服西藏。其时在西藏执掌教权的是萨迦派第四代祖师萨迦班智达(萨班)。公元 1244 年,阔端派遣使者携带信函、礼物到后藏,邀请萨班到凉州会面。公元 1247 年春天,两人在凉州举行了不仅对于蒙、藏双方,而且对于整个中国的发展具有重大历史意义的凉州会盟,商定藏区归属蒙古汗国,西藏从此正式纳

---

① 〔英〕阿诺德·汤因比:《人类与大地母亲:一部叙事体世界历史》,徐波、徐钧尧、龚晓庄等译,上海人民出版社,2001 年,第 469 页。

入中国版图。这也成为蒙元一朝尊崇藏传佛教的契机。虞集说：
"我国朝秘密之兴，义学之广，亦前代之所未有。"①蒙元帝室尊崇藏
传佛教，这在客观上对于加强汉地与藏地的联系，以及此后藏族与
内地各民族的交流、团结与融合起了关键性的作用。

　　历代蒙古统治者同样保护、支持汉传佛教。著名禅师海云印
简曾被成吉思汗、窝阔台、贵由、蒙哥等几代大汗所礼重。窝阔台
曾将其招致军营启问佛法大意，海云对其朝政亦多有建言；贵由汗
即位后，即颁诏命他"统僧，赐白金万两。师于昊天寺建大会为国
祈福。太子合赖察请师入和林，延居太平兴国禅寺，尊师之礼非
常"；蒙哥对他也"颁降恩诏，顾遇优渥。命师复领天下僧事，蠲免
差役，悉依旧制。丙辰正月奉圣旨，建会于昊天寺"②。海云嗣法弟
子众多，在朝野广有影响。其中，刘秉忠早年出家，法号子聪，通过
海云得到忽必烈推重，进位太保，参领中书省事，是元初汉官中地
位最高的。蒙古族上层信仰藏传佛教萨迦派，主要发挥其镇护国
家、祈福降祥、消灾除难、粉饰太平的作用，并利用其宗教权威来笼
络、震慑民众。其在南下经营汉地过程中，又十分注意笼络、利用
汉传佛教。元至元十三年（1276），蒙古军攻克临安（今浙江杭州），
翌年二月，朝廷即派遣僧人南下，"诏以僧亢吉祥、怜真加、加瓦并
为江南总摄，掌释教"③。元至元二十八年（1291），元朝廷在建康设
行宣政院。宣政院是蒙元朝廷里与中书省、御史台、枢密院并列的
直属于皇帝的四大机构之一，掌管全国佛教和藏族地区的军政事
务，行宣政院是其分支。后来，禅宗和净土宗在元朝都得到一定程
度的振兴，著名僧人高峰原妙、中峰明本、笑隐大䜣等受到尊崇，汉
地寺院也得到了保护和发展。

　　这样，契丹、女真、蒙古诸族在进入汉地并建立和巩固政权的

---

①《佛祖历代通载序》，《大正藏》第49卷，第477页上。
②《佛祖历代通载》卷二一，《大正藏》第49卷，第704页下。
③《元史》卷九《世祖本纪》，第188页。

过程中,不断加深与汉族的交流,这种交流与其接受汉地文化同步,而佛教在这个过程中发挥了多方面的作用与影响,有力地推进了这些民族融入中华民族大家庭的进程。

三

　　法国宗教学者涂尔干给宗教下定义说:"宗教是一种与既与众不同、又不可冒犯的神圣事物有关的信仰与仪轨所组成的统一体系,这些信仰与仪轨将所有信奉它们的人结合在一个被称为'教会'的道德共同体之内。"①佛教并不采取"教会"形态,但其作为信仰而发挥凝聚民众的作用是同样的,而民族可以说是规模更大的"道德共同体"。李亦园指出:"一般说来,宗教之存在于人类社会大致有三种功能,那就是生存的功能、整合的功能和认知的功能。"②宗教作为社会群体的实践活动,其上述三种功能是相互关联、相互促进的。就本文所讨论的问题而言,"整合的功能"具有更重要的意义。共同信仰促成人群的整合,具体而言是一个家族、一个寺院或一个僧俗结合的"社邑"的整合,进而言之,是一个民族的整合,乃至不同民族之间的整合。作为宗教核心的信仰体现了信众所一致认同的关于人生、社会和宇宙的基本价值观,这种观念又带着宗教信仰所特有的执著与狂热,必然会赋予人群以巨大的凝聚力,"宗教的每一个基本要素,诸如禁忌、崇拜、礼仪、象征,都在

---

① 〔法〕爱弥尔·涂尔干:《宗教生活的基本形式》(Emile Durkheim, *Les Formes Elémentaires de la Vie Religieuse, Le Système Totémique en Australie*, Alcan, Paris, 1912),渠东、汲喆译,上海人民出版社,2000 年,第 55 页。
② 李亦园:《宗教与神话》,广西师范大学出版社,2004 年,第 21 页。

群体内发挥着这种统一的作用"①。作为卓越的传播性宗教、世界宗教的佛教,更多地体现普世的价值观念和伦理信条,也就能够通过共同信仰在精神上把各族民众联系、统合起来,从而成为令人惊异的所谓"世界上的伟大力量之一"②。

　　南下的契丹、女真、蒙古诸族作为统治民族,其人口在所建立王朝的全部居民中只居少数。在其南下之后,与汉地原住居民混居杂处,经过不同途径,迅速地接受当地的先进文化,包括佛教。在辽金时期,佛教社邑的组织及其推动佛教信仰的普及是相当典型的现象。辽代的佛教社邑一般叫做"千人邑"③,还有根据具体目的而结成的"灯邑"、"塔邑"、"钟楼邑"、"太子诞圣邑"等。关于这些佛教社邑活动的具体情形,一般文献记载不多,但出土碑记却提供了大量材料,可据此复原其大致面貌。从这些碑记来看,他们的组织以寺院为中心,有僧、俗信众参加,一些大型社邑的参与者包括从皇室到地方官吏等统治阶层成员,主要从事修建塔寺(包括雕造石经)、礼佛斋僧等佛事活动。作为不同类型社邑的基础的则是不同民族的民众,因而它们能够发挥联系、团结各族民众的特殊作用。碑记中有关佛教社邑的最早记录是辽天禄三年(949)释志愿所撰《葬舍利石匣记》,其中说达摩登雪岭,得释迦舍利辟支佛牙,授予沙门清玿,清玿于契丹会同五年(942)来到燕京,于契丹会同八年(945)去世,将舍利付与仙露寺比丘尼定徽,于天禄三年建塔安葬。据清初周篔《析津日记》记载,石匣被菜市西居民掘得,其形

---

① 金泽:《宗教人类学导论》,宗教文化出版社,2001年,第86页。

② 〔英〕查尔斯·埃利奥特:《印度教与佛教史纲》(Charles Eliot, *Hinduism and Buddhism: An Historical Sketch*, Routledge & Kegan Paul LTD, London, 1954)第1卷,李荣熙译,商务印书馆,1982年,第344页。

③ 钱大昕《金石文跋尾》卷六举出《金石萃编》卷一一九所录五代后唐明宗天成四年(929)沙门崇仁撰《重修定晋禅院千佛邑碑》,其中明确说到"千佛邑者,合千人出钱布施之名,亦曰千人碑",认为"辽金之世,诸寺各立千人邑,见于碑刻者未易更……乃知滥觞于五代也"。

如石椁而短小,旁刻僧志愿记:

> 具书布施金钱姓名,记后有"千人邑"三字,具列大辽皇
> 帝、皇后、东明王夫人、永宁大王、燕主大王、国舅相公、宣徽令
> 主李可兴、洛京留守侍中刘晞、齐国夫人张氏男三司使道纪、
> 衙院马九、故太师侍中赵思温男延照、司徒李胤、药师奴、华喜
> 寺行仙马知让、邑头尼定徽、幼澄、喜婆。舍利六百三十三粒,
> 钦送到舍利一百一十粒。①

朱彝尊《辽释志愿葬舍利石匣记跋》考证说:

> 京师仙露寺,金人俘宋室子女置其中,见蔡𠉀《北狩行
> 录》、赵子砥《燕云录》。顾地志失载,遗踪遂不可稽。康熙二
> 十六年五月,宣武门西南居民掘地,得石匣。匣旁有记,自称
> 讲经律论大德志愿录并书,乃辽世宗天禄三年瘗舍利佛牙于
> 此,记后有"千人邑"三字,盖社名也。施主姓名首列帝、后、诸
> 王、大臣,下及童男、小女。考《辽史》世宗妃甄氏,后唐宫人,
> 帝从太宗南征得之,宠遇甚厚,及即位,立为皇后,至天禄四年
> 方册立皇后萧氏,二后同死察割之乱,并葬于医巫闾山。记刻
> 于三年,所云皇后盖指甄也。东明王者,疑是明王安端,即察
> 割之父,以功王东丹国,故曰东明王也。燕主大王者,中台省
> 右相牒蜡为南京留守,封燕王,故曰燕主大王也。国舅相公
> 者,靖安萧太后族只撒古鲁,以天禄元年为国舅帐详稳,故曰
> 国舅相公也。独赵思温子延照,史作延昭,而《通鉴》亦作照,
> 常为石晋祁州刺史,后仍归辽。余子本末,不得其详矣。又记
> 有建窣堵波之文,疑当时石匣置于塔下,塔久废而石匣仅存土
> 中,匣已无盖,其舍利佛牙又不知何时散佚也。②

---

①转引阎凤梧主编:《全辽金文》,山西古籍出版社,2002年,第27页。
②《曝书亭集》卷五一。

朱彝尊考证了自辽太宗及其皇后以下施主的姓名,他们都是这个社邑的成员,而社邑的主持者是比丘尼定徽。另一个例子是关于重修云居寺的。仕辽汉族官员王正于辽应历十五年(965)所作《重修范阳白带山云居寺碑》记载,云居寺主谦讽募千人邑,复兴云居寺,修建了库房、厨房、转轮佛殿、暖厅、讲堂、牌楼等一系列建筑。其中说:

> 今之所纪,但以谦讽等同德经营,协力唱和,结一千人之社,合一千人之心。春不妨耕,秋不废获,立其信,导其教。无贫富后先,无贵贱老少。施有定例,纳有常期,贮于库司,补兹寺缺。维那之最者,有若前涿牧天水公珣,当举六条,甚敬三宝;次则三傅陇西疑佳,披法服,亦笃佛乘,说无缘为有缘,化恶果为善果。和尚则生生世世,应报宿缘;施者则子子孙孙,共酬前原。①

又,20世纪中叶,在清理北京房山北郑村辽塔时发现了《北郑院邑人起建陀罗尼幢记》,其中记载了石经寺主讲大德谦讽所主持的社邑名录,以青白军使兼西山巡都指挥使为首,以下包括各级官员,僧人中有院主、门人,平民中有维那、邑禄、邑人,还有"在村女邑"②,即专门的妇女结社团体。此外,兴中府安德州灵岩寺最初是于辽太平五年(1025)由亡命山林而后出家的僧人联合三十三位社邑成员创建的,重熙(1032—1055)年间又两度有人组成社邑加以扩建并购置藏经,后朝廷赐号"灵岩",遂成为地方名刹③。隋唐以来,残留下来的具有原始村社性质的民众结社组织已经解体,这种

①《重修范阳白带山云居寺碑》,陈述辑校:《全辽文》,中华书局,1982年,第80—81页。

②《全辽金文》,第724—728页。

③参阅耶律劭:《兴中府安德州创建灵岩寺碑铭并序》,《全辽金文》,第622—624页。

佛教邑会形式在中原发达地区已经消失,只在边疆地区如敦煌等地仍存续下来。而在辽金时期,这种村社形式的佛教社会组织得以振兴并发挥作用,主要也是依靠各族民众统一的佛教信仰,而这种信仰又反过来促进了各民族的交往与统合。

各民族之间的大交流、大融合本是元代社会的重要特征。蔡美彪等人指出:

> 元代户口分布的另一个显著特点,就是各民族的往来迁移与杂居。蒙古建国初期,即有大批汉人迁往漠北。如史秉直所部汉人地主武装曾有十余万家迁往土拉河上。蒙古军俘掠的汉人也分布在和林、称海以致谦州等地劳作。大批的蒙古、色目官员和军户,逐渐迁到中原,以中原为家。忽必烈灭大理后,在云南建立行省,并且封皇室宗王,领兵镇住。估计约有十万以上的蒙古族因而定居在云南。元朝灭宋后,襄鄂地区的大批汉人被迁往河西西夏旧地。元属西夏的部分军户则迁居到合肥。回回、阿尔浑、康里、斡罗思等军户聚居在宣德、大同一带。江南地区商业繁盛的名城,如杭州、泉州、镇江等地,都住有大批的各族人。《至顺镇江志》记载镇江侨寓人户三千八百余户,包括蒙古、畏兀、回回、契丹、女真和汉人(北方汉人),他们并且拥有两千五百多名驱口。[1]

对此,萧启庆也指出:

> 蒙元是中国前所少见的民族大迁移和大混居的时代,民族大融合便是蒙元统治的一个结果。
>
> 元代徙入中原的各民族,族群之繁,人数之多,分布之广皆远胜前代。自族类观点言之,除去蒙古族外,尚有辽金时代已与汉族混居的契丹、女真、渤海等族,原住中国北边与西边

---

①《中国通史》第 7 册,人民出版社,1983 年,第 193—194 页。

的汪古、唐古、畏兀儿、哈剌鲁等族，更有因蒙军而东徙的中亚、西亚及东欧的各族移民，包括钦察、康里、阿速、斡罗思、大食、波斯等族，民族、宗教、文化皆极繁多。就人数而言，据估计，徙入中原的蒙古、色目人大约有四十万户，二百万口，占全国总人数的3%，比例不可谓不高。就分布而言，清赵翼早已指出，元代蒙古、色目人散居各地，与汉人相混，并无限制，因而在中原、江南分布甚广。①

成吉思汗兴兵征讨四方，靠军事征讨立国，相对来说并不重视"人"的价值。其起初进犯汉地以劫掠为主要目的，所过城池大加屠戮，并将财富、丁壮席卷而去。后来立足中原，蒙古统治阶层中又有人主张尽驱当地民户，把耕地改变为牧场。而随着不断接受汉地先进文化，蒙元统治者的思想观念得到提升，其策略也随之发生了变化。在这一过程中，佛教发挥了积极作用，如耶律楚材、刘秉忠等被重用，他们都是虔诚的佛教徒。他们贡献治国谋略，对蒙元政治施加重大影响，而其许多主张正是以佛教观念为基础的。后来忽必烈建立元朝，基本上是按中国传统政治模式治理国家，遵循中国传统文化观念，其中包括佛教的伦理原则。因此，著名英国佛教学者查尔斯·埃利奥特说：

> 甚至佛教的反对者也不得不承认它具有许多优良性质。它宣讲道德和仁爱，而且是第一个宗教向全世界——而不是向一个种姓和国家——宣称这两件事是教法的基础，如果遵守这个教法，就能获得快乐。他教化了许多民族，例如西藏人和蒙古人。它如果不是毫无例外地也至少是比任何其它伟大宗教更普遍地实行容忍和真正的超凡脱俗。它直接鼓舞了艺

----

① 《蒙元支配对中国历史文化的影响》，《内北国而外中国：蒙元史研究》上册，中华书局，2007年，第49页。

术和文学,而且就我所知它未反对过知识的进步。①

当然不可否认,对于北方民族来说,佞佛也使他们逐渐丧失了强悍的进取本性。但从发挥教化作用的角度来看,佛教对于提升这些民族的文化水准和精神素质的作用是无可替代的,故对其积极意义应予以高度评价。

宗教作为广大民众有组织的社会实践活动,对民众形成了巨大的驱动力。它不仅改造信仰者个人,而且发挥着凝聚和教化信仰群体的作用,从而影响社会与文化的发展方向和进程。接受一种宗教,参与一种宗教活动,对于一个民族及其文化发展的意义之重大是难以估量的。具体到佛教对于中国古代社会的意义,正如许里和在其名著《佛教征服中国》中所指出的:

> 佛教不是并且也从未自称为一种"理论",一种对世界的阐释;它是一种救世之道,一朵生命之花。它传入中国不仅意味着某种宗教观念的传播……修行团体与中古中国社会逐步整合(integration),这些十分重要的社会现象在早期中国佛教的形成过程中都起到了决定性的作用。②

在北方民族入主中土时期,这种整合作用特别体现在民族关系方面。值得注意的是,佛教在其传播与发展的过程中逐步实现了"中国化",已成为中国文化的有机组成部分,体现了中华民族的传统精神和文化内涵,因而历史上北方南下各民族接触、信仰佛教,又成为其接受中国传统文化、提高民族文化水准的重大步骤。近代德国神学家、思想家施韦策(又译作"史怀哲")在论及中国人的佛教信仰时指出:"首先,这当然是大乘佛教(Mahāyāna)的热情伦理赢得了中国人的同情……佛教那种慈悲伦理的崇高与内在性使他

---

① 《印度教与佛教史纲》第 1 卷,第 88 页。
② 《佛教征服中国》,第 2 页。

们陶醉了。"①契丹人、女真人、蒙古人亦如此。他们用武力征服汉地，但又毫无例外地积极接受了当地的政治、经济制度和部分生活方式，并接受了中国传统文化，包括佛教，从而主动地融入中华民族大家庭之中。在这一过程中，佛教对于中华民族的统一和巩固做出了巨大贡献。

（原载《河北学刊》第 32 卷第 5 期，2012 年）

---

① 《印度思想及其发展》，何兆武等主编：《中国印象——世界名人论中国文化》上册，广西师范大学出版社，2001 年，第 259 页。

禅宗"革命"与佛教"复兴"

　　佛教的"复兴"或"振兴"是时下有关中国佛教的一个重要话题。当前佛教在中国(特别是在大陆)的发展形势如何？是否需要"复兴"？能否"复兴"？起码就看到、听到的议论，可说是言人人殊。如果讨论起来，争执一定很多。这里仅就佛教历史发展的经验，以古例今，谈点看法。从历史上的禅宗"革命"给予的启示谈起。

　　胡适论禅宗，称禅宗为佛教的"革命"。他曾说：

　　　　总结一句话，禅宗革命是中国佛教内部的一种革命运动，代表着他的时代思潮，代表八世纪到九世纪这百多年来佛教思想慢慢演变为简单化、中国化的一个革命思想……佛教极盛时期(西元 700—850 年)的革命运动，在中国思想史上、文化史上，是很重要的。这不是偶然的。经过革命后，把佛教中国化、简单化后，才有中国的理学。①

胡适讲禅宗，一再使用"革命"这个概念。特别是讲到南宗，他称之为"南方新佛教"②，"南方'顿宗'的革命宗派"，认为"这种禅学运动，是革命的，是反印度禅、打倒印度禅教的一种革命"③，等等。他

①胡适：《禅宗史的一个新看法》，姜义华主编：《胡适学术文集——中国佛学史》，中华书局，1997 年，第 150—152 页。
②《论禅宗史的纲领》，《胡适学术文集——中国佛学史》，第 38 页。
③《中国禅宗的发展》，《胡适学术文集——中国佛学史》，第 77、93 页。

特别强调禅宗乃是佛教"中国化"的果实,在中国思想史、文化史上占有独特而重要的地位,做出了巨大贡献。同样,钱穆介绍禅宗也说:

> 禅宗的精神,完全要在现实人生之日常生活中认取,他们一片天机,自由自在,正是从宗教束缚中解放而重新回到现实人生来的第一声。运水担柴,莫非神通。嬉笑怒骂,全成妙道。中国此后文学艺术一切活泼自然空灵洒脱的境界,论其意趣理致,几乎完全与禅宗的精神发生内在而很深微的关系。所以唐代的禅宗,是中国史上的一段"宗教革命"与"文艺复兴"。①

这是钱穆《中国文化史导论》里的一段话,他特别赞扬禅宗对于文学艺术领域的贡献,同样使用了"革命"一语。

余英时在《士与中国文化》一书中也说过:修行不必在寺再加上"识自心内善知识即得解脱",不必外求,这又使禅宗的立场和新教的"唯恃信仰,可以得救"十分接近。如果"个人与超越真实之间的直接关系"(the direct relation between the individual and transcendent reality)确是近代型宗教的一个特征的话,那么禅宗和基督新教无疑同具有这一特征。禅宗也是把人的觉悟从佛寺以至经典的束缚中解放了出来,认为每一个人"若识本心,即是解脱"(《坛经》语),仅就这一点来说,我们至少不能不承认慧能的新禅宗确是中国佛教史上的一场革命运动了②。

不仅中国学者谈禅宗"革命",日本学者也有类似意见。柳田圣山是中国禅史研究的大家,他说,禅宗乃是由"印度传来的教相判释的佛教向扎根于中国民族特有的宗教意识的祖统佛教的全新的转变"。他又说:

---

① 《中国文化史导论(修订本)》,第 166—167 页。
② 参阅余英时:《士与中国文化》,上海人民出版社,1987 年,第 455—456 页。

对于所谓"禅宗"的形成,作为其革命的动机的,不正是作为最上乘的般若主义,特别是直指人心、见性成佛的立场吗?①

不言而喻,上述几位所谓"革命",不是指政治革命,是指佛教发展历史上重大的、带有根本意义的变革。禅宗是彻底"中国化"的佛教,是真正意义的"中国佛教"。一方面,它确实是在中国长期发展的佛教所形成真正巨大变革的成果;另一方面,禅宗自诩是"教外别传",是"以心传心",是真正体现"佛心"的佛教。作为宗教派别或潮流,这就确有"革命"的意味。把禅宗看作是中国佛教发展历史中的"革命",是对它的性质、意义、价值和贡献的合乎实际的判断。

这个"革命"产生的根源是甚么? 其形成的历史背景是甚么? 对于认识中国佛教的历史,对于总结佛教发展的历史经验,对于今天佛教的发展等都具有根本性质的启示意义。

从印度输入的佛教在中土扎根,真正在社会各阶层广泛传播,在思想、文化领域造成广泛影响,是从两晋之际开始的。特别是当时困于儒家章句和玄学思辨的文人士大夫,接触到具有丰富、新鲜的思想内容和文化内涵的外来佛教,真是如饥者之得食,渴者之得饮。中国人以海纳百川的胸怀接受佛教,佛教遂在中国的思想文化土壤上扎根、发展,并逐渐实现"中国化"。斯坦因说,"古代印度、中国及希腊诸种文明相互交流融合……构成了人类文化史上光辉灿烂的篇章"②。佛教输入中土,实现了中、印两大民族优秀文化传统的交流与融合,造成的影响、取得的成就是多方面的,极其巨大的。这些都详著之佛教史、文化史,此不具述。

自佛教输入中土,就步入"中国化"过程。佛教的"中国化"不

---

① 柳田圣山:《初期禅宗史書の研究》,《禅文化研究所研究报告》第 1 册,禅文化研究所,1967 年,第 57、467 页。

② 〔英〕奥里尔·斯坦因:《沿着古代中亚的道路》(Aurel Stein, *On Ancient Central-Asian Tracks*, *Brief Narrative of Three Expeditions in innermost Asia and North-western China*),巫新华译,广西师范大学出版社,2008 年,第 2 页。

仅仅体现为世界各国、各民族文化传播中一般的所谓"民族化"，而是实现佛教在中国民族文化土壤上从性质到形态的根本变革（关于这个问题，争论颇多，这里不拟展开讨论）。其中具有关键意义和作用的一方面，就是外来佛教的宗教神权必须服从世俗政权，从信仰到组织、从思想观念到生存形态适应中国专制政治体制而全面转变。东晋释道安所谓"不依国主，则法事难立"①，即表明当时的佛门领袖已经清晰地自觉到必须受庇并服务于专制皇权，佛教才有发展出路。这样，伴随着外来佛教"中国化"的过程，其"御用化"程度不断加深。佛教从而逐步融入到中国专制政治、社会体制之中。这必然带来佛教发展的种种问题与矛盾。到齐、梁时期，如从东晋立国算起仅仅过了一百几十年，佛教主流部分的腐化程度已十分严重，其内外矛盾已经成为南北王朝社会危机的重要根源。当然，南北诸王朝的破灭有诸多原因，但是佛教势力膨胀、统治者佞佛肯定是一个重要原因。专制必然带来腐败，佛教僧团也是如此。

东晋僧人道恒的《释驳论》已经描述当时僧团"营求孜汲，无暂宁息；或垦殖田圃，与农夫齐流；或商旅博易，与众人竞利；或矜恃医道，轻作寒暑；或机巧异端，以济生业；或占相孤虚，妄论吉凶；或诡道假权，要射时意；或聚畜委积，颐养有余；或抵掌空谈，坐食百姓。斯皆德不称服，行多违法"②。到齐、梁时期，帝王佞佛，权贵好佛，成为风气。梁武帝作为"菩萨皇帝"，是历史上佞佛君主的典型。他在位时期，有郭祖深，为南梁郡丞，徙后军行参军，曾舆榇上书，中谓：

　　　都下佛寺五百余所，穷极宏丽。僧尼十余万，资产丰沃。所在郡县，不可胜言。道人又有白徒，尼则皆畜养女，皆不贯人籍，天下户口几亡其半。而僧尼多非法，养女皆服罗纨，其

①《高僧传》卷五《释道安传》，第178页。
②《弘明集》卷六，《大正藏》第52卷，第35页中。

> 蠹俗伤法,抑由于此……恐方来处处成寺,家家剃落,尺土一人,非复国有。①

这是激烈指斥僧团膨胀的危害及其腐败。他又有封事说:

> 臣见疾者诣道士则劝奏章,僧尼则令斋讲,俗师则鬼祸须解,医诊则汤熨散丸,皆先自为也。臣谓为国之本,与疗病相类,疗病当去巫鬼,寻华、扁,为国当黜佞邪,用管、晏。今之所任,腹背之毛耳。论外则有勉、舍,说内则有云、旻。云、旻所议则伤俗盛法,勉、舍之志唯愿安枕江东。②

这里的"勉、舍",指徐勉、周舍,都是佞佛大臣;"云、旻"则指光宅寺法云、庄严寺僧旻,均列名梁武帝朝的"三大法师"之中。他把矛头直接指向这些教内外领袖人物,实则在指斥皇帝本人。另有荀济,与梁武帝本布衣相知。及梁台建,不得志,常怀悒怏二十余载,见梁武佞佛,寺像崇盛,以八十高龄上书,指斥佛教贪淫,奢侈妖妄,又讥刺建造同泰寺营费太甚,必为灾患。长长的表章是对佛教弊害十分详尽的揭露和抨击。如钱锺书所说:当初周朗、郭祖深等人批评佛教,"并非辟佛废释","只斥僧寺之流弊而不攻佛法为异端",荀济则"一概摈弃"③。这后一篇奏章人们耳熟能详,此不具引。北朝的情况亦类似。神龟元年(518),司空公、尚书令、任城王元澄(?—519)鉴于"灵太后锐于缮兴,在京师则起永宁、太上公等佛寺,功费不少"④,曾上表谏诤削减营造,节省功力。他本是虔诚的信仰者,揭露佛教所造成的社会危机,意在加以整肃。在他去世前一年,又有长篇论奏,专事揭露私造寺庙,滥度僧尼的弊端,其中说:

---

① 《南史》卷七〇《郭祖深传》,第 1721—1722 页。
② 《南史》卷七〇《郭祖深传》,第 1720—1721 页。
③ 钱锺书:《管锥编》第 4 册,中华书局,1979 年,第 1455—1456 页。
④ 《魏书》卷一九中《景穆十二王列传中》,第 480 页。

　　然比日私造，动盈百数……都城之中及郭邑之内检括寺舍，数乘五百，空地表刹，未立塔宇，不在其数……今之僧寺，无处不有。或比满城邑之中，或连溢屠沽之肆，或三五少僧，共为一寺。梵唱屠音，连檐接响，像塔缠于腥臊，性灵没于嗜欲，真伪混居，往来纷杂。下司因习而莫非，僧曹对制而不问。其于污染真行，尘秽练僧，薰莸同器，不亦甚钦！往在北代，有法秀之谋；近日冀州，遭大乘之变。皆初假神教，以惑众心，终设奸诳，用逞私悖。太和之制，因法秀而杜远；景明之禁，虑大乘之将乱……昔如来阐教，多依山林，今此僧徒，恋著城邑。岂湫隘是经行所宜，浮喧必栖禅之宅，当由利引其心，莫能自止……非但京邑如此，天下州、镇僧寺亦然。侵夺细民，广占田宅，有伤慈矜，用长嗟苦。且人心不同，善恶亦异。或有栖心真趣，道业清远者；或外假法服，内怀悖德者。如此之徒，宜辨泾渭。若雷同一贯，何以劝善……①

　　这是一位虔诚信仰者同时又是统治阶层一员提出的看法。包括其中指出的太和年间法秀"大乘匪"利用弥勒信仰的叛乱，揭露佛教无限制膨胀造成的社会危机。至于庞大的寺院经济对于民众的侵夺，对于国计民生的损害，文献里有众多材料，毋庸赘述。总之，佛教的窳败不仅成为众多社会矛盾的根源，其弊患对于专制统治体制已造成严重威胁。

　　还有一个层面，就是佛教教理在中国思想学术环境中发展，形成一批义学师说即中国佛教独创的学派。南北朝时期具有高度内外学素养的义学沙门的义疏之学，无论是内容还是方法都对中国思想、学术作出重大贡献，其价值与意义是必须给予充分估价的。但这是上层僧侣的脱离民众信仰的经院学问。本来对于宗教来说，教理的说明与论证是为树立信仰服务的，可是这种高度形而上

①《魏书》卷一一四《释老志》，第3044—3046页。

的烦琐思辨的义学师说却成为信仰的反动,也是思想贫乏的表现。顾随曾说:

> 宗教哲理,陈义愈高,析理愈细,即索解愈难,去人愈远;
> 而其自身亦由是而孤立,而衰颓,而渐灭矣。①

另一方面,在中国等级社会的环境中发展的佛教,民间他力救济的信仰形态十分兴盛。特别是在南北朝乱世里,祈福消灾、诵经礼忏、造寺兴像风气盛行,守旧的禅修则宣扬、鼓吹神通灵异。如玄高"隐居麦积山。山学百余人,崇其义训,禀其禅道",后来被摈斥到河北林阳堂山,徒众三百,禅慧弥新,据说"磬既不击而鸣,香亦自然有气。应真仙士,往往来游。猛兽驯伏,蝗毒除害"。玄高学徒之中优异者百有余人,其中玄绍,"学究诸禅,神力自在",据说也灵异异常,"手指出水,供高洗漱,其水香净,倍异于常。每得非世华香,以献三宝"②。这种低俗的信仰,成为辅助统治、迷惑人心的手段,是与大乘佛教的根本精神相违背的。

这样,在政治、经济、学理等种种层面,到南北朝后期,佛教的发展形势显然严重背离了佛陀创教的本怀,脱离了民众真正的信仰需求,陷入重重困境,面临严重挑战。这种状况受到教内外有识之士的批判与抨击,也引起某些世俗统治者的限制和弹压。在后一方面,重大的打击是北魏和北周两个王朝先后禁毁佛法。当然,两个朝廷毁佛的起因很多,但佛教自身的腐败应是主要原因之一。同时在佛教内部也出现摆脱危机与挑战的努力。典型的表现如三阶教、简易的净土法门的兴起,一批内容浅俗、行文简洁的伪经出现和流通,等等。它们都具有某种"宗教革命"的意味。这样,佛教变革已经成为一种需要,一种潮流。佛教必须"革命",才有发展出路。禅宗从而因应形势而兴起。创建禅宗的祖师们是自觉或不自

---

① 顾随:《揣龠录》,《顾随说禅》,上海古籍出版社,1998年,第51页。
② 《高僧传》卷一一《释玄高传》,第409—410页。

觉地为摆脱佛教面临的危机和困境而做出努力的。

　　到南北朝后期，佛教内部已经逐渐形成由游行民间的下层僧众主导的一种革新潮流。这些人与北朝的昙鸾，南朝的法云、僧旻等御用名僧或义学沙门不同，也与玄高、跋陀、僧稠、僧实等守旧派禅师不同。本来在南北朝社会动荡中，破产失业的流民是影响政治、经济、文化动向的重大社会力量。在中国佛教发展的这一关键时期，正是活跃在流民中的下层僧侣引导了佛教革新的潮流。那些为谋取生路而披上袈裟的流民，不熟悉也不会热衷义学沙门的经院义疏之学，他们没有可能和机会隐居山林、坐守枯禅，他们也不会凭借宣扬灵异、炫耀神通赢得统治者的信重。他们自谋衣食，度过朴素简单的头陀生活；他们把烦琐的义学思辨简单化，实行简易的禅修方式。除了这类破产流民中的游僧，还有乱世中被逼迫到社会边缘的知识分子出家为僧，他们具有一定文化素养，能够在佛教教理上作出新的发挥。后来被禅宗奉为初祖的菩提达摩，实际即是游行民间的头陀僧的代表。据传他所作的《二入四行》即概括了革新的禅观和禅修方式。禅史上记载达摩以下弟子辈的活动，表明禅的革新已渐成潮流。到隋末唐初，如杜继文形容：

　　　　禅僧聚众，或游动，或山居，到隋唐之际，可以说是遍地皆是，官方一般视作危险而又无法根本制止；禅众们则惶惶不安，游离于合法与非法之间。①

正是在这种形势下，禅史上所说的四祖道信和五祖弘忍出来，在当时还十分荒僻的长江北岸的黄梅山林聚集徒众，组成新型僧团，一个革新的教派从而创建起来，后来把这个教派称为禅宗。

　　吕澂曾指出：

　　　　道信住在双峰山的时间那样长，徒众那样多，在史传中却

────────────
①杜继文、魏道儒：《中国禅宗通史》，江苏古籍出版社，1993年，第104页。

看不到有甚么官僚豪门的支持,而是用自给自足的方法解决
生活问题,这与当时居于城市依赖权贵的佛徒是不同的。①

这样,这个革新宗派,第一,不同于南北朝"御用化"的贵族佛教,它
不依附、服务于朝廷、权贵,而是由下层僧众组成的、面向民众的;
第二,这一派禅僧不再作受众人供养的"僧宝",而是自力更生、自
我修行的普通人。据传四祖劝诸门人说:"能作(作务)三五年,得
一口食塞饥疮,即闭门坐。"②即僧众亲自劳作,谋取衣食。经济上
保持自给自足,活动上才能保持一定的独立性;第三,道信、弘忍师
弟子弘扬一种坐禅守心的新禅法,把修证人生化、简易化,乃是对
六朝以来发达的义学师说的反动;第四,这种新禅法摆脱神通灵异
的迷信,主张自力解脱,体现对于人性的信心,具有鲜明的道德教
化性质。总之,道信、弘忍代表的新派禅师们一举而截断众流,倡
导一种"一切心为宗"的全新宗义和简单易行、直截了当的学风和
宗风。这种新潮流一经出现,就体现强大的生命力,不仅造成佛教
内部的重大变革,更逐渐形成为一个声势浩大的思想文化运动,以
至在后来一段历史时期里,禅宗在佛教诸宗中几乎是一家独大,特
别是对当时和后世的思想、学术、文化各领域造成极其巨大而深远
的影响。

值得注意的是,新佛教的建设与发展是充满矛盾的。这特别
体现在所谓南北宗的对立与斗争之中。概括地审视这一斗争,仍
和佛教发展的总体环境相关联。道信、弘忍创立的新兴宗派,在唐
初动荡社会环境形成相当巨大的、关系社会安危的势力,统治者不
能不采取对策,加以笼络、利用。其声势正大,又适值武则天阴谋
借助佛教势力来夺取、稳固政权。举措之一就是积极地利用新兴

---

① 吕澂:《中国佛教源流略讲》,《吕澂佛学论著选集》第 5 卷,齐鲁书社,1991
　年,第 2754 页。
② 《传法宝纪》,柳田圣山校注:《初期の禅史》I,筑摩书房,1985 年,第 380 页。

的禅宗。从武则天在位晚期到玄宗开元初期,弘忍弟子神会及其门徒义福、普寂等有声望的禅师纷纷被召请入都。这个新教派从而由遁迹山林转而进入宫廷,普寂等禅师占据两京地区大寺,接受朝廷和重臣、后妃、宦寺的供养。这样,这个新兴的宗派就在相当程度上失去了革新性质。与之相对照,弘忍的另一位弟子慧能,在荒僻的岭南开创后来所称的"南宗"禅,继承、发扬道信、弘忍黄梅僧团的山居修道、沉迹民间的传统。慧能当初以卖柴为生,来到弘忍门下服踏碓这样辛苦的粗重劳役,实际是个谋取衣食的流民。弘忍当初正是大量收容这类流民,才组织成规模巨大的僧团的。慧能离开黄梅,"退藏于密",在岭南"混农商于劳侣"①,实际还是逃避赋役、四处奔波的流民身份。他终于在岭南集合信众,造成声势,其群众基础还是那些谋取衣食的流民。当然,在大唐帝国领域之内的佛教不可能脱离或拒斥朝廷和当权者的管辖和供养。但南宗一系显然更多保持明显、突出的民众性格,更多代表社会下层的观念和利益。南宗在与北宗的较量中终于取得胜利,也是佛教的"革命"再度取得胜利。杜继文说:

> 南宗理直气壮地以卑贱的愚民形象站立起来,同出身高贵、儒学传家的同行们公然对立,其意义大大超过了禅宗本身的范围,而与隋唐以来社会整体的经济结构、阶级结构和政治结构的变化有密切关系。事实上,一部禅宗史,也可以看成是一部社会史的投影。②

禅宗"革命"让人们联想起欧洲天主教历史上马丁·路德的"宗教改革"。或许借用"宗教改革"来说明禅宗更为适宜。从比较宗教学的角度看,两者确有可"比较"之处。禅宗作为佛教的"革命

---

① 王维:《能禅碑并序》,陈铁民校注:《王维集校注》卷九,中华书局,1997 年,第 817 页。
② 《中国禅宗通史》,第 138 页。

运动"兴起,与造成欧洲新教"革命"的主客观条件多有类似之处。15 世纪欧洲的文艺复兴运动鼓动起人本主义和人文主义思潮,罗马天主教的精神统治随之动摇。欧洲中世纪的教会不仅禁锢人们的思想,阻碍科学的发展,同时对民众勒索盘剥无所不用其极,如征收所谓"十一税"和传教费、圣水费、祈祷费、埋葬费等。特别是教皇利奥十世以修建罗马圣彼得大教堂为名,出售"赦罪符"来搜刮民财,成为宗教改革的导火索。革新的先驱人物是捷克人约翰·胡司。他在平民中活动,宣扬在上帝眼里,一个有道德的贫苦农民比一个富有而犯罪的主教要高尚得多。他抨击教会的专制、腐化,反对农奴剥削制度和苛捐杂税。虽然他最终被宗教裁判所判处火刑,但他播下的宗教改革的种子却生生不息地传播开来。宗教改革的首倡者是德国人、铜矿工人的儿子马丁·路德。1517 年,罗马教廷派人到德国推销赦罪符,他起而率众反对,继而用拉丁文写出九十五条批评教廷、改革教会的意见书,其核心主张是"信仰可以获救"。即是说,只要虔诚地信仰上帝,苦读《圣经》,忏悔自己,无需通过圣徒,也不需要付钱给教会,就可以"通上帝"。他要求消减教会的苛捐杂税,反对奢侈、烦琐的宗教仪式,提出建设"廉价教会",主张读经、讲经的自由。马丁·路德的宗教改革起初得到德国世俗王公们的支持,不过受到形势发展限制,没能深入进行下去。它所引发的一场由闵采尔领导的农民革命运动也被镇压下去了,但其影响却相当巨大和深远。到 16 世纪中期,宗教改革运动以更大的声势兴起。法国人加尔文及其追随者把改革运动引向深入。他们批判天主教宗教神学,主张回归到《圣经》的立场,强调上帝对人的普遍的爱,在上帝面前人格平等、意志自由;鼓励人们努力、体面地劳作,反对懒惰;提倡"给予"和"付出",爱人如己;强调谦卑,"敬畏耶和华是知识的开端,愚妄人藐视智慧和训诲"①;把"仁爱、喜乐、和平、忍耐、

①《旧约全书·箴言》第 1 章第 7 节,《圣经》(和合本),第 504 页。

恩慈、良善、信实、温柔、节制"等伦理原则视为"圣灵所结的果子"①。另一方面,认为每个人的人生之路就是朝圣之旅,在这个旅程中始终需要抵制来自罪恶世界的诱惑,作为上帝的"选民",就会得到进入天国的"恩宠"。这就创造出一个新兴教派"新教"或称"清教"。这个革新的教派在不否定对上帝信仰的仁慈回应的同时,更加强调人的深层次的心灵体验,这是"一种深刻的、一切都归因于《新约》的个人的宗教;它与任何政府无关,也几乎不对任何大的信徒团体的组织负有义务"②,因此它常常被称为"心灵的宗教"③。如马克斯·韦伯所指出:"寻求上帝的天国的狂热开始逐渐转变为冷静的经济德性;宗教的根慢慢枯死,让位于世俗的功利主义。""在任何情况下清教的世界观都有利于一种理性的资产阶级经济生活的发展(这点当然比仅仅鼓励资本积累重要得多)……它哺育了近代的经济人。"④历史事实表明,新教的形成和传播、发展成为资本主义的重要精神动力和伦理保障。

这样,无论是相信平凡人的"内心"具有超越的能力而否定政治权威和"他力救济",还是反对教会的经济盘剥而强调教团自力更生,欧洲的新教"革新"与早期禅宗都相类似。这种类似体现了人类宗教发展的普遍规律。

不过,禅宗后来的发展形势却与欧洲新教大不相同。经过革新的新教逐步普及到整个西欧,造成天主教历史上的大分裂;传入

---

① 《新约全书·加拉太书》第 5 章《顺着圣灵而行》第 22—23 节,《圣经》(和合本),第 168 页。

② 〔英〕约翰·布克主编:《剑桥插图宗教史》(John Bowker, *The Cambridge Illustrated History of Religions*),王立新等译,山东画报出版社,2005 年,第 255 页。

③ 参阅《剑桥插图宗教史》,第 254 页。

④ 〔德〕马克斯·韦伯:《新教伦理与资本主义精神》(Max Weber, *Die Protestantische Ethik und der Geist des Kapitalismus*),于晓、陈维纲等译,陕西师范大学出版社,2006 年,第 102,100 页。

英国之后,给工业革命提供了精神支柱。西欧各国教会纷纷脱离罗马教廷,宗教改革从而成为资本主义革命的精神准备的一部分。新教普及到整个欧洲和北美,成为西方世界的民众宗教,至今仍在发挥重大的积极作用。但是,如前所述,到武则天时代,"东山法门"已进入宫廷;许多禅宗大德得到朝廷礼重;中唐以后,禅宗内部发生分化,分成众多派系,这些派系大都托庇于各地强藩大镇,许多作为派系领袖的祖师重又融入到统治阶层之中。在信仰层面,禅宗则回归教门,"禅教合一"、"禅净合一"成为潮流。吕澂指出:

> 禅宗思想到赵宋一代,有了较大的变化……其后能继续存在的几派,都是依赖统治者的支持的,当时著名的禅师经常与官僚等周旋,接触上层人物,这就使原来禅宗居住山林常同平民接触而形成的朴素作风丧失殆尽(本来从五代以来已丧失不少),其基本思想亦积极向主观唯心论方面发展……此种思想可说是和统治者的需要契合无间的。①

这样,作为宗教"革命"的禅宗实际是破产了。当然,禅宗的历史发展并不是单线的,后来的成就与贡献不可泯灭。特别是在思想、文化领域,禅宗积累大量有价值的遗产,后来一直持续地发挥作用。关于这个方面,这里不烦赘述。不过从历史发展总体说,禅宗后来虽然传承有序,却已失去了当初的革新精神,也不再能够发挥当初那种积极的社会作用了。

禅宗历史发展的这种曲折变化,提供的历史教训是多方面的。黄仁宇在评价李贽时曾说:

> 他的学说破坏性强而建设性弱。他没有能创造一种思想体系去代替正统的教条,原因不在于他缺乏决心和能力,而在于当时的社会不具备接受改造的条件。和别的思想家一样,

---

① 《中国佛教源流略讲》,《吕澂佛学论著选集》第5卷,第2830—2831页。

当他发现自己的学说没有付诸实施的可能,他就只好把它美术化或神秘化。①

禅宗也类似,它的理论即禅思想否定方面强而建设方面弱。究其原因,并不决定于禅宗祖师们的思想境界,而在于中国古代社会不存在欧洲文艺复兴那种孕育新的思想理论和社会潮流的经济基础和文化传统。经过禅宗"革命"的中国佛教终于回归到依附世俗政权的"御用佛教"、"贵族佛教"的道路上来,这也是在中土环境中佛教发展的"宿命"。

宋元以降,多数名声显赫的大僧又如南北朝那些高级沙门一样,成为社会统治集团的一部分。其中不少人积极参与政治,例如宗杲参与抗金斗争、宗衍参与明初政争,他们发挥的具体作用不同,但积极参与世事则一,他们作为统治阶级上层重要成员的身份也一样。宋代以降的所谓禅寺,也失去了当初丛林的农禅精神与特色,成为盘剥民众的寺院经济实体。由于"禅净合一"成为民众佛教的主流,求福消灾,以至卖罪买福的低俗迷信流行,信仰也就失去了活泼的生机。

韦伯曾指出:

> 要判断一个宗教所体现的理性化阶段时,可以运用两个在很多方面互相联系的尺度。其一是,这个宗教摆脱巫术的程度;其二是,这个宗教将上帝和世界之间的关系,以及由此而来的这个宗教自身与世界的伦理关系,有系统地统一起来的程度。②

徐复观也曾说:

---

① 黄仁宇:《万历十五年》,中华书局,1982年,第223页。
② 〔德〕马克斯·韦伯:《儒教与道教》(Max Weber, *Konfuzianismus und Taoismus*, *Gesammelte Aufsätze zur Religionssoziologie*, Tübingen: Mohr, 1978)第8章《结论:儒教与道教》,洪天富译,江苏人民出版社,1995年,第256页。

　　　　只有人文中的人生价值,亦即是在道德价值这一方面,才
　　与宗教的本质相符,可以发生积极地结合与相互的作用。没
　　有人的主体性的活动,便无真正地道德可言。宗教与人生价
　　值的结合,与道德价值的结合,亦即是宗教与人文的结合,信
　　仰的神与人的主体性的结合;这是最高级宗教的必然形态,也
　　是宗教自身今后必然的进路。[1]

用这样的标准来衡量,禅宗"革命"与欧洲宗教革新在成果、所发挥
的历史作用等方面,相差得是太悬远了。而这正体现在中国专制
政治体制之下宗教(包括道教和各种民间宗教、民间秘密宗教)存
在的必然形态。

　　在当下,如何认识、阐发佛陀创教的本怀,建设韦伯所说的"理
性化"的宗教、徐复观所说的"与人生价值的结合,与道德价值的结
合"的"高级宗教",仍然是具有重大挑战性的课题。百多年来,僧、
俗有识之士意识到这样的形势,曾为"振兴"佛教作出种种努力。
包括居士阶层唯识学的振兴,"人间佛教"的提倡,等等。这种努力
直至如今迄未停止。而中国佛教的前途如何,端在看这种努力的
结果如何。这不仅需要认识、观念、方策,需要僧俗共同持久的奋
斗,更重要的还决定于佛教生存的社会环境。

　　本论文参考书目:

印顺:《中国禅宗史》,(台北)正闻出版社,1971年。

吕澂:《中国佛教源流略讲》,《吕澂佛学论著选集》第5卷,齐鲁书
　　社,1991年。

李泽厚:《美的历程》,《美学三书》,安徽文艺出版社,1999年。

杜继文、魏道儒:《中国禅宗通史》,江苏古籍出版社,1993年。

---

[1] 徐复观:《中国人性论史·先秦篇》,李维武编:《徐复观文集》第3卷,湖北人
　民出版社,2002年,第46页。

〔日〕柳田圣山:《初期禅宗史書の研究》,《禅文化研究所研究报告》第 1 册,京都禅文化研究所,1967 年。

姜义华主编:《胡适学术文集——中国佛学史》,中华书局,1997 年。

〔德〕马克斯·韦伯:《儒教与道教》,洪天富译,江苏人民出版社,1995 年。

〔美〕杰米·霍巴德等主编:《修剪菩提树:"批判佛教"的风暴》,龚隽等译,上海古籍出版社,2004 年。

汤用彤:《汉魏两晋南北朝佛教史》,中华书局,1983 年。

钱穆:《中国文化史导论(修订本)》,商务印书馆,1994 年。

(原载香港中文大学学愚主编《佛教思想与现代诠释》,香港中华书局,2014 年)

南宋观音信仰与佛教的中国化

一

宋代步入中国历史研究中的所谓"近世"时期,从社会结构到思想、文化发生巨大转变。宗教领域也是如此:道教新教派"全真道"兴起,各种民间宗教教派逐渐兴盛,佛教则隋唐以来兴旺发达的诸宗派衰落,禅、教融合,"禅、净合一"成为主流形态。宗教整体发展趋势鲜明体现民间"小传统"的发展。具体体现在佛教,则一方面官僚文人居士的"禅佛教"得以延续,在思想、文化领域发挥影响;另一方面则民间信仰发达,所谓"家家阿弥陀,户户观世音",特别是西方净土信仰和观音信仰广泛普及民间。这种信仰甚至超越佛教,被融入道教和民间教派和民间信仰之中,形成"泛佛教"的潮流,对于社会生活和民众精神世界造成巨大影响。净土信仰给人提供"来生之计",解决"终极关怀"的问题;观音信仰则提供现世救济和现实福利,更是生计艰难、患难重重,有常常在死亡线上挣扎的民众可以仰赖的神明,受到他们的信重。这样,在民众信仰实践中,观音成为佛陀救济精神的代表、佛法的具体体现者,取得不次于甚至超越佛陀的地位。

公元3世纪竺法护翻译《正法华经》，观音和观音信仰输入中土，立即得到广大民众的普遍信重。观音大慈大悲，对身陷苦难的人应声往救，帮助人"避七难"（水、火、罗刹、刀杖、恶鬼、枷锁、怨贼，或加上"风"为"八难"），"离三毒"（贪、嗔、痴），"满二求"（求男得男，求女得女），这就具有宗教学上"救世主"兼"生育神"的品格。随着净土信仰在中土传播，观音又作为阿弥陀佛的胁侍，成为往生净土的接引佛；又随着古密教和唐代瑜伽密教观音输入，这些变形观音更是法力无边，不仅救苦救难，还具有镇护国土的功德，从而受到历代朝廷的大力推重。这样，观音信仰成为佛教信仰的核心内容之一，深入民心，在民众中扎根，打下佛教在中土生存的牢固基础。因而即使宋、明以来历朝中央集权体制强化，采取措施对宗教加以禁限，思想意识领域理学统治强化亦对佛教形成抵制，具有广泛、牢固的群众基础的观音信仰却一直兴盛不衰，成为支持佛教慧命的重要力量。

观音信仰得以在民众间广泛、持久地兴旺发达，一方面决定于这一外来神明的全面、超强的救济功能。在中国"他力救济"观念贫乏的传统中，观音的现世救济功德适应民众的宗教需求，得到人们的欢迎。另一方面，又因为观音作为佛教信仰对象实现了十分彻底的"民族化"、"民俗化"，从而能够更顺畅地被民众接受，融入社会生活之中。本来佛教在中国能够扎根、发展，一个重要条件是它逐步实现了"中国化"。观音和观音信仰"民族化"、"民俗化"正是"中国化"的具体体现，乃是佛教神明"中国化"的范例。

宋代佛教在民间传播，乃是观音"民族化"、"民俗化"急速深化的时期。这在佛教总体发展趋向衰落的形势中，成为维护其弘传与发展的重大力量。

二

　　《法华经·普门品》里的三十三观音,实际是说观音救苦救难方便示现为无数化身。后来陆续输入古密教和瑜伽密教的《观音经》,其中包括供奉十一面观音、如意轮观音等变形观音的仪轨和造像。这还都是外来的观音。自南北朝后期,根据观音化身示现观念,陆续创造出一批本土的变形观音,如杨柳观音、送子观音、水月观音等。随着观音信仰"民族化"进程加深,到宋代,又创造出更多这一类观音。她们体现的观念是本土的,形貌也全然是民族的。她们成为民众观音信仰的主体部分,体现其"民族化"的深入程度。

　　宋代是创造本土变形观音的鼎盛时期。四川大足石刻中有"笑面观音"、"日月观音"等;四川峨嵋白龙洞和杭州飞来峰有"数珠手观音"①;文献里还有"十生观音"②、"涟水观音"③、"时山观音"④等。据邓之诚记载,杭州银山门外皋塘乡辨利禅院,为宋时古刹,所藏观音像为寺中珍藏,同治年间尚存五六十枚,如冠九官浙时,加以访求,合之旧藏,得百六十余帧,中有吴道子、唐六如等名笔,直到民国八年(1919)改建狼山观音院时,仍以百余帧张之四壁⑤。又南宋绍兴十一年(1141)作"十圣观音",即净瓶观音、宝篮

---

①《大足石刻内容总录》,四川省社会科学出版社,1985年;姜亮夫:《莫高窟年表》,上海古籍出版社,1985年;骆坤琦:《峨嵋山与佛教文化》,《世界宗教研究》,1992年第2期。
②释觉范:《十世观音应身传》,《石门文字禅》卷三〇。
③释觉范:《涟水观音画像赞》,《石门文字禅》卷一八。
④周紫芝:《时山观音神像》,《太仓稊米集》卷六〇。
⑤《古董琐记》卷六,邓珂增订、点校本,中国书店,1991年,第187页。

手观音、宝经手观音、宝扇手观音、杨柳观音、宝珠手观音、宝镜手观音、莲花手观音、如意轮观音、数珠手观音①。这是一组民间创造的观音的组合。南宋洪迈的《夷坚志》里屡屡说到"入定观音"、"白衣观音"②等。显示观音"民族化"深刻程度最为典型的分别有香山观音和送子观音。她们创造在南宋之前，到南宋开始广泛流行。

香山观音是纯粹本土的千手观音成道故事，把观音描绘成实践中土伦理的孝女的典型：她本是一位公主，自幼好佛，出家修道，受到父王的种种阻拦、迫害，却施手眼救治了父王的不治之症，终于证道为大悲观音。河南汝州香山（在今宝丰县城东十五公里大、小龙山之间，今存香山寺，传为唐建，历代屡经修葺）被传为前已讲到的香山大悲证道之所。相关传说早在北宋时期已广泛流行于民间，第一个记录者是蒋之奇。据南宋朱弁记载：

> 蒋颖叔守汝日，用香山僧怀昼之请，取唐律师弟子义常所书天神言大悲之事，润色为传。载过去国庄王，不知是何国王，有三女，最幼者名妙善，施手眼救父疾。其论甚伟。然与《楞严》及《大悲观音》等经颇相函矢……而天神言，妙善化身千手眼，以示父母，旋即如故，而今香山乃是大悲成道之地。则是生王宫，以女子身显化。考古德翻经所传者，绝不相合。浮屠氏喜夸大自神，盖不足怪。而颖叔为粉饰之，欲以传信后世，岂未之思耶！③

颖叔名之奇，《宋史》卷三四三有传，其守汝在元符（1098—1100）年间，亦即他的晚年。他是虔诚的观音信仰者。据上述朱弁记载，蒋之奇是根据唐代律师道宣弟子的记录加以润色写成新的《香山大

---

①《大足石刻内容总录》，第 320—321 页。
②《夷坚支景》卷三《观音二赞》，第 904 页；《夷坚支丁》卷一《王百娘》，第 969 页；卷七《余干谭家蚕》，第 1023 页；等条（洪迈：《夷坚志》，何卓点校，中华书局，1981 年）。
③《曲洧旧闻》卷六。

悲传》的。但今传《道宣律师感通录》里不见此事。按情理说,这样的故事也应出在盛唐大悲信仰盛行之后,说它出自道宣应当是附会。与蒋之奇大约同时的张耒有《书〈香山传〉后》一文说:

> 佛法自东汉明帝时始入中国,而此传天人所称庄王者,以为楚王,则时未有佛。所谓观世音者,比丘之号,无从而有,与史载不合。然未可废也。予尝读《宣律师传》,其载天人语甚多,有一天人说周穆王时佛至中国,与《列子》所载西极化人之事略同。不知子寓言耶?抑实事也?①

这表明张耒已见到《香山传》一书。这个《香山传》应即是蒋之奇加以润色的原本。但张耒接下来说的《宣律师传》载天神言及佛入中国事,则与香山观音无关。大概是僧侣(如怀昼者流)为故神其说而将两事捏合在一起传给蒋之奇了。蒋的《香山传》曾流传后世。南宋初张守有《余旧供观音比得蒋颖叔所传〈香山成道因缘〉叹仰灵异因为赞于后》诗曰:

> 大哉观世音,愿力不思议。化身千百亿,于一刹那顷。香山大因缘,愍念苦海众。慈悲示修证,欲同到彼岸。受辱不退转,是乃忍辱仙。抉眼断两手,不啻弃涕唾。欻然千手眼,照用无边际。至人见与执,不在千手眼。②

至南宋初,祖琇记载道宣问天神以观音大士缘起、告以庄严王女妙善修道化示千手千眼圣像事,其中有道宣与天神的对话:

> (道)宣又问:"菩萨处处化身,岂应独在香山耶?"神曰:"今震旦境内,唯香山最殊胜。"山在嵩岳之南二百里,今汝州香山是也。③

---

① 《柯山集》卷四五。
② 《毗陵集》卷一〇。
③ 《隆兴佛教编年通论》卷一三,《续藏经》第 75 册,第 176 页上。

这同样应是后出的附会。综合这些记载可以推测,起初所传故事虽是以妙善成道为中心,但重点似在说明圣像形成的因缘,本属于民间传说中所谓"史事传说"一类。大概香山其地的寺院供养观音,有观音造像,僧侣们为神化寺院而编造出故事,编造过程中利用了民间传说材料。在后来流传中,又把香山成道故事时间提前了,甚至有提到北齐天保(550—559)年间的。道光《河南通志》和《汝州全志》上还有香山寺观音塔是熙宁(1068—1077)年间重修或新建的记载。又《宝山县志》卷十五记录有《汝州香山大悲菩萨传》一书,有注曰:"存在香山寺内,蔡京书,元符三年(1100)九月刊,至大元年(1308)七月重刊。"元符三年正是蒋颖叔作传的时候,说蔡京同时书传,别无它据。但这里说的元代有《香山传》传世则是值得注意的。俞正燮曾说"元大德丙午岁(1306)赵魏公管夫人书刊《观世音菩萨传略》"①,应即是同一书。后来汝州香山观音信仰衰落,又有传说把这一大悲成道因缘附会到龙门香山上去了。②

送子观音,创造的发想应当和《普门品》观音"求男得男,求女得女"的功德有关,而所体现的则是中土血缘世袭制度中注重子嗣继承的观念。"送子观音"形成应在六朝后期。最早的传说是刘宋时代的:

> 宋孙道德,益州人也,奉道祭酒,年过五十,未有子息。居近精舍,景平中,沙门谓德:"必愿有儿,当至心礼诵《观世音经》,此可冀也。"德遂罢不事道,单心投诚,归观世音;少日之中而有梦应,妇即有孕,遂以产男也。③

山西省荣县博物馆存有一件隋仁寿三年(603)的观音造像,体高二

---

①《癸巳类稿》卷一五《〈观世音菩萨传略〉跋》,涂小马等校点,下册第511页,辽宁教育出版社,2001年。

②塚本善隆:《近世シナ大衆の女身觀音信仰》,《山崎博士還曆紀念・印度學佛教學論丛》,(京都)法藏館,1955年。

③《冥祥记》,鲁迅辑:《古小说钩沉》,《鲁迅辑录古籍丛编》第1卷,第370页。

十七厘米,立于莲基之上,左手垂握净瓶,瓶上立一裸体童子,右手
持莲子长柄,莲子上盘坐一幼童,表示"莲(连)生贵子"①。这是表
明"送子"观念在当时已相当普及的实物。隋代以后出现更多的观
音送子传说,其中涉及僧侣的尤多。这当然体现他们神化自身的
意图。如隋代著名三阶教创始人信行,据传"初,其母无子,久以为
忧。有沙门过之,劝念观世音菩萨。母日夜祈念,顿之有娠,生信
行"②;初唐时西明寺僧静之,本来"父母念善,绝无息胤,祈求遍至
而无所果,遂念观音,旬内有娠,能令母氏厌恶欲染,辛腥永绝。诞
育之后,年七八岁,乐阿弥陀观,依文修学,随位并成,行见美境,骨
观明净,性乐出家"③;唐释道丕,"母许氏为求其息,常持《观音普门
品》,忽梦神光烛身,因而妊焉"④;等等。关于宋大通善本、天台遵
式等著名僧人都有类似传闻。到南宋,民间传说里则有更多观音
送子故事,如:

> 京师人翟楫居湖州四安县,年五十无子,绘观世音像,恳
> 祷甚至。其妻方娠,梦白衣妇人以盘擎一儿,甚韶秀。妻大
> 喜,欲抱取之,一牛横陈其中,竟不可得。既而生男子,弥月不
> 育。又祷请如初。有闻其梦者,告楫曰:"子酷嗜牛肉,岂谓是
> 欤?"楫竦然,即誓阖家不复食,遂复梦前妇人送儿至,抱得之。
> 妻遂生子为成人。周阶说。⑤

这里是把送子和佛教的戒杀观念结合在一起了。又宋代的法明
"每游州邑聚落间,遇孕妇垂产,危难莫测之际,师入其家,为讲《药
草喻品》或《安乐行品》,即获无恙举之。如掇于无子之家,讲《普门

---

① 杨炎德、王泽庆:《隋仁寿三年观世音菩萨石雕》,《文物》,1981 年第 4 期。
② 唐临:《冥报记》,《冥报记 广异记》,方诗铭辑校,中华书局,1992 年,第 3 页。
③ 《续高僧传》卷二一《京师西明寺释静之传》,《大正藏》第 50 卷,第 601 页下—
   602 页上。
④ 《宋高僧传》卷一七《周洛京福先寺道丕传》,第 432 页。
⑤ 《夷坚乙志》卷一七,《夷坚志》,第 325 页。

品》或《普贤劝发品》,所求即遂,且具德慧之相"①。观音在这里不只是"送子",还有保佑安产并保证产儿具"德慧之相"的神通。送子观音又和美丽的"白衣观音"合为一体:

> 饶州安国寺方丈中,有观音塑像一龛。民俗祈请,多有神应。庆元二年(1196)七月,寓士许洞妻孙氏,怀妊临产,乳医守视,自夜半至平旦,乃泰然如常。又两月,复拟就蓐,将产之际,危痛万状。孙默祷观音,乞垂哀护。令其子持净油一盏,点照像前。家素贫,不能广施愿力。所居迩丈室,长老了祥,日夕闻其呻吟之声,深为不忍。因其油至,命童行灭宿灯而然所施者。自为焚香启白曰……祝罢,许子还。孙正困卧榻蹬上,恍惚如梦间,见白氅妇人,往来其前,凡三返。矍然兴念,是必观音菩萨来救我也。最后抱一金色木空,呼而与之。孙氏接受,惊寤。才顷刻,生男,遂采梦兆名之曰"龙孙"。此儿盖辰生属龙云。洄说。②

另外还有许多关于观音医治幼儿残疾(如聋哑、不能行走等)、保佑幼儿健康的传说。观音救治病患是他本来的功德,但特别强调治疗幼儿,则反映中土重后嗣的意识。

《普门品》观音的救济本来是无关中土伦理的。"她"施行普遍的救济。六朝时期的三部观世音应验故事集辑录八十六个故事③,反映早期观音信仰的实态。如《系观世音应验记》里的《高荀》条,写的是杀害长官起来造反的人,按世俗道德应当算是罪人,也得到观音的救济;《盖护》条的主人公"系狱应死",后来得救了,并没有说他为人如何,犯的是什么罪;《唐祖丞》里的主人公"作大市令,为藏盗,被收",是因为隐藏盗贼被捕的,同样能够得救。这类传说强调

---

①《补续高僧传》卷一九《黑漆光菩萨传》,《续藏经》第 77 册,第 502 页上、中。
②《夷坚支癸》卷一〇,《夷坚志》,第 1300—1301 页。
③孙昌武点校:《观世音应验记三种》,中华书局,1994 年。

观音闻声往救的直截和威力,表明他的慈悲是无限的。而在后来的发展中,能否得到观音救济就和伦理关联起来了。典型的如香山观音、送子观音则集中体现了中土伦理原则。到南宋,理学统治进一步强化,佛教中的观音信仰和本土伦理也更紧密地结合在一起了。

三

观音信仰"民族化"更加彻底,也更深入到民众意识和社会生活之中,信仰的内容和形态也突出地"民俗化"了。

这也和统治者的提倡有关系。南宋朝廷偏安半壁江山,受到北方强敌的威胁,也就亟亟祈求神明佑护,观音则成为主要祈愿对象之一。南宋首都临安(今浙江杭州市)的上天竺五代以来即是重要观音道场。自宋室南迁伊始,朝廷礼拜祭祀就成为制度。据《佛祖统纪》记载:

> (宋高宗建炎四年[1130]二月)丙子,虏兵退。初,杭人以时方兵、旱,迎上竺大士于郡中法慧寺,侍香火者道元虑至求索,举藏于井,取他像置行殿。虏还自四明,再犯杭州,果诘问大士所在,径取之去,并趋道元行。元默哀祷,夜至许村,若有人导之者,遂得逸归,告于郡。时虏焚其城,不知井所在。忽闻金石声,就求之,获井出像。
>
> (绍兴二年[1132])二月,诏再建天竺观音大士殿。
>
> (绍兴)四年,伪齐刘豫同金虏入寇。上下诏亲征。九月,上亲诣天竺大士殿,焚香恭祷,蚤平北虏。
>
> (绍兴二十四年[1154])诏以上天竺为御前道场,特免科敷等事。
>
> (绍兴三十二年)十月,淫雨不止,上遣内侍祷于上竺,燎烟始升,晓日开霁。上喜,出内府玉器三品,以施大士殿;寿成

太后施七宝冠。

　　（宋孝宗乾道）三年（1167）二月，驾幸上天竺，礼敬大士……师（若讷）曰："佛为梵释四王说金光明三昧之道，嘱其护国护人。后世祖师立为忏仪，于岁旦奉行其法，为国祈福，此盛世之典也。"

　　（宋理宗）淳祐元年（1241），上梦观音大士坐竹石间。及觉，命图形刻石，御赞曰："神通至妙兮隐显莫测，功德无边兮应感奚速。时和岁丰兮祐我生民，兵寝刑措兮康此王国。"仍书"广大灵感"四字，加于观音圣号之上。①

又后来褚人获记载：

　　宋孝宗时大旱，有诏迎天竺观音，就明庆寺请祷。或作诗曰："走杀东头供奉班，传宣圣旨到人间。太平宰相堂中坐，天竺观音却下山。"赵温叔（雄）由是罢相。②

这首诗本是讽刺朝官无所作为的，却也从侧面反映了南宋朝廷供养天竺观音情形。

　　僧人同样大力宣扬观音灵验，一些相关传说流传民间，如：

　　《法慧燃目》：绍兴五年（1135）夏大旱，朝廷遍祷山川祠庙，不应……苦行头陀潘法慧者，默祷于佛，乞焚右目以施……香焰才起，行云满空，大雨倾注，阖境沾足。法慧眼既枯……殊自喜也。后三日，梦白衣女子来，欲借一隔珠，拒不许。二僧在旁曰："与伊不妨，伊自令六六送还。"既觉，不晓所谓。至七月二十一日，又梦二僧来，请赴六通斋，白衣女亦至，在前引导……稍前进，则山林蔚然，百果皆熟，纷纷而坠，慧就

---

①《佛祖统纪》卷四七《法运通塞志第十七之十四》，《大正藏》第 49 卷，第 424页中—432 页中。
②《坚瓠三集》卷四。

地拾果食之,觉心地清凉,非常日比。又俯首欲拾间,女子忽
回面掷一弹,正中所燃目,失声大呼而瘄,枯眶内已有物若鹅
眼,瞻视如初,渐大,复旧。数其再明之时,恰三十六日,始悟
六六送还之兆。①

一些旧有的观音灵验传说,宋人又用新的故事加以印证,如:

> 《蚌中观音》:溧水人俞集,宣和中,赴泰州兴化尉,挈家舟
> 行。淮上多蚌蛤,舟人日买以食,集见必辍买,放诸江。他日,
> 得一篮,甚重。众欲烹食,倍价偿之,坚不可,遂置诸釜中。忽
> 大声从釜起,光焰相属,舟人大恐,熟视之,一大蚌裂开,现观
> 世音像于壳间,旁有竹两竿,挺挺如生,菩萨相好端严,冠衣璎
> 珞,及竹叶枝干,皆细真珠缀成者。集令舟中人皆诵佛悔罪,
> 而取其壳以归。《传灯录》载唐文宗嗜蛤蜊,亦睹佛像之异,但
> 此又有双竹为奇耳。宋贶益谦说。②

又《楚阳龙窝》里的传说讲到楚州海边盐场有龙窝,为龙出入处,郑
伯膺为监时曾见到平地一巨穴,"满穴皆龟鳖螺蚌。或于蚌内作观
音像,姿相端严,珠琲缨络,杨枝净瓶,无不备具"③。可知这一信仰
后来流传、演变的情形。

　　南宋新一代观音灵验传说,表现的内容远超出《普门品》观音
解救生死攸关的灾难,更多是日常生活中的困难,表达上也更富于
情趣。其中一个关乎平常人的主题是治病:

> 《观音医臂》:湖州有村媪,患臂久不愈,夜梦白衣女子来
> 谒曰:"我亦苦此,尔能医我臂,我亦医尔臂。"媪曰:"娘子居何
> 地?"曰:"我寄崇宁寺西廊。"媪既瘄,即入城,至崇宁寺,以所

---

① 《夷坚乙志》卷一三,《夷坚志》,第292—293页。
② 《夷坚乙志》卷一三,《夷坚志》,第293页。
③ 《夷坚支景》卷六,《夷坚志》,第931页。

梦白西舍僧忠道者。道者思之曰："必观音也。吾室有白衣
像，因葺舍误伤其臂。"引至室中瞻礼，果一臂损。媪遂命工修
之。佛臂既全，媪病随愈。湖人吴价说。①

大概是根据香山观音施手眼的传说，特别流传出许多观音治眼病
的故事。如《观音救目疾》，说罗生婢目疾，寄王氏处，有僧梦中与
药，婢觉目瞳了然：

> 遂问僧曰："大师是何处僧？"僧曰："不须问我，我住汝家
> 久矣。我闻汝声音之苦，誓心相救。"语罢，失其所之……罗后
> 以告王秀才，备道于母夫人。母曰："是吾家观音也。吾家敬
> 奉之，有疑则卜，厥应如响。"②

这个观音则成了家庭的成员，家庭守护神了。

《千手经》传译以来，《大悲咒》流行，南宋有许多《大悲咒》灵验
故事。另一方面，六朝伪经中如《十句观音经》实际就是按中土风
俗习惯制作的简单经咒。唐、宋以后所制作的伪经里的咒语更加
简单、通俗。宋代民间传说中流传不少观音示现留下的可以治病
的咒语，如：

> 《观音偈》：张孝纯有孙，五岁不能行，或告之曰："顷淮甸
> 间一农夫，病腿足甚久，但日持观世音名号不辍，遂感观音示
> 现，因留四句偈曰：'大智发于心，于心无所寻。成就一切义，
> 无古亦无今。'农夫诵偈满百日，故病顿愈。"于是孝纯遂教其
> 孙及乳母斋洁持诵，不两月，孙步武如常儿。后患腿足者诵之
> 皆验。又汀洲白衣定光行化偈亦云："大智发于心，于心何处
> 寻。成就一切义，无古亦无今。"凡人来问者，辄书与之，皆于

①《夷坚甲志》卷一〇，《夷坚志》，第88页。
②《夷坚三志辛》卷七，《夷坚志》，第1441页。

后书"赠以之中"四字,无有不如意,了不可晓。①

又有《观音洗眼咒》,是专门治眼病的:

> 救苦观世音,施我大安乐,赐我大方便,灭我愚痴暗。除却诸障碍,无明诸罪恶,出我眼识中,使我视物光。我今说是偈,洗忏眼识罪,普放净光明,愿睹微妙相。②

这样的咒语及其持咒方法已全然和中国传统方术的咒术没有什么不同。这可能是眼医为自神其术的臆造,但也从侧面反映了当时观音信仰的实态。有趣的是,还有传说讲到观音赐给人医治白内障的《观音治眼熊胆圆方》,其中不但有十七品中草药名称,还有剂量(如熊胆一分、黄连、密蒙花、羌活一两半等)。

还有关乎生产的,如观音赐福养蚕人家的传说:

> 《余干谭家蚕》:余干润陂民谭、曾二家,每岁育蚕百箔。绍熙元年(1190)四月,其妻夜起喂叶,忽见箔内一蚕,长大与他异,几至数倍。而逐节为一色,青红黑白,皎然不杂。当中如黄金,透彻腹背。妻知为佳祥,取香合捧承,别到细叶铺藉,置诸佛堂。旦起揭视,则已生两耳,明日,又生尾。俄而众足皆隐,徐生四足,能立,全如马形,时时勃跳作戏。凡七昼夜,马不见。忽得小佛相,似入定观音,蒙头趺坐。外间传说求瞻睹者,骈肩叠迹。谭氏畏有他变,乃并合瘗之于桑下。是岁所得丝絮,倍于常年;至于小蚕寒蚕,亦皆遂意。二年三年皆然。及四年癸丑,春夏所育犹昔,了无一茧成就。甲寅、乙卯岁亦如之。其村邻有以女为张思顺婢,说此事,盖亲见之。③

南宋时有"贺观音"故事,是关于绘画的:

---

① 《夷坚甲志》卷一,《夷坚志》,第 5 页。
② 《夷坚志补》卷一四,《夷坚志》,第 1681 页。
③ 《夷坚支丁》卷七,《夷坚志》,第 1023 页。

海州朐山贺氏,世画观音像,全家不茹荤。每一本之直率五六十千,而又经涉岁时方可得,盖精巧费日致然。传至六待诏者,于艺尤工。正据案施丹青,一丐者及门,遍体疮癞,脓血溃出,臭气不可近,携鲤鱼一篮,遗之求画。贺曰:"吾家绝荤累世矣,何以相污?"其人曰:"君所画不逼真,我虽贫行乞,却收得一好本,君欲之乎?"贺喜,洒扫净室,延之入。至即反拒户,良久呼主人。贺往视,则已化为观音真相,金光缭绕,百宝庄严。贺唤子弟焚香敬礼,遽所在室中异香芬馥,历数月不散,由是画名愈益彰。①

这个"贺观音"本渊源有自。北宋时的晁补之有《观世音菩萨摩诃萨像赞》一文已经写到:

我今日复为众说,稽首菩萨在世间。有海傍士族姓贺,三世妙缋庄严相。一贫女髻提鱼笱,晨朝过户言"善哉,汝善画此观世音,见观世音能识不?"若士不悦因诟语:"汝安能识观世音?"髻女忽化白衣仙,彼鱼笱成百化管。愕然称叹欲作礼,菩萨与女恍皆亡。此但衣食为善缘,而已获得感应力。于今十方普供养,稽首贺氏观世音……②

这里所写和前面所述情节有所不同,是民间传说中普遍存在的传闻异词现象。

塚本善隆曾指出:"通俗化虽然使佛教得以弘扬并更加普及,但一转会招致教义的堕落,并使之失去独立性,逐渐又失去统治阶层的支持,以至丧失了作为时代精神界指导的地位。"③正是这样,观音的"俗神化"也大为淡化了那种不可思议的神秘色彩,也就更大程度地被当作"利用"和"鉴赏"的对象了。不过促进了信仰的传

①《夷坚志补》卷二四,《夷坚志》,第 1772 页。
②《鸡肋集》卷六九。
③《塚本善隆著作集》第四卷,第 502—503 页。

播,观音在民众的生活和感情中也就更加亲近与普及。这也反映中土民众对于宗教信仰的一种典型实用主义态度。

美国的著名中国学家费正清说过:"将宗教信仰当作一种原动力而非一种拯救的主要手段,否则我们的生存仍然无法预料。"①在当前条件下,观音作为施救神明来崇拜的人不多了。但是观音和观音信仰所体现的慈悲精神、平等观念,对普通民众的关爱,在社会生活和精神世界仍然能够发挥可贵的"原动力"的作用。

(原载《浙江佛教》2015 年第 1 期)

————————

① 《费正清中国回忆录》,中信出版社,2013 年,第 46 页。

唐岭南节度使马总为禅宗
六祖慧能竖碑事

　　禅宗六祖慧能圆寂后有三位文人书写碑文,这三位都是唐代文坛一时领袖人物。这在中国佛教史上是空前绝后的事。第一篇《能禅师碑》是王维写的,应写于天宝初。王维是虔诚的佛教信徒,又是慧能弟子神会的朋友,他的碑文具有很高文献价值是不言而喻的。大约七十年后,马总担任岭南节度使、广州刺史,于元和十年(815)奏请朝廷褒扬慧能,朝廷下诏赐给慧能"大鉴禅师"师号、"灵照之塔"塔号。马总请柳州刺史柳宗元写一篇新的碑文,即《柳河东集》里的《大鉴禅师碑》。元和十三年,有曹溪和尚道琳率领门徒专程前往连州(今属广东),请贬在那里的刺史刘禹锡另写一篇碑文,俗称"第二碑"。

　　按一般说法,慧能圆寂于先天二年(713),到马总奏请朝廷加以表彰已经过了一百多年。在百年之后,朝廷、使府做出如此隆重的举动,当然是具有特殊意义的事件,再联系前此二十年的贞元十二年(796),"敕皇太子集诸禅师楷定禅门宗旨,遂立神会禅师为第七祖,内神龙寺敕置碑记见在;又御制七祖赞文,见行于世"①,这两件事应当有内在关联,意义就更值得重视。

　　既然已经有王维所写著名碑文,为什么马总又请远在柳州的

---

① 宗密:《圆觉经大疏释义钞》卷三之下,《续藏经》第9册,第532页下。

柳宗元另写一篇？柳宗元写了，为什么曹溪僧人又专程到连州找
刘禹锡再写一篇？这中间的缘由值得研究。

一　马总其人

　　马总（？—823），《旧唐书》卷一五七、《新唐书》卷一六三有
传①。他少孤贫，性刚直，不妄交游。贞元十五年，姚南仲任郑滑节
度使、郑州刺史，辟为从事。南仲是地方官员，与朝廷派遣的监军
宦官薛盈珍不叶，被诬奏不法，免官。马总受到牵连，贬泉州别驾。
后薛盈珍入掌枢密，福建观察使、福州刺史柳冕迎合他的旨意，打
算杀掉马总，经从事穆赞审理，帮助马总脱罪免死。后量移恩王
傅。元和初，迁虔州刺史；五年七月，升任安南都护、本管经略使；
八年七月，为桂管观察使；十二月，为岭南节度使、广州刺史。后入
朝，十二年七月，以刑部侍郎兼御史大夫充淮西行营诸军宣慰副
使，参与平定淮西吴元济之役，辅佐统帅裴度有功，先是担任蔡州
留后，晋升蔡州刺史、彰义军节度使；次年五月转许州刺史、忠武军
节度使。十四年，迁郓州刺史、天平军节度使、郓曹濮等州观察使；
入为户部尚书。长庆三年（823）八月卒②。
　　马总性笃学，虽吏事倥偬，仍勤于著述。重要作品今存《意林》
五卷，成书于贞元初，是唐代惟一一部诸子著作选集。这部书是根
据庾仲容所编《子钞》增损而成的。庾仲容，南北朝梁朝人，取周、
秦以后诸子杂记凡一百零七家，摘录要语，辑为三十卷，名曰《子
钞》。宋高似孙《子略》称仲容《子钞》，每家或取数句，或一二百句。

①马总，《旧唐书》本传作马摁，《新唐书》本传作马摁，今依《通鉴》。
②《旧唐书》卷一五《宪宗纪下》，第462页；卷一五七《马总传》，第4151—4152
　页；《新唐书》卷一六三《马总传》，第5033—5024页。

马总认为《子钞》摘录繁简失当，遵循《子钞》原目，加以增删，成书较《子钞》选录精严。《意林》有贞元二年（786）抚州刺史戴叔伦所作的序，称赞说"上以防守教之失，中以补比事之缺，下以佐属文之绪。有疏通广博、洁净符信之要，无僻放拘刻、谶蔽邪荡之患"①。《四库全书总目》评价说："马总《意林》，一遵庾目，多者十余句，少者一二言，比《子钞》更为取之严，录之精。今观所采诸子，今多不传者，惟赖此仅存其概。其传于今者，如老、庄、管、列诸家，亦多与今本不同。"②值得注意的是，汉、魏以降历代朝廷皆尊儒术，子书除《老》《庄》外，几近埋没。到中唐时期，先秦子学得到重视，是学术史上的一大变化，马总编撰《意林》是先行者，表明他学问渊博，确有卓见。后来清乾隆有《御题意林三绝句》赞扬说："集录裁成庾颍川，《意林》三轴用兹传。漫嫌撮要失备载，尝鼎一脔知味全。""都护安南政不颇，用儒术致政平和。奇书五卷铜柱二，无忝祖为马伏波。""六经万古示纲常，诸子何妨取所长。节度岂徒务占毕，要知制事有良方。"③诗里连带评价了马总治理岭南的政绩。

　　马总受命出掌南海大镇广府，和当时国家总体形势有关。南北朝以来，江南包括岭南逐渐得到开发。经过"安史之乱"，函陕凋敝，东都尤甚。代宗朝负责管理财政的刘晏曾移书宰相元载，指出"东都凋破，百户无一存"，"起宜阳、熊耳、虎牢、成皋五百里，见户才千余"④。造成这种状况的原因，除战乱丧亡，还由于中原居民大量流移，主要是往江南，"自至德后，中原多故，襄、邓百姓，两京衣冠，尽投江、湘"⑤，"贤士大夫以三江五湖为家"⑥。这些地方社会安定，经济开发已有

①《文献通考》卷二一四《经籍四十一》，中华书局，1986年，第1750页。
②《四库全书总目》卷一二三《子部·杂家类》，第1060页。
③《意林》卷首，《文渊阁四库全书》本，第872册，第197页下。
④《新唐书》卷一四九《刘晏传》，第4794页。
⑤《旧唐书》卷三九《地理志二》，第1552页。
⑥穆员：《鲍防碑》，《全唐文》卷七八三，第8190页上。

相当基础,遂又成为朝廷财赋仰赖之地。朝廷多派儒臣能吏担任镇帅、州守,多能注重发展农耕,兴修水利,招徕商贾,安抚流亡。据《通鉴》,元和二年(807),李吉甫编撰《元和国计簿》,统计天下方镇四十八、州府二百九十五,赋税倚办其中浙江东西、宣歙、淮南、江西、鄂岳、福建、湖南八道四十九州①。这大约是天下方镇、州府总数的六分之一;纳税户一百四十四万,大约集中全国总人口的三分之一。这是按唐后期开成四年(839)户口数最高年份近四百九十九万六千户计算的。岭南处在这个经济繁荣地区的南方边缘,而广州又是面向南海的大港,兼得通商、渔盐之利,必然受到朝廷重视②。

　　就广州(南海郡)具体情况说,"安史之乱"以后,朝廷多遴选政能文才杰出的重臣镇守。历史上知名的就有徐浩(大历二年至三年)、李勉(大历三年至七年)、路嗣恭(大历八年至十二年)、杜佑(兴元元年至贞元三年)、杨於陵(元和三年至五年)、郑权(长庆三年至四年)、崔龟从(会昌四年至五年)、萧俶(大中十三年至咸通元年)、韦宙(咸通二年至九年)、郑愚(咸通十二年至乾符元年)等。至于后来创建南汉的刘隐,也在天复元年(901)至天祐四年(907)担任过岭南节度使。当时唐朝已分崩离析,他也就自专独立了。马总即是朝廷选拔的治理岭南的一位干材③。《新唐书》本传上说,"元和中,以虔州刺史迁安南都护,廉清不挠,用儒术教其俗,政事

①《资治通鉴》卷二三七,第7647页。

②中唐社会危机的重要根源和表现在藩镇割据。各地藩镇大体可分为四种类型:一是中原地区拱卫朝廷的;二是西北边疆抵御回纥、吐蕃的;三是以"河北三镇"为代表的实行割据、谋求独立的;而作为朝廷财赋来源的江南方镇算作第四类,时有"天下方镇,东南最宁"之说。第四类方镇对于保障朝廷安定起着关键作用。

③附带说明,广义的岭南包括今广西即桂管观察使所辖地区,朝廷任命为桂管观察使、桂州刺史的同样多是能臣,如裴行立(元和十二年至十五年)、李翱(大和五年至七年)、郑亚(大中元年至二年)等。

嘉美,獠夷安之"①。

　　马总治理岭南的具体业绩,历史上记载的,有在汉建武十九年(43)马援于象林县南界(今越南中部)所立作为汉领地标志的铜柱之处,复以铜一千五百斤铸二柱,刻书以颂唐德。这在当时藩镇割据日趋严重形势下,体现他维护国家统一的立场。至于一般政绩,如上引《新唐书》等文献记载多加肯定。后来他随同裴度出征淮西蔡州,时韩愈担任行军司马,写诗赠给他,有句颂扬说"红旗照海压南荒"②,也是指他治理岭南的功绩。后来他以军功被命为天平军节度使,元稹草拟制书说:"践历他官,所至皆理。处驭南海,仁声甚遥。"③长庆三年(823),韩愈任京兆尹,依例上疏举人自代,推举的就是马总,也说"累更方镇,皆有功能"④。他死后,韩愈祭文又说:"于泉于虔,始执郡符,遂殿交州,抗节番禺,去其螟蠹,蛮越大苏。"⑤可见他治理岭南确是成效显著、名声远被的。

　　马总莅任后请求朝廷加封慧能谥号、推尊佛教,乃是治理岭南的具体举措。

二　马总和柳宗元

　　柳宗元因为"永贞革新"被贬谪,先是到永州(今属湖南),担任

---

①《新唐书》卷一六三《马总传》,第5033页。

②《赠刑部马侍郎》,钱仲联集释:《韩昌黎诗系年集释》卷一〇,古典文学出版社,1957年,第456页。

③《授马总检校刑部尚书仍前天平军节度使制》,《元稹集》卷四三,中华书局,1982年,第474页。

④《举马总自代状》,《韩昌黎文集校注》卷八,上海古籍出版社,1988年,第633页。

⑤《祭马仆射文》,《韩昌黎文集校注》卷五,第329页。

一个闲职司马，还是"员外"编制，实同系囚。元和十年（815）初一度被征召入京，又被加贬为更边远的柳州任刺史。柳州属桂管观察使统辖，属岭南道，这样，柳宗元就成为马总的部属。实际两人早有交谊，而且是相当深厚的道义之交。

柳宗元父亲的族兄弟柳并，字伯存，官至御史，早年与马总一同受业萧颖士门下。这样，马总与柳氏乃是世交。马总撰《意林》，柳并在戴叔伦之后另作一序，称赞说"圣贤则糟粕靡遗，流略则精华尽在，可谓妙矣……予懿马氏之作，文约趣深，诚可谓怀袖百家，掌握千卷，之子用心也，远乎哉！旌其可美，述于篇首，俾传好事"①。该文作于贞元三年（787）。后来柳宗元热衷于子学研究，考辨《列子》《文子》《鬼谷子》《晏子春秋》和《鹖冠子》等子书，在诸子研究中取得重大学术成就，开拓子学研究的新局面，显然受到马总的影响。马总当然了解柳宗元在这方面的成就，两人学术上乃是同道。

马总和柳宗元间接的关系，前面说到贞元十五年马总作为姚南仲部属被贬泉州，险遭被杀之祸，是穆赞解救了他。穆赞和柳宗元的父亲柳镇交好，为官以刚正著称。柳宗元在《先君石表阴先友记》里称赞他"强毅仁孝"②。他兄弟四人，与柳宗元一家关系殊非泛泛。穆赞曾牵涉到的一个案件，《先友记》里曾提到。事情发生在贞元五年，陕虢观察使卢岳病死，卢妾裴氏有子，卢妻分配遗产不给裴氏子，裴氏上告朝廷，穆赞以殿中侍御史分司东都身份审理此案。他的上司御史中丞卢佋偏袒卢氏，胁迫穆赞给裴氏定罪，穆赞不允，卢佋就诬陷他接受贿赂，把他逮捕下狱。卢佋是奸相窦参的党羽，权重势大。穆赞的弟弟穆赏赴阙上诉，朝廷依例命御史台、刑部、大理寺三司推按。其时柳宗元的父亲柳镇是殿中侍御史，代表御史台参与审判，平反了这起冤案。从这件事也可以看出

①《意林序》，《全唐文》卷三七二，第3780页下。
②《柳河东集》卷一二，第187页。

柳镇和穆赞的为人品格、政治态度是一致的。上一节说到穆赞和马总的关系,当初郑滑节度使姚南仲及其部属马总被宦官薛盈珍诬陷,薛盈珍派遣一个叫程务盈的小吏带着诬奏姚南仲文书晋京,恰值姚部下一位牙将曹文洽奏事去长安,追赶他到长安城南长乐驿,把他杀了,然后自杀。就这件事,还有另一件同为义士的韦道安事,柳宗元作《曹文洽韦道安传》,已佚,文集里存目;又作《韦道安诗》,今存①。由此可见柳宗元对马总及其早年被陷害的不幸遭遇早有了解并极表同情。

这样,柳宗元的父辈柳镇、柳并,穆氏兄弟,马总和柳宗元本人,这些人长期密切交往,相互支持。这是些才华、人品、学问都相当杰出的士大夫,又都不畏权势,刚正不阿,富于革新精神。他们相互激励,引为同道。当柳宗元贬到岭南道的柳州担任刺史,成了马总的部属,对于双方必然都是值得欣慰的事。

三 写慧能碑文,为什么请柳宗元?

这样,马总与柳宗元有相当密切的关系。适逢朝廷敕谥慧能师号这件大事,马总以镇帅身份郑重请托柳宗元书写一篇碑文,应当是因为他对柳宗元器重并对柳宗元好佛有所了解,赞同柳宗元的佛教观点。

如前所述,慧能圆寂,本来有著名文人、号称"诗佛"的王维撰写碑文,而且这篇文字还是受慧能大弟子神会请托作的。按常识推断,其内容应当是得到神会首肯,甚或资料是神会亲自提供的。马总为什么还要请柳宗元另写一篇碑文?当然是加谥立碑所需

---

①《柳河东集》卷一七,第 313 页。

要,也是希望柳宗元写出一篇更具现实意义的文章。

　　柳宗元自称"自幼好佛,求其道,积三十年"①,说这句话在他四十岁前后。他又说"余知释氏之道且久"②。他本是一位勤于理论探讨的思想家,从思想理论角度对佛法有相当深入的了解。他活动的年代正是禅宗南宗洪州宗一派大盛的时候,而他研习有得的主要是天台宗③。洪州宗进一步发挥慧能的"顿悟"、"见性"思想,提出"平常心是道"、"即心即佛",因而主张"道不要修"、"行住坐卧,应机接物,尽是道"④。这样弭平了"清净心"与"平常心"的界线,实则是把平常的"人性"等同于"佛性",也就否定了修持的意义。洪州宗思想的价值与意义这里不论,其在实践中慢教轻戒,走向极端,导致呵佛骂祖、毁经灭教,从而也就破坏了宗教信仰的基础;在社会层面,则动摇了中国佛教传统上以教辅政、教化民众的作用。柳宗元本是具有鲜明革新意识的政治家,立身行事主张有益于世。他心仪天台止观,天台"观心"之道要求降服结习,断除惑念,爱养心识,启发"智慧",与洪州宗"道不要修"的观念相对立,也是从有益于世用的角度考虑的。

　　柳宗元对洪州宗思想有相当深入的了解。贞元元年(784)他十二岁的时候,父亲柳镇到洪州担任洪州观察使李兼的幕僚,正值洪州宗创始人马祖道一在那里开法。其时李兼部属多有马祖道一的支持者,包括后来柳宗元的岳父杨凭、文坛上的前辈权德舆等。马祖弟子分散四方,声势大振,成为南宗禅的主流。柳宗元在永州

---

①《送巽上人赴中丞叔父召序》,《柳河东集》卷二五,第423页。
②《永州龙兴寺西轩记》,《柳河东集》卷二八,第464页。
③关于柳宗元接受天台宗宗义,参阅拙著《柳宗元评传》第七章《尊崇佛教"统合儒释"》,南京大学出版社,2011年,第320—368页;《柳宗元与佛教》,《文学遗产》2015年第3期,第73—81页。
④贾晋华:《马祖语录校注》,《古典禅研究——中唐至五代禅宗发展新探》附录一,牛津大学出版社香港版,2010年,第332—338页。

也接触过洪州学人。

　　而柳宗元和韩愈革正文体，倡导"古文"，重要先行者之一梁肃是柳宗元父亲柳镇的朋友，柳宗元作《先友记》，称赞他"最能为文"①。梁肃信仰天台宗，柳宗元热衷天台当受他的影响。梁肃明确反对洪州禅慢教轻戒、无修无证的门风。他说：

> 今之人正信者鲜。启禅关者，或以无佛无法、何罪何善之化化之。中人以下，驰骋爱欲之徒，出入衣冠之类，以为斯言至矣，且不逆耳。私欲不废，故从其门者，若飞蛾之赴明烛，破块之落空谷。殊不知坐致焦烂，而莫能自出，虽欲益之，而实损之，与夫众魔外道，为害一揆。由是观之，此宗（天台）之大训，此教之旁济，其于天下为不侔矣。②

柳宗元对洪州流荡忘反的门风同样加以批评，在《送琛上人南游序》里说：

> 今之言禅者，有流荡舛误，迭相师用，妄取空语而脱略方便，颠倒真实，以陷乎己而又陷乎人；又有能言体而不及用者，不知二者之不可斯须离也，离之外矣，是世之所大患也。③

柳宗元以理性态度批评洪州禅狂放不拘的门风、流荡忘反的趋势，强调修行中体、用一致，显然又更重视"用"的方面。

　　当马总出任江西、岭南要职的时候，正值韩愈等人大力兴儒反佛。同时柳宗元和韩愈就佛教信仰及其思想价值、社会作用进行激烈辩论，情形广泛传播士林。柳宗元对于佛教的看法，包括他对禅宗的批评，马总当是有所了解并赞同的。加上两个人的交谊、柳宗元的文名，当朝廷颁下慧能赐号，需要建碑纪德的时候，对于马

---

① 《柳河东集》卷一二，第 188 页。
② 《天台法门议》，《全唐文》卷五一七，第 5256 页上。
③ 《送琛上人南游序》，《柳河东集》卷二五，第 428 页。

总来说，柳宗元就成为不二的人选。

四　柳碑写了什么？

　　柳宗元所写碑文全称是《曹溪第六祖赐谥大鉴禅师碑》。欲了解这篇作品的内容，先来看看他的另外两篇作品。

　　《柳州复大云寺记》是集中体现柳宗元佛教思想的文字，开头一段说：

> 越人信祥而易杀，傲化而偭仁，病且忧，则聚巫师，用鸡卜。始则杀小牲，不可则杀中牲，又不可则杀大牲，而又不可则诀亲戚、饬死事，曰："神不置我已矣。"因不食，蔽面死。以故户易耗，田易荒，而畜字不孳。董之礼则顽，束之刑则逃，唯浮图事神而语大，可因而入焉，有以佐教化。①

这是说，柳州当地人蒙昧无知，相信巫术，闹得户口减少，田园凋敝，而佛教神道设教，且所说法神秘又强大，容易被人接受，乃是教化的一术。这说的是佛教的社会作用。

　　另一篇《东海若》，是一篇寓言，主旨是要求"修念佛三昧、一空有之说"，"去群恶，集万行"，以达到"居圣者之地，同佛知见"②。这是强调修持佛法的必要，是佛教对个人修养的意义。

　　王维所作《能禅师碑》所述慧能思想主旨是：

> ……于是大兴法雨，普洒客尘，乃教人以忍。曰："忍者，无生方得，无我始成，于初发心，以为教首。至于定无所入，慧

---

①《柳河东集》卷二八，第 465 页。
②《柳河东集》卷二〇，第 365 页。

无所依,大身过于十方,本觉超于三世。根、尘不灭,非色灭空;行、愿无成,即凡成圣。举足下足,长在道场,是心是情,同归性海。①

这里所说慧能所教的"忍",不是一般的容忍、忍耐,而是"无生"、"无我",是对"般若空"的领悟。以下所作解释,就是《坛经》里说的"我此法门从上以来,顿渐皆立无念为宗,无相为体,无住为本"的意思②。一经比较就清楚,王维碑是传达慧能南宗禅本来旨意的。而柳宗元碑所述则对慧能思想作了新的解说,或者用现在流行的语汇,作了新的"诠释"。因为表彰慧能经马总奏请朝廷,所以碑文大幅引用马总的话,实际是表达柳宗元自己的看法:

自有生物,则好斗夺相贼杀,丧其本实,悖乖淫流,莫克返于初。孔子无大位,没以余言持世,更杨、墨、黄、老益杂,其术分裂。而吾浮图说后出,推离还源,合所谓生而静者。③

这里第一句是柳宗元社会发展观的概括,即主张人类社会发展是由内部矛盾斗争形成的客观的"势"推动的,孔子的思想(儒家)也是基于这样的形势产生的。值得注意的是,他对思想史的看法,不像韩愈那样认为佛法破坏了儒道,而主张"杨、墨、黄、老"百家杂说使儒术"分裂",而佛教"合所谓生而静者",起到挽救儒道危机、使之恢复本源的作用。韩愈主张儒学复古,大力辟佛,柳宗元和他争论,一再提出"浮图诚有不可斥者,往往与《易》《论语》合,诚乐之,其于性情奭然,不与孔子异道"④;他主张佛说可以"悉取向之所以异者,通而同之,搜择融液,与道大适,咸伸其所长,而黜其奇邪,要

①《王右丞集笺注》卷二五,第447页。
②郭朋校释:《坛经校释》,中华书局,1983年,第31—32页。
③《曹溪第六祖赐谥大鉴禅师碑》,《柳河东集》卷六,第91页。
④《送僧浩初序》,《柳河东集》卷二五,第425页。

之与孔子同道,皆有以会其趣"①,认为"真乘法印,与儒典并用,而人知向方"②。这就是所谓"统合儒释"思想。

正是基于这样的主张,他对慧能禅法的阐释是:

> 其道以无为为有,以空洞为实,以广大不荡为归。其教人,始以性善,终以性善,不假耘锄,本其静矣。③

这里前一句讲的是佛法的"无为"、"空";后一句讲的是儒家的性善,最后归结到《易经》的"人生而静"。佛法讲"性净",是无善无恶的超然境界;儒家讲"性静",是先天的道德属性。柳宗元就这样把慧能的禅"统合"到儒家伦理上来。所以他在碑文里又颂扬马总的政绩:"受旄纛节戟,来莅南海,属国如林。不杀不怒,人畏无噩,允克光于有仁。昭列大鉴,莫如公宜。"后面铭辞又颂扬慧能说:"其道爰施,在溪之曹。厖合猥附,不夷其高。传告咸陈,惟道之褒。生而性善,在物而具。荒流奔轶,乃万其趣。匪思愈乱,匪觉滋误。由师内鉴,咸获于素。不植乎根,不耘乎苗。中一外融,有粹孔昭。"④这就把马总的治绩和慧能的禅联系起来了。

就这样,柳宗元站在"统合儒释"的立场来重新解释慧能的思想,结合马总治理南海的业绩,强调它的教化作用与意义。从另外的角度看,也是有意扭转洪州门风的偏颇。这是当时洪州禅大盛局面下对于禅、对于佛教发展的另一种主张。

马总请求朝廷给慧能赐号表彰,是治理地方的行政举措;柳宗元写慧能碑文,则是强调佛教的教化功能,归结到表扬马总的举措。

---

① 《送元十八山人南游序》,《柳河东集》卷二五,第 419 页。
② 《送文畅上人登五台遂游河朔序》,《柳河东集》卷二五,第 422 页。
③ 《曹溪第六祖赐谥大鉴禅师碑》,《柳河东集》卷六,第 92 页。
④ 《曹溪第六祖赐谥大鉴禅师碑》,《柳河东集》卷六,第 92—93 页。

四　刘禹锡的"第二碑"

　　刘禹锡是柳宗元的好友。在柳宗元去世前,两个人命运大体相同:一起参与"永贞革新";同是被贬谪的"八司马"一员,柳贬永州,刘贬朗州;后来同被召入京,又同被加贬远州,柳到柳州,刘到连州。元和十年十月十三日朝廷赐号慧能的诏书下达到广州,立碑完成在第二年。三年后,曹溪有和尚道琳率门徒来到连州,请刘禹锡再作一通慧能碑文。其故安在?不清楚。推测可能是因为柳宗元的碑对于慧能本人用笔着墨不多,主要是表扬了马总,令慧能的门人感觉意犹未尽。

　　刘禹锡和柳宗元不只是好友,思想观点也大体一致。比如在当时、对后世影响重大的关于"天"、"人"关系的辩论,两个人都反对有意志、能主宰的"天命"之"天",主张人如果掌握自然规律则可以胜"天"。刘禹锡更提出天与人"交相胜""还相用"的颇具辩证观念的看法①。同样,对于佛教两人也有同好。刘禹锡在连州,和僧人密切交往。法名见于刘氏作品的僧人,就有文约、中巽、道准、圆皎、贞璨、圆静、文外、惠荣、明肃、存政、道琳、浩初、偘师等。其中有些人来往于刘、柳两人之间,如方及、浩初,实际起到二人交往纽带的作用。柳宗元写慧能碑的事,刘禹锡当然知道,也会读过这篇作品。

　　所以,刘禹锡关于朝廷褒扬慧能一事的意义,看法和柳宗元全同,他的第二碑说:

①《天论中》,瞿蜕园笺证:《刘禹锡集笺证》卷五,上海古籍出版社,1989年,第143页。

　　元和十一年某月日,诏书追褒曹溪第六祖能公,谥曰大鉴,实广州牧马总以疏闻,繇是可其奏。尚道以尊名,同归善善,不隔异教。一字之褒,华夷孔怀,得其所故也。马公敬其事,且谨始以垂后,遂咨于文雄今柳州刺史河东柳君为前碑……①

这里的"不隔异教",就是肯定"统合儒释";"同归善善",就是柳碑所谓"始以性善,终以性善"。特别值得注意的是铭文中的这一节:

　　……宴坐曹溪,世号南宗。学徒爱来,如水之东。饮以妙药,差其喑聋。诏不能致,许为法雄。去佛日远,群言积亿。著空执有,各走其域。我立真筌,揭起南国。无修而修,无得而得。能使学者,还其天识。如黑而迷,仰见斗极……②

这一段意在批评南宗禅分化为不同派系的纷争,也包含不满洪州禅的意思,立意则在恢复慧能禅的本来旨意。当然,这种旨意也是基于他个人的理解。

五　马总立碑一事与唐代岭南佛教

　　马总奏请朝廷表彰慧能,竖碑表德,是中唐岭南佛教的具体事件,也是具有重大意义的事件。

　　前面说过,"安史之乱"以后,中原居民大量迁徙江南,包括岭南,有力地推动了这一地域的开发。官僚士大夫阶层来到这些地区,对于文化发展发挥了积极推动作用。这些人大体可分为四类:

①《大唐曹溪第六祖大鉴禅师第二碑》,《刘禹锡集笺证》卷四,第105页。
②《大唐曹溪第六祖大鉴禅师第二碑》,《刘禹锡集笺证》卷四,第106页。

第一类是朝廷命官,如马总,是镇守一方的大员,其观念、行为对于所统治地区造成直接影响,如马总尊崇、褒扬慧能;第二类是贬谪的朝官,如柳、刘,还有人们熟知的贬潮州的韩愈,其中有些是罪犯待遇,同样能发挥不同的作用;第三类是州、镇辟署的幕僚,史称"唐世士人初登科或未仕者,多以从诸藩府辟置为重"①,这种情形中晚唐更为普遍,"诸使辟吏,各自精求,务于得人,将重府望"②。戴伟华《唐代使府与文学研究》一书根据文献著录总结唐代文士入幕情形,列表加以统计:安史乱前,入幕者计一百七十四人次,其后肃宗至德宗年间入幕者骤增,计一千零一十二人次,而入幕者多数在江南,其中岭南东道九十人次,西道二十四人次③;第四类是避难举家南迁者,例如晚唐的清海节度使(即岭南节度使)刘隐和刘岩,割据广州,后来建南汉,"是时,天下已乱,中朝士人以岭外最远,可以避地,多游焉。唐世名臣谪死南方者往往有子孙,或当时仕宦遭乱不得还者,皆客岭表。王定保、倪曙、刘濬、李衡、周杰、杨洞潜、赵光裔之徒,隐皆招礼之……皆辟置幕府,待以宾客"④。这四类人不论来到岭南主观动机如何,对推动岭南经济、文化发展大都发挥了相当巨大、显著的作用。

　　佛教本是传播文化的载体,对于岭南这样的经济后进地区,佛教更能够发挥独特的作用。"安史之乱"以后,随着经济重心南移,当地佛教也得到长足发展。代宗时期废黜租庸调制,实行"户无主客,以见居为簿;人无丁中,以贫富为差"的两税法⑤,土地开垦、兼并合法化,当时兴盛的禅宗农禅制度,得以迅速地扩张势力。据

①洪迈:《容斋续笔》卷一《唐藩镇幕府》,上海古籍出版社,1978年,第223页。
②《旧唐书》卷一三八《赵憬传》,第3778页。
③《唐代使府与文学研究》,广西师范大学出版社,1998年,第84—85页。
④《新五代史》卷六五《南汉世家》,第810页。
⑤《旧唐书》卷四八《食货志上》,第2093页。

《新唐书》,开元年间造僧尼簿籍,统计人数是十二万六千一百人①。而元和年间李吉甫在奏章里说:

> 自天宝以后,中原宿兵,见在军士可计者,已八十余万。其余去为商贩,度为僧道,杂入色役,不归农桑者,又十有五六。是天下以三分劳筋苦骨之人,奉七分待衣坐食之辈。②

这里没有具体说到僧尼数字,但可见数量迅速增加的形势。以柳宗元所在柳州为例,天宝年间领县五,户数二千二百三十二,口数一万一千五百五十;元和年间领县不变,户数一千二百八十七,口数缺③。当时的统计当然会有隐漏,但当地人口稀少是可以肯定的。而据柳宗元《柳州复大云寺记》,柳州本来有四座佛寺,三座在柳江北,大云寺在柳江南,江北六百户人家,江南三百户。就是说,九百户人就有四座寺庙。柳宗元说永州原有大云寺,已经失火烧毁近百年了,故“三百室之人失其所依归”④。从这个例子可以知道,当时岭南佛教传播的广泛程度及其在当地发展的地位。

柳宗元又认为:

> 儒以礼立仁义,无之则坏;佛以律持定慧,去之则丧。是故离礼于仁义者,不可与言儒;异律于定慧者,不可与言佛。⑤

根据他的“统合儒释”观念,儒育人以仁义,佛教人以定慧,二者对于教化都是不可或缺的。特别是岭南这种荒僻地区,发挥佛教“以教辅政”的功能就更具现实意义;又当地少数民族杂居,如桂管各州,黄洞蛮叛复不常,成为地方动乱的根源,佛教信仰又能够起到

---

①《新唐书》卷四八《百官志》,第1252页。
②《唐会要》卷六九《州府及县加减员》,上海古籍出版社,1991年,第1452页。
③梁方仲编著:《中国历代户口、田地、田赋统计》,上海人民出版社,1980年,第93—108页。
④《柳河东集》卷二八,第465页。
⑤《南岳大明寺律和尚碑》,《柳河东集》卷七,第105—106页。

调节民族关系的作用。这也是柳宗元恢复大云寺的初衷。

讲唐代佛教史，特别是中晚唐一段的记述，大半篇幅主要讲禅宗。这也确实是禅宗极盛，在社会上、在思想界发挥重大作用的时期。但禅宗是所谓"适合中国士大夫口味的佛教"[1]。它创造出极其丰富有价值的思想、文化成果，不过其重大影响主要在官僚士大夫阶层。到 20 世纪 30 年代，太虚法师讲《改善人心的大乘渐教》，仍然实事求是地说："在以前中国之知识界，皆读孔、孟之书，而无知识的愚夫愚妇等，则崇信神道；佛教于此，亦分两种施设：在知识界方面，施与简捷超妙的禅宗；其不读书之多数人，则施与神道设教之教化。"[2]对于唐代岭南地区民众来说，"神道设教"的方便教化显然更为适宜和必要。《大鉴禅师碑》正反映了这样的观念和态度。

总起来说，这篇《大鉴禅师碑》反映了岭南禅宗和佛教发展的实态及其整体趋势：对于中晚唐各地方镇的统治者来说，借助佛教来教化民众、维护统治秩序更为重要，因此禅宗也好，佛教整体也好，要回归到与政治密切结合、"以教辅政"的道路，在思想层面则要发扬"统合儒释"的传统，致力于劝人向善的道德建设。这也预示当时佛教包括禅宗的发展必然走上"禅教一致"的道路。

这样，了解马总推尊祖师慧能的本意和柳宗元、刘禹锡两篇慧能碑写作的立意所在，不仅可以更全面地认识中晚唐佛教的发展态势，对于全面认识中国佛教发展的历史同样具有重要意义。

（原载《中华文史论丛》2016 年第 3 辑）

---

[1] 范文澜：《中国通史简编（修订本）》第 3 编第 2 册，人民出版社，1965 年，第601 页。

[2] 《太虚大师全书》第 17 册，善导寺佛经流通处出版，1980 年，第 7—8 页。

佛教促进北方民族与汉地文化交流与融合的历史贡献

一

纵观中国历史,北方民族活跃、南进,迁徙到居民以汉族为主体的中国本部地区(或称"汉地",这是个模糊概念),以至建立起政权,伴随复杂、尖锐的民族矛盾、阶级矛盾;而北方民族活跃、民族斗争激烈的时期往往又是各种社会矛盾激化的时期,也是宗教传播兴盛、影响巨大的时期。北方民族一般信仰萨满教,与汉地居民交流,继而入居汉地,接触佛教、道教(后期还有其他外来宗教以及各种民间宗教和民间信仰),信仰随之发生"同化"。与道教相比较,佛教是形态更为成熟、文化内涵更为丰富的宗教;又作为"夷教",北方民族对它自会产生一种亲切感和认同感,从而对他们发挥更强大的吸引力。北方民族接受佛教,关乎其生存、发展的方方面面,影响十分巨大。其中重要一方面是佛教成为这些民族接受中国传统文化的津梁,有力地促进他们融入中华民族大家庭的进程。

关于中国古代传统史学的偏颇,陈寅恪在给陈垣《明季滇黔佛教考》所作序言里曾指出：

> 中国史学莫盛于宋，而宋代史家之著述，于宗教往往疏
> 略，此不独由于意执之偏蔽，亦其知见之狭陋有以致之。元明
> 及清，治史者之学识更不逮宋，故严格言之，中国乙部之中，几
> 无完善之宗教史。①

在中国历朝编纂的所谓"正史"里，较少记载边疆民族活动情况，基本只是在《外夷传》《西域传》之类篇章里留下简略记述，而有关这些民族宗教活动的历史记述更为疏略。如今研究北方民族的历史，研究中华民族形成、发展与巩固的历史，还有另一个领域，就是研究宗教包括佛教在这些民族中间传播、发挥影响的历史。这是研究这些民族发展的不可回避的重大课题。

中国自古以来就有以仁德招徕远人的传统。在常态下，历代中央王朝对边疆各族基本采取招抚、赏赉、互市以至于和亲、联姻等办法加以怀柔、安抚；足够强大的中央王朝在边地设置郡县，对于更边远地区则多实行形式上的羁縻统辖政策。这些民族需要汉地的粮食、布帛、金属器皿等产品，多自愿地臣服、归属中央王朝；其首领向中央王朝称臣纳贡，接受封号；中央王朝稳定地控制局面，双方居民流移迁徙，贸易有无。但基于地缘方面的原因，北方民族发展到一定程度，又需要南下求取生存空间，往往形成矛盾、冲突。如果双方统治者或边疆将帅处置失当，争端则会扩大，以致兵连祸结，这就是所谓"边患"。而一旦南北势力均衡的重心逆转，北方民族大举南下，则占据州县，以致建立割据政权。后来的蒙古人和女真后裔满族人更曾建立起统一全中国的王朝。

那些北方民族南下的早期，无例外地被劫夺财富、人口的利欲所驱动，伴随着残酷的劫掠杀戮；他们建立政权后，一般都实行民

---

① 《陈垣〈明季滇黔佛教考〉序》，《金明馆丛稿二编》，第 240 页。

族歧视与压迫方针,给所统治地区的各族民众带来灾难。但是,不论那些率领大军南下的北方民族渠帅们的主观愿望如何,当他们做出南下汉地或在汉地建立政权决策的时候,就已注定他们正在引导这些民族大步走向社会进步,走向融入中华民族大家庭的康庄大道。在北方民族所建立政权的统治下,传统的民族关系从根本上倒置过来:广大的汉地各族民众沦于被侵夺、被压迫地位。但是历史事实表明,不管双方实力重心如何倾侧,北方民族建立的政权如何强大,经过或长或短的时间,这些民族基本都被融入到中国固有的社会体制和文化传统之中,割据状态则最终复归统一;而如蒙古族人建立的元朝、满族人建立的清朝,实际已演变为中国历史传统形态的王朝。形成这种不可改变的态势,主要是因为一方面,汉地已形成先进的社会制度,以汉族为主体的民众掌握先进的生产技术和生活方式;另一方面,殷、周以来形成的中华传统文化一直处于牢不可破的、绝对优势的地位,从而能够把南下的北方民族牢牢地维系在"中国"这个统一体之内。这也就决定了中国历史上各民族之间的关系及其各自发展的基本格局。到如今,这些民族有些已完全融入汉族或汉地其他民族之中,有些则作为中华民族大家庭的成员持续活跃。这样,如陈垣所指出:

> 呜呼! 自永嘉以来,河北沦于左衽者屡矣,然卒能用夏变夷,远而必复,中国疆土乃愈拓而愈广,人民愈生而愈众,何哉? 此固先民千百年之心力艰苦培植而成,非幸致也。[1]

葛剑雄又曾说:

> 世界上大概不存在绝对纯血统的民族;如果有,也必定会退化以至消亡。华夏族由世界上最古老的民族之一发展到今天这样一个世界上人口最多的民族,并非只是依靠了祖先的

---

[1]陈垣:《南宋初河北新道教考》,中国社会科学出版社,2000年,第303—304页。

伟大或血统的优良,而是由于不断大量吸收了其他民族、凝聚
了各民族的精华。同样,中华民族的伟大力量来自组成她的
各个民族,来自各民族自身的创造力和共同的凝聚力。①

因此总体看来,在中国历史发展中,一方面,国家统一、民族团结的
观念源远流长,成为陈垣先生所说的千百年艰苦培植起来的"心
力";这"心力"演化为巨大的物质力量,发挥重大的社会作用。另
一方面,中华民族大家庭的每个民族都有各自的文化传统,他们与
汉地民众交流、融合,各自的文化积累也会作为有益成分保存、沉
积、传承,从而对于丰富和发展中华民族大家庭的文化传统做出贡
献。在这个辩证过程中,中国佛教作为中华传统文化的载体,与
儒、道并立的中国文化发展的三大支柱之一,起了重要的、从一定
意义说是不可替代的作用。

二

　　关于宗教的功能,宗教学家李亦园指出:

　　　　一般说来,宗教之存在于人类社会大致有三种重要的功
　　能,那就是生存的功能、整合的功能与认知的功能。②

宗教活动乃是社会群体的精神的、实践的活动。宗教给人们提供
有关宇宙和人生奥秘的解释,解答人们"终极关怀"的种种问题,由
此发挥它的认知功能。这种认知进而给为主客观各种条件所困惑
的人们指点出路,激发和动员起人们摆脱困境的努力,从而形成生

---

① 葛剑雄:《统一与分裂:中国历史的启示(增订版)》,中华书局,2008年,第
　　19页。
② 李亦园:《宗教与神话》,第21页。

存功能。而"宗教的每一个基本要素,诸如禁忌、崇拜、礼仪、象征,都在群体内发挥着这种统一的作用"①。佛教作为传播性宗教,组织完善、教理系统的宗教,包含更丰厚的、更多体现普世价值的文化内涵,对于整合各民族也就能够发挥更大的作用。就中国佛教的作用说,首先是僧团内部的整合;扩展开来,则是包括"四众"(比丘,比丘尼,优婆塞,优婆夷)的广大出家、在家信众的整合;再扩展开来,则有如魏晋以来基于共同信仰的民众群体"社邑"那样的整合②;以至扩展到对佛教怀抱"同情的理解"的非信众,则形成更广泛的整合。这层层整合,实际成为各民族、全社会整合的一种形式。对于"历史的中国"的发展,这种"整合"的重大作用和意义特别体现在北方民族与汉地民族的"整合"。

中国幅员广阔,由众多民族所构成,南北东西地理、气候等自然条件和人口、经济等社会发展状况差别很大,不同地区、不同民族的文化形态、民风民俗等亦大不相同。在这种种方面存在着巨大、复杂差异的情况下,文化整合就成为政治统一与社会安定的必要前提,也是后者的推动力。德国思想家史怀哲用高度赞美的言辞称颂中国的文化传统,他曾说:

> 中国(伦理思想)的伟大还在于他的广阔的视野。当欧洲伦理思想需要时间和努力来把民族的思想上升为人类的思想的时候,这对于幅员辽阔以及各个民族构成一个整体的中国来说已经成为思想中现实存在的东西……中国伦理思想千百年来对于个人和全民族的教育的功绩是伟大的。世界上没有

---

① 金泽:《宗教人类学导论》,第86页。
② 上古的村社组织到汉代已经基本解体,但在拓跋族统治的北方却复兴起来,并且在中国北部、西北边疆地区持续存在,直到辽、金时期仍保持相当规模。其中的一类是群众性的宗教组织,他们联系、团结、统合民众,包括各民族、各阶层官民、僧俗,形成大小不一的群体,配合寺院从事佛事活动,构成社会网络实体,形成地方佛教活动的基础。

　　任何一个地方能有这样一个建筑在伦理思想之上的文化来与
中国这块土地相匹敌。①

这种"各个民族构成一个整体"的文化传统早自春秋战国时期的
"百家争鸣"已经基本形成,后来逐步发展,其核心部分是儒家和道
家以及汉代形成的本土宗教道教、从印度输入的宗教佛教。"三
教"内容不同,终极追求亦有巨大差异,有多方面相矛盾、相冲突,
但是它们对于解决人生困境、对于提升人的精神素质、对于促进国
家和人类的发展与繁荣、对于实现美好社会的希望与追求,等等,
无论理念上还是实践上又都有一致之处。这也成为"三教"得以
"调和"以至"合一"的基本依据,从而能够成为构建统一的中国文
化传统的三大支柱。中国这种自古以来保持久远的文化统一的传
统,乃是巩固国家统一、遏制分裂割据、消弭内部各种矛盾的重要
保证。自从汉武帝时期"表彰儒术",以后历代王朝都以"儒术"作
为统治意识形态,民族团结与国家统一乃是儒家思想的要义之一。
而中国历史上信众最广、发挥巨大作用的宗教,主要是佛教和道
教,在促进国家统一、民族团结方面同样一直起着重要作用。应当
提起注意的是,宗教主要作用于人们的精神世界,信仰心能够调动
起人们的热情与冲动,其影响能够深入到社会更广泛的层面,从而
也就能够发挥出政治强权起不到的作用。就佛教说,全中国各地
佛寺供奉同样的佛像(当然除了汉传佛教,还有形态不同的藏传佛
教、南传佛教),诵读同样的经典,各民族、各地方信徒保持同样的
信仰,遵守同样的戒规,等等,对于人们观念的整合、行为的整合,
这些关系不同民族的整合,都持续发挥巨大的推动作用。中国历
史上几度形成分裂割据局面而终于归于统一,统一国家的根基始
终保持稳固,其主要条件之一是具有历史悠久、内容丰厚的统一的

①〔德〕阿尔伯特·史怀哲:《中国思想史》,常暄译,社会科学文献出版社,2009
　年,第104—105页。

思想、文化传统。而中国佛教正是这一传统的构成部分。

中国古代北方民族信仰广泛流行于东北亚地区的"萨满教"。这是形态原始的多神信仰,崇拜天地、山川、鬼神,相信巫术祭祀,有巫师(称为"萨满")主持宗教仪式。信仰与仪式乃是构成宗教的两个基本要素,萨满教已经具备。可是就这两个要素的发展程度而言,萨满教的形态都还相当原始。决定宗教发展程度的还有教义、教理、教团、经典等诸多层面,萨满教在这些方面显然都相当粗略和欠缺。而与另一个中国的主要宗教道教相比,佛教的发展形态更完善和成熟,内容更丰富,组织、制度也更严整。仅就上述信仰与仪式两个主要因素说,佛教对于信仰有十分充分、细密的论证,构筑成庞大的教理体系,其中包含丰富的思想、伦理内容;属于仪式的外在形态更是多姿多彩,有礼佛、斋僧、诵经、祈祷、劝诫、禁忌、斋会、法集等一系列仪轨,有转读、唱导、俗讲、舞乐等群众性、通俗性的宣教方式,有本生、譬喻、佛传等文学作品和塔寺、造像等艺术创作,等等。他们眩人耳目,震撼心灵,完全能够包容、超越萨满教并取而代之。这样,佛教能够更充分地满足北方民族的精神需求,加之又是一种"夷教",对于北方民族减少一层违碍感而增强亲和力,因而更容易被他们所接受。

历史上每一个新兴起的北方民族,必须、必然与南方汉地交流,人员流动,贸易往来,这些成为他们接触、接受佛教的机缘。这些民族接受佛教又是相互影响、相互促进的。例如契丹人初起时征服新罗,从新罗人那里接受佛教;蒙古人从党项人、西藏人和女真人那里接受佛教,等等。当北方民族进入汉地,建立政权,部分或全部南下定居,人口居少数的这些民族的居民处在信仰佛、道二教的以汉族为主体的原住民包围之中。各民族混居杂处,以至通婚联姻,观念、习俗或迟或速、不同程度地"同化"。佛教乃是这种"同化"的重要内容,又是促成"同化"的津梁。典型的例子如在建立北魏的拓跋人、建立辽的契丹人、建立金的女真人的统治下,流行一种民间结社组织，有"邑"、"社邑"、"邑义"等不同名称，其中重要一类是法社，即在僧人参与或指导下，集合人众，收聚财物，从事造像、造寺、建塔、营斋、诵经等活动，规模从十余人到数十人，有多达数百人乃至上千人的①。今存一些造像题记表明，一些规模巨大的邑义不少是由不同民族、不同社会阶层的人构成的。它们兼有社会与宗教组织双重功能，对于佛教的传播与发展起着巨大的推动作用，又成为"整合"各族民众，促进民族间的交流与交融的重要形式。这是佛教发挥民族"整合"作用的典型事例。

三

　　北方民族无论是在南下前还是以后，一方面接受先进的生产方式和生活方式，另一方面在文化上接受熏陶，从而提高其文明发展程度；而文明发展水平的提高又进一步促进与汉地民众的交流，激发他们更积极地接受汉地先进文化，加速他们融入汉地的步伐。在这个反复促进的过程中，作为文化载体的佛教发挥了极其重要的作用。

　　按文化人类学家格尔茨的看法，宗教是一种文化系统②。著名宗教社会学家涂尔干则指出：

　　　　如果说宗教产生了社会所有最本质的方面，那是因为社会的观念正是宗教的灵魂。因此，宗教力就是人类的力量和道德的力量。③

----

① 宁可：《述"社邑"》，《北京师范学院学报》，1985 年第 1 期。
② 〔美〕克利福德·格尔茨：《文化的解释》三编第四章《作为文化体系的宗教》，韩莉译，译林出版社，1999 年。
③ 《宗教生活的基本形式》，第 552 页。

北方民族接触南方汉地先进文明,佛教是时间最早、影响最大的部分之一。由于宗教特有的感召力和说服力,也就能够发挥巨大的教化力量,从而也成为促进他们与汉地民众相融合的有利条件。

值得特别提出的有这样几个方面。

慈悲乃是佛教对待众生的基本立场。大乘佛教的菩萨思想要求"大慈与一切众生乐,大悲拔一切众生苦"①。大乘菩萨的悲愿是自度度人,普度众生。这样的观念当然有特定的宗教意义,但其中体现的对于生命的尊重,对于弱势人群的关爱却具有普遍的人道主义内涵。因此弗洛姆称赞说:"人道宗教最好的例子之一是早期的佛教。"②他区别权威主义的宗教和人道主义的宗教,认为佛教不同于大多数以崇拜超越的权威为特征的宗教,而把人及其自身的力量作为信仰的核心。"仁者爱人"本来是儒家思想的核心内容之一。但儒家提倡的是依据血缘亲疏和等级名分的差别之爱,而佛教基于平等"空"观的慈悲,则主张遍及有情的、无分别的爱。东晋郗超在《奉法要》里提出"博爱":"何谓为悲?博爱兼拯,雨泪恻心,要令实功潜著,不直有心而已。"③这说的是平等的"兼爱"。既然对待"众生"要怀抱慈、悲、喜、舍四无量心,加之佛教本来就没有排斥异民族、异教的传统,主张民族间的理解、和平与友爱就是应有之义。

佛教基本戒律"五戒"的第一大戒就是"不杀"。一般说来,兴起于北方的各民族南下之初,攻城略地,劫掠杀戮,对经济、文化造成的破坏是相当严重的。这不仅是由观念、伦理水平决定的,主要还是取决于其经济形态和生活模式。粗放的游牧、渔猎生活亟须资生财富,其次才是劳力。他们南犯掠夺,退归北方,往往驱赶青

---

① 《大智度论》卷二七《释初品大慈大悲义》,《大正藏》第 25 卷,第 256 页中。

② Erich Fromm, *Psychoanalysis and Religion*, New Haven, Yale University Press, 1950, P. 34.

③ 《弘明集》卷一三,《大正藏》第 52 卷,第 88 页上。

壮丁口,而把老弱妇孺杀掉,即所谓"屠城"。到后来他们在南方立足,发展农耕,不管其主观意愿如何,必然要重视劳力即"人"的价值。他们与汉地本土统治阶层合作,接受汉族知识分子辅佐,思想观念、行为方式、施政方针随之不断改变。北方民族在立国一个阶段之后,一般都转而不同程度地关注民生,注重文事,发展经济与文化。在这一过程中,中国传统政治体制、思想意识发挥了影响,接受佛教对于推动这一转变也起了相当的作用。清朱彝尊曾就北魏当初开凿云冈石窟的意义说:

> 彼十六国之君,杀人若刲羊豕。而佛氏倡好生断杀之旨,世主信之,往往少回其残忍之习。是佛像之有益于当日,亦事理所有也。①

作为这段话的具体例证,佛图澄感化石赵国主石虎的事例是具有典型意义的。石虎以残暴著称,僧传记载:

> 虎常问澄:"佛法云何?"澄曰:"佛法不杀。""朕为天下之主,非刑杀无以肃清海内。既违戒杀生,虽复事佛,讵获福耶?"澄曰:"帝王之事佛,当在心体恭心顺,显畅三宝,不为暴虐,不害无辜。至于凶愚无赖,非化所迁,有罪不得不杀,有恶不得不刑。但当杀可杀、刑可刑耳。若暴虐恣意,杀害非罪,虽复倾财事法,无解殃祸。愿陛下省欲兴慈,广及一切,则佛教永隆,福祚方远。"虎虽不能尽从,而为益不少。②

佛图澄这一席话当然有诳谀、诡辩的意味,但其劝说嗜杀的石虎"不杀",是起了积极作用的。在战乱频仍、杀伐不绝的状况下,"不杀"的道德、教化意义是很明显的。僧人如此发挥教化作用的事例史不绝书。法国著名汉学家勒内·格鲁塞谈到北魏拓跋族的汉

---

① 《云冈石佛记》,《曝书亭集》卷六七。
② 《高僧传》卷九《佛图澄传》,第351页。

化说：

> 对草原历史有影响的事是突厥活力（在第一批拓跋统治者中这种活力是如此明显）逐渐被削弱、淡化和湮没于中国主体之中。这是在几个世纪中一再反复出现的模式，其中有契丹人、女真人、成吉思汗的蒙古人和满族人。正是佛教的这种影响，在拓跋人柔弱化的过程中曾起了很大的作用，正像它以后在成吉思汗的蒙古人中和甚至在后来的喀尔喀人中所起的作用一样。这些凶猛的武士们一接触到菩萨的优雅姿态就易于受到沙门们博爱教条的感动，以至于他们不仅忘记了他们好战的本性，甚至还忽视了自卫。①

这里提出佛教对于拓跋族及以后南下各民族发挥"弱化"作用，可以作多种理解和评价。对统治者来说，佞佛会让他们丧失强悍尚武的进取本性，并往往使之罔顾国计民生；一般民众耽于迷信也会腐蚀强悍的民族精神；但是从发挥教化作用角度看，佛教对于提升这些民族的文明水平和精神素质则又起了巨大作用，其积极意义是应当得到肯定的。

对于促进民族和解与融合意义重大的还有作为佛教教理核心内容的人性平等观念。印度佛教是在与婆罗门教相对抗、相斗争中形成和发展起来的。婆罗门教宣扬和实行种姓制度，这是一种黑暗、落后的等级压迫制度。佛教当然不可能从根本上否定，更不可能取消等级压迫和剥削，但根据它的"人我空"教理推导出的人性平等观念却是人类人性思想的宝贵遗产，在社会实践中亦起到多方面的积极作用。大乘佛教明确主张"自证无上道，大乘平等法"②。大乘"空观"的异名之一就是"平等观"。佛教"确认在自然律面前一切众生平等，确认他们在他所发现的宇宙缘起条件范围

---

① 〔法〕勒内·格鲁塞：《草原帝国》，蓝琪译，商务印书馆，2007 年，第 98 页。
② 《妙法莲华经》卷一《方便品》，《大正藏》第 9 卷，第 8 页上。

之内具有享受他们自己命运的平等自由权利"①。沃德尔说：

> ……佛陀等沙门师希望以社会之外的有利地位对社会之内施加影响……他们除了个人心的和平的目的之外，或者更可能还有与此基本相关的全人类社会幸福的目的，和一切生灵的幸福的更高目标。认为一切有情都像自己一样的众生平等的道德标准，既可以施之于在家人，也一样可以用于僧人……很清楚，佛陀的意向是向社会普遍宣传那种理想，作为对时代罪恶的解决方案，而不限制在僧团之内。②

佛教的这种"众生平等的道德标准"传入中土，成为理论与实践当中人性"平等"观念的宝贵资源，其中当然包含种族、民族平等意识。

在中国，居于统治地位的儒家传统把"人性"划分为不同品级，又严于"华、夷之辨"。这都是为阶级压迫、民族压迫作论证和辩护的。但是中国文化传统中又有"人皆有不忍人之心"、"为仁由己"、"民胞物与"等具有人性平等意义的观念；关于民族关系，亦发展出不是从种族上，而是从道德上、文化上区分"夷、夏"的观念。后者实际是在中国历史具体环境中民族关系发展的客观形势的反映：在多民族共同发展中，那些所谓"蛮夷"族群的文明程度得到提升，进而逐步融入中华民族共同体之中。韩愈在《原道》里曾说："孔子之作《春秋》也，诸侯用夷礼则夷之，进于中国则中国之。"③他所理解的"中国"概念，显然不是政治上、种族上的，而是文化上、道德上的。陈其泰指出：

> 从文化上或道德上区分"诸夏"和"夷狄"，二者就成为可变的概念……"夷狄"在文化上进步了就与"诸夏"无异，平等

---

① 〔英〕沃德尔：《印度佛教史》，王世安译，商务印书馆，2000年，第150页。
② 《印度佛教史》，第145页。
③ 《韩昌黎集》卷一一。

无间,鼓励他们学习先进文化而不断提高自己,"诸夏"也要警省不断进取,不然在政治上、道德上倒退就被视为"夷狄"。不论"诸夏"、"夷狄",都要努力向更高水平提高自己,民族间的交流、和好就会不断促进,有利于全国统一和安定。①

这种"夷、夏"相对、可变的观念,反映春秋战国以来汉民族与周边各族交流扩大、民族交融加速的现实状况,乃是儒家传统思想的优异部分之一。而佛教关于人性普遍平等的教理补充了中国传统人性思想的不足。对于南下北方民族来说,这种人格平等意识必然会增强其精神上的自信,鼓舞其努力提升自身文化水平的自觉;对于南方文化先进地区的民众,也会消减对"野蛮"民族的歧视和敌意。这对于调整、改善双方关系,进而达成民族和解、融合是起到重要作用的。结果是,北方民族在南下建立起政权之后,几乎无例外地把自己看成是中国文化传统的合法继承者,自觉地、积极地扮演中华民族一份子的角色。这也成为激励他们努力融入中华民族大家庭的无形力量。

佛教还向中国输入一个新的知识系统。这一系统丰富多彩,能够适应不同文化层次的人的需求。中国佛教在民族文化土壤上发展了这一知识系统,成为北方民族发展、进步必要、有益的资源。

对于文化欠发达的民族,佛教中容易接受的首先是他的法术、仪轨。早期西来的僧侣大都炫耀各种方术、技艺。如安世高"七曜五行医方异术,乃至鸟兽之声,无不综达"②;康僧会"天文图纬,多所综涉"③;等等。这些都会对于北方民族施加强大影响。典型的例子如前面已经提到的活动在石赵朝廷的佛图澄。甚至著名译师

---

①陈其泰:《春秋公羊"三世说":独树一帜的历史哲学》,《史学史研究》,2007年第 2 期。
②《高僧传》卷一《安清传》,第 4 页。
③《高僧传》卷一《康僧会传》,第 15 页。

鸠摩罗什同样也以熟悉方术著称。他在凉州吕光宫廷"蕴其深解，无所宣化"①，曾大力宣扬占卜、预言、谣谚、灾祥等技术。越是发达的宗教如佛教，仪轨的文化层次越高，伦理内容越丰厚。接触、接受佛教的法术、仪轨成为北方民族信仰佛教的机缘，他们从中受到多方面文化上的熏陶。宋、元以降，藏传佛教逐渐传入汉地，具有与汉传佛教不同的仪轨、法术体系，某些部分流入汉传佛教之中，对于北方民族也发挥相当的影响。

佛教文化对于北方民族影响巨大而直接的还有属于"形象"的层面。佛教在中国被称为"像教"。法国学者里奈·格鲁塞（即前文"勒内·格鲁塞"）说佛教"通过每一位菩萨的无数神话、通过为使其获得顶礼而塑造起来的慈和庄严的神像，通过僧徒的生平——佛教的'金色传奇'（Golden legent），通过其变相的天堂与地狱，以及最后也是最为重要的，通过佛教艺术本身，他们赢得了民众的情感"②。在中国高度发达的文学艺术传统的基础上，中国佛教发展了多种多样的文艺形式，包括各种体裁的文学作品、造像（石刻、泥塑、熔铸等）、绘画（壁画、绢画、纸画等）、乐舞、塔寺建筑，等等。它们潜移默化地吸引、教化了南下诸民族。这些民族也积极地参与了汉传佛教艺术的创造并取得可观的成就。这也成为这些民族文化水平得以提升的途径。

至于高层次的教理、教义层面，随着入居内地的北方民族的文化层次逐步提高、接受佛教达到相当程度之后，他们必然会注意教理、教义的研习、探讨。在僧祐《出三藏记集》的佛教著述目录里，记载不少北方民族人士撰著的名目，表明他们在佛学上已达到相当高的水平。唐宋以后，北方民族人士，包括君主、贵臣，特别是知识精英，许多人对佛学特别是禅抱有兴趣，学养也达到相当的水

---

① 《高僧传》卷二《鸠摩罗什传》，第 51 页。
② 《中华帝国的崛起》第 11 章《佛教的启迪》，《中国印象——世界名人论中国文化》上册，第 95 页。

平。学习、领会佛学成为他们文化教养的一部分，也是他们接受汉地文化的一部分。

值得称道的还有北方民族对于佛典翻译和出版事业的贡献。这不仅对于佛教的传播，对于佛教文化的推广与发展也是具有重大意义的工作，对于整个思想、文化乃至社会发展也都起到积极的作用。例如前述"十六国"时期的姚秦和苻秦、北凉等国的国主都组织规模巨大的译场，支持、参与高水平的翻译工作。其业绩乃是整个中国佛典翻译史上最为重大的成就的一部分。他们的都城成为译经中心，也是佛教发展的中心。另一方面还有翻译汉文（还有藏文）佛典为各民族文字的事业，党项族、蒙古族、满族都曾编纂、印制、流通本民族语言大藏经。后者乃是关系诸多文化与经济发展的大型系统工程，对于推进这些民族以至中国的文化、经济发展做出了重大贡献。

四

钱穆曾指出：

> 其实中国民族常在不断吸收，不断融和，和不断地扩大与更新中。但同时他的主干大流，永远存在，而且极明显地存在，并不为他继续不断地所容纳的新流所吞灭或冲散。我们可以说，中国民族是禀有坚强的持续性，而同时又具有伟大的同化力的。这大半要归功于其民族的德性与其文化之内涵……①

具体到佛教，乃是形成、发展、巩固中华民族大家庭过程中这种种

①《中国文化史导论（修订本）》，第23页。

"民族的德性与其文化之内涵"的重要构成部分。佛教学者杜继文又曾指出：

> 没有对新文化形态的需要，就不会有外来佛教的进入中国；没有少数民族的推动，就不会有中国佛教的出现。因此，中国佛教和中国文化一样，不是汉民一族所有，而是融会了世界性思潮，为中国各族人民所共同造就。我以为，这是中国文化在历史上的一个大走势。①

这样，所谓"汉传佛教"的发展包含少数民族的贡献，其中北方民族做出的诸多贡献更为突出。又正是在各族民众共同信仰、共同护持、共同推动佛教发展的过程中，北方民族接受文化熏陶，提升了文明水平，促进自身发展，也加强了他们与汉地居民的联系、沟通、交流与交融。佛教有助于创建一个统一的文化环境，有力地促进北方民族逐步融入中华民族大家庭之中。

　　中国历史上的民族问题和宗教问题密切关联。宗教信仰本是人类精神生活的核心内容，宗教活动是社会生活的重要构成部分。就认识层面说，宗教观念、宗教思想乃是人类追求真理、从"必然王国"走向"自由王国"曲折过程中所积累的思想成果的一部分；就实践领域说，宗教信仰是推动社会发展和历史进步的重要力量。当然与历史上一切社会存在、社会现象一样，宗教有积极的与消极的方面，对于社会发展有促进的与促退的作用。某个宗教在具体环境中的具体状况，需要做历史的、科学的分析。但就佛教（还有道教）对于中国历史上民族关系发展的作用说，它给中国历史上诸民族提供了共同信仰，对于促进和巩固国家统一、民族进步，对于维护和巩固中华民族大家庭的团结起了无可替代的重大作用，是应当充分肯定和表扬的。当年斯坦因在西域探险，行进在古代罗布泊漫长险

---

① 《从中国佛教看中国文化的走向》，《中国佛教与中国文化》，第6—7页。

恶、穷荒不毛的古道上，曾发自内心地赞叹说：

> 古代中国政治方面的显赫声威、经济方面的富足的产品
> 和无与伦比的组织能力，远远超过了他们的军事力量。老实
> 说，这完全可以视为精神胜过物质的一种伟大胜利。①

就中国古代的民族关系而论，佛教所起的作用也是远远超过"军事
力量"的重要的"精神力量"。它有力地促进和推动了各民族的团
结与融合、发展与进步。

这样，佛教在两汉之际输入，继而在中国的文化土壤上扎根、
发展、繁荣、昌盛，实现了中国历史上第一次大规模的中外文化交
流，中国的发展从中受益匪浅。佛教在中国的传播与发展得力于
中国传统文化弘通、开放的性格，进而又推动这一文化传统更加弘
通、更加开放。北方民族顺利地接受佛教，正是这一优异传统的体
现，又使得这一传统得到发扬。从人类历史发展规律看，信仰的统
一乃是文化统一、人的精神世界统一的重要体现，也是形成这种统
一的牢固基础；在中国历史上，佛教从理论、实践诸多层面为民族
平等、民族交流、民族融合提供了依据和动力。佛教联系、沟通了
活跃在中国广阔疆域内生存的各族民众，成为民族交流与融合的
纽带与津梁，对于造就五十六个民族构成的中华民族大家庭和统
一的中国建树了不可抹灭的历史功勋。

这作为佛教的宝贵遗产是值得认真研究、继承与发扬的。

　　　　　　　　　　　　　（原载《兰州学刊》2017 年第 6 期）

------

① 《沿着古代中亚的道路》，第 169 页。

中国观音崇拜的
"民族化"和"民俗化"

　　《法华经》初译是竺法护于晋太康七年（286）所出（《正法华经》），而现存第一例观音灵验故事是晋元康年间（291—299）关于竺长舒的，说他"奉去精至，尤好诵《观世音经》"，遇邻居着火，而他家居下风，以"至心诵经"，大火到他家屋旁即熄灭了。这表明，在《法华经》译出仅十年左右，已经在民众间流行，并有本土的灵迹传出；还有了《观世音经》的名目。就是说，当时《法华经》的一品《普门品》已作为单经流通。接着又有一件关于帛法桥的，他于石虎末年九十余岁卒（石虎死于349年），相关传说是3世纪末年的①。从这两例可见观音信仰输入中土后在当时民众间受到欢迎的程度和弘传的迅速。

　　到晋、宋之际，宗炳说：

　　　　有危迫者，一心称观世音，略无不蒙济，皆向所谓生蒙灵援，死则清升之符也。②

宋何尚之说：

　　　　且观音大士所降近验，并即表身世，众目共睹，祈求之家

——————————

①参阅南朝宋傅亮、张演等撰：《观世音应验记三种》，孙昌武点校，中华书局，1994年。

②《明佛论》，《弘明集》卷二，《大正藏》第52卷，第16页上。

其事相继。所以为劝诫,所以为深功……①

从这些记载可见观音信仰受到欢迎、广泛传播的情形。对于在苦
难中挣扎的历代民众来说,"救苦"是普遍的、现实的需求。后来观
音信仰持续地在中国迅速传播开来,一方面正由于该经宣扬的普
门救济思想能够满足渴求救济的广大群众的现实需求;另一方面
因为这部经典逐渐"民族化"和"民俗化",适应了中国的思想环境。
关于外来思想输入中国并得以发展的规律,陈寅恪指出:

> 其真能于思想上自成系统,有所创获者,必须一方面吸收
> 输入外来之学说,一方面不忘本来民族之地位。此二者相反
> 而适相成之态度,乃道教之真精神,新儒家之旧途径,而二千
> 年吾民族与他民族思想接触史之所昭示者也。②

佛教作为外来的文化系统,观音信仰作为这一系统的构成部分,逐
步实现"中国化"乃是它得以在中国传播、发展,得到民众持久的欢
迎、长时期兴盛繁荣的重要保证。佛教"中国化"的重要方面在"民
族化"、"民俗化",主要表现在:

第一(以下排序不反映意义上或作用上的层次),在观念上,与
中国固有的思想传统相统合。

《普门品》宣扬的普门救济是无条件的、普遍的救济。但是在
中国,实现救济却与本土伦理结合起来了。根据北魏留下的造像
记里的记载,观音救难、赐福对象往往把皇帝和百官列在前面,在
家族中则已故和现在父母、亲属占主要地位,这就突显出强烈的世
俗伦理意识。"忠"与"孝"本是传统伦理的两大支柱。在这一时期
的观念中,观音救济往往与"忠""孝"联系起来。后来明朝的永乐

---

①《何令尚之答宋文皇帝赞扬佛教事》,《弘明集》卷一一,《大正藏》第 52 卷,第
　70 页上。
②《冯友兰中国哲学史下册审查报告》,《金明馆丛稿二编》,第 252 页。

皇帝朱棣在为《千手经》所写序里直接说：

> 观世音誓愿弘深，发大悲心，以济度群生。朕君临天下，
> 闵众情之昏瞀，堕五浊而不知；以此经咒，用是方便，觉悟提
> 撕，俾一切庶类皆超佛域。又况如来化导，首重忠孝……若不
> 忠不孝，不知敬畏，则鬼神所录，阴加谴罚，转眄之间，即成地
> 狱。盖善恶两途，由人所趋。凡我众庶，宜慎取舍。书此以
> 为劝。①

这就清楚表明观音信仰与儒家伦理并行不悖，在政治上和思想上
能够起到辅助教化的功效。明、清时期民间秘密宗教流行，明末万
历年间禁止流通、销毁经版时朝廷有告示说：

> 今后僧俗善信有志茹素捧诵者，自有钦定颁刻大藏尊经，
> 如《观音》《弥勒》等经；若真思孝顺父母，宜持诵《大方便佛报
> 恩经》可也。②

一方面禁毁民间教派经典，另一方面提倡民众诵读《观音经》等，也
是因为这类经典有助于世俗"教化"的缘故。

　　第二，把观音道场迁移到中国，即把观音当做本土神明。

　　六十《华严》里记载观音道场在光明山，音译为"补陀洛迦"等，
据考实指印度半岛南端东海岸秣剌耶山以东的巴波那桑山
（Pāpānasam，学术界还有不同看法）③。大约自唐末，传说中开始
把中国东海舟山群岛即今舟山市的一个小岛指定为补陀迦，后来

---

① 《大悲总持经咒序》，《中国佛教经论序跋记集》第 3 册，第 1301 页。
② 转引喻松青：《明清白莲教研究》，四川人民出版社，1987 年，第 28 页。
③ 季羡林主编《大唐西域记校注》比定此山为巴波那桑山，今印度提讷弗利
　（Tinne-velly）县境，方位为北纬 8 度 43 分，东经 77 度 22 分。参阅该书卷
　一〇《秣罗矩吒国》条，中华书局，1985 年，第 862—863 页。又参阅后藤大
　用《观世音菩萨本事》第十四章《补陀洛之研究》，黄佳馨译，台湾天华出版公
　司，1982 年，第 176—191 页。

俗称普陀山（值得注意的是，在中国，另有许多其他地点被比定为补陀洛迦①）。又和普陀信仰相关的，在今厦门市内五老峰麓有南普陀寺，始建于唐，至明初重建，也是主要供奉观音的道场，俗称"南普陀"。在北京房山县西南上方山有普陀崖，俗称"北普陀"，崖下有供奉观音的观音殿。

众多观音道场遍布全国各地。自吴越以来，杭州成为佛教兴行之地，武林山有上、中、下"三天竺"，其中上天竺寺观音道场十分著名。按旧志，后晋天福（936—944）年间僧道翊曾结庵住山，得木刻观音大士像；五代吴越忠懿王钱俶造寺，初名天竺看经院；宋初由禅僧主持。又苏州的寒山寺，钱谦益说：

> 此山之麓，有观音殿，灵响殊胜。春时士女焚香膜拜，项背相望，以故寒山俗号观音山。今于此地，启建忏场，仗托因缘，弘法利生，甚盛举也。吾读《楞严》、《法华》《圆通》、《普门》二品，观音大士于无量阿僧祇劫修同体大悲，遍薰一切，以三十二应，摄受众生……智者大师判《普门品》文目，慈悲普至，修行普开，为十方普应，判然事、理具足，无可疑矣。②

各地另有类似道场无数。据旧志，清朝北京城内有观音道场二百余处。

第三，形成本土的观音生缘传说。

典型的如香山观音。河南汝州香山（在今宝丰县城东十五公里大、小龙山之间，今存香山寺，传为唐建，历代屡经修葺）则被说成是大悲观音证道之所，相应地有情节复杂的传说，早在北宋时期已流行于民间。文献记载第一个记录者是蒋之奇，据南宋朱弁说：

---

①《癸巳类稿》卷一五《〈观世音菩萨传略〉跋》："盖补陀一在额纳特珂克海中，一在西藏今布达拉山，一在广东南海。宋丁谓《朱崖》诗云：'且作观音菩萨看，海边孤绝宝陀山。'"（下册第514页）
②《寒山寺报恩寺募建大悲殿疏》，《有学集补》。

> 蒋颖叔守汝日,用香山僧怀昼之请,取唐律师弟子义常所
> 书天神言大悲之事,润色为传。载过去国庄王,不知为何国
> 王,有三女,最幼者名妙善,施手眼救父疾,其论甚伟。然与
> 《楞严》及《大悲观音》等经颇相函矢……而天神言,妙善化身
> 千手眼,旋即如故。而今香山乃是大悲成道之地,则是生王
> 宫,以女子身显化。考古德翻经所传者,绝不相合。浮屠氏喜
> 夸大自神,盖不足怪。而颖叔为粉饰之,欲以传信后世,岂未
> 之思耶!①

颖叔名之奇,《宋史》卷三四三有传,其守汝在元符(1098—1100)年
间,即他的晚年。香山观音传说把佛教信仰与中国传统孝道观念
结合起来,后来在文人和民众间不断被增饰,形成以妙善公主成道
为中心的情节丰富、生动的故事,在小说、戏曲、宝卷和民间传说等
文体中被演绎。

此外还有马郎妇观音、鱼篮观音等,都有各自的生缘故事。

第四,制作伪观音经。

中国佛教的所谓"伪经",区别于翻译的外来"真经"。区分真
伪在佛教学术研究中当然有重大意义。但从民众信仰角度讲,"伪
经"往往能够更真切地反映制作的当时、当地民众信仰实态而具有
重要价值与意义。在"伪观音经"里,观音形象被重新塑造了,显现
更加符合本土心理的面貌,体现更强烈的民族性格。如《观世音三
昧经》,主要宣扬本土观音信仰行法,具有指导信仰实践的作用。
其中宣说供养此经的具体做法:

> 若欲行此经,应净房舍中,悬诸幡盖,散花烧香,端坐七
> 日,念无异想,诵此《观世音三昧经》。

接着说明七日间的灵应:

---

① 《曲洧旧闻》卷六。

> 七日之时观世音菩萨即自现身,其光晃耀明过于日。行人见已,其心慌迫。观世音菩萨即举左手摩行者顶,心得安稳;复举右手指于西方妙乐国土,行人寻时即见西方无量寿国,国土清净,流离宝树,华园浴池,处处皆有。行人见已,烦恼消除,无明根拔。此诸行人等,世世所生,常与观世音相值……

然后复见上下四方净土,得六神通,具八解脱,得无碍智。接着,又从另一方面说"此经亦名安稳处,亦名离恼患,亦名离恶道",并具体指明避水、火、盗贼、刀杖、县官、枷锁、地狱等灾害的功德,赞叹观世音有大威神力,现神通力,可以救众生,度苦难,又说明受持此经的五种果报:

> 一者离生死苦,烦恼贼;二者常与十方诸佛同生一处,出则随出,生生之处,不离佛边;三者弥勒出世之时,当为三会初首;四者不堕恶道:地狱、饿鬼、畜生、阿修罗中;五者生处常值净妙国土。是为五种果报。①

然后指出世间五种不能成佛之人,若能受持此经七天七夜,读诵通利,众罪消尽,皆得成佛,最后咐嘱流通。

这样的经典里没有一般外来经论那种烦琐的说教,也没有更深刻的义理,文字浅显,体现中土思维重简洁的特色,又具有鲜明的民俗特征。经文中由释迦之口说出"今我成佛,良由此经",并说"观世音菩萨于我前成佛,号为正法明如来……佛、世尊,我于彼时,为彼佛下作苦行弟子",则完全翻转了佛与观音的位置,表明中土民众更加推重观音神力的倾向;还说到五种不能成佛之人:边地国王、旃陀罗人、破戒比丘比丘尼、多淫之人、出家还俗破坏道法之人,他们受持此经亦皆得善报,则显然受到涅槃佛性说"阐提成佛"

---

① 牧田谛亮:《疑經研究》第十三章《觀世音三昧經の研究》,第 233—235、243 页,京都大学人文科学研究所,1976 年。

观念的影响,也反映中土环境下普遍的"佛性"说受到欢迎的情形。

另有《高王观世音经》(《观音折刀经》),也是一部流传广远、影响巨大的伪观音经。这是一部士族士大夫结集的、寓有赞颂帝王和祈福意义又具有强烈世俗性质的经典,把观音救济与"高王"即北齐国主高欢联系起来,反映民众信仰心的热烈与诚挚。后来高王观世音信仰流传久远,唐、宋时期的笔记、小说里被描述①,在民众间一直传承不绝,表现出强大的生命力。

第五,观音转变为女相。

《法华经》里佛陀称观音为"善男子"。又《华严经》写到善财童子访问南方补怛洛迦山,有偈颂云:"勇猛丈夫观自在,为利众生住此山。汝应往问诸功德,彼当示汝大方便。"②北魏以来直到唐代的观音造像一般作男相菩萨装(也有如前所说作佛装的)。在湖北当阳玉泉寺有一尊观音像,据传为唐代著名画家吴道子所画,作长须男相。日本京都涌泉寺有一座香木雕刻的"杨贵妃观音像",据说是为悼念杨贵妃雕造的,传说不一定可靠,也是带胡须的。敦煌壁画里的一些千手观音、如意轮观音和水月观音像,也往往有两边上翘的胡须。而宋代以后,"观音老母"、"观音娘娘"之类称呼流行起来,大量观音造像被表现为女身。如今寺院造像,民众供养的观音像皆作女相。

从教理上说,观音性别的这一变化不是没有依据。首先,《普门品》观音"三十三现身"中就有比丘尼身、优婆夷身、长者妇女身、

①如《朝野佥载》卷三:"孟之俭,并州人,少时病,忽亡。见衙府如平生时,不知其死。逢故人为吏,谓曰:'因何得来?'具报之,乃知是冥途。吏为检寻,曰:'君平生无修福处,何以得还?'俭曰:'一生诵《多心经》及《高王经》,虽不记数,亦三四万遍。'重检,获之,遂还……"又《夷坚志》里记述高王观世音信仰故事甚多。

②实叉难陀译:《大方广佛华严经》卷六八《入法界品第三十九之九》,《大正藏》第10卷,第366页下。

居士妇女身、宰官妇女身、婆罗门妇女身、童女身等女相。就是说，观音本可以"示现"为女身。其次，后来输入的密教变形观音有不少作女相的，如白衣观音、多罗尊观音、叶衣观音、阿摩提观音等。再次，观音这一神格的形成本来包含古婆罗门教和西方外来宗教神祇的成份，这些神祇不少是作女身的。这些都是有助于推动观音向女相的转化的因素。而在中土起更大作用的，是观音信仰在家庭中传播，带上家庭守护神的性格，争得大量女性信徒；而女相观音又更能体现菩萨慈爱、善良、温柔的母性性格，也更容易被人们亲近，从而观音定型为女相了。这也进一步促进他在民众间和家庭中流通，并推动他向中土"俗神"方向演变。

第六，创造本土变形观音。

在四川大足石门山第6号窟雕造有"西方三圣"和"十圣观音"像（宋绍兴十一年，1141）。十圣观音为：净瓶观音、宝篮手观音、宝经手观音、宝扇手观音、杨柳观音、宝珠手观音、宝镜手观音、莲花手观音、如意轮观音、数珠手观音；北山佛湾第180号龛有政和六年（1116）所造《观音变相图》，具体形象已残缺；另有玉印观音等①。中土变形观音这种有意识的组合，显示这种观音逐渐取代传统的"正观音"，在信仰实践中取得重要位置。

本来南北朝以来，某些本土人士，主要是高僧被看作是观音化身，如南朝傅大士、宝志、唐僧伽、杯度等。基于这种观音显化观念，形成各种各样本土的变形观音。明清时期被总括为三十三身，即杨柳观音（又称药王观音）、龙头观音、持经观音、圆光观音、游戏观音、白衣观音、莲卧观音、泷见观音、施药观音、鱼篮观音、德王观音、水月观音（又称水吉祥观音）、一叶观音、青颈观音、威德观音、延命观音、众宝观音、岩户观音、能静观音、阿耨观音、阿么提观音（又称无畏观音、宽广观音）、叶衣观音、琉璃观音（即高王观音）、多

---

① 《大足石刻内容总录》，第79—80页。

罗尊观音、蛤蜊观音（又称救度母观音）、六时观音、普悲观音、马郎妇观音、合掌观音、一如观音、不二观音、持莲观音、洒水观音。这些观音形貌是本土的，体现的观念也是更彻底地民族化的。在民众的感受中，他们更为亲切，也就赢得更虔诚的信奉。

特别值得注意的是"送子观音"，形成应在六朝后期。最早的传说是刘宋时代的：

> 宋孙道德，益州人也，奉道祭酒，年过五十，未有子息。居近精舍，景平（423—424）中，沙门谓德："必愿有儿，当至心礼诵《观世音经》，此可冀也。"德遂罢不事道，单心投诚，归观世音；少日之中而有梦应，妇即有孕，遂以产男也。①

这个故事又和佛、道斗争有关。山西省荣县博物馆存有一件隋仁寿三年（603）的观音造像，体高二十七厘米，立于莲基之上，左手垂握净瓶，瓶上立一裸体童子，右手持莲子长柄，莲子上盘坐一幼童，表示"莲（连）生贵子"②。这是表明"送子"观念在当时已相当普及的实物。隋代以后出现更多的观音送子传说，其中涉及僧侣的尤多，这当然体现他们神化自身的意图。如隋代著名三阶教创始人信行，据传"初，其母无子，久以为忧，有沙门过之，劝念观世音菩萨。母日夜祈念，顷之有娠，生信行"③；初唐时西明寺僧静之，"父母念善，绝无息胤，祈求遍至而无所果，遂念观音，旬内有娠，能令母氏厌恶欲染，辛腥永绝。诞育之后，年七八岁，乐阿弥陀观，依文修学，随位并成，行见美境，骨观明净，性乐出家"④；唐释道丕，"母许氏为求其息，常持《观音普门品》，忽梦神光烛身，因而妊焉"⑤；等

---

① 《冥祥记》，鲁迅辑：《古小说钩沉》，《鲁迅辑录古籍丛编》第 1 卷，第 370 页。
② 杨炎德、王泽庆：《隋仁寿三年观世音菩萨石雕》，《文物》，1981 年第 4 期。
③ 唐临：《冥报记》，《冥报记　广异记》，第 3 页。
④ 《续高僧传》卷二一《京师西明寺释静之传》，《大正藏》第 50 卷，第 601 页下—602 页上。
⑤ 《宋高僧传》卷一七《周洛京福先寺道丕传》，第 432 页。

等。关于宋大通善本、天台遵式、明五台观衡、智旭蕅益等著名僧
人都有类似传闻。民间传说里则有更多观音送子故事,宋代的如:

> 京师人翟楫居湖州四安县,年五十无子,绘观世音像,恳
> 祷甚至。其妻方娠,梦白衣妇人以盘擎一儿,甚韶秀。妻大
> 喜,欲抱取之,一牛横陈其中,竟不可得。既而生男子,弥月不
> 育,又祷请如初。有闻其梦者,告楫曰:"子酷嗜牛肉,岂谓是
> 欤?"楫竦然,即誓阖家不复食。遂复梦前妇人送儿至,抱得
> 之,妻遂生子为成人。周阶说。①

这里是把送子和佛教的戒杀观念结合在一起了。世界上众多宗教
里都有司丰饶、养育的神明,原来佛教里是没有的。因为佛教以从
现世"解脱"为主旨,出家修行,就是为了解脱现世情缘,断绝轮回。
可是在中土环境中,作为养育之神的"送子观音"形成,并成了民间
佛教的重要神明之一。和送子功德相关联,观音还能够保佑产妇
安产和幼儿成长,则又成了儿童守护神。这样的救济观念已从"救
苦"大大地扩展了。

第七,形成本土供奉观音仪轨。

持观音咒。敦煌写本里有《观世音菩萨符咒》等三个观音符咒
集,利用这些符咒驱魔镇邪、消灾治病是唐宋以来流传下来的民间
习俗。除《大悲咒》《准提咒》等取自佛经的经咒外,还有中土制作
的《白衣大士咒》之类简易咒文。有些专门用来治病的咒,如各种治
眼病的《治眼病陀罗尼》,自古及今流传不绝。民间教派中也流传一
些咒文,如收元教有《观音祖师咒》。后期罗教中流传的《五公(指志
公、宝公、唐公、化公、朗公)尊经》里,也有假托观音大士的偈言等。

称观世音名号。除了传统的遇到危难时呼叫观音救济,流行
每天称诵观世音名号多少遍作功德的。这显然是借鉴了净土念佛

————————
① 《夷坚乙志》卷一七,《夷坚志》,第325页。

（每天念"阿弥陀佛"名号，有至万遍的）形式。晚清民初流行的在理教门就以诵"观世音菩萨"五字真言为主要供奉形式。

供观音像。在家庭供奉观音像。有的设专门的观音龛；有的则在住房中堂"天地君亲师"牌位旁边供奉观音、老君、财神等。另外在家门外，桥头、路隅等处也往往筑小型观音龛，供观音像。

吃观音斋。观音圣诞、成道、涅槃日。一般在二、六、九月，具体日期有正月初八，二月初七、初九、十九，三月初三、初六、十三、十九，四月初八、二十二，五月初三、十七，六月十六、十八、十九、二十三，七月十三，八月十六，九月十九、二十三，十月初二，十一月十九、二十四，十二月初八、二十四、二十五等，这都是佛教里有特殊意义的日子；也有每月十九吃斋的，比较普遍。

抽观音签。这是把本土的抽签打卦办法用在观音信仰上。关于观音签，宋代的宗鉴在《释门正统》里记载："（天竺观音）又有菩萨一百签，及越之圆通一百三十签，以决群迷。吉凶祸福，祷之诚者，纤毫不差。叙其事者，谓是菩萨化身所撰，理或然也。或依仿而作，则多名目。但以菩萨迹示等觉、正遍知，不思议神力挟之，则或验，或不验。"这表明"观音签"宋代已经流行。不过这显然与佛教教理毫无干系。宗鉴的记述已表怀疑态度。

观音"私祭"。逢元旦、清明、端午、中元、中秋、重阳、冬至、除夕等节祭日或节气，以至逢家庭忌日等，对观音上供、祭拜。

结观音香社，办观音会。这种僧、俗结合的群众性佛教结社形式早在唐代已经出现。初唐中宗、睿宗时，受到华严法藏影响，"雍、洛间阎，争趋梵筵，普缔香社"[1]。明清时期盛行民众到寺庙"进香"的结社，有各种名目。专门为朝拜观音道场组织的，如僧、道所设"迎接观音等会，倾街动市，奔走如狂"。一定节期办观音会，往往和民间商贸活动、文艺活动结合在一起的。

———————

[1]《唐大荐福寺故寺主翻经大德法藏和尚传》，《大正藏》第50卷，第84页中。

第八，民间宗教里的观音信仰。

宋、元以来，主要的民间宗教属于白莲教一系，本是在净土结社基础上发展起来的新教门。明、清时期分化为罗教、黄天教、弘阳教、闻香教、圆顿教以及众多的教派分支如无为教、大乘教、长生教、天理教、清茶门、观音教等①。其中有些教派明显具有反统治体制的性格，受到禁限、镇压，分合聚散，此起彼伏，往往形成相当大的声势。它们形成于民众之中，采取适合民众信仰的内容和形式，在社会上也就能够发挥持久、深入的影响。它们制作教派经典，多采用通俗、简短的偈颂形式，类似佛教的伪经。其中数量巨大、传播广泛的是说唱形式的宝卷，在文学史研究中被看作是民间口头讲唱文学一种体裁。明中叶一个重要民间教派罗教教主罗清编撰"五部六册"（《苦功悟道卷》、《叹世无为卷》、《破邪显正钥匙卷》二册、《正信除疑无修证自在宝卷》、《巍巍不动泰山深根结果宝卷》），作为教派经典，相当系统地宣扬教派教义，已经成熟地利用宝卷这一文艺样式，是早期宝卷的代表作。后来继起各教派都制作宝卷，作为宗教文艺形式遂广泛流行。宝卷也被佛教僧侣利用，成为佛教通俗宣传的手段。

如上所述，观音在民众间具有强大吸引力，在发展中逐渐增加更多的"俗神"性格，这成为他容易被纳入到民间宗教神祇谱系的重要条件。又民间宗教吸引众多女性信徒，女相观音特别受到她们崇拜。早自宋代，观音就成为白莲教所崇拜的主要神明，阿弥陀佛、观音、势至是后来白莲教忏堂供奉的尊像。明代兴起的其他各教派均主多神信仰，崇拜对象有佛教的如来、弥陀、弥勒、道教的老君、玉帝天尊、儒家的孔圣人等，观音则是其中重要一位。民间教派创造出一位特殊的女神"无生老母"，她在早期罗教经卷里已经出现，以后地位变得越来越崇高，被描写成具有创世主和救世主品

---

① 参见《明清白莲教研究》，第 1—116 页。

格的最高神、世界宗教史上鲜有其例的女性的上帝,有一种说法说她就是观音化身或"转世"。由无生老母又衍化出另外许多老母,观音老母也是其中之一(如《龙华经》)。

从各教派具体情况看,如罗教,特别崇拜观音,热衷供奉观音、念《观音经》、建观音教堂和观音斋堂等①。根据该教的劫变观念,罗祖本是观音化身来超度世人的。明代兴起的黄天教形成于今河北地区,明、清流传在江西、福建、浙江一带,有长生教、老官斋教、大乘教等名目,也供奉观音、三官、关帝诸神,并广建观音斋堂。万历(1573—1620)末年兴起的长生教,流传于江南一带,教徒吃斋念佛,供奉白瓷观音菩萨,祈求却病延年。该教派的《众喜宝卷》列出的尊奉经典中,《高王经》包括在内。大乘教有经咒二十八句,开头的两句就是:"一心只念本师阿弥陀佛,救苦救难观世音。"②明万历年间兴起的红阳教在观音和如来、地藏诞辰、飘高祖生辰、忌日或办丧事聚众作佛事时,念诵经卷,其中包括《普门品经》。西大乘教创立于嘉靖年间(1522—1566),创始者是京西黄村皇姑寺的吕牛,被尊奉为吕菩萨。皇姑寺本来是宫廷的观音道场,这一派宣扬观音即是无生老祖,而吕祖则是观音下凡。后来这一派的教首归圆制作《销释大乘宝卷》等经卷,大力提倡尊奉观音。另有一部宝卷《清源妙道显圣真君二郎宝卷》中叙述教派历史说:

> 观音母,来落凡,脱化吕祖。在口北,送圣饭,救主回京。景泰(指明代宗)崩,天顺爷(指明英宗),又登宝位。封吕祖,御皇姑,送上黄村。与老祖,盖寺院,安身养老。普天下,男共女,来见无生……③

①马西沙、韩秉方:《中国民间宗教史》第四章《佛教净土信仰的演进与白莲教》,上海人民出版社,1992年,第102—164页。

②《闽浙总督喀尔吉善等折(乾隆十三年六月廿六日)》,故宫博物院文献馆《史料旬刊》第二十九期。

③《宝卷初集》第14册,山西人民出版社,1994年。

西大乘教得到了宫廷中以李太后为主的后妃、贵族的支持，经卷得以在京城印行、流布。民间教派观音信仰十分普遍，不烦枚举。

蒲松龄说：

> 佛道中唯观自在，仙道中唯纯阳子，神道中唯伏魔帝，此三圣愿力宏大，欲普度三千世界，拔尽一切苦恼，以是故，祥云宝马，常杂处人间，与人最近。①

这里"纯阳子"即道教全真派"八仙"中的吕洞宾，"伏魔帝"即被尊奉为"战神"、"武财神"的关帝，佛教的观音被和他们等量齐观。他已十分深入、彻底地"民族化"、"民俗化"，演变为"有求必应"的"善神"、"福神"了。

观音作为汉传佛教的主要信仰对象，他的深入、彻底的"民族化"、"民俗化"，特别对于建设、发展中国宗教的民间"小传统"发挥了极其重要、巨大的作用。这种传统极大地扩展了佛教的民众基础。在宋元宗派佛教衰落的形势下，成为支撑佛教整体生存与发展主要力量之一，直到如今。

观音和观音信仰体现的救济思想，其中所包含的人本、人道观念，所体现的关爱和救度劳苦大众的精神，乃是人类文明积累的宝贵财富，历史上曾给无数陷于灾难、困顿中的人们以支持和鼓舞，今天仍具有重大的现实价值与意义。

不过观音信仰体现的是对"他力"救济的祈求和仰赖，缺乏个人自救的积极意识，具有消极一面，无论在信仰层面，还是在观念层面，都是应批判地对待的。

（原为湖州佛教协会主办的"法华信仰与佛教
中国化"学术研讨会上的讲演，2017 年）

---

① 转引自马书田：《中国佛教诸神》，团结出版社，1994 年，第 122 页。

关于"中国禅"

一

明确提出"印度禅"和"中国禅"相对待的两个概念的是胡适。他在1928年与汤用彤的通信里说：

> 禅有印度禅，有中国禅……至唐之慧能、道一，才可说是中国禅。

胡适与汤用彤这一批通信以"论禅宗史的纲领"题目收录在《胡适文存三集》里。1934年，他在北京师范大学讲演，题目是《中国禅学的发展》，又提出"中国禅学"概念，讲稿发表在1935年《师大月刊》第18期[1]。这是两篇早期禅宗史研究具有指导意义的文献。

又研究中国文化史、宗教史，钱穆的一个论断具有重要的启示意义。他论述的是先秦时期儒家思想的演化。这是殷、周之际开始的文化转型已经完成的时期，也是中国文化发展的基本形态定型的时期。他说：

---

[1] 参阅姜义华主编：《胡适学术文集·中国佛学史》，第61—94页。以下引用上述两篇文章不另注出。

> 孔子根据礼意,把古代贵族礼直推演到平民社会上来,完
> 成了中国古代文化趋向人生伦理化的最后一步骤……因此我
> 们若说中国古代文化进展,是政治化了宗教,伦理化了政治,
> 则又可说他艺术化或文学化了伦理,又人生化了艺术或文学。
> 这许多全要在古人讲的礼上面去寻求。①

这个判断同样适用于考察中国宗教与政治、与伦理、与文化、与文
学艺术的一般关系。佛教在中国实现"中国化","印度禅"演变为
"中国禅",也正体现这样的演化过程。

　　印度佛教输入时期的中国,已经是具有高度发展的思想文化
体系的国度。这是一个体现鲜明"实践理性"和人本精神的、包含
丰厚政治、伦理内容的体系。这样的思想文化体系成为抵制所有
神秘、超越的事物与观念即孔子所谓"怪、力、乱、神"的强大力量。
这是宗教在中国生存和发展环境和土壤的决定性因素。中国佛教
包括它的禅和后来的禅宗也必须适应这样的环境和土壤。这也是
"印度禅"输入中土必然逐步改变面貌、演变为"中国禅"的根本缘
由。当然,作为外来文化的一种成果,必然给中土带来新鲜的、有
价值的内容,这种演变又必然是个长期发展的历史过程,呈现复杂
的面貌。

二

　　胡适"中国禅"、"中国禅学"概念,意味着中国人接受"印度
禅",已发展为一种"学"——"禅学",或者称为"禅思想"。
　　胡适在前述两篇文章(还有《胡适文存三集》的《禅宗古史考》

---

①钱穆:《中国文化史导论(修订本)》,第73—74页。

等)里,比较详细地介绍"印度禅"的内容,并精辟地指出"印度禅"的基本特征是"先讲方法,后讲目的"。就是说,在外来的印度佛教里,不论是"八正道"里的"正定"还是"六波罗蜜"里的"禅提波罗蜜",都基本是一种"方法",信仰者可以利用这种方法达到佛教所追求的解脱轮回的目标。中土佛教初传就是这样的禅,如东汉末安世高等传译的禅籍讲五停心观(不净观、慈悲观、因缘观、安般[数息]观、界分别[念佛]观)。这样的禅当初曾被当作传统方术的一种。后来陆续传入大乘佛教的禅,如《维摩经》(这部经最初是三国吴支谦翻译的,后来流行的是鸠摩罗什译本,玄奘又有新译本)等大乘经提出"心净则佛土净",反对坐守枯禅。著名译师鸠摩罗什(344—413)来到长安,抄撰众家禅要,成《禅法要解》两卷,是杂采大小乘各部禅而成的,其中解释禅说:

> 定有二种:一者观诸法实相,二者观法利用。譬如真珠师,一者善知珠相贵贱好丑,二者善能治用。①

这里所说的"定"是"禅"的意译。吕澂指出:"大小乘禅法融贯的关键,在于把禅观与空观联系起来,罗什所传就是同实相一起讲的。""禅学虽出于小乘系统,却以贯串着大乘思想而是大小乘融贯的禅了。这与安世高所传是不同的。鸠摩罗什如此,佛陀跋陀罗也是如此。"②不过直到释道安(314—385)为安世高所译禅籍作批注,还是发出"每惜兹邦禅业替废"③之叹;慧远(334—416)也说"每慨大教东流,禅数尤寡,三业无统,斯道殆废"④。这主要是因为当时所传的"禅"还缺乏更丰富的理论内涵,难以在中国这样丰厚的文化土壤上更广泛地传播。

---

① 《禅法要解》卷上,《大正藏》第 15 卷,第 290 页中。
② 《中国佛学源流略讲》,《吕澂佛学论著选集》第 5 卷,第 2557 页。
③ 释僧祐:《十二门经序》,《出三藏记集》卷六,第 253 页。
④ 《庐山出修行方便禅经统序》,《出三藏记集》卷九,第 344 页。

胡适在《发展》一文中又精辟地指出"印度禅重在'定',中国禅重在'慧'"。所谓"慧",就世俗概念说就是"学理"、"思想"。日本学者柳田圣山有一本传世著作,书名就叫做《禅思想》。所谓"禅思想",是指"印度禅"在中国被发展为具有高度理论内容的思想体系。由重"定"的作为"方法"的"印度禅"发展、演变为重"慧"的作为"目的"的"中国禅",这是外来佛教"中国化"的重要一步,是中国佛教的重大理论建树。

早期中国佛教的学理研究即所谓"义学师说"的兴盛是从罗什门下开始的。时人评论罗什弟子,有"通情则(道)生、(法)融上首,精难则(慧)观、(僧)肇第一"之说。四个人当中理论贡献更大的是僧肇(384—414)和竺道生(?—434)。而如果说僧肇对于中国佛教的发展主要在大乘教理方面,那么竺道生的贡献则主要在心性思想方面。两方面解决的正是中国思想史上认识客观世界和主观世界的两大理论课题。其中竺道生又被称为"第一位自成佛学体系的中国人"①。胡适在《发展》一文中说:

> 把印度佛教变成中国佛教,印度禅变成中国禅,非达摩亦非慧能,乃是道生!

竺道生在印度佛教心性学说的基础上,发展佛性新说,为"中国禅"的发展奠定了基础。

僧肇用"穷理尽性"解说佛义。他在《注维摩诘所说经》中说:"佛者,何也? 盖穷理尽性、大觉之称也。"②如此用"性""理"来解释佛说,正是外来佛教教理与中土传统观念相融合的体现。而竺道生更频繁地讲佛"理",如说"佛为悟理之体","菩提既是无相理极之慧"(《注维摩诘所说经·弟子品》),"以佛所说,为证真实之理"(《大般涅槃经集解·纯陀品》),"无物之空,理无移易"(同上《德王

---

① 韦政通:《中国思想史》,上海书店出版社,2003 年,第 532 页。
② 《注维摩诘所说经》卷九《见阿閦佛品第十二》,《大正藏》第 38 卷,第 410 页上。

品》),等等,都强烈体现注重学理的意味。他在日久潜思、校阅真俗基础上,提出"阐提成佛"、"顿悟成佛"、"佛无净土"、"善不受报"等新义,在中国思想土壤上发挥大乘教理,提出融合真(佛教教理)、俗(中国传统思想)的心性学说。后来谢灵运作《辨宗论》,意在辨析"求宗之悟"即成佛、作圣之道,对"新论道士"的观点表示赞赏。这"新论道士"指的就是竺道生。他说:

> 释氏之论,圣道虽远,积学能至,累尽鉴生,方应渐悟。孔氏之论,圣道既妙,虽颜殆庶,体无鉴周,理归一极。有新论道士,以为寂鉴微妙,不容阶级,积学无限,何为自绝?今去释氏之渐悟,而取其能至;去孔氏之殆庶,而取其一极。一极异渐悟,能至非殆庶。故理之所去,虽合各取,然其离孔、释矣。余谓二谈救物之言,道家之唱,得意之说,敢以折中自许。①

关于谢灵运这篇文章的意义与价值,汤用彤有名文论说②,这里不必赘述。概括起来说,竺道生的佛性新说作为儒、释兼弘,儒、道交流的成果,一方面发挥了大乘"众生悉有佛性"的教理,另一方面又牢牢植根于中土传统思想土壤上。所以如日本学者小林正美所评价的:

> 虽然道生没有摆脱"无"的玄学态度,但他的玄学化的般若理解却形成了他的顿悟成佛说等特异思想,从而开拓出中国佛教独立发展的道路。③

由竺道生开拓的中国佛教独立发展的道路,以后先是有义学沙门中的"涅槃师"和"楞伽师",继起的有"达摩宗"、"东山法门"的宗师

---

① 《广弘明集》卷一八,《大正藏》第 52 卷,第 224 页下—225 页上。
② 《魏晋玄学论稿·谢灵运〈辨宗论〉书后》,《汤用彤学术论文集》,第 288—294 页。
③ 《竺道生佛教の思想》,《六朝佛教思想の研究》,创文社,1993 年,第 148 页。

们,就理论层面对于"印度禅"进一步加以改造和发挥,终于创造出中国佛教宗派"禅宗"。它以"印度禅"心性学说为归依,融入本土儒家(特别是致诚返本的人性论)和道家(特别是"心斋"、"坐忘"的修道论和任运无为的人生观)的思想内容,进一步发展了系统的"禅思想",充实了中国传统思想的心性理论,成为中国思想文化中具有重大价值和影响的内容。

这样,由"印度禅"演变为"中国禅",由义学师说的"禅学"衍生出中国宗派佛教的禅宗,这个过程正符合中国思想学术发展的整体形势,即由探讨"天人之际"为主题向以人的性理为主题转变。这一转变体现在居于思想意识统治地位的儒家体系的经学里则是由汉学向宋代新儒学的演变。禅宗乃是这一转变的先驱,也是重要的推动者。这就决定了禅宗在中国思想史、学术史上的基本地位及其重大价值与意义。

三

基本是消极出世的"印度禅"被改造成为积极入世的"中国禅",中国的"禅思想"和作为宗派的禅宗充分体现了本土传统文化重现世、重伦理、重人生践履的性格。

如果说竺道生在理论层面为中国禅学、禅思想奠定了基础,那么后起的一批新型禅师则在实践方面丰富了作为"方法"的禅,其代表人物就是菩提达摩。

在达摩出世的南北朝时期,传统的小乘禅仍在流行。小乘禅在中国传播同样也在"中国化",主要是融入神仙方术之类内容。特别是在北方,修禅实践得到特别重视。如玄高(402—444),"隐居麦积山。山学百余人,崇其义训,禀其禅道",后来他被摈斥到河

北林阳堂山,徒众三百,禅慧弥新,多有灵异,据说"磬既不击而鸣,
香亦自然有气,应真仙士往往来游,猛兽驯伏,蝗毒除害"。玄高学
徒之中优异者百有余人,灵异者达十余人①。又僧稠(480—560),
受到魏、齐皇室优礼,他行"四念处","受十六特胜法,钻仰积序,节
食鞭心,九旬一食,米惟四升,单敷石上,不觉晨宵,布缕入肉,挽而
不脱。或煮食未熟,摄心入定,动移晷漏,前食并为禽兽所啖,又常
修死想"②。这些人实践的还是守旧的禅法。相对比之下,菩提达
摩则提出了全然不同的禅观和禅法。他当初"以四卷《楞伽》授(弟
子慧)可曰:'我观汉地,惟有此经,仁者依行,自得度世。'"③。这里
提到的中天竺求那跋陀罗于元嘉二十年(443)所出四卷本《楞伽阿
跋多罗宝经》是集中宣扬大乘禅观的新一层次的经典,被后来宣扬
革新禅思想的"楞伽师",也是早期禅宗的开拓者所遵循。达摩的
禅借阐发四卷《楞伽》经意对竺道生的禅思想作了具有重大革新意
义的发挥,提出所谓"二入四行",据道宣记载:

> 入道多途,要唯二种。谓理行也:借教悟宗,深信含生同
> 一真性,客尘障故,令舍伪归真,疑住壁观,无自无他,凡圣等
> 一,坚住不移,不随他教,与道冥符,寂然无为,名理入也。行
> 入四行,万行同摄:初报怨行者,修道苦至,当念往劫舍本逐
> 末,多起爱憎,今虽无犯,是我宿作,甘心受之,都无怨对。经
> 云:"逢苦不忧,识达故也。"此心生时,与道无违,体怨进道故
> 也;二随缘行者,众生无我,苦乐随缘,纵得荣誉等事,宿因所
> 构,今方得之,缘尽还无,何喜之有? 得失随缘,心无增减,违
> 顺风静,冥顺于法也;三名无所求行,世人长迷,处处贪着,名

---

① 《高僧传》卷一一《释玄高传》,第 409—410 页。
② 《续高僧传》卷一六《齐邺西龙山云门寺释僧稠传》,《大正藏》第 50 卷,第
　　553 页下。
③ 《续高僧传》卷一六《齐邺中释僧可传》,《大正藏》第 50 卷,第 552 页中。

之为求,道士悟真,理与俗反,安心无为,形随运转,三界皆苦,
谁而得安？经曰："有求皆苦,无求乃乐也。"四名称法行,即性
净之理也。①

把复杂的禅思想如此概括为"二入四行",充分体现中国传统学术
尚简明的特色。这里"理入"讲禅观。所谓"深信含生同一真性",
即相信众生悉有佛性,这是循着竺道生发展的大乘众生悉有佛性
的思路而来。他的发挥又在"行入",讲的则是修行实践即"方法"。
这是不同于"印度禅"的全新的"方法"。胡适评论说:

> 达摩的四行,很可以解做一种中国道家式的自然主义的
> 人生观:报怨行近于安命,随缘行近于乐天,无所求行近于无
> 为自然,称法行近于无身无我。②

胡适这里是说达摩所主张的"人生观"及禅修方式与道家有密切关
系。实际应当补充说,"四行"作为行事原则,又与儒家的"仁爱"、
"恕道"相通。即是说,达摩的"四行"作为对于修证"方法"的指引,
是融合了佛教的禅与儒家、道家的人生观和修道论的。后来达摩
的弟子、再传弟子发挥师说,出现一批楞伽师,到唐初被发扬光大,
形成禅宗。禅宗的另一个重大贡献也在于把宗教修习的禅发展为
人生践履的禅、社会实践的禅。

这样,经过禅宗的发挥,原来追求"四禅"、"五通"的出世"方
法"的禅终于演变成生活的禅,社会实践的禅。到中唐时期,又有
所谓马祖道一(709—788)一派"洪州禅"兴起,提出"平常心是道"
的新纲领。当年慧能与神会讲自性清净心,把佛心归结到平凡的
人心,但这里仍有"悟"与"未悟"的分别。到了道一及其弟子们,则

---

① 《续高僧传》卷一六《齐邺下南天竺僧菩提达摩传》,《大正藏》第 50 卷,第
551 页下。达摩"二入四行"又被录入较后出的净觉撰《楞伽师资记》,文字
略同。
② 《楞伽宗考》,《胡适学术论文集·中国佛学史》,第 101 页。

直指平常心就是清净心。他们主张行住坐卧,应机接物,穿衣吃饭,扬眉瞬目,莫非佛道。推演开来,则道不要修,不仅礼佛、读经等是无益的,就是存有求道成佛的一念也是错误的,以至形成背离经教、呵佛骂祖一派狂放禅风。洪州一系一时间成为南宗禅的主流。马祖法嗣南泉普愿提出"还我本来面目";兴善惟宽说"心本无损伤,云何要修理";石头希迁(716—790)法嗣丹霞天然说"成佛之一字,永不喜闻";等等。因为肯定平常心就是佛心,所以每个人都要自作主人公,作唯我独尊、不受外惑的人。禅宗如此纯任主观、肯定个性、反对教条和偶像,实际是在宗教形式之下表现的对于个性解放的要求。禅宗的这一发展,实际是中唐思想变动的体现,是当时整个思想意识领域中十分激进的部分。当时儒学内部也正在对古旧传统进行批判地改造。禅宗内部这种激进的理论内容和活动倾向,后来一直成为社会上、思想领域中具有批判性以至颠覆性的因素,"印度禅"演化为"中国禅"的过程终于完成了。禅宗自诩"不立文字,教外别传,直指人心,见性成佛",不同于"三藏十二部经"所传经教,乃是佛陀所传另一个系统的心法。新兴的禅宗适应当时社会与思想发展的需要,很快兴盛起来。它也就成为"中国化"最为彻底的佛教宗派。

禅宗树立宗派,创造一个"祖统"。中唐时期的禅宗史书《宝林传》(智炬撰,是现存最早的记载禅宗传法系统的"灯录"体禅史;原十卷,今存七卷)上说:

> (佛陀)每告弟子摩诃迦叶:"吾以清净法眼、涅槃妙心、实相无相、微妙正法将付于汝,汝当护持。并敕阿难副贰传化,无令断绝。"①

这是宗门内部创造的关于佛陀示法、禅宗起源的传说,是现存文献

---

① 《宝林传　传法正宗记》,京都中文出版社,1983 年,第 10 页。

里首次出现明确的"教外别传"观念。后来有一部伪经《大梵天王问佛决疑经》(这部伪经今传有两卷本和一卷本,所出年代不详,或以为形成于宋初、在《景德传灯录》编撰成之后;甚或以为形成迟至明代)就这个情节加以发挥,成为一个富于情趣的故事,说佛陀一日在灵山(又称灵鹫山、耆阇崛山,在古印度摩诃陀国王舍城东北,今印度北部比哈尔邦的拉杰吉尔,佛陀悟道后长期居住、说法的地方)法会上,"无说无言,但拈莲华,入大会中,八万四千人、天,时大众皆止默然。于时长老摩诃迦叶,见佛拈华,示众佛事,即今廓然,破颜微笑。佛即告言:'是也。我有正法眼藏,涅槃妙心,实相无相,微妙法门,不立文字,教外别传,总持任持,凡夫成佛,第一义谛。今方付属摩诃迦叶。'言已默然。尔时尊者摩诃迦叶,即从座起,顶礼佛足,而白佛言……"①据说佛陀就这样"以心传心",把"心法"传给了迦叶。接下来递代相传,到二十八祖菩提达摩来华,以下一代传一人,至五祖弘忍,分化为南、北宗。这样就确定了一个直承佛陀"心法"的传法统续。这被说成是传递佛法真意的、完全不同于传统佛教不同部派、学派的另一个统续。后来禅宗派系纷呈,分化为五家七宗,师弟子相传,又确定了一代代祖师。当初划分小乘禅、大乘禅、如来禅,分出高下;至一代代祖师出现,则称所传为"祖师禅"。这当然被看作是至高无上的禅。"祖师禅"是中国禅宗的创造。

北宋睦庵(北宋末哲宗、徽宗时期人,俗姓陈,号善卿,后出家,晚年归隐睦州乡里)在所著《祖庭事苑》里,总括禅宗是"教外别传,不立文字,直指人心,见性成佛"。这十六个字被后世看成是禅宗的纲领。这就意味着,禅宗所传不同于传统经教包括中国佛教的其他宗派,传统经教和中国佛教的其他宗派统统被称为"教下"。而历代祖师实际上则取代了佛陀的地位,"祖师禅"则被确认为体

———————
① 《大梵天王问佛决疑经·拈华品》,《续藏经》第1册,第442页上。

现佛陀创教本怀的、传达真正了义佛法的"心法"。

所谓"不立文字"不是"不用文字"。其真意在否定烦琐的经典教条,主要针对的是六朝时期疏释外来翻译经论的义学师说。禅宗全面革新了教学内容和教学方法,取代传统的法师讲经和经典义疏,创造出"语录"这一全新的文体。在早期,如六祖慧能及其弟子神会,仍然登坛讲说,无论是慧能的《坛经》还是神会的"语录"(被胡适称为《神会语录》的文书原本没有这样的名称,"语录"作为禅宗典籍文体是后出的),采取与听众或弟子对谈的形式,是不同于中国古代传统语录的新型语录。后来禅宗内部派系林立,有势力、有影响的禅师各树宗旨,学人则游走四方,参访名师,禅师开堂示法,师弟子间平等地对答勘辩,进一步发展了语录这一文书形态。早期马祖、石头等人的语录,表述还比较直截明白。如马祖开悟故事,说南岳怀让为启发马祖在庵前磨砖,表明禅不在坐、坐守枯禅不可能解悟的道理;大珠慧海从家乡来到马祖处参访,马祖对他说为何不顾自家宝藏却抛家散走,他反问马祖什么是自家宝藏,马祖告诉他"即今问我者是"[1]。这样的对答意思都相当清楚,后人也容易理解。到马祖、石头下第三、四代,各方师资朝参昔聚,师弟子较量禅解,主要在言句、文字上用功夫,形成所谓"机缘语句",成为教学的主要手段。"机缘"的"机",指"机锋";"缘",指因缘时节。所谓"机锋",即活用"机锋",契合"因缘",指问答灵活,不落窠臼,富于机趣,避免"葛藤"("葛藤",本义指烦恼。作为禅语,喻如枝蔓缠绕,不达根本,指执着文字,不解禅意),即所谓"见解玄微,机锋峭峻"[2]。配合"机锋"语句的还有"机用",指谈禅时配合以拳打、棒喝或竖指、画圆相等动作,或利用拂子、拄杖之类作辅助工具,以期超越言诠,大彻大悟。这种"机缘语句"大量使用比喻、象征、联想、

①《马祖道一禅师广录》,《续藏经》第69册,第3页下。
②《石溪心月禅师语录》卷上,《续藏经》第71册,第23页上。

暗示等修辞手段,采取反诘、设问、以问代答、答非所问、问而不答之类句式。沩仰宗的创始人仰山慧寂是马祖下三世,根据贾晋华的看法,他"可能是成熟机缘问答的最早提倡者之一",并具体指出"仰山开创画圆相的机缘手段,以之引导学人悟道"①。昭宗朝曾任宰相的陆希声有《仰山通智大师塔铭》,其中说到仰山示法情形:

> (仰山)从国师忠和尚得玄机境智,以曹溪心地用之,千变万化,欲以直截指示学人,无能及者。而学者往往失旨,扬眉动目,敲木指境,递相效敩,近于戏笑,非师之过也。然师得曹溪玄旨,传付学人,虽与经教符同,了然自显一道,所谓龙从者也。②

这段话批评当时"学者往往失旨",而仰山能"以直截指示学人","与经教符同",是说他的"言句"仍比较浅显明白,不过已明显表现出学风与文风的变化。印顺曾指出:

> 洪州与石头门下的作风,都是无可表示中的方便表示。除上所说的打、喝而外,主要的还是语言。不过所使用的语言,是反诘的,暗示的,意在言外的,或是无义味话,都不宜依言取义。此外,是身体动作的表示:如以手托出,用手指拨虚空,前进又后退,向左或向右走,身体绕一个圈子,站起,坐下,放下脚,礼拜等,都可以用作表示。附带物件的,如拿起拂子,放下拂子,把拄杖丢在后面,头上的笠子,脚下的鞋子,信手拈来,都可以应用。日常的生活中,如种菜,锄草,采茶,吃饭,泡茶,一切的日常生活,都可以用为当前表达的方法。这些,可说是石头与洪州门下共通的方便。③

---

① 《古典禅研究:中唐至五代禅宗发展新探》,牛津大学出版社,2010 年第 287、289 页。
② 《全唐文》卷八一三,第 8554 页。
③ 《中国禅宗史》,(台北)正闻出版社,1971 年,第 414 页。

这样,禅师上堂示法,师弟子对答勘辩,用文字记录下来,形成了当初称为"语"、"语本"、"行录"、"册子"等文书,到宋代称为"语录"(这些文书在丛林中流传,不断地被改造加工,今传唐人语录都是宋代写定的,确认当初形态是相当困难、复杂的事)。这样在宗门,祖师的语录就成为甚至其地位可以取代佛教三藏的新经典。

四

禅宗创造的新经典特别受到士大夫阶层的欢迎,发展到中唐时期造成了笼盖诸宗的形势,在社会、思想、文化众多领域造成广泛、深刻的影响。

这样,"不立文字"的禅宗在发展中形成十分讲究语言技巧、具有高度艺术水准的、不同于中土传统语录的新文体。顾随曾说:

> 禅者何?创造是。禅者何?象征是。何以谓之创造?试看作家为人,纵然千言万语,比及要紧关头,无一个不是戛然而止,一任学人自己疑去悟去,死去活去……何以谓之象征?祖师开口无一句一字不是包八荒而铄四天,绝不是字句所能限。所以者何?象征也。是故棒不可作棒会,骂不可作骂会,一喝亦且不可作一喝会。遗貌取神,正复大类屈子《离骚》之美人香草,若其言近而指远,语短而心长,且又过之。①

这样,极富创造性的语录文体已经和艺术相通了。元好问有著名诗句说:"诗为禅客添花锦,禅是诗家切玉刀。"②禅借用富诗情的文字来表现,诗有禅充实了内容、丰富了技法,从而诗禅相通、诗禅合

---

① 《揣龠录》,《顾随说禅》,第47页。
② 《答俊书记学诗》,《遗山集》卷一四。

一了。文章写作也大体一样。胡适论及禅宗语录说：

> 这些大和尚的人格、思想，在当时都是了不得的。他有胆量把他的革命思想——守旧的人认为危险的思想说出来，做出来，为当时许多人所佩服。他的徒弟们把他所做的记下来。如果用古文记，就记不到那样的亲切，那样的不是说话时的神气。所以不知不觉便替白话文学、白话散文开了一个新天地。①

禅宗语录从文体到语言、表现方法广泛影响了宋元以后的散文创作。

禅宗不仅给予当时和后世诗文创作以滋养和影响。宋代程颐指出：

> 今人不学则已，如学焉，未有不归于禅也。②

同是宋代的陈善记载一段轶事：

> 王荆公尝问张文定公："孔子去世百年，生孟子亚圣，后绝无人，何也？"文定公言："岂无？又有过孔子上者。"公曰："谁？"文定曰："江西马大师、汾阳无业禅师、雪峰、岩头、丹霞、云门是也……儒门淡薄，收拾不住，皆归释氏耳。"荆公欣然叹服。③

这段轶事颇能反映当时文人习禅的一般风气和造成这种风气的理由。这样，在禅宗形成之后的相当一段时期，曾经被社会上最有才华、最为优秀的知识精英所欣赏，所接受，推动他们从事思想、艺术创造。一个十分重大、影响后世思想、文化发展的贡献是给宋代"新儒学"的创建提供了理论资源。至于对文学、艺术各领域的影

---

① 《传记文学》，《胡适精品集》第 15 卷，光明日报出版社，1998 年，第 205 页。
② 《二程遗书》卷一八《刘元承手编》。
③ 《扪虱新话》。

响更是十分显著。这方面历来多有论说,不必赘述了。禅思想、禅宗作为珍贵的文化遗产,沾丐后人,直到今天。

中国佛教传入了外来的"印度禅",在中国本土的思想文化土壤上加以改造、发展为中国佛教的禅思想、"中国禅",进而形成作为宗派的禅宗。禅宗确立起自宗的传法祖统和祖师,创建起祖师们阐述革新禅观和禅法的、主要采取对答勘辩形态的新经典——语录。由"印度禅"向"中国禅"的转变就这样最终完成了。太虚法师说,中国佛教的特质在禅。禅宗是彻底"中国化"的、典型的中国佛教宗派;"中国禅"是中国佛教思想的重要构成部分,是具有巨大理论思想创新价值,发挥重大、深远影响的部分,也是中国文化传统的重要构成部分。

（原载《宝鸡文理学院学报（社会科学版）》2018年第2期）

附 录

佛教研究的新收获

——评湛如《敦煌佛教律仪制度研究》

历史上中国佛教有"统合儒释"（这是唐代柳宗元在《送文畅上人登五台遂游河朔序》里的提法）的优良传统。僧团重视学术研究，包括"内学"和所谓"外学"的研究，是这种传统的具体体现之一。历代僧人中出现众多高水平的思想家、学问家，以他们卓越的学术成就为中国文化做出贡献。这也成为中国佛教发挥影响的一个重要方面。所幸今天这一传统后继有人。佛教界正在培养一批具有高度文化素质、在学术研究中做出卓越成绩的"学僧"。其中执教于北京大学的上海龙华寺上座、苏州西园寺佛教文化研究所副所长湛如博士就是值得注意的一位。湛如幼年出家，在佛门修持、受教之余，热衷学术，曾师从姜伯勤先生治敦煌学，在内外学领域均打下良好基础；自 1993 年到日本东京大学留学七年，其间访学欧美各国，学养得以提高；回国后在北京大学东语系博士后工作站王邦维教授指导下从事研究工作两年，后留校执教至今。《敦煌佛教律仪制度研究》是根据博士论文修订而成的，可说是全面显示其研究功力和学术水准的著作。

如今我国现代意义的佛教学研究，基本侧重在思想、文化（这是指狭义的"文化"，如哲学、伦理、文学、艺术等等）层面，注重的是佛教经典的传翻和阐释，佛教思想的发展、演变及其对于中土文化

（如哲学、文学、艺术诸领域）的影响等等，而对于僧团本身的构成、活动、仪轨、社会作用和影响等方面则关注不够。实际上僧团乃是佛教构成的实体，是佛教活动的主体。20世纪初英国有名的印度学者查尔斯·埃利奥特曾说：

> 佛陀的伟大实际成就，就是建立了一个宗教团体。这个团体叫做僧团，一直存在到今日，其成员称为比丘。他的宗教之所以能够持久，主要是因为有这个组织。①

从这个意义可以说，印度佛教对中国最重要的意义、最伟大的贡献就是在中国建立并发展起一种新型社会组织——"僧伽"或称"僧团"。另一位著名欧洲中国学学者许里和则说：

> 佛教不是并且也从未自称为一种"理论"，一种对世界的阐释：它是一种救世之道，一朵生命之花。它传入中国不仅意味着某种宗教观念的传播，而且是一种新的社会组织形式——修行团体即僧伽（saṅgha）的传入。对于中国人来说，佛教一直是僧人的佛法。因佛寺在中国的存在所引起的作用力与反作用力、知识分子（intelligentsia）和官方的态度、僧职人员的社会背景和地位，以及修行团体与中古中国社会逐步整合（integration），这些十分重要的社会现象在早期中国佛教的形成过程中都起到了决定性的作用。②

从这个意义上说，中国历史上有关佛教的政治、经济、思想、文化的各种现象、成就、矛盾、斗争等等，最终都归结为僧团的活动。实际上佛教的全部活动正是围绕着、落实到僧团进行的。

在中国历史上，在以血缘关系为纽带、以家庭为基础的专制社会体制中，建立起由自然人自愿结合的、内部人际关系平等、超脱

①《印度教与佛教史纲》第1卷，第342页。
②《佛教征服中国》，第2页。

（或力图超脱）社会政治、经济体制约束的佛教僧团，是一个对于整个社会生活关系重大、影响深远的社会现象。在中国历史上，尽管处在大一统专制体制之下，历代僧团领袖大都清醒地意识到"不依国主，则法事难立"的现实处境，但僧团又是一种既有相对独立性、又有广大群众基础的"方外"组织；在经济上，中国僧团改变了印度佛教头陀乞食制度，逐步建设起强大的寺院经济，成为影响国家经济运行的重要因素；在伦理上，中国佛教以其严格的律仪约束徒众，并给全社会树立起"如法"、"如理"的行为规范和"理想"的生活模式，它对于完善社会、养成人格所提出的原则、做法等等，在历代社会生活中都造成极大影响。如此等等，僧团这个佛教生存的主体，理所当然应当作为学术研究的主要对象。可是这一领域，学术界一直比较隔膜，关注有限。现在终于有了湛如这部书，而且是具有相当水准的学术著作。

再从湛如书的具体主题说。佛教的全部活动是由"律"来规定和约束的。自佛法输入中国，历代大德都十分重视"律"的传译、研习和疏释、发展。相当一部分西行求法高僧千辛万苦，九死一生，目的之一就是为了求得律书。众所周知，正是公元 4 世纪前后四部广律的传翻，给中国佛教的发展指明了坦途。律藏的传译、律学的研究一直推动着、伴随着中国佛教的演进。正如湛如书中一再指出的，中国律学的发展、历代持律的状况，乃是佛教"中国化"的集中体现。又佛教戒律和仪轨主旨在规定和约束僧团组织、僧人行为、佛事活动等等。就中国僧团组织之严密、内部制度之严格、成员（僧尼）行为规范之完善等方面说，都是中国历史上的任何社会群体所不可企及的。它们体现的思想观念、伦理道德具有普遍价值与意义，它们的影响更波及到社会的方方面面。例如湛如书里讲到的敦煌的情况，根据史书提供资料，唐天宝年间的沙州（即敦煌郡）领户 4265，人口 16250（《新唐书·地理志》）。中唐以后唐王朝势力撤出河西，没有具体统计数字留存，但估计与天宝年间相差不会太多。而敦煌资料表明吐蕃统治时期那里有寺院17座，僧人1071人。即使当时当地有两万人口，僧人也占二十分之一。有的学者推测当地寺院影庇等直接附属人口占总人口的五分之一。这样大的社会群体基本依"内律"生活与活动，其关系之重大是毋庸赘言的。这样，了解敦煌僧团的律仪状况，就是研究敦煌佛教的关键课题，进而是治唐史、治敦煌学不可回避的课题。湛如对这一课题给出了详悉、可靠、基本令人满意的答案。

湛如这部书从资料入手，对有关敦煌佛教寺院组织、结构，僧团授戒、布萨、安居、斋会等主要律仪，穷本（源头在印度佛教）溯源（又联系中国佛教的总体发展状况）加以考察，从大量内外典籍探赜索隐，勾勒出历史的真实面貌。关于真实地描述史实的可能性，有各种议论。有人说所有的历史都是现代史，是现代人所认识、所解释的历史；也有人说所有的历史都是政治史，都是"古为今用"的；还有人批判所谓"历史学就是史料学"的偏颇，主张不能把史料当作史实。但本人是坚持史料应当作为研究历史的基础，并相信可以根据尽可能用"一网打尽"的资料来恢复历史面貌的真实的（当然就每个研究者来说有限度，而且没有穷尽的一天），并认为对历史的真实描写乃是进一步进行解释、评价的基础。没有这基础的一环，历史研究就建筑在沙滩之上。湛如在数量庞大的《大藏经》、敦煌写卷、四部书里爬梳搜罗，花费精力、物力是难以估量的。他辛辛苦苦、扎扎实实做了十几年，把敦煌佛教律仪的一些情况基本是弄清楚了。例如敦煌的寺院、禅窟、兰若的不同组织、功能；关于从印度戒坛向中国方等戒坛的演变；关于僧团安居的规定、具体活动及其意义；关于敦煌佛教斋会的仪式、斋会文以及僧俗参与情形，等等，都在总结、借鉴前人研究成果的基础上有新的开拓。读者通过这本书，可以得到敦煌佛教活动的相当生动、明晰的印象。

这部书的作者视野开阔。他应用的是传统的"大文科"的方法,文、史、哲、经各方面资料综合使用,还注意到中国佛教源头的印度方面的资料。湛如把敦煌作为一个典型个案,放在整个中国佛教历史发展之中来讲敦煌,又通过敦煌来透视当时的中国佛教。他的叙述有历史的渊源,比如许多现象都追索到印度和中国古代的状况;更注意现实状况的变化,包括一些典型事例的分析。多年来,我国学术由于研究分科过细,这特别给基础薄弱的佛教学研究造成很大局限。一方面诸多学科本来与佛教有密切关联,但研究者对佛教学术涉入不深,比如古代伦理、文学、语言等的发展与佛教关系极其紧密,但相关领域的研究还很少涉及佛教(大学里使用的几部文学史教材基本不讲佛教,就是例子)。另一方面则是佛教学者关注其他学科的资料和成果不多,就佛教论佛教,往往难以更广泛、深入地认识佛教在中国历史上的贡献、价值与意义。湛如这部书打破了学科界限,努力做到宏观认识与微观探讨有机结合,在方法上是值得表扬的。

第三个方面,湛如的书使用和借鉴了大量外国人的研究成果,主要是日本学者的成果。佛教学术,扩大而言宗教学的研究,外国学者成就之突出、较之我国学者的优长,不管"甘心"与否,是应当痛痛快快承认的。因为当外国那些学者在20世纪不顾战乱,不畏贫困,潜心研究中国佛教的时候,我们这里多数人在做些什么,人所共知。当然我们也有大师级人物,也不可妄自菲薄,但整体上差距之大、专题研究的细密详实相差之远,还是不能不让人忍痛于心的。湛如多年留学域外,通日、英语,这是许多学者没有的条件。他这部书叙述中提到的外国人论著,书后所附参考书目,足可作为研究相关课题的重要资料使用。

涉及本书内容特点的还有一点,是湛如作为僧人,以其独特身份,对于佛教教理、教义、戒律、仪轨等有更亲切、更真切的了解,对宗教信仰、宗教生活也有深入体验,在平日修持中又会得到世俗难以得到的知识和感受,这都成为他的研究的有利条件。当然不能否认，一般学者从客观角度对佛教进行研究也有其优长之处。

这部书在个别史料的运用上还有可商榷处。例如关于中国早期律典翻译，大概是根据后出经录，勘定《大比丘三千威仪》二卷为安世高译（52页），然而该书《祐录》已作失译，吕澂《新编汉文大藏经目录》附秦录，从译语、译风判断这部书不可能出于安世高；又书中提到三国昙柯迦罗翻译戒经，昙柯迦罗虽然在《高僧传》里有传，但《祐录》以及前此的任何著录不见踪迹，《高僧传》的记述根据何在不得而知，其人的存在值得怀疑。对于这两者的判断，不只涉及中国律藏传译，与中国律学发展、历史上僧团建设关系重大。又关于引用资料，似乎应对近年来国内学者的工作给与更多关注。比如讲到佛寺义塾，引及日本学者上世纪前半的论文，实际国内学者有更细密的讨论。这一点可能受到作者多年在国外研究的限制。而如果提出更高的要求，对于佛教律仪的社会、文化意义与价值，似可做更深入的挖掘，则会对于历史现象做出更丰富、更广阔的说明。

近年来，许多人讲学术和国际接轨。有些是形式上的，例如文章前面如何加关键词、文章中如何出注解，等等。但敝以为更重要的是著作的内容、学术水平达到和超出国际研究水准。常常听到人们抱怨外国学者不太重视中国的研究成果，例如引用资料时很少有中国论著等等。实际上不可否认，在佛教学研究方面我们的工作确实存在差距。许多论著没有多少新资料、新观点。所以要接轨，首先要自强，要创造条件。可喜的是这种状况正在改变。中华书局"华林博士文库"出版了三本博士论文。除了湛如这一本，还有中山大学王承文的《敦煌古灵宝经与晋唐佛教》、北京大学陈明的《印度梵文医典〈医理精华〉研究》。实事求是地说，这是几本真正堪与国际学术接轨、能够与国际学术界对话的有价值的学术著作。这几本年轻人的论文让人们看到中国学术的希望和未来，表明尽管有各种各样的束缚和干扰，终究有些人在踏踏实实地钻研学问并做出优异成绩。其中也包括湛如这样的僧人,这实在让人感到无限欣慰。

(原载《敦煌学辑刊》2005 年第 3 期)

古籍注释中涉及佛教内容的问题

——以《贯休歌诗系年笺注》为例

胡大浚先生《贯休歌诗系年笺注》是晚唐五代诗僧贯休诗的第一部完整的笺注本。据本人孤陋所知，也是古今众多诗僧作品集的第一个完整的整理、校注本。草创的笺注之难，对古籍稍有涉猎的人都知道。而笺注僧人作品，涉及大量佛教语汇、事典，难度之大，完全可以想象。当年章士钊著《柳文指要》，自称治《柳河东集》亘六七十年，但释柳碑文仅四篇而止，他曾说：

> 查柳集中和尚碑两卷，共十一首，从来点勘诸家，于此多未能卒业，或借口于佛未尝学问，或稍涉藩篱，素性不习，因而勘劾未了，每每半途而废。吾学殖本浅，佛犹疏阔未或问津，兹检勘至般舟第二碑止，亦即效颦掷笔……（《柳文指要》上《体要之部》卷七《碑铭》）

以章士钊的学问渊博，治柳大半生，对解释涉及佛教的文章谨重如此。胡先生这部书已被收入中华书局"中国古典文学基本丛书"。这是一种享誉中外的优秀的集部丛书，流传广远，大都不断重印。正因此，胡先生的这部书也就有加以修订、提高的余地。

这部书收录作品完全，并附有辑佚和辨伪两部分；注释比较详密，有些生僻的人物、事典经过考证，详为注出，读者受益；作了较详细的年谱，这是辛苦考订的成果；另附有相关资料；等等。还有一点值得提出，晚唐五代史料既稀缺又混乱，贯休交游人物众多，地域又广，如从他步入诗坛算起，活动长达六十余年，从而他的诗歌的笺注及其行年的考订对于唐五代佛教史以至一般晚唐五代历史研究也就具有相当的价值与意义。这都是胡先生大著值得肯定的方面。

有关这部书的这些成就和优长，当然也还有另外可以商榷、有待提高的地方，这里无烦全面细述。以下仅对其中佛教词语和典故的注释中存在的问题，举些具体例子，提出意见，和读者讨论，也提供给胡先生作修订的参考。应当着重指出，这部书在这方面反映的问题，在当前古籍注释、编辑中是相当普遍，或多或少存在的。这也成为影响古籍质量的一个关键问题。本来，所谓儒、释、道三者乃是中国文化发展的三大支柱，人们已耳熟能详。但由于历史的和现实的种种原因，时下我国学界整体上对于宗教，主要是佛、道二教的研究是滞后的，一般学者对于宗教的认识有限。这种状况必然反映在一些著述之中。而在古籍整理、注释中则表现得尤其突出和清楚。这也成为古籍整理、出版工作中亟待改进、提高的一个方面。

以下仅从胡先生大著笺注中提出些有关佛教内容的例子，分列几类情况，提出浅见。

关于佛教名相（概念）注释：

《闻无相道人顺世五首》之二："自昔寻师日，颠峰绝顶头。虽闻不相似，特地使人愁……"（447—448，随文括住的数字是胡书页码，下同）《笺注》注第三句"不相似"，谓"指佛理"，欠妥。这首诗的开头，回想昔日曾到高山寻师，接下来说，当初虽然闻名，但"不相似"。这里所谓"相似"，按《十地经论·法云地第十卷之十二》的说法："法相似，以遍覆故，此地中闻法相似，如虚空身遍覆故。"（《大正藏》第26卷第198页上）这段经文的"此地"指法云地，这是菩萨修行达到的"十地"的最高阶位。经文是说,修行到了这个阶位,则"法相似",即俱被法云遍覆。诗里感慨自己没有如无相道人那样,修行达到对方那样的高水准,即已到法云地,所以"特地使人愁"。

《闻无相道人顺世五首》之四:"石霜既顺世,吾师亦不住。杉桂有猩猩,粃糠无句句。"(449—450)《笺注》对第四句的解释谓"此指琐屑之言。句意谓心悟佛道,所发皆机锋妙语,而无句句糠粃之言"。理解这段诗的关键在"无句句"。"无句句"即"无句"之句。"无句"乃大乘中观学派表述对现象界认识的"四句"之一。所谓"四句"是按认识水平高低区分的认识的四个层次。龙树《中论》有一偈:"一切实非实,亦实亦非实,非实非非实,是名诸佛法。"(《大正藏》第30卷第24页上)说的是大乘般若教理非有非无"毕竟空"的中道。"实"与"非实"也可用"有""无"来表述,就成为"有""无""亦有亦无""非有非无"四句。"四句"中的"无句"乃外道所见,认为我与五蕴皆是"无"。《洞山录》里说:"有句、无句,终不得物。"(《筠州洞山悟本禅师语录》,《大正藏》第47卷第515页上)诗里是说由于去世的石霜与"吾师"曾住此山,连"猩猩"都把"无句"视为糠粃之言。又多用叠字是贯休诗遣词特色之一。同样用"无句"的还有"心遗无句句,顶剃有霜霜"(《书无相道人庵》)。它如"争将金锁锁,那把玉笼笼"(《寄怀楚和尚二首》之二),"匡阜层层翠,修江叠叠波"(《秋末入匡山船行八首》之四),"燄燄齐白趾,赫赫共洪炉……难评传的的,须不到区区"(《送僧入石霜》)等。

《经旷禅师院》:"礼师问师楞伽月。"(215—217)《笺注》释"楞伽月"为"僧院月下",无据。《大佛顶如来密因修证了义诸菩萨万行首楞严经》卷二有一喻:"如人以手指月示人,彼人因指当应看月;若复观指以为月体,此人岂唯亡失月轮,亦亡其指。"(《大正藏》第19卷第111页上)这就是著名的"指月"之喻:以"指"比拟语言文字即经典为"能指"的手段,"月"为"所指"的佛法真谛。早期禅宗传《楞伽经》,传习者称"楞伽师"。"问楞伽月"即是参问楞伽禅理的意思。另贯休《天台老僧》诗有"犹能指孤月"(372),失注,义同。

《秋末寄张侍郎》:"多病如何好?无心去始长。"(532—533)《笺注》解释"无心":"佛教语,谓解脱邪念之真心。"如果单纯释"无心",这样说可以,但联系上句"多病如何好",就没有着落。这里实则是用《维摩经》:"维摩诘言:'从痴有爱则我病生;以一切众生病,是故我病;若一切众生病灭,则我病灭……'"(《维摩诘所说经》卷中《文殊师利问疾品》,《大正藏》第 14 卷第 544 页中)即是说"从痴有爱"乃病因,摆脱对外界的执着则"病灭",所以"多病如何好",就要像维摩居士那样"无心"了。"无心"是内心对外物无所执着之意。

佛教的基本概念即所谓"名相"大多是从外语翻译过来的。这是另一个语言系统的产物。古人在汉译这些名相过程中除了少数音译,绝大多数词语利用汉字作词素,但创造出的新词表达的是与汉字原义全然不同的概念。例如"法我空",三个字表达的就全然不是汉语本来的意思。佛典汉译构造新词的情况很复杂,新词的含义与汉字本义的关系各种各样。有的有关联,甚至相一致;大多全然是新义。所以读古籍时碰到疑似佛教名相的词语,首先要加以确认其性质;如果表达的确是佛教概念,万万不可望文生义或随意作解。

关于禅语注释:

所谓"禅语"是禅宗的词语和言句。这是典型的中国佛教的创造。禅本来是靠"悟"的,因此有所谓"不立文字"之说。但"不立"不是"不用"。如前面解释"指月"一语,是说语言乃悟道的筌蹄,这是禅宗热衷"谈"禅的依据。也因此,历代禅师留下堆积如山的禅籍。但是超然的禅要靠个人内心领悟,因而对"禅语"的理解就要截断常识情解。"禅语"在语言表现言上往往逸脱一般语法规律和词语本意,从而形成顾随所谓"不可解,不可解"(《揣龠录》)的禅的语言。当然具体词语、言句"不可解"的程度不同。张中行在《禅外

说禅》里提出四种类型，见该书开头的第三页，文繁不具录。总体
说来谈禅的语言是不能按常识、常规（词义、句法等）来解释的。另
有一个情况更给阅读造成麻烦：就是禅师谈禅多用当时的口语、俗
语，有些不小心就被忽略过去，把它们当作一般词语了。所以有一
部好的禅语辞书很必要，但现在汉语的这类书还没有比较理想的。
下面举出胡书里的几个例子，通过它们也可以看出认识禅语的复
杂和困难。

《寄清泠山道人》："万缘虽不涉，一句子如何。"（429—430）《笺
注》谓"一句子：即'一句'，原意指一言，'子'为助词。为表诠佛法
究竟之语"，下面引用《临济录》和《景德录》，说明欠确切。"一句
子"更早出典在《筠州洞山悟本禅师语录》："药山夜参不点灯。山
垂语曰：'我有一句子，待特牛生儿即向汝道。'"（《大正藏》第 47 卷
第 507 页下）药山的意思是我有"一句子"，等到公牛生犊时才能说
出来。所以这个"句子"不是一般地表诠佛法的言句，而是指内心
领悟的究极禅理。所以他又曾说："我有一句子，未曾向人说。"
（《抚州曹山元证禅师语录》，《大正藏》第 47 卷第 531 页下）。"一句
子"是禅籍常用的"禅语"。这"一句子"又称"向上一句"、"提宗一
句"、"当机一句"、"临机一句"等，或称"透法身句"、"该天括地句"、
"绝渗漏地句"等。

《寄澜公二首》："片云无定所，得力是逢渠。"原有注："光洞山
道人云：'吾生独自往，处处得逢渠。'"（530）这已指明典出洞山悟
本语。但《笺注》引用了本无关涉的杜甫、白居易诗，而没有就洞山
注语加解释。理解这一联诗的关键语是"逢渠"，遇到它。《洞山
录》原典是：

> 师（洞山）临行又问云岩："和尚百年后，忽有人问还邈得
> 师真否，如何祇对？"岩曰："但向伊道：只这是。"师良久。岩
> 曰："价阇黎承当个事，大须审细。"后因过水睹影，大悟前旨，
> 因有偈曰："切忌从他觅，迢迢与我疏，我今独自往，处处得逢

渠。渠今正是我，我今不是渠，应须与么会，方始契如如。"（《筠
州洞山悟本禅师语录》，《大正藏》第47卷第508页上—中）

这是个有名公案。洞山的偈后来有无数人参悟，一般的理解（对禅
语不可强作解事，下面只是古今多数人认可的解释）是说正如水中
睹影一样，已故去先师的禅法也无处不在。这种理解可能是切合
诗的题旨的。所以贯休这联诗的意思是说，自己飘无定所，领悟对
方的禅才真正"得力"。

《送吴融员外赴阙》："应笑无机者，腾腾天地间。"（635—636）
《笺注》解释"腾腾"："行步不止貌，奔腾……或解作'昏昏沉沉'，朦
胧不清醒。"此处实则用腾腾和尚及其《了元歌》典，资料见《祖堂
集》和《景德录》等各种禅籍。腾腾，任运随缘、无为度日义。贯休
诗多处用"腾腾"，语义大体如此。

"一句子"、"逢渠"、"腾腾"之类，都貌似一般词语，但作为禅语
却另有意义。古代作者利用这些词语来表达意念，因而准确地认
识这些意义就成为理解作品的关键。

另外值得注意的是，诗作涉及到禅宗，多有"不可理喻"的语
句、概念（名相），需要贯穿前后文来加以领会。如《山居诗》第九首
的颈联："无角铁牛眠少室，生儿石女老黄梅。"（983—984）注释者
解释说："'无角'二句：铁牛、石女，本不能眠卧、生儿，禅宗反其意
为偈语，以喻摆脱尘障，明心见性，顿悟成佛。"这个说法过于空泛。
诗的全文是：

龙藏琅函遍九垓，霜钟金鼓振琼台。
堪嗟一句无人得，遂使吾师特地来。
无角铁牛眠少室，生儿石女老黄梅。
令人转忆庞居士，天上人间不可陪。

首联"龙藏"，《笺注》释为"佛教经典"，没有疑问；"琅函"，本义是美
玉制作的书函，《笺注》释为"道书"，有问题；下句的"琼台"，注释说

"道教以琼台为仙人所居处,此借指寺观",同样有问题。照应下文,这一联实际说的是佛教经典广传天下,在佛寺宣讲,钟鼓齐鸣,声势浩大。接下来颔联,说让人感叹有"一句"没有人领会。这"一句"是关键词,就是前面说的明"禅"的"一句子";因为这"一句""无人得",没人领悟,所以"吾师"即达摩不远万里"特地"来到中土。接下来引入下面"铁牛"、"石女"一联。这是典型的谈禅使用的"不可解"无意味语。依鄙见,如这样的稀奇古怪的所谓"机缘语句"本来是千百年无数人参不透的,无法作出终极的解说。注解者当然可以提出个人参悟所得。但科学的方法还是对语句加以具体分析,分出层次,尽所能对能够肯定的部分作出解释,不能解处则宁缺毋滥,不可强不知以为知。例如这一联,两个地名,"少室"、"黄梅",是清楚、可解的:前者是达摩传衣之地;后者是四祖道信、五祖弘忍授法之地;联系前面的"吾师",可以肯定这一联说的是禅宗在中土的传播。这是第一个无疑问的层次。第二个层次,"无角铁牛""生儿石女",什么意思,可以在佛典里找出典:"铁牛",风穴禅师有句:"祖师心印,状似铁牛之机,千人万人撼不动。"(《佛果圜悟禅师碧岩录》卷四,《大正藏》第48卷第175页下。或许有更早的用例,待查。)是比喻如如不动;"石女",北本《大般涅槃经》卷二五:"譬如石女,本无子相,虽加功力、无量因缘,子不可得。"(《大正藏》第12卷第515页中)是比喻超出常理,无所不能。用这样的出典解诗是可靠的,没有疑问。第三即最后一个层次,归结到这一联诗到底什么意思,则只能靠个人领会了。比如前面说的认为这是在讲禅宗传播无远弗届,就是一种看法,但仅是可供读者参考的看法。这一联诗解释到这里应该可以了。敝以为这个例子可以作为疏释禅语或禅诗的一般原则,即在解释具体词语和文句时把第一,可以肯定的;第二,推断的;第三,仅是个人理解的区分开来,而对不能理解或不可理解的部分则宁缺毋滥,可以搁置。又贯休的这两句诗成为著名公案,禅籍里用来作机缘问答对象的人很多,注释时视情况可以引用，提示给读者作参考。如兴隆府泐潭湛堂文准禅师说："祷祝咒愿：愿黄梅石女生儿，子母团圆；少室无角铁牛，常甘水草。"（《五灯全书》第 34 卷，《续藏经》第 82 册第 49 页下）这段话的意思应该也是说禅的传播是破除所有常识的障碍、无所不及的。至诗的尾联，赞颂庞居士，称赞他是天上人间绝顶卓特的人物，则体现了作者的理想。这样，这首诗抒写山居的体验，主旨是赞扬禅宗。从这个例子可以清楚，对某些佛教的，特别是禅宗的词语作注释，必须贯通全篇，方能得其真义。

有关佛教名物（人、地、物）的注释：

关于人的，如《寄大愿和尚》首句"道朗居太山"（251—252）。古代称道朗的僧人颇有几位，《笺注》指为助译《涅槃经》的义学沙门道朗，误，他和泰山无涉。《高僧传》卷三有十六国时期法朗的传，他住泰山朗公谷（在今济南市神通寺），受到南北王朝礼重，俗称"泰山法朗"。贯休诗以他比大愿。古代僧人名冠"道"、"法"二字的，可以通用，如唐代禅师道钦，又称法钦。这也是检索工具书应当注意的。

《再游东林寺作五首》之二第二句"耶舍孤坟落照迟"（938），《笺注》释耶舍，谓"梵僧佛陀耶舍，白莲社十八贤之一"。这实为误传的一种说法。慧远当年曾在庐山结西方社，但所谓"白莲社"则是后出传说，"十八贤"也是后人捏合起来的。其中有些实有其人，有些是误传。翻译过《四分律》《长阿含》的译师佛陀耶舍活动在北方，与庐山无涉。至迟到中唐时期，才出现他来到庐山并终于其地的传说。而中唐禅史《历代法宝记》又把佛陀、耶舍一分为二，并说他们灭度后葬在庐山，塔庙见在（柳田圣山《初期の禅史Ⅱ》第 68 页）。这种传说起于何时不清楚。又据宋代陈舜俞《庐山记》："远公与慧永、慧持、昙顺、昙恒、竺道生、慧叡、道敬、道昺、昙诜、白衣张野、宗炳、刘遗民、张诠、周续之、雷次宗、梵僧佛陀、耶舍十八人者,同修净土之法,因号白莲社。"这段文字也必须把佛陀、耶舍断为二人,才足十八之数。这样,耶舍纯属是虚构出来的,为贯休用典所从出。关于耶舍的虚构,胡适1928年写的《庐山游记》(《胡适文存》三集)有详细考证;汤用彤的《汉魏两晋南北朝佛教史》上册论慧远一章也有说明。又应当注意,佛教宣扬神异,典籍里相关人物记述多有虚构增饰,这是治史者必须清楚的。现在相当多的著述把如僧传之类佛典当作信史使用,是大有问题的。

《山居诗》第十八首"白衣居士深深说,青眼胡僧远远传"(993—994),《笺注》上句注"佛教居士着白衣,僧着缁衣",下句引用《太平寰宇记》"今之西戎,赤须青眼"。这都只是字面的意思。实则上句"白衣居士"指维摩诘,"深深说者"谓《维摩诘经》;下句"青眼胡僧"指达摩,"远远传"者指从西天来中土传禅授法。像这样的诗,也是需要全文贯通来理解的。

《施万病丸》有句"金轮释梵咸归礼"(316—317),《笺注》释"金轮释梵",谓"泛指佛教诸神"。不确。金轮,金轮王,古印度传说俗世最高一级转轮圣王;释梵,分别指帝释(天帝释、帝释天)和梵天,佛教天神。所以"金轮释梵"乃泛指俗世和天界两方的权威。

关于地名的,如《怀武昌栖一二首》之二:"唯有双峰寺,时时独去寻。"(454)《笺注》首先引用《元丰九域志》,指为蕲州双峰寺,是对的,但没有注明就是禅宗五祖弘忍所住寺。《新修科分六学僧传》卷四:弘忍"终于东山双峰寺"(《续藏经》第77册第99页中)。只有注明这一点,才能了解"独去寻"寻的是什么。贯休诗多处提到双峰寺,均指弘忍所住东山寺。

关于名物的,如《题曹溪祖师堂》有句"信衣非纻麻"(836—838)。《笺注》释"信衣":"禅宗师徒传法,以法衣为凭信,故称。"不确。传衣不是禅宗一般习俗,"信衣"专指达摩从西天携来递传至六祖慧能的那件袈裟。禅宗传说达摩来华,带来当初如来作为传法表信的袈裟一件,授予慧可,曾曰:"昔如来以正法眼付迦叶大士,展转嘱累而至于我,我今付汝,汝当护持,并授汝袈裟以为法信,各有所表,宜可知矣。"此后依次传承,到五祖弘忍,付法传衣给慧能说:"昔达摩初至,人未知信,故传衣以明得法。今信心已熟,衣乃争端,止于汝身,不复传也。"(《景德传灯录》卷三,《大正藏》第51卷第219页下、223页上)恐怕后世弟子引起争端,所以"信衣"不传,留在曹溪。

关于事典解释:

《古意九首常思谢康乐》:"一种为顽嚚,得作翻经石。"(66—67)《笺注》释"翻经:犹言'读经'",误;以下引用两条贵溪县"翻经石"资料,无涉。本诗写谢康乐,谢曾在建康参与南本《涅槃》译事,因此被附会曾在庐山慧远门下翻经并留下翻经台,传说见《庐山记》卷二:"昔谢灵运恃才傲物,少所推重,一见远公,肃然心服,乃即寺翻《涅槃经》。因凿池为台,植白莲池中,名其台曰翻经台,今白莲亭即其故地。"《笺注》的《陪冯使君游六首游灵泉院》诗注⑤(1011)已引及《庐山记》这一段,二者没有被笺注者联系起来,显然是被忽略了。

《闻无相道人顺世五首》之四,尾联"莫比优昙花,斯人更难遇",《笺注》解释"优昙花:佛教所称祥瑞之花"(449—450),欠妥。优昙花佛典里常出,其特征是瞬间开放,难遇难见。《增壹阿含经》卷二四:"人身不可获,亦如优昙花。"(《大正藏》第2卷第678页中)《方广大庄严经》卷三:"如优昙花时时一现,诸佛如来出兴于世亦复如是。"(《大正藏》第3卷第557页上)此义与下文"斯人更难遇"语义相合。全书里用到"优昙花"典处不少,用意应具体分析,但大体如此。

关于引用出典:

《寄山中伉禅师》:"举世遭心使,吾师独使心。"(613—614)解释"心使"、"使心",《笺注》引录《法藏碎金录》,意思大体不差。但接着又引用《荀子》,则全然无涉。应从佛典中找更确切的出典,例如《大般涅槃经》卷中:"夫出家法,坐禅之业最为第一,调伏情根,使心不乱,专精寂静,莫能惊恐。"(《大正藏》第 1 卷第 197 页下);《沩山警策句释记》:"三毒勃兴,要由心使。"(《续藏经》第 63 册第 240 页下)等等。

《山居诗》第二十首"长愿居山事偶谐"(995—996),《笺注》注"偶,合也。偶谐谓合谐"。此句实用庞居士偈:

> 日用事无别,唯吾自偶谐。头头非取舍。处处没张乖。朱紫谁为号。丘山绝点埃。神通并妙用。运水与搬柴。(《庞居士语录》)

"偶谐"是说对外物无所分别、没有挂碍。

应注漏注:

《长持经僧》诗(104),题注:"持经:寒山诗:'终日礼道场,持经置功课。'"没有具体解释"持经"义。"持经"谓受持读诵佛经;"长持经僧"谓长年不绝读诵佛经作功德者。

《喜不思上人来》:"瓶担千丈瀑。"(586)"瓶"应注:僧人随身的净瓶,音译军迟、捃稚迦。携净瓶有一身清单的意味。

《山居诗》第二十四首"香焚蒨卜诸峰晓"(999—1000):"蒨卜"是梵语 Campaka 音译。又译作瞻卜伽、旃波迦、瞻波等,义译为郁金花,是佛界的名花,香气浓郁,智顗《妙法莲华经玄义》卷一上里有句"若人入蒨卜林不嗅余香"(《大正藏》第 33 卷第 692 页上),所以诗中又有"香焚"之语。

以上勉强作出分类,对注释有关佛教词语提出些看法。胡书里涉及道教词语的解释也有类似状况,不具述。应当着重指出,本文举出《笺注贯休诗》这部书只是作为例子,实际时下整理、出版的牵涉宗教内容的古籍、有关宗教的著述,包括一些评价相当高的著述,或多或少都存在同样问题。而存在这种现象并不奇怪,也不应该就此而苛求书的著者、注者、编者。本来如陈寅恪所指出:

> 中国史学莫盛于宋,而宋代史家之著述,于宗教往往疏略,此不独由于意执之偏蔽,亦其知见之狭陋有以致之。(《陈垣〈明季滇黔佛教考〉序》,《金明馆丛稿二编》第240页)

自宋代理学繁兴,贬抑宗教成为学人、文人的一般传统。而人所共知,数十年来,我国有关宗教的教学、研究被严重忽视和贬抑;一般大学里不设宗教学科;图书馆里缺少宗教典籍和宗教学书籍;除少数宗教学者,一般人文社会科学的教学和研究人员很少有从事宗教研究和著述的机会。如胡大浚先生这样出身古典文学专业的学者,能够从头来作贯休诗笺注这种属于跨学科性质、难度很大的工作,无论是治学精神还是取得的成果都是难能可贵的。特别值得关注的是,由于当前有关宗教知识普遍欠缺,出版物里粗制滥造的不少,甚至有人缺乏常识,抄撮成书,读者缺乏分辨能力,往往以讹传讹,如此学术失去了准则。所以这里举出胡先生这一部书作为例子(并不意味着这部书是问题最严重的,另有更多的书问题更多),期望引起注意,并集思广益,谋求解决之道。

敝以为解决之道关键在人才,必须培养各学科兼治宗教学术的作者和编者。培育新人,引导一些有基础、有志趣的年轻人,包括不同学科的学者来兼治宗教学术,当然是治本之道。但这是长期的任务,长远的目标。时下只能依靠现有从事不同学科教学和研究的学者,他们对宗教学术"再学习",不断提高水准,以应付工作的急需。后一部分人正是当前从事相关工作能够依靠的主力。具体说来,以下几方面工作是迫切需要做的。

一是亟需编撰、出版比较详细、可靠的汉语的佛教语和禅语辞书,作为供一般学习、研究之用的工具书,也可供笺校、编辑参考。

但是现在恐怕没有人能够担负这样的任务。变通的办法可以编译已有的高水平的日文辞书，如岩波版中村元的《佛教语大辞典》。香港吴汝钧曾据以编译过一部《佛教大辞典》，台湾商务出版后，北京商务也翻印过，但做得不太理想。

再是开办讲习班。有关单位曾举办从事古籍编辑工作人员的讲习班，取得较好效果。可以举办宗教学术内容的，请专业学者（特别是对于宗教文献熟悉的，或从事佛教典籍整理、校勘、注释有经验的）授课。有良师引路，研修会收到更好效果。应当迫切意识到，如今学术界老成凋谢，应当请本来人数不多的确有学识和建树的老年学者来传授他们的知识和经验。这具有挽救学术的意义，应当引起有关部门的注意。

三是开展学术评论和批评。历来关于古籍整理的评论工作做得相当好，也取得了相应成效。其中有关宗教内容的评论应当作为一个重点。批评乃是提高的必然、有效的手段。肯于认真从事批评的大都是热衷学术、对被批评者怀抱尊敬和善意的人。

四是出版涉及宗教内容的典籍，出版者在审稿环节采取些措施。出版机构里不可能有所有学科的专家。现实情况是我国从事宗教研究的人距离需求是太少了。所以对那些涉及宗教的重要典籍，预料会流传广泛久远的，可以请外审把关。

整理、出版古代典籍的水平受到整个学术水平的制约。而学术水平的提高非短时期可以呈功。宗教学术研究向称艰难，提高相关典籍整理、校勘、注释的水平也是需要长时期付出艰苦努力的工作。但如上所说，这方面存在的问题已经成为整个古籍整理工作水平的一个瓶颈，是必须积极设法，谋求解决之道的。

（原载《书品》2013 年第 1 期）

《如来藏经典与中国佛教》评述

　　杨维中教授八十余万字的大著《如来藏经典与中国佛教》(江苏人民出版社 2012 年 1 月第 1 版)出版,是佛教研究的新收获,值得重视。这部新著作为杨教授多年辛勤研究成果,讨论的是中国佛教史的重大课题,成绩是多方面的。作者的著述态度和研究方法亦值得称许。只要简单翻阅这部书,就会知道作者下了多么艰苦、扎实的功夫。在时下治学普遍浮躁空疏的风气中,这种态度是十分难能可贵的。至于研究方法,如作者所说,"特别着力于全面的文本解读和文本诠释方法的应用"(《作者的话》第 4 页)。这种综合使用"文献考据"和"理义辨析"相结合的研究方法,似有些保守、拙朴,但是寻本讨源,实事求是,对于基础研究是行之有效的。就固陋所见,有关如来藏思想汉语文献的研究,工作做得较系统、深入的主要是日本学者。但从总体看,杨教授这部书就论述的系统、全面、详密看,是超出此前中外学者的论作的。

　　关于唐宋以来的思想发展,钱穆有个论断:

　　　　在全部中国学术思想史、文化史上,自唐以来一千数百年,广东有六祖,福建有朱子,几乎掌其枢纽,汇为主流;其影响力之大,其他各地区,皆莫与伦比。①

----

① 《谈闽学——寿语堂先生八十》,《钱宾四先生全集》第 23 卷,联经出版事业有限公司,1998 年,第 224 页。

这里"六祖"慧能是禅宗代表人物,"朱子"朱熹是理学代表人物,这
两派思想确乎主导了中国历史所谓"近世"时期的思想、学术潮
流——当然客观地说,佛教的禅不能和理学相比。又众所周知,中
国禅宗宗义是奠基在大乘佛性论特别是如来藏思想的基础之上并
加以发挥的。贾晋华在其近著《古典禅研究:中唐至五代禅宗发展
新探》(牛津大学出版社香港版,2010年)里辟专章《古典禅教义及
实践》阐发这一课题,可以参看。仅凭这些,就可以肯定如来藏思
想不仅对于中国佛学,对于中国一般思想、学术的影响都是十分巨
大、重要的。

　　杨教授这部书前面是说明著述宗旨的《导言》,以下分五章,内
容分别是:第一、二章,《如来藏经典的形成》《早期如来藏经的思想
及其在中土的影响》,重点论述了《如来藏经》《胜鬘经》等七部经;
第三章《〈大般涅槃经〉的主要内容及其如来藏思想》篇幅较长,论
说也更细致,这是因为《大涅槃经》对于大乘佛性思想论说充分,在
中国发挥的影响也十分巨大而深远;第四章《后期如来藏经的思想
及其在中土的影响》,分别论述《圆觉经》《楞伽经》《楞严经》等三部
经;第五章《如来藏论典的思想及其影响》,分别论述《宝性论》《佛
性论》《大乘起信论》等三部论;最后是《结语:如来藏思想与"本体"
论》;附录《参考文献》。从上述内容可以知道,这部书以汉语如来
藏经论为探讨主要对象,按历史顺序分为早、中、后三期,重点在这
些经论的内容及其在中国的传布、如来藏思想的发展及其所发挥
的影响。这无论对于中国佛教史还是一般的思想史以至文化史的
研究,都是具有重大意义的课题。

　　在这部书里,作者对于如来藏思想在整个佛教中的地位的基
本看法是:"如来藏思想是在中观思想日益成熟的情况下,将小乘
'心性本净'说与大乘佛陀观相结合而出现的。"(第46页)这也是
全书立论的基点。确立这个论点,作者首先力破古今各种"判教"
体系中对于如来藏思想的地位的论断。关于历史上"判教"的局

限,作者指出:"中国佛教的判教并非现代学术意义上的对于历史真相的追究,而是带有创立宗派性质的创造性诠释活动。"(第39页)进而又指出:"在印度佛教中只存在如来藏系经典之流传,而并不存在独立的、可以与'空'、'有'二宗并立为三的如来藏流派。"(第44页)依据这样的看法,就不能把如来藏思想看作是印度佛教思想体系的一个分支,而肯定它是自部派佛教的"心性本净"说、经大乘佛教佛性论逐步发展,进而融入中国佛教各学派、各宗派的整个佛教思想的核心内容。这样的结论超脱了传统佛学"判教"纷争的纠缠,在更广阔的历史背景上确立如来藏思想的重要地位,从而提出一个佛教思想发展的主导脉络。这种看法或许还有进一步讨论、发挥的余地,但对于如何捕捉佛教历史活动的主导线索,如何把握佛教思想发展的脉络并从中总结历史规律,是多有启发的。回想二十多年前,哲学界曾探讨中国传统思想的主干问题,论争集中在是儒家还是道家。弄清中国思想发展的主体,对于认识中国思想史、写作中国思想史意义之重大是不言而喻的。同样,弄清佛教思想历史发展的脉络,对于认识中国佛教、中国佛教思想、中国佛教思想的发展历史关系是十分重大的。

这部书对于如来藏思想在中国佛教中的地位的基本看法是:"如来藏思想在中土最终占据佛学的主流。"(第49页)如著者指出,"如来藏"一语往往被等同于"佛性",不过"佛性"概念涵盖更广。如来藏思想可说是大乘涅槃佛性思想充分发展的形态。对于中国思想的历史发展来说,外来佛教无论是作为思想体系和文化系统,最有价值、影响最为巨大、深远的是它的心性理论。人们耳熟能详的范泰、谢灵运所谓"必求性灵真奥。岂得不以佛经为指南"(《何令尚之答宋文皇帝赞扬佛教事》,《弘明集》卷一一),正清楚表明了对于这一点的清晰自觉。就中国思想整体发展说,魏晋是中国思想发展的重大转折时期,其主要特点是人的"个性"的觉醒。鲁迅在他的名作《魏晋风度及文章与药及酒之关系》里精辟地说明了思想史的这一重大进展。正是在这样的社会、思想背景中，大乘涅槃佛性思想输入。小南一郎论述道教神仙思想的新发展，说到大乘佛教佛性思想的作用：

> 佛教在大乘佛教新的大发展中，导入了任何人都得以成佛这一前所未有的看法。在此之前，佛是超然的存在，修行者无论怎样努力最多只能获得阿罗汉果，根本谈不到成佛。在这样的精神史的状况之中，一种认为经过自己的努力即可得佛果的革命的思想孕育出来了，以这种新的精神水平为基础，佛教大大向前飞越了。①

大乘佛教的佛性新说影响道教，推动了人人可以成仙观念的发展；在儒学中，则是人人可以成圣。正是陆续输入的如来藏经论给这种肯定人的本性完满具足和人本来具有实现这种完善的超越能力的观念提供了更充实的理据。它们适应中国思想发展的需要，因而受到普遍欢迎。从南北朝后期到隋唐，杨教授所说如来藏思想后期经论《楞伽经》《大乘起信论》《圆觉经》等出现，其思想实际已成为中国佛教的主流。宗派佛教本是佛教"中国化"的成果，几个理论内涵更丰富的宗派，如天台、华严以至禅宗都讲佛性，都以如来藏思想作为立宗的主要典据、基本资源。这样，杨教授这部书对于厘清中国佛教思想发展脉络，对于认识佛教给予中国思想、文化的贡献提出了有说服力的、重要的见解。书中专章论述了《大涅槃经》的佛性思想，揭示这部大乘经在如来藏思想发展中的特殊地位及其在中土的巨大影响；讨论《楞伽经》也用了较多篇幅，把它看作是如来藏思想发展后期的总结性著作，也特别有助于更深刻地认识它对禅宗形成和发展所起的重要作用。如果说中国佛教的特质在禅，也特别体现出如来藏思想在中国佛教中的地位和影响。

---

① 小南一郎：《中国的神话传说与古小说》，孙昌武译，中华书局，1993年，第230页。

值得称许的还有研究方法。作者立意做"正本清源式的剖析"（《导言》,第7页）。作者所指的"本"和"源",就是阐述如来藏思想的十四部经论。对历史的研究,无论使用什么方法,弄清对象本来面目都是第一位的工作。后世当然永远不可能完全恢复历史的原貌,但历史研究的根本动机只能是为不断接近这一目标作出努力。佛教研究可供使用的传世材料不外乎两大类:地上和地下的实物遗存和堆积如山的庞大文献群。而有关思想研究,基本文献的解读就更为重要。稍经尝试的人都知道,佛教典籍名相艰深,论说繁复,加之异见岐出,异文众多,这种基础的解读工作既困难又乏味。杨教授这部书的主要篇幅用于基本文献的疏释。对于所讨论的十四部经论的每一部书,基本都是首先讨论其传译、版本、流传情况,包括译人、译时、译出背景、异译和真伪的辨析等;在此基础上叙述每部经论的内容要点;最后论述其对于如来藏思想发展的具体贡献及在后世流传情形、对于中国佛教发展的影响。在论述过程中,详细引录原典文字,有异译的经论多出异文,相互参照,加以讨论,做到言必有据。其中有的经如《央掘魔罗经》历来的研究较少关注,又没有前人注疏可以参考,解读更为困难。而如《胜鬘经》《大涅槃经》,古人疏释和近人研究成果过多,如何分疏摘取,出以己意,更需要真知灼见。这种详实的解读功夫,避免架空立论或主观臆说,把论点、论据牢固地建立在文本基础之上。如此对于文本的解读、分析,也给进一步的研究提供了方便。这也突显出前面提到的作者在治学态度与学风方面做出的努力。

这部著作整体上具有相当的论战意味。这是因为百余年来佛学研究中涉及如来藏思想不断论争,这种争论总体上又关系研究中国佛教的观点和方法,影响巨大。早期的争论主要集中在相关经论的辨伪(关于《楞严经》《圆觉经》和《大乘起信论》三部书的争论犹为激烈)。这部书把断定某些经论为伪的学者归纳为"中国的'反传统'阵营",实际参与者不只有中国学者,还有日本人和西方人；20世纪80年代以来具有代表性的则有力主"批判佛教"一派，肇端者是日本学者，又得到相当数量西方学者的响应。他们把一批主要的汉语如来藏经典判定为"伪经论"，进而颠覆中国佛教为"非佛教"。作者通过对如来藏经论的具体分析，证明如来藏思想乃是"真佛教"的核心内容，并且构成了中国佛教发展的中心脉络。如上所述，这对于认识和厘清中国佛教的历史发展及其对于中国思想、文化的贡献是具有重大意义的。

　　不过本书大力探讨相关经论的真伪，似有可议之处。本来辨伪是佛教经录著述所考察的一个重点，也是百余年来中外佛教研究论争的一个侧重点。辨析经论"真伪"原本主要有两方面用意：一是"判教"中需要首先剔除中土伪撰，进一步判定哪一部经才是佛陀最终了义说法，从而确定建立学派、宗派的典据，这是以信仰为前提必须做的；再一种是为了探求佛教史在中国的真实传播、发展状况，区分外来译本和本土撰述，进而了解外来佛教在中土传播及其"中国化"过程，这也是佛教历史研究应当做的。但是，如果讨论仅限于中国本土佛教思想的发展，具体汉语佛典的所谓"真伪"关系就不大了。佛教本来是开放的文化系统。全部佛教典籍是经过漫长时期、在佛教传播的广阔地区不断创造出来的。就汉语佛典说，不论是外来翻译的，还是本土创作的，都是中国佛教长期发展遗留的、记载其发展实态的文字材料，无所谓本来意义的"真伪"。外来翻译的和本土撰述的价值和意义是等同的。这还不只是学术研究中所谓伪材料具有真价值之所指，实际中土撰述就是中国佛教的真经典。有些学者通过推断经论之伪，进而认定中国佛教之伪，是一种凝固、偏颇、形而上学的做法。而且又必须承认，这十四部经论中有几部是否中土撰述，依靠现有材料还不能确定。杨教授一概判定都是外来译本，结论还下得过早。例如对于《圆觉经》和《楞严经》，作者说："这两部经不会是中土伪撰，而是如来藏思想的集大成者，是后期如来藏思想的成熟之作。"（第28页）实则在这个判断里,是否"伪撰"与是否"成熟之作"没有必然的因果关系。如来藏思想在中土发展,中土人士撰作出更成熟的著作,完全符合历史发展的逻辑,无碍于肯定这些经论在历史上的地位和价值,而且符合宗教在不同国度、民族的文化土壤上的传播过程中不断创新的规律。

另外,这部书阐述如来藏思想在中国的传播和影响,基本限制在佛教范畴之内,即主要是说明对于中国佛学思想的发展所发挥的作用。如果从更广阔的历史背景看,两晋以来,随着佛教被社会上下广泛接受,特别是得到知识阶层相当普遍地欣赏、认同、信仰、借鉴、发挥,从而对思想、文化领域更广阔的层面逐渐发挥十分重大的影响。例如前面引述小南一郎的话表明的,大乘佛教,特别是它的心性理论的传播,对于道教新神仙思想的形成造成决定性的影响;又众所周知,汤用彤论述竺道生的贡献,指出他实开宋明理学的先河,而竺道生正是涅槃佛性思想的杰出的接受者和发挥者。充分阐发如来藏思想对于中国思想、文化各个领域的影响,可以进一步探讨、明确它对于对于中国历史更广泛层面发展的作用与贡献。当然,这是另一个可进一步研究的课题,有理由期待杨教授拓宽研究领域,学术上取得更多、更大的成果。

(原载《世界宗教研究》2013 年第 2 期)

陈耳东《历代高僧诗选》序

　　本书是中国历代僧诗的总集，计收录自两晋至清末僧人诗367家642首，并详加解说、注释。编选这一类作品集在近年来还是首次。相信这部书的出版，无论是对于了解佛教文化，还是研究古代文学，都会是有意义、有价值的。

　　僧人作诗，以至出现了许多"诗僧"，这在中国佛教史和文化史上都是值得注意的现象。按佛教的本来教义，出家为僧就要割断尘世情缘，因此佛门中对巧言饰词、舞文弄墨有"绮语"一戒。但在中国，历代却有不少僧人吟诗作文，有些人还达到了相当高的水平，取得了一定成就。出现这种现象，与中土独特的思想环境和汉传佛教的独特发展状况有密切关联。汉传佛教扎根在中国高度发达的文化土壤上，带有浓厚的文化性格；又充分发扬了大乘佛教重视现世、重视人生的弘通、开放的一面。它的修证不重"灰心灭智"的"涅槃"，而更重视在人世间"安身立命"的"觉悟"。这样，中土僧人不仅专注于离群索居的"修道"，而更广泛地参加到社会生活中来，其中包括广大的文化领域。当然，佛教僧侣作为专业化的宗教职业者，有着很强的寄生性；在古代寺院经济发展过程中形成了僧侣地主阶层，乃是社会统治阶层的一个组成部分；历代僧团中也出现了众多的凡庸以至卑鄙肖小之徒，对社会起了腐蚀、破坏作用。这都是佛教史上彰明较著、无可讳言的事实。但是，历代佛门又确有不少虔诚的僧侣，广行"四摄"（布施摄、爱语摄、利行摄、同事摄)、"六度"(布施、持戒、忍辱、精进、禅定、智慧),为"庄严国土,利乐有情"而不惜身命,成为鲁迅所称赞的中华民族的"脊梁"式的人物。其中一部分人在文化事业上的贡献尤其令人瞩目。众所周知,佛教是中国文化的三大支柱之一;佛教文化是中国文化的重要组成部分之一。文化史上这一部分宝贵的成果的创造,其中就有着一代代优秀僧人的劳绩。

综观中国佛教的历史,会发现一个引人注目的现象,就是僧团中集中了一大批具有高度文化素养的人。自两晋以来,佛门一方面吸收了不少士大夫中的精英人物;另一方面也在不断努力创造和丰富自身的文化传统,培养出一批批具有高深文化修养的僧人。僧团中出现了如支娄迦谶、支谦、康僧会、竺法护、鸠摩罗什、真谛、玄奘、不空等大翻译家是自不待言的;还有众多义学沙门,又是中国思想史上卓有贡献的大思想家,如道安、慧远、道生、僧肇、智顗、吉藏、窥基、法藏、慧能、神会、宗密等即是荦荦著称者。这都表明中国佛教的文化内涵之丰富。这也成为中国佛教的重大特点和优长之一。而由于佛教要解决人的信仰和解脱的问题,因而也就特别注重人的"心性"方面。它和作为人的精神创造的文学、诗也必然有着更为密切的联系。金代诗人元好问有诗说"诗为禅客添花锦,禅是诗人切玉刀",今人常引用来说明诗、禅关系,实际上佛教和文学、和诗也有着相类似的相辅、相融的关系。佛门中人倾心作诗,也有这样的必然原因。

陈垣先生的《明季滇黔佛教考》是一部佛教研究方面的经典之作,他特别注意论述当时"佛教与文化之关系"(《序》);而在卷三《僧徒之外学》一章,首先论述的就是《诗》。其中介绍诗僧苍雪,引述郑敷教的话:"海内文章之士,又谓'风雅之寄,系存亡于一老'。"介绍担当,又称赞其"高卧苍山,挥毫自在"的品格。明、清易代之际,遗民逃禅,不仅具有政治意义,也给诗坛增添了胜景。这是僧诗创作与活动的意义之一例。再往前看,唐、宋时代出现过一大批

"诗僧"，这是两栖于佛门与诗坛的特殊人物。他们中的有些人在当时群星璀璨的诗坛上曾占据着相当重要的位置，发挥过重大的影响。例如皎然，即是中唐江左文坛上的一时之秀，其《诗式》乃是唐代完整、系统的诗论作品。又如寒山（姑且这样称呼"寒山诗"的作者）、贯休、齐己等都有所成就，"寒山体"更长远地影响到后来，直至清代仍有人拟作。再往前，如东晋时以慧远为中心的庐山佛教，胡适曾评价其代表了"中国'佛教化'和佛教'中国化'的大趋势"，也具有浓厚的文化品格，进行了多方面的文化活动，其活动之一就是写诗。慧远除了佛学著作之外，《隋书·经籍志》还著录有文集十二卷，久佚；但从残存的诗文仍可看出他的文学水平。他还留有一篇《念佛三昧诗集序》，阐明诗歌主张，也反映了他和周围的人进行诗歌创作的情况。在中国文化发展史上有一个影响深远的现象，就是持续进行着具有很高文化水平的儒、释之间的交流，这乃是文坛上和佛门中的一个具有积极意义的传统。柳宗元曾说过："昔之桑门上首，好与贤士大夫游。晋、宋以来，有道林、道安、远法师、休上人，其所与游，则谢安石、王逸少、习凿齿、谢灵运、鲍照之徒，皆时之选。由是真乘法印与儒典并用，而人知向方。"（《送文畅上人登五台遂游河朔序》，《柳河东集》卷二五）这种文化交流一直延续到后来。就诗歌发展史来说，这样的交流对于僧、俗两方面都产生了巨大影响。

　　就僧诗的具体情况而言，其成就当然是不能一概而论的。有些人的作品是所谓"饰声成文，雕音作蔚"（黄宗羲《定林禅师诗序》，《南雷文约》卷四），与普通诗人所作无异；而另有些人则用诗歌表佛理，枯涩无味如佛典中的偈颂。但是，僧人作为特殊的社会群体，过着特殊生活，培养出特殊感情，其诗作也大体有着独特的风格特征，其中有些人还表现出突出的才华并形成了个人风貌。贬之者往往指责僧诗有一种"蔬笋气"，或叫做"酸馅气"。这是借用他们的素食之习来形容其风格的寡淡偏枯，缺乏深厚的韵味。

确实,僧人的寺院修道生活尽管如上所述与社会有着广泛的联系,但总受到相当的局限,因而如宋人范希文所说:"唐诗僧除皎然、灵澈三、两辈外,余者率皆衰败不可救,盖器宇不宏而见闻不广也。"(《对床夜话》卷五)然而也正因为僧人的特殊的生活和感受,使他们的作品在内容和形式上都具有和一般诗人的作品不同的特点。唐人刘禹锡说:"自近古而降,释子以诗闻于世者相踵焉。因定而得境,故翛然以清;由慧而遣词,故粹然以丽。"(《秋日过鸿举法师院便送归江陵并引》,《刘宾客文集》卷二九)明人黄宗则说:"诗为至清之物。僧中之诗,人境俱夺,能得其至清者。故可与言诗,多在僧也。"(《平阳铁夫诗题辞》,《南雷文约》卷四)他们都对僧诗加以推许,并用"清""丽"来概括其风格的总体特征。僧诗就题材说,一般是比较狭小的。但其所抒发的高蹈绝俗之情、鄙薄名利之志,确有超乎常情之处;有些僧人远离尘嚣、乐住山林,对自然风光自有特殊体会,如支遁、慧远就都是开创诗史上描摹山水的风气的人。一些僧人度过枯淡的生活,咀嚼内心世界的感受,体察外物风光的变化,特别地细腻深微,耐人寻味。至于有些人逃禅出家,是因为现实政治原因,他们利用诗歌来抒发愤懑,抨击时事,则其意义更在诗作之外了。这样,优秀的僧人诗,就以其独特的思想内容和艺术风貌做出了贡献,在文学史上占有一席地位。

因此,僧诗不仅作为中国古典诗歌遗产的一部分值得注意,而且是了解和研究文化史、宗教史的重要资料。

本书的编选者陈耳东先生是政府机关干部,从事宗教事务的实际领导工作。在繁忙工作之余,进行僧诗研究,经过多年的惨淡经营,历尽艰辛,在大量的资料中爬罗剔抉,终于编出了呈献在读者面前的这一部诗集。这是一种开创性的工作,在目前也是值得提倡的工作。天津人民出版社出版这一类书,也是具有远见卓识之举。希望编选者继续努力,在佛教文化研究方面做出更多更好的成绩;也希望有更多的人注意到这方面的工作,创造出高水平的成果。五十余年前，陈寅恪先生曾指出过："中国史学莫盛于宋，而宋代史家之著述，于宗教往往疏略，此不独由于意执之偏蔽，亦其知见之狭陋有以致之。元明及清，治史者之学识更不逮宋……"（《陈垣〈明季滇黔佛教考〉序》，《金明馆丛稿二编》，第240页）这里谈的是史学，而实际情况不独史学为然。在宋明理学束缚下，忽视或鄙视宗教形成为旧时士大夫间一种传统，在学术研究中造成了深远影响。可喜的是近年来，这方面的研究已引起学术界越来越多的人的重视，宗教政策也在进一步落实；学术界也普遍提高了对于佛教学术的认识，加强了相关领域的研究。这样，我国的佛学研究可望迅速地得以振兴，达到与我们这样一个汉传佛教中心地和发祥地的国家文化建设的要求相适应的水平。正有鉴于此，陈耳东先生的工作是值得赞许的。陈先生命我为书作序，我欣然应命，写下上面的话，并表示自己的亦祝亦愿之意。

1995年4月22日

禅是智慧

——《禅的智慧》丛书总序

宋代大诗人苏轼有一首诗《书焦山纶长老壁》，是他与当政者政见不合，被流贬黄州，诏移汝州，途经今镇江焦山，造访一位禅师的题壁之作，全文如下：

> 法师住焦山，而实未尝住。我来辄问法，法师了无语。
> 法师非无语，不知所答故。君看头与足，本自安冠履。
> 譬如长鬣人，不以长为苦。一旦或人问，每睡安所措。
> 归来被上下，一夜无着处。展转遂达晨，意欲尽镊去。
> 此言虽鄙浅，故自有深趣。持此问法师，法师一笑许。

这是一篇典型的所谓"明禅"作品，大意是说他向禅师纶长老请问佛法，对方却沉默不语，他不得已用一个譬喻来表达自己的理解：说有一个人平时对自己超长的胡须并不在意，可是一旦当他对这胡须有了"自觉"，就不知所措，夜不成眠了。诗的结尾说他的这番话得到了对方的印可。这首诗讲的本是禅"无言无说"、"不可说"的道理，但幽默的譬喻却包含另一层"深趣"。用禅的语言说，就是要人心无所住（执着），能够"放下"；用世俗的话说，就是"世上本无事，庸人自扰之"。苏轼写这首诗的时候，是在他身陷冤狱、备遭凌辱之后，从中可以看出他因应人生患难态度上潇洒、超脱的一面。当时他正当壮年，四十几岁，直到他去世的二十多年间，又屡经波折,年事日高,亲人亡殁,更被远贬到岭南的惠州和海南的儋州。对他略有所知的人都清楚,他绝不是那种消极颓唐、灰心灭志的人,这有他一大批不朽的文字为证。当他面对人生困境,能够(起码是努力做到)无忧无惧,无怨无悔,表现得毁誉不经于心(当然内心不会没有烦恼怨抑),有百炼钢化为绕指柔的气象。这种涵养,这种境界,或者说这种人生智慧,也是成就他一生文学、艺术以至政治、思想业绩的重要因素。这种智慧得自持之以恒的学养,包括中国传统的儒学和老、庄,而十分重要的还有佛教的禅。苏轼乃是古人中好禅、习禅深有所得,并做出积极发挥的一位。

禅是宗教,禅是思想,禅是生活,禅是艺术;禅,也是智慧。

"禅"是梵文"禅那"(dhyāna)的音译,汉语意译为"思惟修",或音意合译作"禅定",等等,本是古代印度宗教普遍采用的修行方法。释迦牟尼创建佛教加以吸收,发展出一整套正审思虑、调御身心的法门,作为修习佛法的主要内容和体悟佛法的基本手段。中国输入佛教,也接受了禅的一系列新颖观念和新鲜修持方法。古代中国那些佛教大德和好佛的知识精英们更赋予外来佛教的禅以丰富的思想内容,包括本土传统的儒家、道家与道教的某些内容(主要是关于心性方面的);进而又加以发挥,把基本是作为修行法门的禅发展为相当系统的思想理论体系;在此基础上再进一步,形成了以"见性"、"顿悟"为纲领的中国佛教里的禅宗。禅宗创立起宗派在唐初,衰败在两宋之际。就是说,它兴盛了五百年左右。在中国佛教诸宗派里,这又是一个彻底"本土化"的宗派,是中国人在传统的思想文化土壤上消化外来佛教的禅观、禅法再加以发挥、创造的成果。由于它具有丰富的理论内涵和浓厚的文化色彩,特别受到广大知识阶层的欢迎,并长时期在佛教诸宗里居于主导地位,对于唐、宋及其以后的思想、文化影响也就特别巨大和深远。

前述苏轼的故事就是其人生与创作得益于禅的一例。恩格斯论述基督教时曾说过:"对于一种征服罗马世界帝国、统治文明人类的绝大多数达一千八百年之久的宗教,简单地说它是骗子手凑集而成的无稽之谈,是不能解决问题的。"(《布鲁诺·鲍威尔和早期基督教》,《马克思恩格斯全集》第十九卷)对于佛教,包括它的禅和禅宗也应当作如是观。从历史发展的长远过程看,宗教也是人类认识和改造世界的努力并取得成果的一部分。具体到中国佛教的禅和禅宗,其宗义更具有重大理论价值,特别是在性理方面。宋代新儒学的形成就借助了它所提供的理论资源;而汉学转变为宋学乃是中国思想史、学术史的重大变化。其另一方面的重要价值在于其所倡导的精神境界,所主张的人生态度和生活方式,其中包含多方面的人生智慧,曾为文学、艺术各个领域提供了丰富滋养,也影响了一代代学人。苏轼就是其中颇具典型意义的一位。

正如苏轼在诗里所表明的,禅本是"不可说"的。禅宗更明确主张"不立文字"。但是历史上却留下了数量庞大的语录、灯录、偈颂等"不立文字"的禅文献。古代那些著名的禅宗大德,多是具有相当学养的人。他们作为宗教徒,追求悟道解脱,要解决所谓"生死大事"。但他们中许多人又实践大乘佛教关注人生、不离现世的教义,致力于庄严国土,利乐有情,表现出大智慧、高见识。他们上堂示法,问答勘辩,机锋隽语里包含大量关于哲理、关于人生的新鲜观念,新颖思路。而历代那些好禅、习禅以至逃禅的知识精英们,往往借助诗文,或抒写禅观禅解,或表达禅机禅趣,创作出许多颇堪玩味、值得欣赏的优秀作品。如上述苏轼《书焦山纶长老壁》就是一例。当然,今天的世界已经与创造和发展禅和禅宗的时代大不相同了,多数读者也不再信仰佛教。但禅、禅文献及其影响下的文化成果包括文学作品,作为宝贵文化遗存的一部分,是值得珍惜的。

呈现在读者面前的这套丛书,就是从这些文献和创作里选择一些具有一定现实意义又有相当趣味的文字、篇章,集结成册,略加解说。期望读者通过它们广见闻,长知识,资谈助;也可以作为艺术鉴赏、愉悦情致的读物；或再进一步，认识、欣赏以至借鉴其中体现的禅的智慧。关系后一层面，对于一般读者应当具有一定现实意义。古往今来，人生总不可避免地遭遇某种困境，让人痛苦困惑，心理失衡；在当今，面对竞争激烈、物欲充斥的环境，更容易内心烦躁，精神迷惘。历代禅籍和文人作品里表现的那些禅的观念、感受、典故、语言等等，禅宗所倡导的息灭妄念、止歇驰求、心定神安的处世态度和少欲知足、解粘去缚、潇洒自在的人生方式等等，它们当然具有特定的宗教内涵，但又确实是一份珍贵的人生智慧的结晶，仍会带给今天的人们一些启发和教益。

近年来，禅和禅宗作为学术研究和文化生活的"热点"，坊间有关读物不少。这一次我们敦请海内外对禅和禅宗研究有素、又在某些学术领域有所建树的学者，集中就"禅的智慧"这个总题目，选择与他们所从事的专业相关的题目，或辑录往古大德的言语行事，或选录古代作家的优秀篇章，作出解说，提出高见。我们力图做成一套学术性和可读性兼顾、雅俗共赏的文化读物。参与写作的作者有大陆的，也有港台和海外的。学术观点不会一致，专业领域又不相同，每部书的观点、写法、风格也就不会一样。对于禅的悟解本来就是"如人饮水，冷暖自知"的。做成风格各异、"百花齐放"的一套书，正有助于读者对禅和禅宗多视角、多层面地加以认识和了解。

感谢作者们大力襄助完成这一有意义的工作，也感谢读者购读这些书，并期待大家不吝提出批评和意见。

2007 年 6 月 10 日于南开园

张培锋《宋代士大夫佛学与文学》序言

　　培锋年逾不惑,始负笈门下,养老抚幼,家事丛冗,而三年间孜孜矻矻,不暇稍息。本来资质聪颖,又勤奋向学,终于以优异成绩结业,贡献出这一篇得到诸位博士学位评审好评的学位论文。身为师长,感到无限喜悦。

　　关心和研究中国佛教学术的人,总会时时痛切地记忆起陈寅恪先生在《陈垣〈明季滇黔佛教考〉序》里说过的一段话:"中国史学莫盛于宋,而宋代史家之著述,于宗教往往疏略,此不独由于意执之偏蔽,亦其知见之狭陋有以致之。元明及清,治史者之学识更不逮宋,故严格言之,中国乙部之中,几无完善之宗教史。"陈先生所述的明清时期以后我国佛教学术发展的状况,真是慨乎难言,有关情况,关心的人心知肚明。所幸近年来局面有了变化。根本的转变是人们能够从正面积极地认识和评价佛教与佛教文化了。在此基础上,相关学术领域得到更多人的重视和参与,也出现越来越多有价值的学术著作。可喜的是其中多数是学有成就的青年学者,主要是新近培养的博士们的著作,更预示了这一领域的美好前途。像培锋的这一部,就是其中的一种。

　　但是在令人鼓舞的形势之下,敝以为仍有两个重要的、关系佛教学术长远发展的认识问题需要厘清。

　　一个是对历史上的佛教与佛教文化的价值和作用,总的认识仍亟需端正和提高。世界文明发展史明确昭示,对于一个民族和民族文化的发展,外来宗教与文化的输入起着极其重大的作用,而且往往是关键性的作用。佛教对于古代中国正是如此。魏晋之后接着是南北朝隋唐,这七八百年间佛教乃是推动中国文化发展的主导力量,佛教文化构成这一时期文化成就的主要成分。佛教的输入乃是人类历史上成就极其辉煌、对古代中国发展影响极其巨大的文化交流。这延续长久的交流,不仅输入了一种全新的、具有重大价值的宗教,这一宗教更承载着古代南亚、中亚以及西亚、欧洲和北非的文化成果。大概这长时期文化输入的意义,只有近代中国吸收西方文明差可比拟。但是看看目前学术研究状况,或许研究佛教的人对于自己的研究对象多所肯定(实际上不一定足够),而一般学术领域对于佛教的价值与贡献则很少涉及。研究伦理学和中国伦理史的人很少涉及佛教伦理及其成就,研究政治史、经济史以至史学史、语言学史等等也是同样。近年出版的几部有影响的文学史对于佛教也都着墨不多。而实际上,在广泛的学术领域,佛教和佛教文化所起的作用、所占有的位置是相当巨大,往往是决定性的。所以不解决这个认识问题,难以真正全面地开展佛教学术研究,提高研究水平。

　　再一点与上述相关联,是对于佛教文化的认识。研究中国佛教史的著名日本学者塚本善隆说过这样意思的话:六朝时期佛教的繁荣,实际主要是佛教文化的繁荣。宗教与宗教承载的文化是相联系而有相区别的两个范畴,这就是所谓信仰的和思想、文化的不同层面。在中国强固的理性精神和人本主义传统土壤上,在统一、强大的专制政治体制下,佛教不可能建立起唯一、绝对的信仰权威;特别是在承受"百家争鸣"、"三教"并兴风气熏陶的知识阶层中,信仰更受到相当的抵制而被销蚀。但是佛教以其浓厚的文化性质、佛教文化以其丰厚、卓越的内容赢得了中国人(甚至是反佛的人)的普遍赞赏和认同。一代代中国人以海纳百川的胸襟和兼收并蓄的气魄积极、主动地认同、赞赏、吸收佛教文化,并在此基础上加以创造、发挥。古代优秀文化遗产中相当大的一部分是佛教的,或是受到佛教影响创造出来的。而历来的佛教研究主要集中在佛教本身,特别是作为实体的僧团的活动和作为主要思想内容的宗教哲学,而对一般文化及其影响的研究着力甚少。宗教本来是广大群众的社会实践,文化领域是这种实践的重要部分。特别如上所述中国历史上佛教文化特别发达,成就极其突出,理所当然应当成为佛教史研究的主要内容。

正是基于上述两点,培锋这部著作的选题在方向上是有意义的。宋代是古代中国发展的关键时期。按我国几位著名史学家的判断,这是中国古代文化的集大成时期;按西方某些史学家的看法,这是中国历史"近世"时期的开端。而在佛教发展史上,这又是从极盛走向衰败的转折时期。这一时期的中国佛教承载着千余年发展的文化积累,仍在持续地发挥重要的作用。而由于僧团活动陷于中衰,官僚文人居士阶层就承担起佛教对于文化传统承前启后,在一般思想、学术领域继续发挥优势的任务。从宋代起,中国佛教的"慧命"基本由居士阶层来延续的。因而对这一阶段居士佛教的研究就是一个具有重大意义的课题。培锋的立意就是试图解决这样的课题。

培锋在就读门下之前已经有一段研究经历,并取得一定成绩。他好学深思,古今中外涉猎颇广,有相当的学术积累。入学之后,转益多师,虚心受教,治学路数和方法又有所转变。转变的轨迹在这部著作里清晰地体现出来。其路数如果简单地加以说明,就是注重资料的翔实和描述的客观,尽可能恢复历史发展的真实图景,在此基础上做出判断和评价。没有先验的理论框架,更不是抄撮已有的成果,从搜集点滴资料做起,这是相当艰难的。相信这样的工作是会对学术领域有所贡献的。至于贡献的大小,则要读者评价了。

前面说到,目前我国的佛教学术研究正在可喜地振兴过程之中。但是一个学科的起衰济敝,非短时期可以呈功。这大概需要几代人的努力。但就佛教学术而言,这个工作是必须做的。只要有更多的人持续不断地添砖加瓦,学术大厦终究会创建起来。培锋做的就是这样的工作。就学术研究说,他年事正轻。可以期待他做出更好的成绩。

　　潦草写下如上想法,弁于书前,也略表为祝为颂之意。

2007 年初

何孝荣《明代北京佛教寺院修建研究》序言

　　这是一部记述佛寺修建的书,是记述漫长的中国佛教史上一个具体朝代(明朝)佛寺修建的书,是记述这个朝代的一个都市(首都北京)佛寺修建的书。洋洋近百万言,就讨论这样一个专而又专的题目。以我的固陋见闻,就这样的题目写出这样一部大书,国内外还没有过。因此,这部书是名副其实的填补学术研究空白之作:填补了佛教史、建筑史和一般文化史研究的空白。从另一种意义说,在学术研究中,专业性乃是学术性的前提,也是它的标志。虽然这种一个具体朝代佛寺修建的专门研究著作基本是属于"小众"的,但其学术价值却是不"小"的。

　　英国佛教史学者查尔斯·埃利奥特曾说过:"佛陀的伟大实践成就,就是建立了一个宗教团体。这个团体叫做僧团,一直存在到今日,其成员称为比丘。他的宗教之所以能够持久,主要是因为有这个组织。"(《印度教与佛教史纲》第 1 卷,第 342 页)具体到中国,荷兰佛教史学者许里和又曾说:"佛教不是并且也从未自称为一种'理论',一种对世界的阐释:它是一种救世之道,一朵生命之花。它传入中国不仅意味着某种宗教观念的传播,而且是一种新的社会组织形式——修行团体即僧伽(sangha)的传入。"(《佛教征服中国》第 2 页)依据这两位佛教学术权威的论断,可以了解何孝荣博士这部书所探讨的课题的意义。

　　在中国传统上以血缘关系为纽带、以家族为基础单位的社会结构中,僧团乃是一种特异的"方外"组织。寺院则是僧团寄居、修道、弘法的场所,僧团活动的基地。随着佛教在中国的发展,大批寺院兴建起来。所谓"南朝四百八十寺",即是一代佛教兴盛的体现与标志。在中国的具体环境下,众多寺院更形成大大小小的经济实体和文化中心,发挥着十分广泛的社会作用。因而,对于僧团与寺院的研究就成为有关佛教学术研究的重要课题。

　　但是,作为人文社会科学一个部门的现代佛学,研究的内容主要集中在外来佛教在中国的传播与发展、佛教经典的传译与阐释、佛教思想与中国传统思想的冲突与融合、佛教义学与宗派佛学的内容与成就等等方面。这些内容基本属于思想与学理范畴。这种状况也是中国独特的文化传统和高水平的思想、学术环境决定的,这里不做具体分析。与之相关联,有关僧团的研究主要集中在一些领袖人物,而对于不同历史时期僧团的一般组织、活动状况等等的探讨则比较疏略;又虽然历史上留下许多寺志、山志类著作,近现代有关寺院(包括石窟寺)的研究更多地集中在建筑、艺术领域,而很少有人致力于不同历史时期寺院建造及其活动、管理的具体状况的探讨。应当强调指出的是,这后两个方面正是与民众的信仰实态直接相关联的;而众所周知,信仰乃是宗教的核心,也是它生存和发展的基本动力。这样,从目前佛教学术的整体状态看,有关历史上各个时期民众信仰状况的研究是比较薄弱的。佛教学术研究的这种局面,更突显出何孝荣博士这部翔实地考察、描述明代北京佛寺建造的著作的价值与意义。

　　具体到中国寺院建造的历史,曾有过几个主要的繁荣时期,例如南北朝时期、隋唐时期。明代也是这样的时期之一。唐宋之际是佛寺建造模式重大的转折点。汉传佛教寺院形态的发展变化与整个城乡建筑状态直接相关联。至唐宋之际,城市建筑由里坊制转化为街市制,寺院也由此前多院的庭院式转化为层进的殿庭式,从而典型中国化的佛教建筑规范形成了。明代正是这种成熟的佛教建筑发展的鼎盛时期。所以就佛寺建造讲，这部书可看作是对于中国佛寺后期建造状况的总结性的描述。

就中国佛教历史发展说，到宋代已急剧地走下坡路了。其典型表现是作为中国佛教最高成就的宗派佛教衰落，从总体看佛教在高水准的思想、文化领域的地位和作用也大为降低了。可是即使如此，佛教长期发展积累起来的思想、文化资源仍继续发挥着影响，特别是教理浅俗的"禅净合一"的佛教仍在吸引广大信众，所谓"民众佛教"、"民俗佛教"继续保持强大的生命力并发挥重大的社会作用和影响。这种发展成为明清时期寺院建筑普遍兴盛的根本原因。从另一个角度也可以说，当时的寺院正相当集中而清晰地反映了佛教发展的实态。这样，透过对于明代北京佛教寺院建造状况的描述，可以多方面地加深对于这一段佛教历史的了解。

这样，何孝荣博士这部书的内容又远不限于明代北京佛寺修建。他更自觉地把佛寺建造状况放在明代佛教整体状况的环境之中加以讨论。诸如明代佛教在全部中国佛教历史发展中的地位；明代各时期、不同社会阶层，从帝王、后妃、宦官到士大夫、庶民的信仰状况；藏传佛教在明代北京的传播及其影响；等等。这些关联佛教史、文化史研究的重要内容，在本书中都作了相当充分的讨论。因此，这部书又不是偏枯地讲述佛寺修建的书，乃是从建造佛寺这个侧面来透视一代佛教与佛教文化发展的历史著作。

何孝荣博士著有《明代南京寺院研究》（中国社会科学出版社，2000年），曾得到学界的好评。资料丰富、考订详实是那部书的重要特点和优点。南京是明王朝立国和早期首都，明代的所谓"皇室佛教"、"宫廷佛教"集中在那里发端。而众所周知，在古代中国的政治环境中，权力中心统帅着全国的文化活动，包括宗教。完成前一个课题之后，何孝荣博士又发愿研究明代北京佛寺。这是前一个课题的延续，而拟定的研究规模更为庞大。现在完成的这部记述寺院修建的书只是整个计划的一部分，还将继续探讨北京寺院的经济活动、文化活动和管理方式等。全部完成之后，将是全面展现明代北京佛教寺院状况的系列专著，也是前所未有的记述和解析中国佛教寺院的典型个案的著作。

　　关于本书写作方面的优长，这里不烦赘言。只要略加翻阅，就会发现作者搜集资料的勤奋、完备，描述的周详、细致，见解的透辟、深刻。当然，这样一部大书在结构上难免显得纷杂，述说亦尚可提练。这些不足之处经过推敲是不难完善的。值得赞佩的是，在目前的学术界，特别是在相当一部分年轻学者中间，急功近利、粗疏浮躁之风盛行，可是仍有像何孝荣博士这样的学者就这样专门、冷僻的题目多年持之以恒地下功夫。这个事实是令人鼓舞的，让人从中看到了学术振兴的希望。

　　何孝荣博士还很年轻，在治学道路上已走出了成功的几步。他在学术上的美好前景是可以预期的。因此，尽管自己深知为这样一部著作撰序不够资格，仍然高兴地写下上述这些话，以为颂，亦以为祝。

　　　　　　　　　　　　　　　2007 年 9 月 22 日于南开园

赵伟《晚明狂禅思潮与文学思想研究》序言

近年来,关于晚明的思想、学术、文学、艺术的研究著作出版多种,这里是新的一种。从目录就可以看出,这是一部内容新颖、特色鲜明的论著。本书的主题是探讨晚明"狂禅"思潮对于文学的影响,而当时文学领域的状况与动向正是整个社会思想与文化的集中而生动的体现。所以这部书所讨论的课题对于研究晚明历史,特别是思想史、文化史具有相当重要的价值和意义。

从上世纪前半期,晚明历史即引起学术界的普遍关注。大概因为这不仅是唐宋以后中国社会和思想大变动的重要时期,是众多杰出历史人物活跃,思想、学术、文学、艺术成果巨大的时期,更重要的还在于从某种意义说,正是这一时期在诸多方面开启了近代中国的肇端。如果论历史研究的现实针对性,这一时期正提供了许多好题目。本书作者赵伟所讨论的就是这样的课题之一。

赵伟博士本来专攻明史;后来转而攻读中国古典文学博士课程,方向是佛教与文学的关系。这样,他的治学范围就涉及历史、文学、宗教三个大的学术领域。他在这三个领域广泛涉猎,刻苦钻研,打下了坚实的基础。正是这样的治学道路,使他能够胜任这本书这种所谓"交叉学科"的研究工作。

本书《前言》之外,由两大部分构成。第一部分是总论,讨论"狂禅"思潮形成的历史背景及其内容、特点和价值。著者不惜笔墨,用较大篇幅相当充分地描述了这一方面,为下面具体论说"狂禅"思潮对于文学的影响作了铺垫。这也成为全书颇富新意的部分。第二部分是分论,作者选取几个典型个案进行解剖,揭示和说明"狂禅"思潮鼓动下晚明文坛的新变及其成就。历史本来是由一个个活生生的人的活动构成的,历史潮流体现在具体人物和事件之中。把本书两部分结合起来,则既有对于历史现象的宏观概括,又有对于具体人物和事件的介绍和分析,这样就把笼罩晚明社会的一个重大思想潮流的面貌清晰、生动地展现在读者面前了。

这部书注重对于历史现象的"描述"。这也是我指导学生一贯强调的研究和写作的方法。历史研究当然要做出评价,探索规律,但弄清历史人物、事件的真实面貌是必须先行一步的基础工作。当然,历史现象的绝对的真实是永远不可能企及的,历史研究只能不断地更加靠近这一目标,而认真的研究者必须为达到这一目标做出努力。实际上,只有在尽可能真实地揭示历史本来面貌的基础上,才能够有根有据地对历史现象加以说明和评价,进而总结历史发展的规律。正是基于这样的看法,我认为在当前的历史研究中,对于史实的"描述"工作是十分重要的。本书正是在这一方面做出巨大努力,并取得了成绩。

揭示历史真实需要发现和利用尽可能翔实、可靠的资料。读这部书,直观上就可以看到,资料丰富、考订详明是其另一个优长。比如本书题目里的"狂禅"一语,其具体来源、含义及运用中的变化如何,作者在各种文献里爬罗剔抉,弄清来龙去脉,作出仔细的考订和说明。这个概念曾被广泛使用,但把它如此梳理得清清楚楚还是第一次。这可以作为作者搜集和运用资料功力的一个例子。把全部立论奠基在详密、可靠的资料基础之上,显示出作者朴实、刻苦的学风,保证了著作的基本学术水准,也为进一步研究打下了牢固的基础。

就理论分析层面说,作者知识领域比较开阔,学术积累比较丰厚,对于和课题相关的理学、佛学等领域都下过一份苦功。因而对于涉及广泛学术领域的一些问题的分析往往能够得其精要。例如书中对于晚明心性理论中影响深远的"三教合一"说、"一切现成"论、"顿悟"说等，能够在广阔的社会背景之下，探索这些观念的源流、内涵、意义及其影响，给这些观念作出思想潮流中的定位，并条分缕析地加以客观、深入的解释和评价，从而把相关问题的研究推进一步。

赵伟博士在从学三年间，刻苦攻读内、外典籍，加上天资颖悟，学业取得优异成绩。他曾就与课题相关的几个个案进行深入的考察和思索，颇有心得，写成几篇专论发表。在这样的基础上撰写出博士论文，审查过程中得到一致好评。本书就是在博士论文基础上修订完成的。近年出版的一些优秀学术著作，许多是博士论文经过修订写成的。这是一批有才华的年轻学者多年勤奋钻研的成绩。赵伟这部书是添加上的又一个成果。忝为指导教师，看到这部书面世，当然是十分感奋的。赵伟博士正有志于在学术领域继续勤奋耕耘，未来取得更大成就是可以期待的。

2007 年 11 月

吴光正等主编《异质文化的碰撞——二十世纪"佛教与古代文学"论丛》序言

关于佛、道二教在中国历史上的作用，陈寅恪先生曾作出这样的判断："二千年来华夏民族所受儒家学说之影响，最深最巨者，实在制度法律公私生活之方面。而关于学说思想之方面，或转有不如佛道二教者。"(《冯友兰中国哲学史下册审查报告》，《金明馆丛稿二编》，第251页)这里所说的"思想学术"，取其广义，应包括文学艺术。牟宗三论及历史上的南北朝隋唐一段也曾指出，"就哲学言，佛教的启发性最大，开发的新理境最多，所牵涉的层面也最广"(《中国哲学十九讲》，上海古籍出版社，1997年，第237页)。这个论断也应适用于文学艺术。陈寅恪同时提到道教，这里暂且不论。佛教对于中国文学发挥了重大而深远的影响，如今已经成为学术界的共识。这种影响体现在诗歌、散文、小说、戏曲和文学思想、文学批评等各个领域，而且贯穿在自东晋佛教普遍、深入地影响到中国文化诸领域伊始的各个历史时期。

佛教影响于中国文学体现在方方面面：它的信仰，它的教义、教理(包括印度佛教各部派，中国佛教各学派、各宗派)影响历代中国人的精神世界，给文学创作提供了新鲜、独特、丰富的内容；历代兴盛的佛教活动，僧团、寺院、社会各阶层居士、信徒以及接受习染的一般民众的宗教生活给文学创作提供了多种多样的灵感、意象和题材；佛教经典(包括翻译佛典和中国人创作的各类佛教典籍)

给文学创作的体裁、素材、表现方法、艺术技巧和文学语言等等提供了可资借鉴的丰富资源；佛教独特的宗教思维方式启发和丰富了历代作家的想象与构思；内涵丰厚的佛教思想给文学理论和文学评论提供了众多新的概念、观念、观点和标准，如此等等。而在中国具体历史条件下发展的佛教又形成不同的传统：中外学术界有所谓"皇室佛教"、"士大夫佛教"与"民众佛教"，"山林佛教"与"都市佛教"，"贵族佛教"与"民间佛教"或"民俗佛教"等等不同名称，这些概念均体现特定的内容。又，不同历史时期、不同社会阶层所接受和发挥的佛教形态不同，对于文学创作的作用也就有所不同。例如众所周知，主要是由文人创作的诗歌和散文与宋、元以来兴盛发达的、主要是面向城乡民众的小说、戏曲相比较，佛教的影响无论是内容还是形式都大不一样；又众所公认，被称为中国士大夫佛教的禅宗，对于唐宋及其以后诗歌创作与理论的影响尤其重大与显著，而在民间创作中则影响甚微。而探讨佛教与中国文学二者的关系，还应当注意到相互作用的方面：佛教给中国文学以巨大影响，中国文人和文学创作活动又影响佛教的进一步发展；佛教实现"中国化"，中国宗派佛教的形成和发展，文人和文学创作起了不可忽视的作用。如此等等，又都表明佛教与中国文学关系的复杂性。可以毫不夸张地说，自晋、宋时期起，佛教是促成中国文学发展的重要动力；在其后中国文学长期发展的历程中，佛教所起的推动作用往往是关键性的。

这样，研究佛教与中国文学的关系，不仅对于深入、全面地研究文学发展的历史，对于研究中国佛教史以致整个思想史、文化史都是至关重要的。

毋庸讳言的是，迄今为止，对于这个十分重要、重大的学术领域的研究还是相当薄弱的。本书编者辑录20世纪有关佛教与中国文学课题的论文，意在总结这方面的已有成果，更有提起学术界对于这一领域更多关注、推进相关研究更大进展的用意。这一工作是值得赞赏的。

　　通观本书辑录的论作,会发现一些值得玩味的现象:20世纪前期佛教与中国文学关系研究骤然勃兴,成就辉煌,其后却几乎是几十年的消沉,直到改革开放以后始见复苏的气象。同样会发现:前一段从事这一课题研究的有一批学界泰斗,如梁启超、胡适、鲁迅、陈寅恪、汤用彤、陈垣等人,他们的工作多是开拓性的,并体现相当的广度和深度;他们的许多论著已经成为学术经典,直到今天仍保持鲜活的生命力,给予我们无尽的启发和教益。而对照起来,近年来虽然参与研究的人数众多,专著和论文数量更大大超过了前一段,但是无论论题的广度还是探讨的深度都远不能与前一段相比。清醒地认识这一点,认真思索造成差距的原因,对于进一步推进相关研究是至关重要的。

　　陈寅恪曾经深有感慨地指出:"中国史学莫盛于宋,而宋代史家之著述,于宗教往往疏略,此不独由于意执之偏蔽,亦其知见之狭陋有以致之。元明及清,治史者之学识更不逮宋……"(《陈垣〈明季滇黔佛教考〉序》,《金明馆丛稿二编》,第240页)实际上这种"偏蔽""狭陋"的情形迄今并没有完全改变。只要看看近年出版的几部有影响的文学史,关于佛教均着墨甚少,且关涉之处多作否定评价。存在这种学术"视野"的缺陷,正和学界普遍的"认识"有关系。相比较之下,从本书收录文字可以看出前辈学者的研究范围多么开阔:既有所谓"宏观"的讨论,也有"微观"的探索。在本书所收录的相对有限篇目里,举凡诗歌、散文、小说、戏曲、文学理论、文学语言、外来佛典翻译、中外文化交流等等课题都有所涉及。相比较而言,近年来所讨论的题目大多在佛教对文人及其创作的影响,再就是禅与禅宗和诗歌的关系,具有重大开拓意义的论作还不多见。

　　一个重要差距是研究者的知识准备。上面举出的几位前辈学者都非专门的佛教学者。可是他们有关佛教与文学关系的论著却资料丰富,见解精辟,几乎每一篇都新意叠出。这是因为他们学识积累广博深厚。他们对于中国传统学术造诣精深,对世界新的学术潮流和研究成果又有深入了解；他们娴熟地掌握了治中国学术所必要的目录学、文献学、语言文字学等学科的知识，并经过考据、校勘、辑佚等方面的训练，多数人又娴熟多种外语。这就给从事有关佛教的学术研究提供了必要基础。中国佛教乃是中国传统文化的有机构成部分，涉及宗教的学术又具有综合多学科的性质，这就需要研究者具有充分的知识和工具的准备。在这方面，比起学界先贤，这一代研究者还需要做更多努力。

在清楚地意识到差距的同时，更要鼓舞从事研究的信心和勇气。本书的编选又清楚地显示，改革开放短短三十年，关于佛教与文学关系研究已经取得长足进步和一定成绩，出现一批优秀的专著和论文。本书选录的即是其中的一部分。而令人鼓舞的是，这一研究领域已经引起许多人关注，并且陆续有更多的人积极参与到这一领域的研究工作中来，其中包括为数不少的学术新秀。后者的论作已显示出相当的功力，预示未来会取得更大的成绩。

按照著名的宗教社会学家涂尔干的说法，宗教乃是一种文化系统。中国佛教是充分发达、形态十分成熟的宗教，其内容之丰富、价值之巨大，在世界宗教史上是鲜有伦比的。佛教作为庞大的文化系统又是中国文化大系统的构成部分，与文化各个领域密切关联、相互影响，构成极其复杂的关系。与文学的关联乃是这种关系的一个重要部分。从这样的角度，可以了解研究佛教与文学关系的重大意义，也可以知道从事这一研究领域的困难。而且学术发展史的规律证明，一个学科起衰济弊，绝非短时间可以呈功。目前有关佛教的学术研究即是如此。这就需要集合更多有志于从事这方面研究的人，群策群力、持之以恒地努力。相信当未来有机会编辑新的论文集的时候，必定有更高水平的论作呈现于世人面前。这应当是本书编者和所有健在作者的期望和信念。

2008 年 10 月